柏林日记

二战驻德记者见闻 1934—1941

BERLIN DIARY

THE JOURNAL OF A FOREIGN CORRESPONDENT 1934—1941

[美国]
威廉·夏伊勒 著

张若涵 译

译林出版社

序

威廉·夏伊勒的一生横跨20世纪的大半时间。1904年，他出生于美国中西部，将近90岁时在波士顿去世。他曾目睹20世纪一些最重要的和决定性的事件。

“我父亲的生活总是使他自己都感到惊讶。”英格·夏伊勒·迪安在为《这里是柏林》而写的一篇有趣的序言中说道。这本书收集了夏伊勒从纳粹德国发回的无线电播音稿，正是《柏林日记》所涉及的那一时期。她继续写道：

> 他来自艾奥瓦州一座宁静的小镇，在现代史上最动荡的二十年中，喀布尔、乌尔、巴比伦、德里、巴黎、维也纳、柏林……这些城市接连不断地使他目眩神迷。并不完全是命运的巧合将他带到那里。他给我们讲故事，关于穿越阿富汗山间峡谷的旅行、在印度伴随甘地一道前进、在纽伦堡大会上看到的令人惊畏的戏剧性场面、柏林战时灯火管制后浓重的夜色以及炸弹坠落时的尖啸声……这些故事就像风筝一样飘飞在中西部童年的原野之上，似乎已经成为他的一部分，尽管他看到和知道的这些事已逝去有一代人的时间。

实际上，如果说（正如夏伊勒常说的），有幸在合适的时间位于合适的地点是一名伟大记者事业的基石，那么命运在20世纪30年代对他是再垂青不过了。*在这十年开始时，夏伊勒担任驻印记者，记录了非暴力运动的圣徒圣雄甘地的崛起和发展；在这十年结束时，他又在柏林对刽子手式恶魔的化身阿道夫·希特勒所策动的一系列可怕事件做了第一手记录。

《柏林日记》始于1934年，当时夏伊勒作为纽约《先驱论坛报》驻欧记者待在巴黎。1935年，他前往柏林从事新工作，隶属于威廉·兰道夫·赫斯特的环球新闻服务社。他担任这个职务，一直到赫斯特解散了该机构。随后，夏伊勒又被爱德华·莫罗聘用，加入哥伦比亚广播公司具有先驱意义的无线电广播组。莫罗—夏伊勒的合作关系，以及现已成为传奇的来自伦敦和欧陆的战时广播，标志着国际新闻报道新时代的来临。

“这本日记的主题，”夏伊勒告诉我们，“除个别情况外，并非是其主人，而是欧洲，日记作者怀着日益增长的兴趣和恐惧观察着它在20世纪30年代后半期疯狂地沿着通往哈马吉多顿的大道狂奔。”对当时那个时代的读者而言，《柏林日记》是第一本未经新闻审查的记录德国走向战争之路的书，理所当然受到了读者的欢迎。1941年7月出版后，夏伊勒的书立刻成为最畅销书；到8月份，已经印刷了35万本。直到珍珠港遭袭后，《柏林日记》仍然高踞畅销书榜首。

今天的美国读者可能习惯于将1941年12月定格为第二次世界大战的开始，《柏林日记》为他们提供了一个无与伦比的教育机会。夏伊勒这本书一开始便扣人心弦，对当时德国生活的目击报道也令人

* 针对夏伊勒20世纪30年代回忆录的出版，全国广播公司记者约翰·钱斯勒在《纽约时报书评》（1984年）中对夏伊勒的好运气做过分析：“夏伊勒先生谦称只是由于‘运气’，他才有幸在重大事件发生时恰好待在欧洲。不过，新闻界有句老话：有懒惰的记者，也有幸运的记者，但就是没有既懒惰又幸运的记者。夏伊勒先生在新闻报道方面的成绩当之无愧。”

兴奋，同时还抓住了欧洲政治生活中的主要潮流，借此我们可以了解第三帝国的崛起，以及即将到来的冲突是如何无情地步步逼近，直到我们的国家利益被完全卷入。在无懈可击的证据引导下，我们可以观察那些事出突然、形态变幻的事件演变过程，直到其最终成为历史。例如，夏伊勒对德国入侵波兰后希特勒帝国国会演说的描述：

> 整个演说都保持一种奇怪的旋律，似乎希特勒也被自己打造的困境搞得头晕目眩，甚至还感到一点绝望。不知何故，他的演说不能令人信服，帝国国会中欢欣鼓舞的气氛也明显不如上次会议，其实那次会议的重要性远不如这次会议。乔丹一定也有同感。当我们准备将演说翻译为英文时，他嘀咕道："听上去像是天鹅最后的歌声。"实际上的确如此。

作者客观地预言道："明天，英国和法国可能会参战，你们将得到你们的第二次世界大战。"

夏伊勒在柏林又待了十五个月，直到1940年12月才返回美国。在葡萄牙登上"埃克斯坎宾号"轮船后，他写道：

> 一轮圆月悬挂在特茹河上，里斯本以及大河对岸群山中的无数灯火闪闪烁烁，轮船则静静地滑向大海。已有多长时间？除里斯本以外，整个欧洲都灯火全无。欧洲大陆西南角这一小块地方还燃点着灯火。在这里，文明还未被纳粹军靴踏碎。但是下周、下个月、两个月后又如何呢？希特勒的大军难道不会攻占这里从而熄灭最后的灯火吗？

在六十年后再读这段话，需要片刻思索，才能理解其令人吃惊的含义。我们突然间理解了，夏伊勒提出的问题尽管言辞华丽，但绝非浮夸之词：当他那天晚上沿特茹河顺流而下时，无论是作者还是世界上的任何人，都不知道这些问题的答案。他合上了自己的《柏林日记》，漂流在不可知的生命之河，历史渐渐远去，等待人们去书写。

小詹姆斯·麦斯提赫

2004年10月

目　录

前　言

大多数日记可能都不是为出版而写作的。它们不会考虑读者的眼光。它们是个人的、私密的、可信的，是作者的一部分，最好远离粗鲁的外部世界。

这本日记并不想伪装成上述那种类型。可以肯定，它是为我的个人喜好和心灵平静而做的记录，但是完全坦率地讲，我也曾想着某一天其中大部分内容可能会出版，如果有出版商愿意将其付梓的话。显而易见，这倒不是因为我认为自己和自己的生活对于公众或其中某类群体存在什么重要价值。我这样想的唯一理由就是，由于机遇和我所从事工作的性质，使我得以有绝好的机会，可以对欧洲事务进行逐日的、现场的记录。当时，这个欧洲已经处于痛苦之中，并将在未来岁月中一步步地、无可挽回地滑向战争和自我毁灭的深渊。

因此，这本日记的主题，除个别情况外，并非是其主人，而是欧洲，日记作者怀着日益增长的兴趣和恐惧观察着它在20世纪30年代后半期疯狂地沿着通往哈马吉多顿的大道狂奔。欧洲大陆动荡的主要原因，是一个国家和一个人。那个国家即德国，那个人即阿道夫·希特勒。我在国外的大部分时间都是在那个国家及那个人附近度过的。正是在这一有利位置，我看着欧洲民主国家摇摇欲坠，直至最后崩溃。它们的自信心、判断力和意志力逐渐瘫痪，由一个阵地撤退到另一个阵地，直到全面失败，只有英国除外。在那个极权主义堡垒中，我可以观察到希特勒是如何以一种玩世不恭、粗鲁野蛮、坚定果敢的风格行动。他头脑清醒，目标宏大，可以说欧洲自拿破仑以来就未曾见过。他由胜利走向胜利，统一并重新武装了德国，粉碎并兼并了周边邻国，直到第三帝国成为大陆的军事统治者，大量不幸的人民成为他的奴隶。

我对这些事件做了逐日的记录。不幸的是，一些原始记录已经丢失；一些则被我烧毁，以免其和我本人都落入盖世太保的魔掌；有些事我不敢写下来，试图记在脑海里，以便日后安全时再做记录。但是，大部分记录和所有广播稿都被我偷运了出来。在可能存在错误之处，我引用了自己写的电讯稿和广播稿作为补充。有少数几处地方，我不得不根据记忆重新回顾当天的事件，尽管我很清楚这种方法的缺陷和保持绝对诚实的必要。

另外，德国国内一些人或有德国亲戚者的姓名，或被隐去，或用与其真名无关的字母代替。盖世太保将不会发现任何线索。

1941年4月于纽约查帕奎阿

第一部分

战争前奏

洛雷特·德·马尔，西班牙，1934年1月11日

我们的钱用完了，后天我必须回去工作。我们还没有过多考虑此事。来了一封电报。一个工作机会。《先驱报》驻巴黎分社提供了一个不怎么好的工作机会。但在能使自己处境好转前，倒是可以解决眼下危机。

于是，就结束了我们曾经历过的最好最快乐最宁静的一年。这是整整一年的超脱尘俗，是我们的“安息年”，我们住在西班牙小渔村，幻想独立于外面的世界，独立于事件、人群、老板、出版商、编辑、亲戚和朋友。这当然不能永远持续下去。我们也不愿总这么下去，但如果不是积攒的1 000美元突然贬值为600美元的话，我们还可能再待些时候，等待更好的工作机会。我觉得休息一段时间的确很好。1930年到1931年，我在印度、阿富汗工作，因疟疾和痢疾大伤元气，现在才得以康复。1932年春天，我在阿尔卑斯山滑雪时出了事故。当时我甚至可能完全失明，幸运的是最终只瞎了一只眼。

刚刚过去的1933年，可能不仅对我们个人而言是转折性的一年，对于欧洲和美洲而言也是如此。罗斯福在国内的做法几乎带有社会和经济革命的味道。希特勒和纳粹党在德国执政已整整一年。在维也纳的记者朋友报道说，法西斯势力正向奥地利迅速蔓延，其形式是柏林的，但有当地宗教色彩。在西班牙这里，革命正在变味。右派政府的希尔·罗夫莱斯和亚历山大·勒鲁瓦似乎倾向于恢复王权，或是模仿

意大利建立法西斯国家。也可能两种方法都采用。1925年，我在21岁时首次去巴黎，像爱一个女人那样爱过她，但我后天将去的巴黎将完全不同。对此我不抱丝毫幻想。看上去似乎我们正在返回的世界，与一年前我们收拾衣物和书籍由维也纳来西班牙时相比，已经是截然不同的一个世界。

我们在由巴塞罗那出发沿着海岸远足时，偶然地发现了洛雷特·德·马尔。它离铁路约五英里，在比利牛斯山脚下，位于广阔的沙滩上，几乎像月球一样荒凉。苔斯立刻便喜欢上了它，我也一样。我们在海边发现了一所配家具的房子，有三层楼，十个房间，两个浴室，中央供暖。当房主说每月租金15美元后，我们预付了一年房租。我们的开销，包括房租在内，平均每月60美元。

在过去十二个月我们都做了些什么呢？并不很多。没有什么伟大的成就。我们每天游泳四五次，从4月可以游到圣诞节。我们去延伸到村庄和海边的比利牛斯山麓远足，途经无数橄榄林、栓皮栎林和白色农舍，往往流连至次日方才返回。每次爬山，我们都爬到山顶，那里春末秋初皆白雪皑皑。我们还读书。当每晚都要用电报发稿，而且不停地从巴黎到伦敦再到德里时，我几乎没时间阅读。我自己的书单包括：一些历史书、一些哲学书以及斯宾格勒的《西方的没落》、托洛茨基的《俄国革命史》，还有《战争与和平》以及第一次世界大战后最有创意的法国小说家塞利纳的《茫茫黑夜漫游》。另外，还有威尔斯、萧伯纳、埃利斯、比尔德、海明威、多斯·帕索斯和德莱塞的大部分甚至全部作品。有几位朋友来访并小住，包括杰伊·艾伦斯、罗素、帕特·斯特劳斯，以及路易斯·昆塔内拉。后者是一位极有前途的西班牙年轻画家，也是狂热的共和主义者。安德雷斯·塞戈维亚则与我们比邻而居，晚上常常过来聊天，或是拿着吉他弹奏巴赫或阿尔贝尼茨的作品。

在这一年里，我们有时间相互了解，游荡玩耍，畅饮美酒，享受美食，下午去看斗牛，晚上去巴塞罗那逛华丽俗气的唐人街；有时间去感受色彩，群山的橄榄绿，春天地中海无与伦比的蓝色，以及马德里那令人惊奇的、凄凉的、灰白色的天空；有时间去了解西班牙的农民、工人和渔民，他们极为自尊、富有勇气且诚实正直，尽管过着悲惨的、半饥饿的生活；有时间去普拉多博物馆和托莱多城欣赏格列柯的作品，其形式和色彩的包罗万象使我们为之折服，在意大利曾看过的所有文艺复兴时期的绘画，甚至包括达·芬奇、拉斐尔、提香和波提切利在内，与其相比都显得苍白、贫血。

这是多么美好的一年。

巴黎，2月7日

昨晚的疲劳使我现在还有些头晕。昨天下午5点，我正在《先驱报》分社转着大拇指，琢磨着是否该去议会。据说，新总理爱德华多·达拉第要宣读部长名单。但此时我们又得到一条消息，说在协和广场将会有麻烦。我叫了辆出租车，赶到那里看个究竟。我没有发现任何麻烦。保皇派的国王骑士团、议员皮埃尔·泰廷格尔的青年爱国者、香水商弗朗索瓦·科蒂的法兰西团结等右翼暴徒曾试图闯入议会，但已被警察驱散。协和广场一切正常。我打电话给《先驱报》，但是埃里克·霍金斯建议我在附近随便吃点东西，过一会儿再看看情况。大约晚上7点，我回到协和广场。很明显正在酝酿着什么。骑马戴钢盔的机动保安队正在清理广场。广场中央方尖碑附近，一辆公共汽车正在燃烧。我设法穿过挥舞着马刀的机动保安队，来到杜伊勒里宫那一侧。大台阶上聚集着数千名群众，跟他们混在一起后，我才发现他们并非法西斯分子，而是共产党人。当警察试图驱赶时，他们便砸下雨点般的石块、砖头。在由广场通往议会的塞纳河桥上，我发现队形密集的机动保安队正紧张地摆弄着步枪，还有普通警察和一支消防队作为后援。几小群人试图由卢浮宫方向的码头向这座桥梁挺进，但被两只消防水龙驱散。晚8点左右，约两千名全国军人联合会*的老兵列队进入广场，他们是从圆形广场沿爱丽舍街走来的。在密林般的三色旗引导下，他们秩序良好地进入广场。他们在桥前停下，其领导开始与警官谈判。我走到克里龙宫，爬上可以俯瞰广场的三楼阳台。广场上挤满了人。第一声枪响我们并没有听见。只是当20英尺外站着的一名妇女突然瘫倒在地，前额赫然一个弹洞，才使我们意识到开枪了。她就站在美联社记者梅尔文·怀特莱特旁边。现在我们可以听见枪声，来自大桥方向及塞纳河对岸。他们似乎使用了自动步枪，暴民们则冲进广场。不久，广场上便到处是一堆堆熊熊烈火。在左边，浓烟开始由海军部大楼冒出。消防水龙此时派上了用场，但附近的暴民又切断了水龙带。我下楼到门厅，给《先驱报》分社打电话。几名伤员躺在那里，正在进行紧急救护。

1934年2月6日危机期间，骚乱者在协和广场外将投掷物扔向骑警。

---

* 这是一个拥有约八十万成员的右翼组织。法国的其他约四百万老兵被组织在老战士联盟中。

射击一直持续到深夜，机动保安队逐渐占据上风。协和广场几度易手，但到子夜时分被警察控制。群众此时已被激怒，但显然缺乏领导。有一次，约晚10点左右，人们试图对桥梁发起冲击。有些人沿着码头冲，那里的树木提供了掩护，其他人则疯狂地越过广场发起冲锋。“如果他们过了桥，”我想，“将会杀死议会中的所有议员。”但是，一阵猛烈的火力挡住了他们，这次听上去像是机枪。几分钟后，人们便朝各个方向作鸟兽散。

不久，便只剩零星射击，12点10分左右，我沿着爱丽舍街，疯狂地跑回分社写报道。在爱丽舍宫总统府附近，我注意到有几个连的正规军警戒。这种现象我还是首次发现。沿着爱丽舍街，朝《先驱报》分社方向跑了几乎一英里，最后我都快喘不过气来，但仍设法在截稿前写出两篇专栏。根据官方提供的数字，共有16人死亡，数百人受伤。

补记——喜欢摆出强人姿态的达拉第辞职。他发表讲话称：“政府负有保持秩序和安全的职责，但拒绝为完成这一任务而使用可能导致更多流血的特殊手段。它不希望用士兵对付示威者。为此我向共和国总统递交了内阁辞呈。”

在使用军队镇压企图推翻政权的暴民时，斯大林、墨索里尼或希特勒当然不会有丝毫犹豫！的确，斯塔维斯基丑闻可能确实是昨晚骚乱的直接原因。但是，这个诈骗案只是证明了法国民主的腐化和虚弱。达拉第和内政部长欧仁·弗罗批准了全国军人联合会的示威活动。他们其实应该拒绝。他们应在傍晚即部署大批机动保安队以驱散暴民，使其无法积聚足够的力量。但在镇压了法西斯政变之后——事件性质的确就是如此——现在又提出辞职，不是纯粹的懦弱，就是纯粹的愚蠢。同样值得注意的是，共产党人昨晚在街垒上与法西斯分子一起作战。我不喜欢这样。

巴黎，2月8日

老“爸爸”杜梅格成立了全国联合政府。他们将杜梅格从村子里揪了出来，他带着妻子在那里隐居，是辞去总统后结的婚。杜梅格声称，将组成由前总理和各党派领袖组成的内阁。但那将是右翼和反动的内阁。仍旧是这样，温和左派如肖当、达拉第和赫里欧等人，表现出他们不能或不愿统治。

巴黎，2月12日

今天举行了总罢工，但不是很有效，也没有发生麻烦。

补记——奥地利的陶尔斐斯对社会民主党进行了打击，这是唯一可使他避免被纳粹势力吞没的组织，拥有40%的民众支持。与维也纳的联系被切断了大半天，但今晚消息开始传到分社办公室。这是场内战。社会党人占据了战后他们建造的宏伟的市政大楼——卡尔·马克思大楼和歌德大楼，这些建筑也是全世界的典范。但是，陶尔斐斯和施塔尔亨贝格亲王与法伊少校指挥的军队控制了城市其余部分。施塔尔亨贝格亲王是个不学无术的花花公子，法伊少校则是个长着斧头脸的粗暴反动派。因为拥有坦克、大炮，他们将赢得胜利，除非社会党人能够从捷克边境的布拉迪斯拉发获得援助。

这些就是法伊昨天说的情况。昨晚，哈瓦斯通讯社关于法伊讲话的报道使我震惊：“近几天来，我能肯定陶尔斐斯总理是军队的一员。明天，我们将开始了结奥地利国内的事情。”但我对此不以为意，认为这不过是他喜欢说的大话而已。不过，小陶尔斐斯此次扮演了一个什么样的角色啊！仅仅一年多前，受英美新闻俱乐部邀请，他在午餐后同我、约翰·贡特尔和埃里克·盖德耶长谈过一次。我发现他是个拘谨的小个子，而且作为一个农民私生子，对能够爬得这么高还有些头晕目眩。但是赋予这位小个子巨大的权力，就可能使他变得十分危险。我为社会民主党的朋友们哭泣，他们是我在欧洲结识的最端庄大方的男子和妇女。我惴惴不安，今晚他们不知有多少人要被屠杀。而且奥地利也将失去民主，又一个失去民主的国家。在分社待到凌晨1点半，这个消息使我疲劳沮丧，以至无法入睡。

巴黎，2月15日

有电讯称，维也纳的战斗今天结束了。陶尔斐斯用大炮干掉了最后一批工人，然后便去教堂祈祷。无论如何，奥地利社民党人至少进行了战斗，比他们的德国同志强得多。很明显，奥托·鲍尔和尤利乌斯·多伊奇已安全逃到捷克。这是一件好事，否则陶尔斐斯会绞死他们。

1934年2月12日，奥地利警察部队在卡尔·马克思大楼前集结；这场“二月暴动”也被称为“奥地利内战”。

巴黎，2月23日

我的生日。三十岁了。从事着我干过的最糟糕的工作。苔斯准备了丰盛的生日晚餐，随后我们去听了音乐会。法国人实在是超越了贝多芬！埃略特·保罗常说，如果法国音乐家在表演中不再注意那些“非调和的”规定，他们的演奏会更好。必须去法兰西喜剧院观看莎士比亚的《科里奥兰纳斯》，左派攻击它的台词有些反民主。今天，我听说陶尔斐斯绞死了布鲁克市的社民党市长克洛曼·瓦利什。克劳德·考克本可以做得更聪明些，但他却在《周报》上发表了关于2月6日骚乱的愚蠢报道，将其描写为“工人阶级的”抗议。令人惊讶的是，他对那晚的描述十分可疑地与托洛茨基《俄国革命史》中对1917年彼得格勒首次起义的描述极为相似。实际上，2月6日事件是未遂的法西斯政变，共产党人有意无意中帮了忙。

巴黎，6月30日

今天，与柏林的联系中断了几个小时，直到午后电话联系才重新恢复。多么惊人的消息！希特勒和戈林对冲锋队进行了大清洗，枪毙了该组织许多领导人。据一家新闻社报道，罗姆被希特勒亲自逮捕，并获准在慕尼黑一所监狱中自杀。法国人很高兴。他们认为这将是纳粹党灭亡的开始。希望我能在柏林得到一席之地。我喜欢报道这种事儿。

巴黎，7月14日

我姐姐来了，今晚我们三人小小地庆祝了一下“巴士底日”。我们带她去咖啡馆，看人们跳舞。后来，我们在鲜花咖啡馆停了下来，我介绍她认识了一些拉丁四人舞演员。亚历克斯·斯莫情绪极佳。不过，当他又开讲凡尔登战役时，我便带着一家人悄然离开，因为已经听过无数遍。

现在传来的消息显示，希特勒的大清洗要比最初的报道更为戏剧性。罗姆并非自杀，而是根据希特勒的命令被枪杀。其他死者还包括：海因斯，臭名昭著的西里西亚纳粹党头子；埃里希·克劳斯纳博士，德国天主教行动党领袖；弗里茨·冯·博斯和埃德加·容格，巴本的两位秘书，巴本侥幸逃过一劫；格雷戈尔·施特拉塞尔，曾是纳粹党仅次于希特勒的二号人物；冯·施莱谢尔将军夫妇，两人都被冷酷地谋杀。我看到冯·卡尔也在死亡名单上，正是他在1923年粉碎了希特勒的啤酒馆政变。希特勒借机报了一箭之仇。昨天，周五也就是13日，希特勒在国会做了解释并全身而退。他尖叫道："在这二十四小时内，德国人民的最高法庭由我一人承担！"议员们起立并欢呼。人们本来快要忘记德国人的虐待狂和受虐狂倾向有多么强烈了。

巴黎，7月25日

陶尔斐斯死了，被纳粹分子谋杀，他们今天占领了维也纳总理府和广播电台。但显然纳粹党政变最终失败，米克拉斯和许士尼格博士控制了局势。我讨厌谋杀，对纳粹的谋杀尤其反感。但上周五陶尔斐斯冷酷屠杀社民党人之后，我实在不能为他流泪。据报道，法伊似乎扮演了一个奇怪的角色。他在总理府与陶尔斐斯待在一起，不断走到阳台上询问因特伦，后者是纳粹党提名的首位总理。显然，他认为纳粹党政变已经成功并准备参与。一个长着斧头脸的坏蛋，这个法伊。

巴黎，8月2日

兴登堡今早去世。现在谁当总统？希特勒怎么办？

巴黎，8月3日

希特勒的做法出乎所有人的预料。他自己身兼总统、总理二职。在老元帅尸骨未寒之际，任何对军队忠诚的怀疑都毫无根据。希特勒让军队宣誓无条件效忠于他个人。此人真是诡计多端。

巴黎，8月9日

今天下午，道什-弗洛特从柏林打电话到分社找我，邀我到环球新闻服务社工作。我当即同意，并就工资问题达成协议。他说，向纽约汇报后再给我回信。

巴黎，8月11日

今晚，《先驱报》总编兼经理拉里·希尔斯对我的离职发了通牢骚。最后，他还是克制住了坏脾气，跟我去加利福尼亚旅馆酒吧喝了几杯。我必须复习德语了。

柏林，8月25日

今晚，我们与希特勒第三帝国的初次见面可以说颇具代表性。我们乘坐白天由巴黎开出的列车，以便看看沿途的风景，于当晚10点左右抵达腓特烈街车站。站台上迎接我们的人竟是两名秘密警察。我曾预料，迟早会遇到秘密警察，但没想到会这么快。在我走出车厢后，两名便衣便揪住我，拉到了一边，然后问我是不是“某某先生”。我这辈子都记不住那个名字。我说不是。其中一人不停地发问，后来我向他出示护照。他仔细看了几分钟，最后怀疑地看着我，说道：“是这样……那么，你不是‘某某先生’。你是夏伊勒先生。”“没错，”我答道，“你从护照上可以看出来。”他又怀疑地盯了我一眼，然后对同伴眨了眨眼，僵硬地敬了个礼，这才离开。苔斯和我走到大陆旅馆，订了一间宽敞的客房。明天，我的生活将揭开新篇章。我想起一句绝妙的双关语：“我从糟糕（worst）到了赫斯特（Hearst）。”

柏林，8月26日

尼克博克告诉我，在我们昨天抵达前不久，多萝西·汤普森刚从腓特烈街车站登车离开。她必须在24小时内滚出德国，这显然是普茨·汉夫施丹格尔的杰作。他无法原谅她写的《我看希特勒》，该书严重低估了此人。由于过去和现在所写的一些文章，尼克本人在此的地位显然也不稳定。戈培尔过去曾喜欢过他，现在却发生了摩擦。他将在一两天内到诺海姆温泉去看赫斯特，以便谈谈这件事。

柏林，9月2日

处于极度沮丧前的痛苦之中。我怀念共和国时期的老柏林，那种无忧无虑、无拘无束、文明开放的气氛，留短发的翘鼻子女孩和理平头或留长发的男孩，会整晚与你坐在一起，就所有问题进行充满智慧和热情的探讨。无休止的“希特勒万岁”、皮靴后跟的叮当声、褐衫冲锋队或黑衣党卫军在大街上正步行进，都令我感到烦闷，虽然老记者们说，清洗过后冲锋队再不像以前那样经常露面。吉里是前《晨邮报》驻柏林记者，现在已调往巴黎。他十分奇怪地要在此地度假。我们一起散过几回步，有两次不得不躲进商店，以免向路过的冲锋队或党卫军的军旗敬礼，否则可能会因大不敬而挨顿暴打。前天，吉里带我去腓特烈街一家小饭馆吃午饭。回来时他指着一所房子说，一年前经常可以听到里面遭折磨的犹太人的呻吟声。我注意到上面挂的牌子仍然是冲锋队某旗队指挥部。昨天，苔斯试图让我高兴一下，陪我去动物园玩。天气不错，但也很热。看完猴子、大象后，我们在附近饭馆露台吃午餐。拜访了美国大使威廉·多德教授。他直率、诚实而开明，同时也很正直，正是驻德大使所需的品质。他似乎不满我对陶尔斐斯之死的无动于衷，可能以为我喜欢纳粹，希望他不至于误会。另外，还拜访了使馆顾问怀特，他看上去更像正规的国务院职业外交官。他很快便给我所住的旅馆送来名片，很巧妙地折叠起来。可惜我对此类外交技巧完全无知，所以也就未做回应。后天，我将采访纽伦堡的纳粹党年会。这将使我能够更透彻地了解纳粹党。

纽伦堡，9月4日

黄昏时分，就像罗马皇帝一般，希特勒乘车驶进这个中世纪古城，沿途是疯狂欢呼的纳粹党人密集方阵，挤满了狭窄的街道。这里一度是汉斯·萨克斯和诗歌音乐协会活跃的地方。数以万计的纳粹党旗掩盖了哥特式建筑的美丽，在老房子正面和屋顶两侧山墙上迎风飘扬。大街并不比小巷宽多少，已成为褐色、黑色制服的海洋。当希特勒座车驶经我们住的伍登伯格旅馆时，我第一次看到他。希特勒正要沿大街前往德意志旅馆，这是他喜欢的老旅馆，并专门为此重新装修。他站在汽车上，右臂无力地行纳粹举手礼，回敬极度疯狂的欢迎人群。他穿着旧华达呢军用短上衣，脸上没有任何表情，而我原来预料他会强悍得多。我一生始终无法完全理解，他究竟是打开了什么样的激情泉源，以至于歇斯底里的群众如此疯狂地欢迎他。他在人群前并不做出戏剧性的专横傲慢的样子，就像我曾经见过的墨索里尼的派头。我很高兴他不像"领袖"那样下巴突出、头部后仰，也不故意使自己的眼睛显得神采奕奕。然而他的眼睛里的确有些闪亮的东西，也是他脸上最为出众之处。他的举止几乎可以称得上是谦逊。但我对其真诚表示怀疑。

今晚，在漂亮的市议会大厅里，希特勒正式宣布纳粹党的第四次大会开幕。他只讲了三分钟，可能想保护嗓子，以便为今后五天的六次长篇演说做准备。普茨·汉夫施丹格尔身材高大，容易兴奋且语无伦次、动作滑稽。他时时不忘提醒人们，他是德裔美国人且毕业于哈佛大学。他作为纳粹党的外国新闻负责人，起草了今天的主要演说。显然是为了取悦希特勒，他厚着脸皮要求我们，实事求是地报道德国的事件，不要试图解释它们。"只有历史，"普茨叫道，"可以评价希特勒统治下所发生的事情。"他的意思，同时也是戈培尔和罗森贝格的意思，就是我们都该跳上为纳粹党做宣传的乐队彩车。我估计，普茨的话对美英记者而言不过是耳旁风。尽管如此，他们仍很喜欢普茨，虽然他非常滑稽，还有点蠢。

今晚10点左右，我混进足有上万人的歇斯底里的人群，他们挤满了希特勒所住旅馆前的护壕，高喊:"我们要元首。"最终，希特勒走到阳台上站了一会儿，这些人的表情令我震惊，特别是那些妇女。人们脸上的痴狂表情，使我想起路易斯安那乡下满地打滚的宗教信徒入魔时的面容。妇女们盯着他，就像盯着救世主，面部表情几乎不似人类。如果希特勒在视野中再停留一会儿，我想许多妇女会兴奋得晕过去。

后来，我挤了出来，走进德意志旅馆门厅。我见到了尤利乌斯·施特莱彻，这里的人们称其为"弗兰肯的无冕沙皇"。在柏林，他以“犹太人的头号折磨者”和粗俗色情的《冲锋队员报》总编而著称。他剃了个光头，似乎进一步增强了神情中的虐待狂色彩。当他四处走动时，手里挥舞着短皮鞭。

尼克今天抵达。他将为国际新闻服务社做新闻报道，而我则为环球新闻服务社工作。

纽伦堡，9月5日

我开始理解希特勒取得惊人成功的一些原因了。他从罗马教会借鉴了一些经验，使20世纪德国人单调乏味的生活重新拥有了壮观的景象、绚丽的色彩和神秘的气息。今早，在纽伦堡市郊卢伊特波尔德大厅举行的首次大会不仅是华丽的表演，还拥有某些天主教大教堂举行复活节、圣诞节弥撒时所具有的神秘宗教色彩。整座大厅成了鲜艳旗帜的海洋。希特勒的出场颇富戏剧性。乐队停止演奏，聚集在大厅中的三万人鸦雀无声。随后，乐队奏起《巴登威勒进行曲》，这是支非常吸引人的曲子，有人告诉我它只在希特勒出席重大场合时演奏。希特勒出现在观众席后方，他的助手戈林、戈培尔、赫斯和希姆莱等人紧随其后。他沿着长长的中央过道缓步向前，三万只手臂向他行纳粹举手礼。一位老记者说，这是例行公事，总是这一套。然后，庞大的交响乐团奏起贝多芬的《埃格蒙特序曲》。巨大的弧光灯打在主席台上，希特勒居中落座，周围环绕着一百名纳粹党官员和陆海军军官。他们后面是所谓的血旗，即啤酒馆政变中希特勒等人在慕尼黑大街上前进时扛着的那面旗。再往后是几百面冲锋队旗。音乐结束后，希特勒最亲近的战友鲁道夫·赫斯站起来缓慢地宣读了纳粹党的“烈士”（即在夺权斗争中被杀的褐衫队员）名单。这是对死者的点名。三万名与会者似乎非常感动。

毫不奇怪，在这种氛围中，希特勒所说的每个字都会被当成上帝的意旨。人们的，至少是德国人的，批判能力此刻完全丧失，宣布的每

1934年9月5日，纳粹党年会在纽伦堡卢伊特波尔德大厅召开。

个谎言都被当成最高真理来接受。正当由纳粹官员组成的人群处于这种精神状态时，元首公告便对着他们“喷涌”而出。公告并非由他本人宣读，而是由巴伐利亚大区区长瓦格纳宣读。他的嗓音和语气与希特勒如此相像，以至于一些在旅馆听广播的记者还以为是希特勒本人在读。

这份公告的内容包括如下断言，观众们疯狂地鼓掌，似乎那都是崭新的真理：“今后一千年德国的生活方式已经确定下来。对我们而言，神经质的19世纪终于结束。在今后一千年，德国再不会有革命！”

或是：“德国已经做了所有可能做的，以确保世界和平。如果战争来到欧洲，那只能是因为共产党骚乱。”后来，在一次关于“文明”的会议前，希特勒又加上了这么一句话：“只有没有脑子的侏儒，才无法理解德国已成为抵御共产主义洪水的防波堤，而这股洪水将淹没欧洲及其文明。”

希特勒还提及，有人反对他将新教教会纳粹化。“我将致力于联合他们。我相信路德将采取同样的行动，并会考虑首次也是最终地将德国统一起来。”

纽伦堡，9月6日

今天，希特勒首次将其劳工服务团公之于众，原来这是个经过高度训练的、半军事化的团体，由狂热的青年纳粹分子组成。五万名青年站在那里，排在前面的一千人赤裸上身，朝阳照耀在他们扛的雪亮铁锹上。没有任何征兆，他们突然开始正步行进，宏大的场面使德国观众惊喜欲狂。现在，在我看来，正步走似已成为人类在其最不体面和最愚蠢状态时的奇异展示。但是，今早我首次感到它是如何撩拨德国人民那奇特灵魂的心弦的。他们自动跳起来，疯狂地欢呼。甚至劳工服务团中的男孩们也发挥着宗教仪式的作用。他们组成了巨型合唱队，集体呼喊口号："我们只要一个领袖！牺牲我们的一切！一切为了德国！希特勒万岁！"

奇怪的是，无论冲锋队领袖还是施莱谢尔将军的亲友，在这一周都没试图刺杀希特勒、戈林和希姆莱等人。虽然希特勒受到党卫军的严密保护，但要说他不可能被刺则是无稽之谈。昨天，我们还讨论了此事，有《每日快报》的派特·默菲、路透社的克里斯托弗·福尔摩斯、尼克和我。默菲是身材魁梧、滑稽有趣的爱尔兰人，福尔摩斯看上去很像诗人，而且可能就是。我们待在派特的房间，可以俯瞰旅馆的护壕。希特勒出席集会后回来，驱车路过这里。我们都认为，如果有人藏在附近房间里，可以轻而易举地向希特勒座车扔炸弹，然后再跑到街上人群中逃掉。但迄今为止还未发现有人尝试这么做，虽然周日当希特勒检阅冲锋队时，有些纳粹党人曾经担心过。

纽伦堡，9月7日

今晚又举行了一次宏大盛典。二十万名纳粹党官员齐集在齐柏林体育场，两万一千面旗帜在探照灯照耀下，仿佛形态怪异的森林。“我们是强大的，未来将更强大。”希特勒通过麦克风向他们狂喊，他的话经喇叭放大后，回荡在肃静的广场上。德国的小人物们在那里，在被照得亮如白昼的夜晚，像沙丁鱼一样聚集在一起，组成巨大的方阵，正是他们才使纳粹主义得以实现。他们获得了日耳曼人所理解的最高层次的存在：摆脱了个人的心灵和思想，以及个人的责任、怀疑和问题，在神秘的灯光和那个奥地利人具有魔力的声音感召下，融合为一支日耳曼大军。随后，一万五千人在纽伦堡的古老街道上举行了火炬游行，希特勒站在我们旅馆对面的平台上接受人们的致敬。今晚，刚刚抵达的冯·巴本独自站在希特勒身后的汽车上。我估计，这是他6月30日侥幸逃过戈林策划的暗杀后首次露面。看上去他并不高兴。

纽伦堡，9月9日

自血腥清洗之后，希特勒今天首次与冲锋队员见面。在对五万名冲锋队员发表的长篇演说中，他“赦免”了他们因罗姆“叛乱”而承受的罪责。体育场内气氛相当紧张，我注意到希特勒的党卫军加强了戒备，将他与褐衫队员隔开。我们很好奇，不知褐衫队员中是否有人会掏出左轮枪。但没一个人这么干。维克多·吕茨也讲了话，他是冲锋队领袖罗姆的继任者。他的嗓音尖厉，令人很不愉快。我觉得，冲锋队的小伙子对他态度很冷淡。今天早餐时，希特勒邀请了几名外国记者，但我并未收到邀请。

纽伦堡，9月10日

今天，陆军大出风头，在齐柏林体育场举行了极具实战性的作战演习。当三十万德国观众看到士兵进入战斗、听到火炮轰鸣声、闻到火药气味时，很难准确描述他们的疯狂劲儿。我感到，所有认为德国军国主义只是霍亨索伦王室（从腓特烈大王到威廉二世）产物的美英记者，同其他人一样都犯了错误。军国主义似乎深深扎根于全体德国人灵魂之中。今天，他们的表现就像玩锡兵的孩子。今天，德军只是以《凡尔赛和约》准许其装备的防御性武器进行“战斗”。但人们都知道，他们已经拥有了坦克、重炮甚至飞机。

补记——今晚，经过七天几乎无休无止的正步走、演讲和庆典，纳粹党大会终于结束了。虽然极度疲劳，患了严重的人群恐惧症，我还是很高兴能来一趟。你必须经历过一次类似事情，才能理解希特勒如何把控人民，感受到他所发起运动的巨大能量，以及德国人民所拥有的有组织的强大实力。现在，正如希特勒昨天向记者解释时说的那样，上周来到这里的五十万人，将返回各自的城镇和农村，并以全新的狂热传播新福音。明天我得睡个懒觉，再乘晚班车返回柏林。

柏林，10月9日

我们在陶恩沁街租了套舒适的公寓。房主是犹太雕塑家，说自己将去英国，趁着还有机会。他倒是个聪明人。房主留下一个极好的德文图书馆，我希望能够有空读些书。我们已经厌倦于住在别人装修的公寓或住宅，但四海为家的生活使我们不太可能拥有自己的房屋。能够住到这里还是幸运的，装修现代化且格调高雅。在柏林见到的多数中产阶级家庭，都布置得格调低下，到处摆放着便宜货色和零碎东西。

补记——晚8点我给巴黎分社打电话时，他们告诉我南斯拉夫国王今天下午在马赛遭暗杀，法国外交部长路易·巴都负重伤。柏林对此是不会失望的，因为亚历山大国王似乎有意与法国集团合作对付德国。巴都则做了许多工作，以加强法国与东欧国家的联盟，并试图将俄国也拉入“东方洛迦诺公约”。

柏林，11月15日

这些天没有什么新闻。报道了在新教教会内部的斗争。一部分新教徒在所谓“合作”面前，似乎要比社民党人和共产党人表现得更有勇气。但我估计，希特勒最终还是能使他们就范，并在国内逐渐推行古代日耳曼异端信仰，罗森贝格等“大学者”正在琢磨此事。今晚，参加了罗森贝格为外交官和外国记者举行的月度招待会。罗森贝格是希特勒的“精神”和“知识”导师，虽然像不少波罗的海地区人一样，他那极度的语无伦次令我震惊。他的著作《二十世纪的神话》的销售量在德国仅次于《我的奋斗》，但给我的印象只是一堆历史胡说大杂烩。罗森贝格的一些敌人，比如汉夫施丹格尔，说他差点成为一名优秀的俄国布尔什维克。因为在革命期间，罗森贝格正在莫斯科求学。但因布尔什维克不信任他，不愿让他担任重要职务，所以才跑了出来。罗森贝格说话带有浓重的波罗的海地区口音，使我很难听懂他讲的德语。今晚，罗森贝格让多德大使坐荣誉席，教授看上去很不高兴。纳粹教育部长伯恩哈德·鲁斯特是发言人，但在他演讲期间我总走神。鲁斯特并非无能之辈，已将学校完全纳粹化，出版了篡改过的新历史教科书，有些内容非常滑稽可笑。

柏林，11月28日

这里有许多关于德国正在秘密武装的议论，但是很难得到准确的内部消息。而如果你获得并发表了相关新闻，你就很可能被驱逐出境。我在维也纳时，偶尔可见到英国大使埃里克·菲普斯爵士。当时他是英国驻奥地利大使，但此后我就再没见过他。菲普斯爵士看上去像个匈牙利花花公子，长了一副面无表情的扑克脸。昨天他从伦敦返回，据称已就德国秘密武装问题质询了威廉街。今天到陶恩沁街上的便宜铺子里买了一套滑稽的燕尾服，以便参加周六晚上的外国记者舞会。有人告诉我，一套无尾礼服是不够的。

柏林，12月2日

舞会很不错。苔斯穿了新晚礼服，看上去很漂亮。出席舞会的名人，有戈培尔、埃里克·菲普斯爵士、弗朗索瓦·庞赛、多德和冯·赖歇瑙将军。赖歇瑙是帝国陆军刚刚任命的纳粹将军，与多数美国记者都保持着友好关系。冯·牛赖特本来也要出席，但据说他对座次安排不很满意，我整夜都未见到他。每当举行晚会时，德国人总会出现类似问题。我们跳舞、喝酒直到凌晨3点，最后在阿德隆饭店酒吧里吃了些咸肉、鸡蛋当作早点。

柏林，1935年1月14日

昨天，萨尔区的天主教徒和工人投票赞成回归帝国。约90%的人投票赞成统一，这超出了我们的预计。当然，无疑有许多人担心，如不投票支持希特勒，可能会被发现并受到惩罚。无论如何，至少导致欧洲紧张局势的又一个来源被消除了。希特勒已经说过，昨天又在广播中重复了一遍，萨尔区是德法领土争端的最后一根“骨头”。对此，我们将拭目以待……

柏林，2月25日

外交界人士和大多数记者，对通过签署全面协议确保和平，都变得日益乐观。英国外交大臣约翰·西蒙爵士将来柏林。几天前，赖伐尔和弗兰丁去伦敦会晤了英国人。他们提出使德国摆脱《凡尔赛和约》裁军条款的约束，德国则应承诺尊重奥地利及其他小国的独立。实际上，希特勒已秘密迅速地自我解除了限制。但是，在柏林的法国人指出，希特勒显然是在离间巴黎和伦敦，因为他邀请英国人谈判，却没邀请法国人。单纯的西蒙轻易地上了钩。

萨尔布吕肯，3月1日

今天，德国正式占领萨尔。全天暴雨如注，也没浇灭当地人的热情。他们确实感染了纳粹病菌，而且还很严重。但是，我将在几年内重返此地，看看占该地区人口大多数的天主教徒和工人们是否仍然喜欢这一切。希特勒于下午到达，检阅了党卫军和正规军。阅兵式开始前，我在看台上站在维尔纳·冯·弗里奇身边。他是帝国陆军总司

1935年3月，德国军队开进萨尔区。

令，同时也是重建德军的灵魂人物，其谈吐却颇令我吃惊。他不停地发表异常尖刻的讥讽言辞，都是针对党卫军、纳粹党和不断露面的党魁们。弗里奇将军极其蔑视他们。当希特勒的座车抵达后，他嘴里嘟囔着走了过去，站在元首身后的位子上，陪同检阅部队。

柏林，3月5日

为达成全面协议的努力出了问题。西蒙本将于后天抵达柏林，但牛赖特今早告诉英国人，希特勒得了感冒，要求他推迟访问。下午，在威廉街调查后发现，这只是一次“感冒外交”。德国人对伦敦昨天公布议院白皮书十分不满。此事得到麦克唐纳首相批准，对德国大力重建空军做了评论。德国人说，他们对白皮书中的一段话感到特别愤怒：“德国空军的重新武装，如果按照目前的速度，猛烈如初而且毫无控制，将刺激周边邻国已经存在的焦虑心情，可能使和平陷于危险境地。国王政府已经注意并欢迎德国领导人的和平声明。但是，国王政府不能不认识到，不仅军队的精神状态，而且组织起来的民众，尤其德国青年的精神状态，都加强并证实了已经产生的普遍不安全感。”

这些当然都是实话，但纳粹却愤怒了，希特勒则拒绝会见西蒙。

柏林，3月15日

现在又宣布，西蒙将于3月24日访问柏林。但事情进展得很不顺利。戈林已告诉《每日邮报》，德国正在建立一支空军力量。他是向报社老板罗特米尔勋爵和记者瓦德·普莱斯透露的这一消息，这两人都是亲纳粹分子并已成为绝妙的传声筒和宣传员。这是戈林首次公开承认此事。今天，柏林又宣布，戈林被任命为航空部长。他受国防部长冯·勃洛姆堡节制，也就是说陆军赞同创建新式空军。今晚，威廉街又对法国延长陆军服役期限的做法提出抗议。

柏林，3月16日

下午3点，宣传部兴奋地打来电话，邀请我参加5点钟的新闻发布会，届时戈培尔博士将发表“极端重要的讲话”。当我赶到时，约一百名外国记者挤进了新闻发布厅，都有一点兴奋过度，但都不知道为何开会。最后，戈培尔一瘸一拐地走进来，看上去非常庄重严肃。他立刻开始大声朗读一项新法令。*他念得太快以至无法记录，不过倒也没有必要。希特勒已主动废除《凡尔赛和约》军事条款，恢复普遍兵役制，宣布征召由十二个军三十六个师组成的陆军。美联社的路易斯·洛克纳、合众通讯社的埃德·比蒂、国际新闻服务社的皮埃尔·哈斯和路透社的戈登·扬都蹦了起来，冲到大厅去打电话，不再听戈培尔其余的话。最后，这位小个子博士终于念完了稿子。有两三位官员留下回答提问，但显然不敢回答任何超出公报内容的问题。比如：新陆军将拥有多少人？——三十六个师。一个德国师拥有多少人？——这个不一定。如此等等。

我与伦敦《泰晤士报》的诺曼·埃伯特、《每日快报》的派特·默菲走在威廉街上。埃伯特是柏林消息最灵通的外国记者，这个消息似乎使他震惊。但他坚持认为这不是什么新闻，德国人重建军队的活动已持续一年多。我赶回位于多萝特街的办公室，打了几个电话，然后拼命写稿子。现在是周六，在美国国内，周日的晨报很早就得送到床头。

---

* 原文：关于重建国防军的法令。

帝国政府颁布了下列法令，现公布如下：

1. 在普遍兵役制基础上重建国防军。
2. 和平时期的军队，包括归其管辖的警察部队，包括十二个军部和三十六个师。
3. 将由帝国国防部起草关于规范普遍兵役制的补充性法律，并提交帝国内阁。

亨克尔He 42型水上飞机飞越德国上空。这是德国打破《凡尔赛和约》后扩充的新的空军的一部分。

补记——晚10点左右，我写完新闻稿，就在办公室等着，回答纽约方面的查问。我得知，希特勒采取了闪电行动，显然是基于一个灵感，即现在正是采取行动并取得成功的机会，而且看上去他的确将达到目的。巴黎分社今晚告诉我，法国人很激动，想劝英国人采取行动，但伦敦却退缩了。昨天傍晚，希特勒由贝希特斯加登返回柏林，立刻召集内阁和军方领导人开会。于是便做出决定，或不如说是希特勒通知了其他人。据我所知，似乎没有任何人犹豫不决，或者虽然有但不敢表现出来。法律专家立即开始起草法令，希特勒和戈培尔则着手草拟两篇公告，一篇是为纳粹党起草的，另一篇则由元首向德国人民宣读。

下午1点，元首再次召集内阁和军方领导人开会，向他们宣读了法令文本和两篇公告。据消息人士透露，当希特勒具有魔力的声音消失后，内阁成员相互拥抱起来。随后，头发灰白的勃洛姆堡将军率领所有在场者，高呼三声祝希特勒身体健康。这一定是德国历史上最丢脸的内阁会议。但这些纳粹分子并不在乎体面，只要能达到目的就好。控制军队的容克地主将忘掉许多东西，也会忍受许多东西，反正希特勒已经给了他们渴望的东西。今晚，一大群人聚集在总理府前的威廉广场上向希特勒欢呼，直到他出现在窗口并向人群致意。今天，公开对抗《凡尔赛和约》与恢复义务兵役制，将大大增强他在国内的地位，因为绝大多数德国人都全力支持他这样做，不管他们多么仇恨纳粹党。绝大多数德国人喜欢他这种蔑视《凡尔赛和约》的做法，因为他们都反对这个和约，从骨子里来讲都是军国主义者，他们欢呼陆军的重生。

这对法英意等国而言，则是一记响亮的耳光。它们在世界大战中浴血奋战，最终签署了和约，以确保摧毁德国军事力量，并使其永世不得翻身。伦敦、巴黎该怎么办？它们可以打一场预防性战争，那将是希特勒的末日。柏林的波兰人说，毕苏斯基元帅愿意协助英法作战。但是，今晚英法的第一反应都与此相反，至少我们的巴黎分社是这么说的。我们将拭目以待。

上床睡觉时很累，对纳粹获胜感到恶心。但是，手头有这么一条重要新闻，又感到职业性的兴奋。道什走了，留下我单独负责这项工作。

柏林，3月17日

今晚我写的电讯稿第一段话，概括了这极为特殊的一天："今天是英雄纪念日，以悼念德国在世界大战中的两百万死者，但由于德国军事力量重生而带来的和平表白和公然蔑视，这个日子是在1914年后从未有过的景象中庆祝的。"德国人将今天称为英雄纪念日，相当于美国的阵亡战士纪念日。主要仪式于中午在国家歌剧院举行，场面布置得非常壮观，纳粹在这方面堪称行家。歌剧院一楼已成军装的海洋，令人奇怪的是还包括相当多旧军官。显然，昨晚他们一定在拂去褪色灰军装上的灰尘，擦拭那精巧奇特的尖顶钢盔。强烈的舞台灯光打在一个排的德军士兵身上。他们手中的军旗招展，就像大理石像一般。在上方帷幕上，悬挂着巨大的银黑两色铁十字。当乐队奏起贝多芬的《葬礼进行曲》时，立刻就营造出一种适宜的气氛。这是一支动人的乐曲，似乎唤醒了日耳曼人内心深处的灵魂。希特勒和副手们坐在皇家包厢，但他本人并未讲话。勃洛姆堡将军替他讲话，不过我觉得他肯定是在念希特勒写的稿子："全世界已经明白，德国并未因世界大战中的失败而死亡。德国将再次占据它在各国中应该占据的位置。我们发誓，德国将绝不再投降，绝不再在无法满足的协议上签字。我们并不需要复仇，因为我们的历史已经写满荣光。"希特勒对此表示赞许。将军接着说道："我们不希望被拖入另一场世界大战。欧洲太小，已不能再成为另一场世界大战的战场。所有国家都拥有同样的军事手段，未来战争将意味着所有人的自我毁灭。我们向往拥有平等权利、确保全体安全的和平。我们别无所求。"

聪明的辞令，而且不仅是为了安抚德国人民，他们当然不想要战争，同时也为了安抚英法。对法国人而言，讲话中提到了"安全"，这是时常萦绕于他们心头的关键词。希特勒让唯一还活着的旧军队陆军元帅冯·马肯森坐在身旁，老元帅穿上了骷髅轻骑兵制服。我注意到，皇太子威廉也在场，不过希特勒小心地没让他坐在**自己的**包厢。多德是唯一出席的外国大使，英法意苏等国大使的缺席十分引人注目，甚至日本大使也未露面。多德看上去很尴尬。

歌剧表演之后，希特勒检阅了仪仗队。参加检阅的部队包括一个营的空军，他们身穿天蓝色制服。毫无疑问这是老兵，正步走得非常漂亮，但却冒充是新手。

我觉得，昨天发布的两个公告值得注意。在周日的晨报上再次

1935年3月17日，英雄纪念日的仪式开始之前，阿道夫·希特勒与奥古斯特·冯·马肯森元帅握手。

读公告时，使我比以往更加强烈地感觉到，这显示了希特勒将其一手促成的“既成事实”以最有利的方式奉献给本国人民的技巧。同时，也在国际舆论中造成一种假象，即不仅他的行动是合理的，而且他还致力于维护和平。例如纳粹党发布的公告声称：“……今天德国人民的荣誉得到了恢复。我们作为自由的人民屹立于民族之林。作为一个主权国家，我们拥有谈判的自由，并且提议在维护和平方面进行合作。”

希特勒本人对德国人民发布的公告也同样如此。开头是老生常谈：威尔逊的十四点计划，不公正的和平条约，德国在一个其他国家都武装到牙齿的世界上却被彻底剥夺了武装，德国试图与其他国家达成协议的反复尝试，等等。然后又是：“这样做［即宣布恢复征兵制］的前提，与鲍德温先生在最近一次演说中真诚提出的前提完全相同：‘一个国家如果不愿为其安全采取必要预防措施的话，就将永远无法在这个世界上享受权利，无论是精神上的还是物质上的。’”

然后，针对法国又说：“德国已最终向法国庄严承诺，在对萨尔问题进行调整之后，德国将不再向法国提出任何领土要求。”

最后，针对德国及全世界则说：“……在这个时刻，德国政府再次在德国人民和全世界面前重申，绝不追求比确保德国荣誉和帝国自由更多的东西，特别是绝对无意重新武装德国以便为发动军事进攻做准备。恰恰相反，德国的行动完全是出于防御及维护和平的目的。鉴此，帝国政府充满信心地希望，德国人民在恢复荣誉之后，可以有权在平等独立的基础上，与其他国家进行自由公开的合作，以便为世界和平做出应有的贡献。”

今天，与我交谈的所有德国人都赞成上述观点。一个并非纳粹分子的德国人在办公室对我说道：“世界难道还能期待比这更公平的和平提议吗？”我也承认，它**听起来**是不错。埃伯特不断警告我，别太玩世不恭了。我也希望如此。

今晚，通过电话与伦敦和巴黎分社进行了交谈。他们说，英法两国政府仍在考虑。伦敦分社说，加尔文在《观察家报》发表社论称，希特勒的行动合乎情理，呼吁西蒙坚持其柏林之行。比弗布鲁克的《周日快报》警告，不要以武力威胁德国。据伦敦分社的人说，明天《泰晤士报》将采取折中立场。我估计，希特勒此次算是得逞了。

柏林，3月18日（在办公室）

戈林的一个轰炸机中队正好飞越我们的房顶。这是它们首次公开露面，轰炸机队形保持得极好。

柏林，3月26日

西蒙和艾登近几天在这里同希特勒和牛赖特举行了会晤。今天下午，两位英国特使在破旧的英国使馆接待了我们，但什么也没说。西蒙给我的印象是非常自负。艾登的举止看上去像个学生，在舞台上不停地走来走去，我们当时是在使馆舞厅里开会。当我们提出令其尴尬的问题时，艾登总是提醒西蒙，两人还不时咬耳朵。西蒙说的唯一值得报道的内容是，他和希特勒发现两人“几乎在所有问题上都不一致”。显然，至少是德国人表示，希特勒反对苏联和拟议中的“东方洛迦诺公约”。该公约将把苏联拉入德国东部边境的防御体系。威廉街也毫不掩饰，无论希特勒说什么，西蒙只是听听而已。随后，艾登前往华沙和莫斯科，西蒙则返回英国。

柏林，4月9日

今晚，在歌剧院为戈林的婚礼举行了盛大招待会。他与外省女演

1935年4月9日，赫尔曼·戈林与埃米·松内曼举行婚礼。

员埃米·松内曼结婚。我也收到邀请但没去。纳粹官员告诉我，戈培尔对其死对头挥金如土的作风感到愤怒，今晚的活动只是其中一例而已。戈培尔已经通知报界，可以发表讽刺性评论。不过，我想没有几个编辑敢这样干。

柏林，4月11日

S博士，大战期间曾在前线为国家服役的一名犹太律师，在盖世太保监狱哥伦比亚大厦待了几个月后，今天突然来到我们的公寓。苔斯当时正在家里，告诉我他的情况很糟，有点精神失常，但显然很清楚自身处境，因为他害怕回家和面对家人。苔斯给他喝了点威士忌，让他精神振作了些，随后送他回家。他的妻子处于精神崩溃的边缘，已经持续了很长时间。他说自己并未受到任何指控，遭关押只因是犹太人或说有一半犹太血统。另外，他还是愿意为台尔曼辩护的少数律师之一。最近，许多犹太人跑到我这里，寻求建议和帮助，以便逃往英美。不幸的是，我们实在无能为力。

巴特萨罗，4月21日（复活节）

在此度过复活节周末。旅馆里到处是犹太人，看到有这么多生活富裕、无忧无虑的犹太人，我们都有点惊异。我想，他们实在太乐观。

柏林，5月1日

今天风雪大作，搅黄了在滕珀尔霍夫举行的盛大劳动节庆典。道什尽管身体不好，仍然坚持前往报道。希特勒没什么特别的话要说，而且似乎有些情绪低落。数千名列队前往滕珀尔霍夫参加集会的工人借暴风雪之机溜出来，到附近酒馆喝酒。今晚，柏林大街上的醉鬼出奇地多。城里传闻，英国将与希特勒就海军问题达成协议，从而帮他打破又一个《凡尔赛和约》的桎梏。

柏林，5月21日

今晚，希特勒做了一次堂皇的“和平”演说，我估计这可能将给世界，尤其是英国舆论，留下深刻的印象。此人的确是位超级演说家，在由六百名精心挑选的帝国议员组成的国会中，我估计他**能够**说服正在听广播的德国人民。这些议员都是些脖子粗壮、剃了光头、穿着褐衫、唯命是从的家伙，每当希特勒讲完一段喘口气时，都会蹦起来高呼万岁。无论如何，今晚他的状态极佳，而他的十三点计划也将说服相当多的人。这确实是个令人吃惊的计划，非常精明。

作为开场白，希特勒尖叫道：“德国需要和平……德国向往和平……我们不想威胁任何人。”对于奥地利：“德国不想也不希望干涉奥地利内政，不想兼并奥地利或是达成合并协议。”

然后，他开始阐述自己的计划。

1. 德国不能返回日内瓦裁军会议，除非《凡尔赛和约》与裁军协议能够分开。

2. 德国将尊重《凡尔赛和约》的所有其他条款，包括关于领土的部分。

3. 德国将一丝不苟地遵守所有自愿签署的协议。特别是它将支持和履行《洛迦诺公约》规定的所有义务……德国政府将尊重非军事区，并认为这是对欧洲缓和的一个贡献……

4. 德国准备为保证欧洲安全而在一个集体组织中合作……

5. 单方面强加的条件无益于合作。循序渐进的谈判必不可少。

6. 德国政府原则上准备与邻国签署互不侵犯条约，并为这些条约添加所有必要条款，以孤立战争制造者和隔离战争地区。

7. 德国政府准备为《洛迦诺公约》增补一项关于空军的条款。

8. 关于限制军备问题，德国准备在空军与西方各大国保持平等、海军相当于英国35%的基础上与英国谈判。

9. 德国希望将与日内瓦红十字会公约相抵触的武器和战争方式规定为非法。德国政府在这里所指的是，所有那些不仅会给战斗人员带来死亡和破坏，而且会给妇女儿童等非战斗人员带来更严重伤亡和破坏的武器。德国政府相信，可以禁止使用与国际法相抵触的相关武器，并宣布仍然使用这些武器的国家为非法。例如，禁止在交战区域之外投掷毒气弹、燃烧弹和高爆弹。随后，这一限制还可扩大为在全世界彻底禁止轰炸行动。

10. 德国希望取缔所有重型武器，特别是重型火炮和重型坦克。

11. 如果达成协议，德国将接受对任何口径火炮、任何吨位战舰以及对潜艇总吨位的限制，甚至是完全禁止使用潜艇。

12. 为禁止不负责分子通过口头或书面形式毒化各个国家的公众舆论，应采取相应措施。

13. 德国随时准备签署一项国际协议，以有效防止对别国事务进行外部干预的企图。

还有什么更甜蜜和更合理的吗？如果他真是这样想的话！希特勒一直说到将近10点钟。他表现得轻松而自信。外交官席爆满，法国、英国、意大利、日本和波兰大使坐在头排。多德坐在第三排，在我看来这是纳粹在外交上轻视美国的典型表现。我写了几千字的稿件后才上床睡觉，疲惫不堪的同时还被希特勒的演说搞得有些困惑。今晚，“酒馆”里的一些英法记者可能会想，在经历所有波折之后，这是确保今后几年和平的一条道路。

柏林，6月3日

我们再次搬家，这次是去滕珀尔霍夫。我们在陶恩沁街的公寓位于顶层，所以太热了。我们租住了克尔上尉的公寓，他是大战中的王牌飞行员，还曾和两位朋友首次由东向西飞越大西洋。他的妻子很漂亮，皮肤黝黑，夫妻俩是尼克最好的朋友。他也是少数有勇气不屈服于戈林和纳粹党的德国人之一。结果他被排斥到圈子外，甚至失去了汉莎航空公司的工作。作为虔诚的天主教徒和意志坚强的男人，他宁愿到南德一座小庄园隐居，也不去讨好纳粹党。他是人中翘楚，我非常喜欢他。

柏林，6月7日

自动收报机接到消息：鲍德温接替麦克唐纳担任英国首相。无人为麦克唐纳惋惜，他背叛了英国劳工运动，五年来已经变成一个自负愚蠢的家伙。里宾特洛甫正在伦敦谈判，以便就准许德国拥有相当于英国35%的舰队总吨位达成协议。这里的纳粹声称，此事已如探囊取物。

柏林，6月18日

的确如同探囊取物，今天已经在伦敦签署协议。威廉街兴高采烈。德国拥有的潜艇吨位与英国相当。我想不通英国人为何会同意。在上次战争中德国潜艇几乎将他们打败，而在下次战争中很可能会彻底将他们打败。像许多个晚上一样，今晚又是在“酒馆”度过的。“酒馆”是一家意大利餐厅，由维利·莱曼经营。他是个身材魁梧、性格直率的德国人，身上毫无意大利味道，他妻子则是苗条拘谨的比利时人。“酒馆”已成为柏林英美记者的聚会场所，可以帮助我们恢复神志，提供一个非正式聚会和聊天的机会。没有任何外国记者能够在脱离这些环境的情况下长期生存。我们有一个固定桌位——一张角落里的桌子，总是为我们预留着——从晚上10点到凌晨三四点总是坐满了人。一般总是由诺曼·埃伯特主持聚会，他整晚都叼着旧烟斗，谈话、辩论的嗓音虚弱而尖厉，但传播的却都是智慧。他在柏林待了很长时间，在政府、纳粹党、教会和军队中联系广泛，既聪明又敏锐。最近，他私下向我抱怨，《泰晤士报》不刊登他的全部稿件，不愿过多关注纳粹德国的阴暗面，显然已被伦敦亲纳粹分子控制。他有些沮丧，开始谈到放弃。与他相邻的是福尔摩斯夫人，鼻梁折断过，极为聪明。然而，她说话声音含糊，我很难理解其意思。其他常客还包括合众通讯社的埃德·比蒂，长着丘吉尔式满月般的脸庞，非常机敏，会讲无数有趣的故事，演唱无数美妙的歌曲；合众通讯社的弗雷德·奥克斯纳和妻子多萝西，弗雷德是个文静而能干的记者，多萝西则是个热情洋溢的金发美女，嗓音却粗而低沉；国际新闻服务社的皮埃尔·哈斯，灵活聪明，温文尔雅，野心勃勃，与纳粹官方的关系比任何人都好;《纽约时报》的戈多·安德雷斯已经六十多岁了，却总穿着华丽俗气的赛马服，系着大红领结，比任何人都更不在乎纳粹，因为在美国参战后仍在柏林工作而一举成名；艾尔·罗斯是他的助手，身材胖大，总是昏昏欲睡，动作缓慢，但十分可爱；芝加哥《每日新闻报》的瓦利·杜尔，年轻、安静、好学且极端聪明，他的妻子玛丽·杜尔与他很像，长着大而美丽的眼睛，他们彼此非常相爱;《芝加哥论坛报》的西格里德·舒尔茨，我们中间唯一的女记者，活泼快乐且消息灵通；奥托·托利舒斯，虽然并非《纽约时报》驻柏林分社负责人，实际上却是其台柱，世事练达，城府很深，仔细认真，遇事好刨根究底。玛尔塔·多德也常常光临，她是美国大使的女儿，漂亮活泼，喜欢争论。其他美国记者偶尔也会在这儿露面，有美联社的路易斯·洛克纳、纽约《先驱论坛报》的约翰·艾略特。约翰是名非常能干、知识渊博的记者，主张禁酒，不抽香烟，沉溺于自己的图书之中。

纽约，9月9日

回国度过短暂的假期，纽约看上去非常好。不过，我发现许多人对欧洲问题过于乐观。我发现，这里所有人知道的情况与持有的观点都是积极的。

纽约，9月16日

周末与尼古拉斯·罗斯福一起在长岛度过。自从他担任驻布达佩斯公使后，我们就再没见过面。他对富兰克林·罗斯福的“独裁”过于关心，以至于没时间谈论欧洲事务。他似乎对新政不允许他在花园种土豆极为不满，所以详细讨论了这个问题，不过我恐怕没认真听。我总想着埃塞俄比亚和意大利开战的可能性。尽管如此，他仍不失为一个聪明人。回了一趟家，感觉非常好，只是太短暂了。妈妈尽管上了年纪而且最近得过病，但看上去似乎仍然充满活力。由于阿比西尼亚的形势，分社坚持让我立即返回柏林。道什要去罗马，我将负责柏林分社。

柏林，10月4日

墨索里尼开始征服阿比西尼亚。根据一份意大利公报，领袖的军队昨天越过了边界，“以击退来自埃塞俄比亚的迫在眉睫的威胁”。威廉街很高兴。如果墨索里尼倒霉并深深卷入非洲，那他在欧洲的实力就会大大削弱，希特勒就可夺取奥地利，该国迄今处于领袖的庇护

1935年10月3日，意大利入侵埃塞俄比亚，第二次意大利埃塞俄比亚战争爆发。图为意大利士兵被征召奔赴前线。

下；如果墨索里尼获胜，则是对英法的挑战，就会促使他与希特勒联合对抗西方民主国家。无论哪种结果都对希特勒有利。国联前景暗淡，继"满洲事件"遭受挫败后，此次失败必将使它完蛋。在日内瓦，人们谈论着制裁。这是最后的希望。

柏林，12月30日

今天，多德打来电话，邀请我们与来访的副国务卿威廉·菲利普斯谈一谈。我们问他，如果纳粹驱逐美国记者，华盛顿会采取什么行动。他对此诚实地做了回答。他说，不会采取任何行动。我们的观点是，如果威廉街知道每驱逐一名美国记者，就会有一名德国记者被踢出美国，那他们在采取敌对行动前可能就会掂量一番。但副国务卿说，国务院在此问题上无法律可循。这真是我们民主弱点的一个可爱典范。

柏林，1936年1月4日

一些晚报，特别是《证券报》和《攻击报》，对罗斯福谴责独裁和侵略非常愤怒。显然，罗斯福主要是针对墨索里尼，但同时捎带着敲打了一下柏林。顺便提一下，有件事我差点忘了做记录：《证券报》的X先生并未被处决。他的死刑被减为无期徒刑。他的罪名是：偶尔会给外国记者一些戈培尔每天向新闻界下达的密令副本。它们的内容很有趣，每天指示用谎言代替某条真实消息。我听说，他是被一名波兰外交官出卖的，我从来不信任那个家伙。除了能够阅读外国报纸的人以外（《泰晤士报》在这里发行量极大），德国人民与外部世界动态完全隔绝，当然也不会知道本国幕后内情。有一段时间，他们疯狂抢购报摊上的《巴塞尔新闻》，这是瑞士出的德文报纸，在德国销量已经超过国内。但是，这份报纸现在已被禁。

柏林，1月23日

不愉快的一天。今早，电话铃声把我吵醒。我一般工作到很晚，睡觉也很晚。打电话的是威尔弗雷德·巴德，一个狂热的纳粹野心家，现在负责宣传部外国新闻司。他劈头便问："最近你去过加米施吗？"我说："没有。"然后他就开始叫喊："我知道你没去过那儿，但你却不诚实地写了一篇关于那里犹太人的假话……""等一等，"我说，"你不能说我不诚实……"但他挂断了电话。

中午，苔斯打开收音机听新闻，我们恰好听到正在对我进行人身攻击。广播中暗示我是个肮脏的犹太人，正试图用关于加米施的犹太人和纳粹官员的虚假故事破坏近期将在那里举行的冬奥会。午饭后，当我到分社时，各报头版充斥着纳粹党对我歇斯底里般的攻击。分社里的德国人估计，盖世太保随时都会来逮捕我。实际情况是，不久前我曾为连载栏目写过一篇文章，说加米施的纳粹分子将所有"犹太人不得入内"的牌子都摘了。这种牌子在德国到处都是。因此，奥运游客就不会受到德国犹太人所受到的款待了。我还捎带提到，纳粹官员将所有好旅馆都留给自己，却让记者们去住不太好的膳宿公寓。这也是实情。

整个下午，每当听差拿来新报纸，我就会更加愤怒。不少朋友打电话给我，建议我不要计较，因为如果我反抗，就可能被驱逐。但是，那些文章是如此夸大其词和恶意诽谤，我简直无法控制自己的脾气。我打电话给巴德的办公室并要求见他。他出去了。我便不停地打电话。最后，一个秘书说他出去了而且不会回来。晚9点左右，我再也无法控制自己的情绪。我直接来到宣传部，推开一名卫兵，闯进巴德的办公室。正如我预料到的，他就在那里，坐在办公桌后面。未经他允许，我便坐在桌子对面，没等他从惊讶中清醒过来，便要求道歉并在报纸、电台公开更正。他开始冲我咆哮。我也冲他咆哮。不过在激动中，我自己都不明白自己说的德语，因此很可能有些语无伦次。喊叫声显然惊动了门外的服务员，他们推开门不停地向里窥视。巴德命令他们关上门，然后我们两人继续争吵。他捶了桌子。我也做了回敬。门突然被打开了，一名服务员走了进来，表面上是为上司拿些香烟。我点燃了一根自己的香烟。我们捶桌子的声音又两次招来服务员，一次是拿来更多香烟，一次是端进一壶水。但是，我开始明白，实际上我早就应该知道，这样做不会有任何结果。没有一个人（不要说巴德这个小人物）有权力或羞耻心，去更正已经发表的纳粹宣传文章，无论它包含多大的谎言。最后，他变得安静了些，甚至还有些谄媚。他说，他们已经决定不像最初计划的那样驱逐我。我再次大怒并说道，你驱逐我试试看。这次他并未反击，最后我怒气冲冲地走了出去。我担心，自己是不是有些过于急躁。

加米施-帕滕基兴，2月

这段时间比我预料的要愉快得多。苔斯和我为报道冬奥会，从拂晓到午夜要做大量艰苦工作，周围有太多党卫军和正规军。（不过，他们的主要监视目标不是我，而是威斯特布鲁克·佩格勒！）巴伐利亚阿尔卑斯山区的景色真是太美了，特别是日出日落时分。山区空气清爽宜人，穿着滑雪服、脸庞通红的姑娘们都很漂亮。比赛令人激动，特别是可能摔断骨头的跳高滑雪、雪橇比赛（同样容易摔断骨头，有时确实是向死亡挑战）、曲棍球比赛和索尼娅·赫妮*。总体而言，纳粹宣传工作确实搞得不错。他们将比赛组织得奢华流畅，德国

* 挪威花样滑冰运动员。——译注

人的态度也和蔼可亲，给大多数外国游客留下了深刻印象。当然，在我们这些来自柏林的人看来，这只是演戏而已。我对此十分警觉，邀请了一些美国商人吃午餐，还请道格拉斯·米勒参加。他是美国驻柏林商务参赞，也是使馆对德国消息最灵通的人士，希望能够借此提醒一下美国商人。但是，他们却告诉**他**情况如何如何，道格几乎插不上话。跟佩格勒在一起很有趣，他尖刻辛辣的言辞真是派上了用场。佩格勒、格里科和我不断与党卫军警卫发生冲突，因为希特勒只要一到体育场，党卫军便会将那里包围，并禁止我们入场。大多数记者都对《人民观察家报》摘引《纽约时报》记者伯奇豪的一篇文章有些生气，引文给人的感觉是比赛中完全没有武力的影子，而这种报道是不准确的。佩格勒对此特别不满。今晚，他似乎担心盖世太保可能会为那些稿子而逮捕他，但我并不这样想。“奥林匹克精神”还将持续两周左右，那时他已经到了意大利。苔斯和我常见到保罗·格里科。他正处

1936年2月6日至16日，第四届冬季奥林匹克运动会在德国加米施-帕滕基兴举行。图为希特勒参加开幕式。

在人生的十字路口。他主动放弃了纽约报酬最优厚的体育记者职位，挥手告别了体育，并将定居英国乡下，看看自己能否做自由撰稿人来维持生活。没有多少人有勇气做出这个决定。明天将返回柏林，再去干报道纳粹政治生活的苦差事。苔斯将去蒂罗尔滑雪，以便从纳粹的折磨中恢复过来。

柏林，2月25日

得知伦敦德里勋爵在本月1号来过这里，会见了希特勒、戈林等许多人。他是个不折不扣的亲纳粹分子。我担心他干不了什么好事。

柏林，2月28日

法国议会以多数票批准了与苏联的条约。威廉街非常不满。弗雷德·奥克斯纳说，当他和罗伊·霍华德前天看到希特勒时，希特勒似乎想着心事，有些心不在焉。

柏林，3月5日

纳粹党圈内人士说，希特勒将于3月13日召集国会开会，他们预计那天法国议会将批准与苏联的条约。今天，威廉街的气氛非常紧张，但很难弄清楚到底是怎么回事。

柏林，3月6日，午夜

今天谣言满天飞。然而，可以确定希特勒已决定明天中午召集国会议员开会，明天早晨召见英国、法国、意大利和比利时大使。由于这四个都是《洛迦诺公约》成员国，根据这一情况以及我从纳粹党圈子内部得到的一点消息判断，希特勒想要废除《洛迦诺公约》。而整整一年前，他还说德国将“一丝不苟地遵守”。也是根据今天听到的消息，我猜希特勒还将废除莱茵兰非军事区，虽然威廉街拼命否认这一点。他是否将派德军进驻则无法确定。这样做似乎过于冒险，因为法军可以轻易地将其赶走。据说，今天内阁发生了激烈冲突，牛赖特、沙赫特和将军们建议希特勒谨慎从事。今晚，一位消息人士告诉我，希特勒不会派遣军队，而只是宣布现在已经驻扎莱茵兰的大批警察隶属军队，因此也就在实际上结束了该地区的非军事化。据威廉街某人的说法，希特勒采取闪电行动，是由于他收到驻巴黎使馆的报告，称法国议会将在一两天内就与苏联的条约投票。今晚，柏林到处都是匆匆赶来参加国会会议的纳粹党领导人。在恺撒霍夫旅馆看到了其中许多人，他们看上去趾高气扬。给外交部新闻司司长阿施曼博士打了几个电话，他断然否定德军明天将开进莱茵兰。他说，那将意味着战争。出于保险起见，写了一篇稿子。不过，明天一切都将见分晓。

柏林，3月7日

保险的做法看来是对的！希特勒今天撕毁了《洛迦诺公约》，并派遣德军占领了莱茵兰非军事区！少数几名悲观派外交官认为这意味着战争。但大多数人都认为希特勒将安然脱身。最重要的是，法军没有行动。今晚是1870年以来灰衣德军与蓝衣法军首次在上莱茵地区隔河对峙。不过，我在一小时前与卡尔斯鲁厄通了电话，那里并无枪声。我整晚都在与巴黎分社通电话，同时修改稿子。他们说，法国没有发布动员令，至少现在如此；不过内阁正在与总参谋部开会。正如一年前一样，伦敦似乎正在退缩。德国的将军们仍然十分紧张，但不像今天早晨那样紧张。

1936年3月7日，德军开进莱茵兰非军事区。

还是让我尽我所能地描述一下今天的情况吧：

今早10点，牛赖特交给法国、英国、比利时和意大利大使一份冗长的备忘录。这次我们得到了一些新闻，因为外交部国务秘书迪克霍夫博士召见了美国使馆公使弗雷迪·迈耶，交给他一份备忘录的副本，可能还建议将该副本向美国记者公布，因为美国使馆很少主动将类似材料给我们。哈斯需要早点向国际新闻服务社报告情况，便迅速赶往美国使馆。而我则前往帝国国会，他们将于中午在克罗尔歌剧院开会。然而，备忘录及牛赖特对大使们的口头训词，即德军于今日拂晓开进莱茵兰，已经说明全部事实。

德国人声称，由于法苏条约，《洛迦诺公约》已经“名存实亡”，德国认为自己无须再受其约束。“因此德国政府自今天起，恢复了帝国在莱茵兰非军事区的全面的、不受任何限制的主权。”随后，希特勒又做出了一个漂亮姿态，企图迷惑西方的“和平爱好者”，包括伦敦德里勋爵、阿斯特家族、洛西恩勋爵和罗瑟米尔勋爵等。在去年5月21日的演说之后，谁敢说他不会成功呢？他提出了一项七点“和平”计划，按照备忘录的说法，是为了“防止对帝国政府的意图有任何怀疑，表明这一措施的纯粹防御性质，同时也表明对欧洲实现真正和平的持久愿望……”。该提议纯粹是个骗局，如果有足够勇气的话，我在今晚的新闻稿里就会这么说。但我不愿被认为是在写“社论”。

在这一最新“和平倡议”中，希特勒提出与法国和比利时签署有效期为二十五年的互不侵犯条约，由英国和意大利作担保；向比利时和法国提出，它们与德国的边界**两侧**都实现非军事化；签署一项空军条约；与德国的东部邻国签署互不侵犯条约；最后，德国将重返国联。希特勒的真诚性可能从其提议在边界**两侧**实现非军事化就可看出。因为这实际上意味着剥夺法国的马其诺防线，后者现已成为抵御德国进攻的最后一道防线。

我感觉帝国国会的气氛比以往任何时候都要紧张，虽然主会场中的“钦定”议员们还不知道已经发生的事情，但显然他们明白正在酝酿着什么。会议在中午召开。法国、英国、比利时和波兰大使缺席，但意大利大使和美国大使多德出席了会议。国防部长勃洛姆堡将军与内阁成员们一起坐在主席台左侧，脸色白得像纸，手指在长桌上神经质地摸索着。我从未见过他这个样子。希特勒像从前一样，以长篇大套的谩骂指责作为开场白，指责《凡尔赛和约》的不公正，表白德国人的和平精神，对此他向来乐此不疲。随后，他开始攻击布尔什维主义，声音也由低沉沙哑突然变为高亢、歇斯底里般的尖叫。

“我不会让令人恶心的、充满仇恨的共产主义国际独裁降临到德国人民身上！这一破坏性的亚细亚世界观是对所有价值观的打击！一想到这一破坏性的亚细亚生活方式、布尔什维主义革命的混乱取得成功后将要发生的事情，我就为欧洲而颤抖！”（疯狂的掌声）

然后，以一种更为通情达理的声调，他解释了为何法国与苏联的条约使《洛迦诺公约》失效。短暂的停顿后，他又接着说道：

“德国不认为还需要遵守《洛迦诺公约》。为维护本国人民在边界安全和确保国防方面的基本权利，德国政府自今日起已经重新恢复了帝国在非军事区的绝对的、不受限制的主权！”

这六百名议员都是由希特勒亲自任命的，是一群身材魁梧、脖子粗壮、留着平头、长着啤酒肚、穿着褐色制服、蹬着大皮靴的小人物。现在，他们就像机器人一样蹦起来，高举右臂行纳粹举手礼，尖叫着“万岁”。头两三次还是疯狂而杂乱的，随后就像大学生喊口号一样，齐声高喊二十五次。希特勒举手示意安静。场面一下子很难平静下来。渐渐地，“机器人们”坐了下来。希特勒似乎感到了这一点。他以深沉洪亮的嗓音说道：“德意志帝国议会的议员们！”随后全场一片肃静。

“在这个历史性的时刻，当德军正在帝国西部省份开进他们未来和平时期的军营时，让我们全体用两个神圣的誓言团结起来吧。”

他无法再说下去了。对这群歇斯底里的“国会”暴徒而言，德国士兵已经开进莱茵兰还是个新闻。他们的日耳曼血液中所有的军国主义毒素都涌进了大脑。他们像弹簧一样蹦起来，大喊大叫。旁听席上的观众也是如此，只有少数几名外交官和大约五十名记者除外。他们的手臂奴性地行着举手礼，他们的脸庞因歇斯底里而扭曲，他们咧着嘴巴不停地喊叫，眼睛里燃烧着疯狂，紧紧地盯着这位新的上帝，救世主。这位救世主出色地扮演着自己的角色。他头颅低垂，似乎很谦卑，耐心地等待安静下来。然后，声音依然低沉，只是因感动而哽咽，他发出了两个誓言：

“第一，我们发誓在恢复我们人民的荣誉时不向任何力量低头，宁愿拼死奋斗光荣死去，也不愿屈服。第二，我们现在承诺，我们比以往任何时候都更致力于欧洲人民之间的相互理解，特别是与我们的西方邻国之间……我们在欧洲没有任何领土要求！德国永远不会破坏和平。”

欢呼声久久不能平静。议员们在走出会场后，仍然没能摆脱那种魔力，相互间说个不停。几位将军走了出来，但在他们的微笑后面，你可以觉察到一丝紧张情绪。我们在歌剧院前等候希特勒等要人离开，随后党卫军警卫才允许通行。我和约翰·艾略特走过蒂尔加滕公园，来到阿德隆饭店吃了午饭。我们都十分震惊，以至于没说什么话。

5月29日将举行一次选举，按照希特勒的说法，“德国人民可以对我的领导做出判断”。当然，结果是早就确定的。不过今晚又宣布，希特勒将于明天开始进行一系列“竞选”演说。

今天，他很聪明地在演说中安抚波兰。他说:“我希望德国人民即使感到痛苦也能够理解，虽然一个拥有三千五百万人口的国家的出海口横穿德国领土，但不让这么大一个国家拥有出海口也不合情理。”

午饭后，我独自在蒂尔加滕公园散步，以厘清自己的思路。在斯卡格拉克广场附近，我遇见了牵着两条狗散步的勃洛姆堡将军。他的脸色仍然刷白，腮部还不停地抽搐。“有什么不对头吗？”我不禁有些纳闷。回到分社，整个下午我都在绞尽脑汁地写稿，每写三四百字就用电话通知巴黎分社。当纽约发电报催促周日晨报的稿子时，我才想起今天是周六。周六是希特勒的好日子：血腥大清洗，恢复义务兵役制，还有今天的事件，都发生在周六。

今晚，我写完稿子后，从分社窗口看到威廉街上无穷无尽的冲锋队游行队伍，举着火炬的人群沿着大街走过总理府。派赫尔曼下去看一看。他打电话说，希特勒正在阳台上接受敬礼，施特莱彻站在他身边。德意志通讯社声称，当晚在帝国全境都举行了火炬游行。

我们驻科隆的记者打了几次电话，描述德军占领情况。根据他的说法，德军在所有地方都受到了疯狂的欢迎，妇女们在行军路上撒满鲜花。他说，空军的轰炸机和战斗机在杜塞尔多夫等几个机场降落。德国今天向莱茵兰派遣了多少部队无人知晓。法国大使弗朗索瓦·庞赛今天告诉我的一个朋友，德国外交部在这个问题上一天内向他撒了三次谎。德国人开始宣布是两千人，随后又改为九千五百人外带“十三支炮兵分遣队”。我的消息是他们派了四个师约五万人。

就这样，欧洲和平体系的主要支柱《洛迦诺公约》消失了。德国是在自愿基础上签署这一公约的，并非**受到强迫**，而且希特勒不止一次发誓将予以遵守。今晚在“酒馆”，一名法国记者向我们祝酒，并十分肯定地说法军明天就将行动。考虑到巴黎分社今晚所说的情况，我对此表示怀疑。法军为何不行动，我并不理解。德军面临的当然不仅是一次行军任务。而且如果法军采取行动，那将是希特勒的末日。为赢得此次行动的胜利，他押上了全部赌注。如果法军占领莱茵河西岸，将是对他的羞辱。他无法幸存。在“酒馆”里，大多数人都同意这一点。又喝了更多啤酒，吃了两盘意面，凌晨3点才回家。明天必须及时起床，以便到歌剧院参加另一场英雄纪念日仪式。它将比去年那场还宏大，除非法国采取行动。

柏林，3月8日

希特勒安然脱身！法国不会进军。取而代之的是，它向国联提出了申诉！毫无疑问，今天中午希特勒、戈林、勃洛姆堡和弗里奇的脸上将挂满笑容。届时他们将坐在国家歌剧院的皇家包厢中，在两年内以最具军人味的方式第二次庆祝英雄纪念日，以纪念在上次战争中战死的两百万德国人。

噢，法国竟如此愚蠢！它难道瘫痪了？今天我得到绝对权威的消息，昨天开进莱茵兰非军事区的德军接到严格命令，无论法军以任何方式阻挡都应迅速撤退。他们并不准备与正规军作战，也根本没有充足的装备。这解释了勃洛姆堡昨天为何脸色苍白。显然，陆军总司令弗里奇和大多数将军反对此次行动，但是勃洛姆堡盲目信任元首及其判断，说服他们执行命令。弗里奇既不喜欢希特勒也不喜欢纳粹政权。他之所以同意行动，可能是因为如果失败的话，那将是希特勒的末日；而如果成功的话，也解决了他的军事难题。

今天还有个不可思议的消息，我认为是真实的。法国使馆说，几天前庞赛会见了希特勒，要他提出法德实现和解的条件。元首声称，他要花几天时间思考。对大使而言，这似乎是合情合理的。但他也感到困惑不解，因为希特勒坚持不向公众泄露会面消息。现在他不再困惑了。如果世人知道法国愿意谈判，实际上也已要求谈判，那么希特勒就将失去借口，无法将撕毁公约一事归咎于法国，因为不管怎样法苏条约还未得到批准。

今天中午，歌剧院举行的纪念仪式在瓦格纳风格的背景中进行（瓦格纳对纳粹主义和希特勒的影响，至今还未被国外理解）。灯光打得雪亮的舞台上，站满了戴着钢盔、扛着战旗的士兵，背景是松柏等常青树和巨大的银黑两色铁十字。在楼下和楼厅中，到处点缀着老式帝国陆军军装和尖顶钢盔。希特勒骄傲地坐在皇家包厢里，周围是德国新旧两代军事领导人：穿骷髅轻骑兵制服的陆军元帅冯·马肯森，穿着华丽的猩红、天蓝两色空军将军服的戈林，新式德军创始人冯·西克特将军，陆军总司令冯·弗里奇，飞速发展的德国海军的司令官冯·雷德尔海军上将，穿着老式奥匈帝国陆军军装的冯·克劳茨将军，他脸上留着弗朗茨·约瑟夫皇帝式络腮胡。但鲁登道夫将军缺席，他因为不愿同自己以前的下士和解，拒绝接受陆军元帅头衔。另外，皇太子也没来。

勃洛姆堡将军发表了讲话，这是一篇直率的挑衅性发言，同时还混杂着对军国主义的赞颂。“我们不想要一场进攻战，”他说，“但我们不怕一场防御战。”不过，虽然巴黎或伦敦方面可能不知道，但这里所有人都知道他害怕，昨天还为这场可能爆发的防御战而恐惧。勃洛姆堡显然是按照希特勒的命令，以非常不合乎军人身份的方式，试图平息关于德军将领反对占领莱茵兰且不支持纳粹党的谣言。当勃洛姆堡否认“外界关于纳粹党和军队关系的谣言”时，我几乎可以看出弗里奇有些畏缩。勃洛姆堡以强调的口气说道：“我们军人也是民族社会主义者。党和军队现在团结得更加紧密。”他继续解释道，“民族社会主义革命，不但不像其他革命那样摧毁旧军队，而且还使其获得了新生。民族社会主义将德国全部经济实力、它的人民和青壮年都交给我们支配。”随后又对未来做了些暗示：“一个巨大的责任落到我们肩上。它可能会变得更沉重，**我们可能面临新的任务**。”

勃洛姆堡讲话时，戈培尔命令将聚光灯和摄影机镜头缓缓移开，先对着舞台，然后对准元首包厢。仪式过后，就是按惯例举行阅兵式，但我已经受够了而且很饿。于是沿着菩提树下大街，走到哈贝尔餐馆吃午饭，顺便喝了些白葡萄酒。

补记——今晚，道什-弗洛特从莱茵兰发回一个有趣的故事，他正在那里观察德军占领行动。他报道说，天主教神父在莱茵河桥迎接德军并为他们祝福。在科隆，红衣大主教舒尔特赞扬了希特勒，因为他将“我们的军队派了回来”。纳粹党对教会的迫害迅速被淡忘。道什说，今晚那里的莱茵葡萄酒在自由地流淌。

而法国却在向日内瓦申诉！我打电话问伦敦分社，英国人将如何行动。他们笑了，为我念了几段周日报纸的摘要。加尔文的周日报刊《观察家报》和罗瑟米尔的《周日电讯》为希特勒的行动感到**高兴**。英国现在忙于约束法国人！这里的外交部今晚彻夜监视巴黎和伦敦的反应，情绪十分紧张。这当然不足为奇！

卡尔斯鲁厄，3月13日

今晚，就在马其诺防线火炮射程内，希特勒做了他的首次“竞选”演说。整整一天，不断有来自周围城镇的特别列车，将那些忠实的支持者和被迫听讲的人带到这里。集会在一座巨大的帐篷中举行，空气是如此令人窒息，在希特勒抵达前我便离场。回到旅馆后，面对着丰盛的晚餐和一瓶葡萄酒，我和大多数记者一起收听了演讲。没什么新鲜货色，虽然他很巧妙地表达了与法国保持友谊的希望。这些莱茵兰人当然不希望与法国再次交战，但是德军占领行动也使他们沾染了纳粹病菌。他们就像其他德国人一样歇斯底里。后来和一名出租车司机去小酒馆喝了几杯烧酒，他白天开车带着我四处转悠。他原是共产党员，对纳粹很仇恨，预言其很快就会垮台。在这里发现一名反纳粹的德国人真是件开心事。他说，还有许多人也反对纳粹，但我对此有些怀疑。

柏林，3月29日

早春美好的一天，很适合“竞选”。根据戈培尔的数字，95%的德国人都支持重新占领莱茵兰。今天，采访投票站的记者说，投票程序不太正规。不过，我想绝大多数民众毫无疑问都支持重占莱茵兰，不管是纳粹还是其他什么人策划的。当然，由于害怕被发现，很少有人敢投票反对希特勒。今晚得知，在新克尔恩和韦丁区，共产党以前在柏林的主要据点，反对票比例高达20%。今后几天，那里的人要倒霉了。

昨天，新齐柏林飞艇“兴登堡号”优雅地飞越我们分社楼顶。前些天，我去腓特烈机场参观过，它的确是德国机械天才们创造的奇迹。昨天它是在做“竞选”宣传，散发传单鼓励人们投赞成票。胡戈·埃克纳博士已准备好去巴西的处女航，固执地反对在周末让飞艇升空，理由是还未进行充分测试，但戈培尔博士坚持要飞。埃克纳对纳粹政权并不友好，拒绝亲自驾驶飞艇升空，不过他允许莱曼艇长驾驶。据说“博士”因此而疯狂地号叫，声称要收拾埃克纳。

1936年3月28日，“兴登堡号”与“齐柏林伯爵号”飞艇飞跃国会大厦。

柏林，4月（未标日期）

今天，在多德家吃了一顿有趣的午餐。埃克纳是荣誉嘉宾，他不久将赴美亲自请求罗斯福总统，以便获得足够的氦气灌满新飞艇。似乎在美国国内存在一些阻力。他不停地讲戈培尔的笑话，对此人他只有轻蔑。有人问他“兴登堡号”上的投票情况，因为当时它还未降落。“戈培尔创造了新纪录，”他答道，“在‘兴登堡号’上有40人，却数出了42张票。”戈培尔严禁新闻界提及埃克纳。

柏林，5月2日

今天，意大利人进入亚的斯亚贝巴。尼格斯即埃塞俄比亚皇帝逃跑了。墨索里尼胜利了。主要依靠芥子气。那是他赖以击败埃塞俄比亚人的利器。他还对国联取得了胜利，主要是依靠虚张声势。这使他避免了石油禁运，而禁运本来可以阻止其行动。我们看到了他在罗马威尼斯宫阳台上发表的广播稿。内容大多是关于三千年的历史、罗马文明和对野蛮人胜利的胡言乱语。到底谁是野蛮人？

拉古萨，南斯拉夫，6月18日

在达尔马提亚过了一个愉快的假期。此地拥有一切美好的东西：大海、阳光、群山、鲜花、美酒、佳肴和妙人。尼克博克一家从亚的斯亚贝巴返回，和我们一起度假。阿格妮斯快要生孩子了。尼克一肚子奇闻逸事，比如在亚的斯亚贝巴记者们如何打架、《芝加哥论坛报》可怜的比尔·巴伯如何死去并葬在那里、对德塞的轰炸、吉布提一所充满麻风病人的房子等。我们整天闲逛、游泳、聊天、读书，晚上就去旧港的咖啡馆喝酒、吃饭、跳舞。读完托马斯·曼的巨著《魔山》，还看完了契诃夫的戏剧集。我非常喜欢契诃夫的剧本和短篇小说。

拉古萨，6月20日

今天大受惊吓。当时，尼克、阿格妮斯和我正在旅馆露台上吃早饭。旅馆位于距城约半英里的海边，苔斯要去城里拍几张照片。两架轰炸机突然出现，在拉古萨上空做特技动作，这实在有些奇怪，因为它们过于笨重，并不适合特技表演。然后，其中一架就在城镇中心上空开始俯冲。阿格妮斯吓得扭头不看。这架轰炸机未能及时拉起，也可能在空中就解体了，就在一片房屋的上方。随后就是爆炸声和火焰。我想到了苔斯。火焰腾起的地方就在教堂附近。那正是她说想要拍照的地方。当时我只穿着短裤、衬衫和沙滩鞋。我一定是下意识地跳了起来。我沿着公路向城里跑去。冥冥中似乎有人告诉我，她就在那里。当我跑到教堂前的小广场时，发现几幢房子着了火。警察将死伤者用担架抬走，上面蒙着布单。我挨个揭开布单看下面的人，然后才控制住了情绪。我在街道上的人群中冲进冲出，转来转去。没有发现苔斯。我变得歇斯底里起来。我开始询问市长、官员和任何可以告诉我的人。最后，有人轻轻推了我一下。“让开，我想照那个。”苔斯端着徕卡相机正眯着眼看我。她照完相后告诉我，当飞机坠毁时，她就站在一百码开外。

补记——事情似乎是这样的，那两位飞行员昨晚在城里遇到了两位美女。为继续发展这段罗曼史，就让她们早8点在阳台上等着，保证让她们“兴奋一把”。死亡人数达到十人，包括飞行员和美女。

拉古萨，6月22日

今天，乘汽船沿着海岸上溯十五英里来到一个小镇，参观梅斯特洛维奇设计的小教堂，他还将一些我从未见过的、最激动人心的雕塑安放在那里。这真是宏伟壮观的作品，建筑、浮雕和图形混合成了美丽的和谐。自从在马德里林荫大道看到格列柯的作品后，我从未看到如此令人激动的艺术品。

柏林，7月15日

开始写作一部小说，上帝保佑我。背景选在了印度。我在1930年和1931年去过两次，当时正是甘地的文明不服从运动期间。我无法将印度排除出自己的思想之外。

柏林，7月18日

西班牙出麻烦了。右翼分子发动了叛乱。战斗在马德里、巴塞罗那等地展开。

柏林，7月23日

林德伯格夫妇来到柏林，以戈林为首的纳粹分子借此上演了一出盛大的戏剧。今天，在航空部为林德伯格举行的午餐会上，他颇为大胆地讲了番话，警告说飞机已成为致命的破坏工具，除非“航空界人士”直面自己所承担的沉重责任，并实现“建立在理智基础上的安全”，否则全世界尤其是欧洲将遭受无法弥补的破坏。这真是个适时的、小小的刺激，因为戈林无疑正在建立欧洲最具杀伤力的空军。今天下午，德意志通讯社声称，林德伯格的话“给人们留下了深刻的印象”。不过，我对此表示怀疑。“气恼”一词可能更为准确。

今天下午，汉莎航空公司邀请了一些记者，参加在滕珀尔霍夫机场为林德伯格夫妇召开的茶话会。显然林德伯格夫妇并未得知记者们也会来，因为他们对新闻界怀有恐惧心理。1927年，我曾报道他抵达勒布尔歇机场的消息，今天这是第二次见到他。很奇怪，他几乎没有什么变化，只是变得更为自信而已。随后，我们乘坐德国最大的“陆军元帅冯·兴登堡号”上天兜风。飞到万湖上空时，林德伯格亲自驾驶，做了几个对这架庞然大物而言算是非常急剧的转弯，还耍了其他一些小把戏，把大多数乘客都吓得要死。有人说，林德伯格夫妇对纳粹展示给他们看的东西印象不错。他没有表示希望会见外国记者，他

1936年7月，赫尔曼·戈林向美国传奇飞行员查尔斯·林德伯格颁发奖章。

们夫妇都认为记者刚愎自用，喜欢开导来到第三帝国的游客。因此，记者也没要求举行见面会。

柏林，7月27日

西班牙政府似乎占据了上风。已经镇压了巴塞罗那和马德里的叛乱，这是西班牙最大的两座城市。但情况似乎要比一周前更糟糕。纳粹党反对西班牙政府，党内人士开始议论向叛乱分子提供支援。悲剧性的国土！而且刚好是共和国似乎曙光在望之时。但是，这里的兴趣集中于将在下周开幕的奥运会上，纳粹分子使出浑身解数以给外国游客留下美好的印象。他们建造的宏大的体育场可容纳十万人，游泳馆可容纳一万人，如此等等。格里科来到柏林，我俩和艾莉诺·霍尔姆·贾雷特一块儿吃了顿愉快的晚餐。艾莉诺是位非常漂亮的美国游

1936年8月1日至8月16日，第十一届夏季奥林匹克运动会在柏林举行。图为希特勒在开幕式上引导国际奥委会官员进入体育场。

泳天才，似乎因在轮船上痛饮香槟而被游泳队开除。

柏林，8月16日

今天，奥运会终于结束了。我对田径、游泳、划艇和篮球都有兴趣，但作为工作却有些头疼。今天下午，希特勒、戈林等人都出席了闭幕式。闭幕式一直持续到天黑之后。哈斯和我不得不想尽办法，才将赫斯特夫人、她的女友和阿道菲·门卓一家偷带入场。她们昨晚才到柏林，所有票都卖光了。我们在混乱中把门卓丢了，几分钟后才又找到他。我们不得不将这帮人塞进已经很拥挤的记者席，但最后还是成功地说服党卫军警卫，让其坐在为外交官保留的座位上，从那里可以更好地看到希特勒。事后他们都觉得这段经历很刺激。

我担心纳粹的宣传取得了成功。第一，纳粹以前所未有的慷慨方式举办比赛，这对运动员很有吸引力。第二，纳粹为普通游客留下了非常好的表面印象，特别是商业界人士。几天前，拉尔夫·巴恩斯和我受邀会见美国商人。他们坦率地说，纳粹的“安排”给自己留下了美好印象。他们还与戈林见了面，他说美国记者对纳粹很不公平。

“他跟你们说了纳粹的镇压吗？比方说对教会的镇压？”我问道。

“他说了，”其中一个人说道，“他向我们保证，你们这些家伙写的关于镇压教会的报道并不真实。”

很惭愧，拉尔夫和我都有失风度地大发雷霆。不过，我不认为自己说服了他们。

柏林，8月25日

现在，新闻界公开攻击西班牙政府。我从可靠来源获悉，首批德国飞机已经前去支援叛军，意大利可能也打算派飞机助战。在我看来，如果法国人稍有头脑的话，就应派遣一些志愿军并提供武器装备，帮助马德里平叛。但是，布卢姆虽是社会党人，却似乎害怕德意可能采取的行动，采取了不干涉立场。

柏林，9月4日

我不必采访下周的纽伦堡纳粹党大会。在经历过奥运会的拥挤人群之后，不要奢望我还经得住这种考验。

柏林，9月（未标日期）

与汤姆·沃尔夫共进午餐。玛尔塔·多德建议我们见面，因为我经常盛赞他的作品。我们在哈贝尔餐馆的安静角落找了张桌子。他是个身材魁梧的家伙，精力充沛，胃口像高康大，要了两份肉和蔬菜，还有超过常人酒量的普法尔茨葡萄酒，至少是超出了我的酒量。我俩一见如故，聊得很开心。主题是关于美国文学，研究刘易斯、德莱塞和安德森等美国作家为何正值盛年便放弃写作或走下坡路，而欧洲作家在这个年龄往往会写出他们最好的小说、剧本。我经常考虑这个问题，在维也纳还跟刘易斯探讨过。沃尔夫多少明白自己缺乏政治头脑，而在这个时代大多数作家都具备或应具备这种能力，我们对此颇有同感。他承认自己在这方面的不足，但表示正在学习。“我支持罗斯福再次当选总统。”他说。奇怪的是，据我所知，沃尔夫的作品已经被非常出色地译成德文，而《天使，望故乡》已在这里获得很大成功。我们分手时，约定在纽约再会。他天分极佳且前途远大，如果他能比其他年轻作家更善于融入社会的话。

柏林，9月9日

希特勒在纽伦堡宣布了四年计划，这将使德国在原料上实现自给。戈林将负责落实计划。这显然是个备战计划，但德国人当然予以否定。今年的纳粹党大会，主要是攻击布尔什维主义和苏联。有消息称，两国可能会断绝外交关系。

伦敦，10月

非常愉快的一周，看望老朋友，在萨维尔街买了两套衣服，最愉快的是在德文郡萨尔科姆与“乡绅”格里科度过的五天，他在那里买了块地。我们出去钓了几次鱼。苔斯虽然是第一次钓，收获却超过了保罗和我。我们还沿着狂风呼啸的悬崖散步，痛痛快快地谈心。保罗的冒险迄今为止很成功。他写了三部短篇小说并卖了出去，其中一部使他得到了可观的电影版税。有意思的是，他被自己的英国管家吓得够呛。那位管家看上去像是刚从舞台上下来，全权掌管着这里的一切。

明天将返回柏林。愉快地拜访了纽维尔·罗杰斯夫妇、斯特劳斯夫妇和詹妮·李。詹妮·李具有典型的苏格兰气质，非常漂亮，非常聪明。她是在上次选举中落选的，确实应该返回国会。她的丈夫是安奈林·贝文，是下院议员，来自威尔士矿区。他以前是矿工，头脑机敏，有些顽皮，是个了不起的家伙。今天下午，我们和比尔·斯通曼一起喝茶，他取代约翰·贡特尔担任芝加哥《每日新闻报》驻伦敦记者，在座的还有他的妻子梅姬·里斯。比尔因为什么事而特别兴奋，紧张得像只老母鸡。我颇为恼怒以至于忍不住说：“为什么你不说出来，比尔，不管是什么事？说出来可能会觉得好些？”于是，他从衣袋里掏出电报扔给我看。这是今天下午他给报社发的一条仅十行的电讯。我匆匆扫视了一遍。内容是："E. A. 辛普森夫人向伊普斯维奇巡回审判庭提出了对E. A. 辛普森先生的离婚诉讼。案件将于……" 还有一些关于案件将于何时审理的细节。全部内容就是如此。

这真是令人震惊的独家新闻，而且这个故事将被炒作得满天飞。显然，英国国王现在想与这个女人结婚，使她成为英国王后。

柏林，11月18日

今天，威廉街宣布德国（和意大利一起）承认佛朗哥政府。福佩尔将军曾在南美和西班牙为德国工作得非常出色，现在将担任希特勒驻萨拉曼卡的大使。显然，今天做出这个决定，是为了掩饰佛朗哥攻打马德里的失败，当时他似乎已经胜券在握。最初，有人告诉我，德国曾预计佛朗哥将在十天前就进入马德里，并曾计划在那时宣布承认

西班牙独裁者佛朗哥（中间挥手者）。

其政府。多德告诉我，美国驻汉堡领事报告，本周有三艘满载武器的德国轮船驶离该港，前往西班牙。同时，不干涉主义悲剧仍在伦敦上演。迄今为止有两年之久，从英法两国重大利益的角度考虑，我根本无法理解两国政府的政策。它们在1935年3月16日未采取行动，今年3月7日也未采取行动，现在对西班牙也未采取行动。难道说，在这块歇斯底里的纳粹土地上待了仅仅两年，就使我的判断力出现严重偏差了吗？难道认为布卢姆和鲍德温不明白其利益的看法是愚蠢的吗？也可能恰恰相反。

柏林，11月25日

今天，由于要宣布一个“重要”决定，我们被召到宣传部。开始，我们还纳闷希特勒又要什么新花招，最后才发现只是德国和日本要签署《反共产国际协定》。代表德国签字的里宾特洛甫大摇大摆走进来，

1936年11月25日，日本驻德国大使武者小路公共子爵与约阿希姆·冯·里宾特洛甫签订《反共产国际协定》。

对我们讲了一刻钟话，长篇大论地解释协定的意义。他说，协定的意义之一，就是德日已经联合起来，共同保护“西方文明”。这简直就是奇谈怪论，对日本而言尤其如此。里宾特洛甫讲完后，一位英国记者问他，这到底是什么意思。完全缺乏幽默感的里宾特洛甫重复了一遍他那愚蠢的观点，连眼睛都不带眨的。显然，德日还签署了秘密军事协定，如果一方卷入与苏联的战争，双方将联合行动，共同对苏作战。

柏林，12月25日

与拉尔夫·巴恩斯和埃丝特·巴恩斯一家愉快地吃了一顿美国式圣诞晚餐，甚至还有肉馅饼。不过，拉尔夫和我不得不中途离席，替纽约方面核实美联社的惊人消息。这条消息称，德军大部队在摩洛哥登陆，以便援助佛朗哥。在威廉街没找到一个人，所有官员都离城度假去了，因此我们也无法证实或否定这条消息。不过，听起来像是假消息。

柏林，1937年4月8日

现在已是4月，希特勒在今年春天还未采取什么惊人之举。这可能是纳粹巩固胜利果实的一年，建设武装部队，确保佛朗哥在西班牙的胜利，巩固与意大利的关系（也就是说，在西班牙和地中海问题上支持墨索里尼，回报则是允许德国在奥地利和巴尔干问题上自行其是）。这也使德国人民的神经能够放松一下。

柏林，4月14日

从一名急需现钱的前拳击手那里，花400马克买了艘帆船，有一个船舱和两个铺位。苔斯和我可在船上度周末，如果能有个清闲周末的话。我对驾驶帆船一窍不通，幸亏分社里的一个德国人在信封背面画了些草图，显示风在正面、背后或侧面时该怎样做。在示意图帮助下，再加上一点运气，我们操纵帆船沿万湖航行了十英里，到达了巴恩斯家购买的夏屋。驾船靠岸时遇到点麻烦，有股风向岸边刮来，我却不知该如何是好。小船库的主人可怕地吼叫，声称我撞坏了他的码头。一张5马克钞票便让他安静下来。

柏林，4月20日

希特勒的生日。他变得越来越像恺撒。今天被定为公共节日，纳粹雇佣文人令人作呕地阿谀奉承，代表团献上来自帝国各地的礼物，还举行了盛大的阅兵式。德军略微展示了一下自己的实力，包括重炮坦克和精锐部队。希特勒站在检阅台上，高兴得像个玩锡兵的孩子，站在那里有两个钟头之久，向每一辆坦克和火炮行举手礼。我听说，英法苏等国武官都深感震撼。美国武官也是如此。

柏林，5月3日

午夜时分，我和路透社记者戈登·扬在阿德隆饭店门厅撞见了洛西恩勋爵。他昨天突然抵达这里会见纳粹领导人。扬问他为何来此地。“噢，戈林要我来的。”他回答道。他可能是臣服于希特勒、戈林和里宾特洛甫的最聪明的托利党人。我们想问他究竟何时开始听命于戈林，但最终还是忍住了。

柏林，5月7日

凌晨4点，希尔曼从伦敦打电话将我惊醒，称齐柏林飞艇“兴登

1937年4月20日，塞普·迪特里希、阿道夫·希特勒和海因里希·希姆莱在希特勒四十八岁生日的阅兵式上。

堡号”在莱克赫斯特坠毁，有数人丧生。我立刻给腓特烈港的飞艇设计师打电话。他不相信我的话。我给伦敦方面打电话，告诉他们一些事态的最新进展。我还没睡着，哥伦比亚广播公司的克莱尔·特拉斯科就打来电话，要求我就德国对这次灾难的反应做一次播音。我估计，这么早就被吵醒，使我的脾气有些糟糕。我告诉她，我干不了，其他记者大概可以。10点左右，她再次打来电话，并坚持要我干。最后我同意了，虽然这辈子从来没做过播音。

整个早上都在想这件事，因为先是我然后又是苔斯，都收到过搭乘“兴登堡号”飞艇**这次航程**的邀请，而且差点就同意了。但因为某些原因，有几个城市的票买不到。约十天前要出发时，齐柏林飞艇的新闻广告员打电话给我，说可以让我免费乘飞艇去纽约。但对我来说这根本不可能，因为我一个人支撑着分社的工作。第二天，他又打来电话，问苔斯是否愿去。出于一些不太清楚的理由，或者可能并非那么模糊，不过要说明确预感要出事也并不诚实，反正我没有对苔斯提及此事。次日，我代表她礼貌地回绝了邀请。

今天下午，在给纽约写电讯稿的时候，抽空写完了播音稿，克莱尔·特拉斯科带着稿子去航空部接受审查。对于纳粹审查电台播音稿，我略微感到有些惊讶，因为记者不必接受审查。特拉斯科小姐解释说，只有这次才需要审查。我在播音开始前一刻钟赶到电台，紧张得像只老母鸡。播音开始前五分钟，特拉斯科小姐才带着稿子赶到。审查人员删去了稿子中关于纳粹怀疑有人搞破坏的一段，不过我在下午发出的电讯稿中已经提到这一点。我在开始播音时是如此紧张，以至于嗓音忽高忽低，嘴唇和喉咙发干，不过在念完第一页后便不再害怕。我担心自己永远不会成为一名播音员，同时又庆幸自己并无麦克风恐惧症。我知道，有些人在麦克风前会突然失语。

1937年5月6日，德国“兴登堡号”飞艇在美国新泽西州莱克赫斯特降落时坠毁。

柏林，5月10日

写完了关于印度的小说，或至少是写完了初稿。肩上像卸下了一副重担。

柏林，5月30日

我从未看到威廉街像今天这么恼怒。我见到的所有官员都怒气冲冲。昨天，西班牙共和军在伊维萨岛海域轰炸了袖珍战列舰“德意志号”，并取得了不错的战绩。据德国人声称，约有二十名军官和水手死亡，约八十人受伤。消息人士告诉我，希特勒整天都在恼怒地尖叫，想对西班牙宣战。陆军和海军正试图阻止他。

柏林，5月31日

我愤怒至极，以至于都想尖叫起来。今天，德国人采取了非常典型的行动。他们动用战舰对西班牙阿尔梅里亚城进行了炮击，以报复“德意志号”遭到的轰炸。就这样，希特勒进行了廉价的报复，一些西班牙妇孺则死于非命。威廉街还宣布，德国（和意大利）将退出对西班牙海域的巡逻以及不干涉行动谈判。上午10点，阿施曼博士将我们召至外交部通报这个消息。他在这些事情上非常尽职。我极为愤怒以至于不愿提问，但安德雷斯和洛克纳提了几个问题。可能今天的行动将结束“不干涉主义”的闹剧，英法两国出于一些奇怪的原因，竟允许希特勒和墨索里尼在西班牙获胜。

柏林，6月4日

赫尔穆特·希尔施是名20岁的犹太青年，从严格意义上讲是美国公民，虽然从未到过美国。今天早上他被处决，尽管多德大使奋斗了一个月以挽救其性命，但未能成功。这是个令人伤感的事件，也是这些日子里的典型悲剧。可怕的人民法庭判定他计划谋杀“纽伦堡的犹太人克星”尤利乌斯·施特莱彻。这是几年前由纳粹成立的审判庭。由于没有美国人或外界代表在场，只有天知道审判是如何进行的。我看过几次这种法庭的审判，不过多数都是录像片。受审者很少有什么机会，五个法官中有四个是纳粹党的“听差”，只有一名正规法官，当然也唯纳粹之命是从。

实际上，纳粹的确抓住了可怜的希尔施的一些把柄。他是布拉格大学的学生，受奥托·施特拉塞尔或其在布拉格的追随者派遣，执行一项任务。施特拉塞尔的“追随者”中肯定有盖世太保的密探，希尔施从开始就注定要倒霉。据我了解，有人给了希尔施一个箱子，装有炸弹和左轮枪，然后派他去德国干掉某人。纳粹声称，暗杀目标是施特莱彻。希尔施本人似乎从未供认暗杀目标。盖世太保在布拉格的密探向希姆莱在柏林的手下告了密，希尔施刚踏上德国的土地就和那只倒霉的箱子一起被抓住了。正如希尔施在布拉格的律师指出的，很可能这位年轻人只是将武器带给已经到达德国的其他人，后者将负责执行任务，而他可能对此一无所知，甚至不知道箱子里装的是什么。我们永远也不可能知道事情真相。可能他只是遭到盖世太保陷害而已。他被逮捕、审判并于今早处决。关于这一事件，今早我与多德长谈了一番。他告诉我，他向希特勒本人请求减刑。多德还给我朗读了那封很感人的信。元首则直截了当地拒绝了请求。当多德试图求见希特勒，以就此事当面向他求情时，却遭到了断然拒绝。

今天下午，我从希尔施在布拉格的律师处，拿到了这位年轻人的绝命书副本。他是在死囚牢中写这封信的，收信者是姐姐，很明显他很爱她。我一生中从未看到过更为英勇的言辞。他刚刚得知最后上诉被驳回，已经没有任何希望。“那么，我将去死。”他写道，“请不要害怕。我不感到害怕。在前途未卜的痛苦之后，我感到了解脱。”他简单地回顾了自己的一生，认为尽管存在错误和过于短暂，“不到21岁”，但仍然是有意义的。我承认，尚未读完我便潸然泪下。他比杀害他的人更勇敢，也更有尊严。

柏林，6月15日

昨天，又逮捕了五名新教牧师，包括纪念大教堂的雅各比牧师。自从他们逮捕了向我提供消息的一名年轻牧师后，我就几乎不再关注“教会战争”的情况。我不想再危及其他人的生命。

柏林，6月21日

巴黎的布卢姆下台了，这将成为人民阵线的末日。令人奇怪的是，像布卢姆那样聪明的人，会在西班牙犯下“不干涉政策”那样的错误，那里的人民阵线实际上是在他的帮助下被毁灭的。

柏林，7月5日

奥地利公使告诉我，新任英国大使内维尔·亨德森爵士曾告诉其密友戈林，对于他来说，希特勒可以在奥地利问题上为所欲为。亨德森给我的印象是非常亲纳粹的。

伦敦，7月（未标日期）

与尼克一起在辛普森家吃晚饭，然后出来去他家，在那里遇见了杰伊·艾伦和卡罗尔·班德尔，后者是芝加哥《每日新闻报》的编辑。我们一直聊到约凌晨2点。杰伊曾说，班德尔可能会带我到一边谈谈，并邀请我去《每日新闻报》工作，但他并未那么做（诺克斯上校在柏林也曾问我，是否想去那里工作）。杰伊还给了我一张爱德·莫罗的名片，说此人与哥伦比亚广播公司有联系，但我没有时间去看他。因为尼克和我明早就要去萨尔科姆，苔斯和阿格妮斯已经在格里科家安顿下来。我和苔斯将从那里渡海去法国，不再返回伦敦。

巴黎，7月（未标日期）

巴黎展览会的票价虽贵，但能看到梵高的画作也算值得。没时间去看其他东西。见到了柏克森，纽约环球新闻服务社的总经理。他向我保证，关于环球新闻服务社倒闭的谣言毫无根据，而且该公司实际上在历史上首次开始赢利。于是，在对工作有了把握之后，我们明天将去里维埃拉晒晒太阳、游游泳，苔斯将在这里待到秋天，因为我们将要有一个宝宝了！

柏林，8月14日

环球新闻服务社最终还是倒闭了。赫斯特试图减少亏损。我仍然待在柏林为世界新闻服务社工作，担任二把手，我对此并不乐意。

柏林，8月16日

今晚，诺曼·埃伯特离开了柏林，他是伦敦《泰晤士报》的记者，同时也是这里最好的记者。他被驱逐了，起因是英国驱逐了纳粹驻伦敦的两三名记者，纳粹抓住机会除掉了多年来他们既恨又怕的埃伯特，因为他对这个国家及黑幕背后的情况实在太了解了。《泰晤士报》赞同克里维登庄园那帮亲纳粹政治家，并未给予埃伯特多少支持，他的稿子只给刊登一半。实际上，他们只留下埃伯特的助手杰米·霍尔本继续维持这里的办事处。我们在夏洛滕堡车站为诺曼举行了盛大的欢送仪式，约五十名外国记者赶到站台，尽管纳粹威胁说到场者将被认为对德国不友好！我注意到有些记者因为害怕而不敢露面，其中包括两位著名美国记者，不禁感到有些好笑。站台上到处是盖世太保的密探，记下我们的名字并且拍照。埃伯特非常紧张，不过仍被我们真诚而喧闹的告别仪式所感动。

柏林，8月（未标日期）

今晚有点压抑。我失业了。晚10点左右，我被解雇了。我正在分社写电讯稿，听差拿来一封电报，脸上的表情有点古怪。电报很短，刚刚从自动收报机上取下。是从纽约来的。内容是说，世界新闻服务社已经无力再保留环球新闻服务社的老记者，按照常规提前两周通知我。

我想自己是惊呆了。不过这的确有些突然。记得有天晚上，不知是谁，可能是名英国记者，曾开玩笑说家里生孩子是件坏事，因为这往往意味着你将被解雇。唉，可能我们现在还不该要孩子。可能如果你干这一行，就永远不要生孩子。可能许多年前的那位巴黎姑娘是对的。她说："把一个孩子带进这个世界？饶了我吧！"

我写完电讯稿，但都不知写了些什么。走出去呼吸新鲜空气，沿着帝国国会大厦后面的施普雷河散步。这是个美丽、温暖、星光灿烂的八月夜晚。我注意到施普雷河在流到帝国国会大厦前舒缓地转了个弯。一艘汽艇满载着喧闹的人们从哈弗尔湖观光归来。没有想出什么主意。我又走回了分社。

我注意到桌上有封电报，是在那封倒霉电报来之前十分钟送来的。这封电报是从萨尔茨堡发出的，那是个极具魅力的巴洛克风格的城市，我常去那里欣赏莫扎特的作品。签名是："莫罗，哥伦比亚广播公司。"我模糊记得这个名字，但记不清他是哪个公司的。电报内容是："周五晚上您能与我共进晚餐吗？"我发电答称："非常荣幸。"

柏林，8月20日

我有工作了。我将为哥伦比亚广播公司工作。那将取决于如果……这是怎样的一个条件啊！简直可以说有些愚蠢。我能否拥有这个工作，将取决于我的嗓子是否好听。谁听说过一个从未装作是歌唱家或艺术家的成年男子，在申请一个他感兴趣的好工作时竟要依赖于他的嗓子？况且我的嗓子实在不敢恭维。对此我倒是可以肯定。但是今晚我的处境就是如此。

这真是不平常的一个夜晚。7点，我在阿德隆饭店门厅，同哥伦比亚广播公司欧洲部经理爱德华·莫罗见了面。当我走过去时，他那英俊的面庞令我吃了一惊。正如你想象中的电台工作人员一样。我想，他邀请我吃晚饭，一定是想在柏林制作电台节目，打算从我这里获取一些内幕消息。我们进了酒吧，他的言谈使我逐步解除了武装。他的目光中有些非好莱坞的、很真挚的东西。我们坐下来。要了两杯马提尼。侍者端来鸡尾酒。我奇怪他为何邀请我吃饭。我们有些共同的朋友，包括弗蒂·库恩、雷蒙德·格拉姆·斯文等人……我们聊着这些朋友。显然，他来这里并非是为了做广播节目。

“明天或周日，你一定要和我一块儿去驾驶帆船。”我说。

“太好了。我很乐意。”

侍者将空鸡尾酒杯收了起来，在我们面前放下两份菜单。

“先别忙点菜，就花一分钟，谈点正事儿。”莫罗突然说，“我有个主意。”

然后就是谈正事。他说自己有个主意。他说，他正在寻找一位有经验的驻外记者，以便在欧洲大陆为哥伦比亚广播公司开设办事处。他在伦敦无法照顾到整个欧洲。我开始感觉好多了，虽然我没说什么。

“你有兴趣吗？”他问道。

“哦，行啊。”我竭力控制自己的感情。

“你现在挣多少钱？”

我告诉了他。

“好的。我们将给你同样的工资。”

“好。”我说。

“成交。”他说，然后伸手拿菜单。我们点了晚餐。我们聊了美国、欧洲和他刚听过的萨尔茨堡的音乐。我们喝了咖啡、白兰地，一直喝到很晚。

“噢，有件小事我忘提了。”他说，“就是嗓子……”

“什么？”

“你的嗓子。”

“很糟糕。”我说，“你自己可以看出来。”

“可能没那么糟。不过，你看，在广播行当这还挺重要。而且我们的导演和几个副总裁希望先听听你的嗓子。我们将安排一次播音。你可以随便讲点什么，比如说，关于就要召开的纳粹党大会。我肯定一切都会顺利的。”

爱德华·莫罗（左）与威廉·夏伊勒在为哥伦比亚广播公司播音。

柏林，9月5日

在这个安息日做了试播音。播音开始前我非常紧张，想着此次播音得失攸关，而所有一切都取决于一个愚蠢的小麦克风、扩音器和柏林与纽约之间的以太会对我的声音产生什么作用。同时，还不停地想象那些副总裁是如何对他们听到的声音嗤之以鼻的。事情一开始就搞糟了。克莱尔·特拉斯科在播音前一刻钟发现，她将介绍我的稿子丢在了我们碰头的酒吧里。她疯狂地冲出演播室，在播音前几分钟才返回。最后时刻，明显是供魁梧大汉使用的麦克风怎么也扳不下来。“它卡住了，先生。”德国机械师说道。他建议我仰着头播音。我试了一下，这个姿势会压迫声带，使嗓音变得十分刺耳。

“还有一分钟。”机械师喊道。

“我没法用那个麦克风。”我抗议道。

突然，我看到麦克风后的角落里堆着一些包装箱，立刻便有了主意。

“你能推我一把吗？”

“你说什么？”

“把我推上去。”一秒钟内我就坐在箱子上了，两腿在箱子边晃悠着，但我的嘴可以够着麦克风了。我们都笑了。

“安静。”机械师喊道，随后拉亮红灯，示意开始播音。我连紧张的时间都没有。

现在，我必须等候判决。今晚还要去纽伦堡采访纳粹党大会，合众通讯社的韦布·米勒和弗雷德·奥克斯纳坚持拉我帮忙。这样也好，可以让我在等待结果的这几天分分心。给苔斯写信，告诉她我们可能不会挨饿了。

纽伦堡，9月11日

现在已经一周了，莫罗那边还没有消息。我的嗓子无疑相当糟。《纽约时报》的伯奇豪说，可以给我找个工作，但工资不会高。后天返回柏林。

纽伦堡，9月13日

莫罗打来电话，说我被聘用了。10月1日开始上班。给苔斯发电报。今晚用劲头十足的弗兰肯葡萄酒小小庆祝了一番。我们使馆的参议普伦提斯·吉尔伯特也到了这里，他是头一位参加纳粹党大会的美国外交官。正在美国的多德大使对此类活动非常厌恶。身材魁梧的普伦提斯说，他是迫于亲纳粹的英国大使亨德森和法国大使庞赛的压力才参加大会的。庞赛过去倾向于纳粹，但现在可能已改变态度。今年的纳粹党大会比去年要沉闷，不少人询问希特勒是不是正在减速。我希望如此。年轻的康斯坦斯·佩克汉姆女士是《时代》杂志派来的记者。她认为，我们这些“老记者”对纳粹党大会表演已经腻了，但对她来说则很刺激。今晚，我、康斯坦斯、吉米·霍尔本和乔治·基德喝了不少，聊得很开心。我想，也许我在纳粹党大会这个疯人院里开始并结束自己在德国的新闻之旅倒很合适。三年了。时间过得太快了。德国去了自己该去的地方。无线电台的前景又将如何呢？

柏林，9月27日

苔斯回来了，感觉很好，我们正在收拾东西。我们将在维也纳设立总部，那里是中立国且位置适中，我将以此为基地开展工作。我们的大多数老朋友都已离开，包括贡特尔家、威特·伯纳特家，在这场游戏中总是这样。下周去伦敦，然后是巴黎、日内瓦，再去罗马看看教宗，看他是否如报道所称已病入膏肓。我们很高兴离开柏林。

总结一下这三年：对个人而言，这三年并非都不愉快，虽然纳粹的狂热主义、虐待狂、迫害、严厉管制、恐怖、野蛮、镇压、军国主义和备战的阴影总是存在于所有人的生活当中，就像永远也不消散、酝酿着暴风雨的阴云一般。我们经常尝试着将自己与这些完全隔离。我们发现了三处避难所：我们自己和我们的书；那些所谓的"外国侨民"圈子，很小、很有限且多少有些狭隘，却是"精神正常的"，包括我们的朋友巴恩斯家、罗布森家、埃伯特家、多德家、杜尔家、奥克斯纳家、戈登·扬、道格·米勒、西格里德·舒尔茨、列维里奇、杰克·比姆和其他一些人；第三，就是柏林周围的湖泊和树林，在那里你可以玩耍、游泳，忘掉一切。坚持上演经典剧目和纳粹上台以前戏剧的剧院仍然不错，另外还有歌剧院和爱乐乐团。尽管其中的犹太人遭到清洗并受到几年管制，但仍能听到除纽约和维也纳以外最好的音乐。就个人而言，在这里工作也很刺激，有着"周六的惊人事件"，还有关于这块正在酝酿罪恶的伟大土地上的内幕故事。

我觉得，尽管有我们这些记者在做报道，但无论美国还是其他国家都对第三帝国不太了解，例如它的**本质**、目标和发展方向等。它就像一幅复杂的画卷，我们用画笔在上面涂抹了几笔虽浓烈却不协调的线条，使画布显得凌乱而缺乏意义，就像毕加索的初期作品。英法两国不理解希特勒德国。可能正如纳粹所说，西方民主国家已经病入膏肓、日落西山，进入了斯宾格勒所预言的衰落阶段。但斯宾格勒在《西方的没落》一书中是把德国也包括在内的。而且实际上德国对古老的、原始的日耳曼神话的回归也是其退化的一个标志，正如其焚烧书籍和压制自由、蔑视知识一样。

但是，德国要比对手所了解的强大得多。没错，它缺少原料，农业也不发达。但是，德国正以极具进取性的精神、无情的国家计划、集中使用人力物力以及建立庞大军事机器等手段，努力解决各方面的问题。当然，去年冬天我们还看到，表情阴沉的人们在食品店前排着长队，肉类、黄油、水果和食用油都很缺乏，奶油是被禁止的。男人的西服和女人的衣裙大多用木浆制造。汽油是用煤炭制造的，橡胶则是用煤炭和石灰。无论是帝国马克，还是重要进口物资，都没有黄金储备可作依靠。这些当然都是弱点，而且通过报道也广为人知。

要指出实力的来源则比较困难。比如，根据四年计划使德国实现自给的狂热努力，这可不是开玩笑，而是实实在在的备战计划。大多数德国人尽管不喜欢纳粹主义，但仍支持希特勒并信任他。要将纳粹运动的**爆炸性力量**、驱动德国人前进的潜在动机、希特勒为实现长远目标而表现出的冷酷无情、动员德国进行总体战（虽然是鲁登道夫开的总体战之先河）的革命性复杂方式形诸文字并不容易。

外界可以通过《我的奋斗》来了解正在和将要发生的事情。这本书相当于第三帝国的神圣经典。但奇怪的是，并无一本像样的英译本或法译本，而且希特勒也不允许翻译。他的做法倒很容易理解，因为这会使西方许多人感到震惊。我曾告诉过无数来访的西方游客，说希特勒的目标是主宰世界！他们都哈哈大笑。但是希特勒公开承认这一点。他在《我的奋斗》中说道："在一个种族污染的时代，一个致力于培养最优种族成分的国家，总有一天将成为地球的主宰……我们都感觉到，在遥远的未来，只有控制了整个地球资源的超级主宰种族，才能够解决人类可能面临的问题。"

当来自伦敦、巴黎和纽约的"消防队"来访时，希特勒只是大谈特谈和平。难道上次大战时他没在战壕中待过吗？他知道战争是怎么回事。**他**永远不会让人类再受**战争**的惩罚。和平？看看《我的奋斗》

吧，弟兄们。读这一段："实际上，和平主义者的人道观点，只在特定前提下才可能是相当不错的，即当最高等的人类已经征服、统治了世界，并使自己成为这个星球的唯一主宰时……因此首先是要战斗，然后看看可以干些啥……因为不能通过强烈抗议，而只能依靠一柄巨剑，才可以使被压迫各民族，回到帝国的怀抱中。……人们必须明白一个事实，即对亲爱的主的神圣祈求，或对国联的虔诚期望，是无法收复失地的，只有依靠**武力**才能做到这一点……我们必须采取积极政策，投入同法国的最终决定性战斗……"

法国将被消灭，希特勒说道，然后将开始向东方的大进军。

和平，弟兄们？你知道什么是"德意志战争"吗？这是两年前这个国家提出的军事理论。"所有人和社会活动，只有当有助于备战时才是合理的。新型的人类将完全彻底地只考虑战争。他不应，也不能考虑其他任何事务。"

那么这将是怎样的战争呢？这就是"德意志战争"："总体战意味着，被征服者彻底地和最后地从历史舞台上消失！"

根据希特勒的观点，这就是德国的道路。人民生活和国家经济体系中的压力是如此巨大，以至于两者都有可能崩溃。但是党卫军领导下的年轻人是狂热的。中产阶级里的"老战士们"同样如此，他们早年曾为希特勒摇旗呐喊，现在则得到了职位、权威、金钱和权力的回报。银行家和工业家现在不像我刚到德国时那么热情，但也不得不随大流。他们只能这样做，不然就得进集中营。工人们也是如此。毕竟，他们中的六百万人实现了再就业，他们也开始认为德国将成就伟大事业，并决定跟着走。

1937年秋，我离开了德国，耳边仍回响着纳粹进行曲中的歌词：

今天我们拥有德国，
明天将拥有全世界。

伦敦，10月7日

莫罗可以成为极其出色的合作伙伴。不过，这个工作也有不如意之处：莫罗和我不能直接播音。纽约方面希望我们聘请记者做这个工作。我们只要安排播音就可以了。由于我对欧洲的了解像大多数记者一样多，在语言能力和生活阅历方面比年轻人还强一些，我不太理解纽约方面的意图。

巴黎，10月12日

与布兰奇·诺普夫共进晚餐。她催我赶快校订那本关于印度的小说。

日内瓦，10月15日

寒风呼啸，这个城市有种死亡和悲伤的气氛。

罗马，10月18日

今天见到了教宗，他看上去非常活跃，虽然据说一只脚已经踏进坟墓。弗兰克·格瓦西帮我进入夏宫冈多菲城堡参观。教宗正在接待奥地利市长代表团，这对我来说倒是不错，因为我能听懂他说的德语。他精力相当充沛。已经为用电台报道教宗去世做了充分准备，这也是首次有机会用这种方式报道此类事件。不过，我没雇用狡猾而有趣的普契先生，他为罗马城里的所有记者和多数使馆效劳。

慕尼黑，10月（未标日期）

赶到这里与温莎公爵结识，我接到的指令是跟着他，陪他赴美，为他在那里播音做好准备。温莎公爵正在德国考察“劳工状况”，被一个真正的纳粹无赖莱伊博士领着到处跑。今天首次见到辛普森夫人，她确实美丽动人。兰道夫·丘吉尔对我帮助很大。他看上去确实像他父亲，只是思想不像，至少现在看来不像。公爵在赴美前先到德国实在是件怪事，因为这里的工会早就被砸烂了。不知是谁给他出的馊主意。

布鲁塞尔，11月11日

今天是停战日，寒冷阴沉，细雨霏霏。不过，正在举行的九国

1937年10月25日，英国温莎公爵夫妇抵达柏林进行访问。

会议的前景更为暗淡。这次会议企图解决中日冲突问题。这是我首次执行现场播音任务，但并非特别兴奋。已经采访了诺曼·戴维斯、我非常喜欢的顾维钧和其他代表。李维诺夫拒绝播音，似乎对莫斯科传来其私人秘书已被格伯乌*逮捕的消息感到惴惴不安。艾登也拒绝播音。哥伦比亚广播公司的政策真是愚蠢，它规定我不能直接播音，而必须雇人去干。在这里与埃德加·莫雷尔、鲍勃·派尔、奇普·博赫兰、约翰·艾略特、维尔农·巴雷特等人谈论糟糕的世界形势。与安娜·索默豪森和马克·索默豪森度过了一个愉快的夜晚。安娜像以前一样漂亮、光彩照人，马克则更为安静且专注于国会事务，他在那里任社民党议员。迄今为止，九国会议只是可怕的闹剧而已。

维也纳，12月25日

今天下午在威利家过的圣诞节，约翰现在是我们在这里事务的主管。瓦尔特·杜兰蒂像往常一样也在那里，此外还有福多尔一家。美国驻莫斯科使馆的奇普·博赫兰正在休假，也与我一同来到奥地利广播公司，帮我带着一群美国孩子做了一次圣诞节播音。我并不喜欢这个带点孩子气的工作，倒是对当前的政治局势更感兴趣。

我们在普洛斯加斯大街一间不错的公寓里安顿下来，旁边就是罗特席尔德宫。房主是家犹太人，已经为了安全而搬到捷克斯洛伐克，虽然许士尼格似乎完全掌控着这里的局势。但是，与我们1929年到1932年来时相比，维也纳变得可怕地贫穷和压抑。工人们表情阴郁，甚至有工作的人也是如此。在每个街角都可看到乞丐。只有少数人有钱，在夜总会和“三个轻骑兵”等时髦饭馆里挥霍。贫富悬殊的现象令人反感，现政权遭到普遍反对，人们不是转向潜在势力相当强大的

---

* 即苏联国家政治保卫局。——译注

老社会党，就是转向纳粹主义。这一官僚独裁制度的最大失误就是没有一个社会计划。希特勒和墨索里尼就没犯这个错误。尽管如此，这里的食品仍然要比德国丰富，独裁制度也温和得多，这也是普鲁士人和奥地利人之间的区别！在欧洲，除了巴黎以外，我最喜欢的城市就是维也纳，即使现在依然如此。我喜欢维也纳人民的魅力、机智，巴洛克风格的建筑，良好的品位，对艺术和生活的热爱，柔和的口音，以及非常温和的整体气氛。这里的反犹主义也很盛行，这给纳粹分子创造了有利条件，但维也纳一贯就是如此。自卡尔·卢格市长时期便是如此，他是希特勒落魄维也纳街头时的首位反犹导师。与杜兰蒂好好谈了一番，他在这里已经生活了几个月。此外还有福多尔夫妇，福多尔太太像以往一样可爱，福多尔先生则是中欧问题“活字典”，而且乐意倾吐所知道的一切。另外，还有《纽约时报》记者埃米莉·瓦德奈，她是位非常迷人、知识丰富而且很聪明的匈牙利裔美国人。虽然纽约方面担心杜兰蒂的声音过高，但有一天还是让他做了播音。当天晚上，从芝加哥发来一封电报称：“……您的清晰的、洪亮如钟的嗓音……”署名是玛丽·加登，她应该是懂行的。

我们等着孩子出生，离现在还有7周时间，还讨论了取名问题。

维也纳，1938年2月5日

柏林出了大事。今天的报纸说，勃洛姆堡和弗里奇，德国军队的两位创建者，都已经出局。希特勒成为类似“最高统帅”的人物，行使国防部长的权力。有两位新将军亮相：一位是威廉·凯特尔，负责最高统帅部；另一位是瓦尔特·冯·布劳希奇，取代弗里奇担任陆军总司令。牛赖特的外交部长一职被撤，由里宾特洛甫代替。沙赫特去职，由瓦尔特·冯克取代。戈林很奇怪地被任命为陆军元帅。这一切的背后是什么呢？原计划于1月30日召开的帝国国会延期，改于2月

20日举行，届时我们可能会知道事件原委。

维也纳，2月7日

福多尔告诉我一件怪事。他说，奥地利警察有一天突袭了纳粹党在泰恩福特街上的总部，发现了一份由希特勒副手鲁道夫·赫斯制订的新政变计划。据福多尔说，纳粹分子打算在梅特涅街德国使馆前制造一次骚乱，派人枪杀巴本和德国武官，于是希特勒便有了进军的借口。

维也纳，2月13日

在这个安息日，此地的局势相当紧张。许士尼格在贝希特斯加登与希特勒举行了秘密会晤，但我们并不知道发生了什么事情。

维也纳，2月16日

可怕的事情发生了。我们知道了前天在贝希特斯加登发生的事情。希特勒欺骗了许士尼格，要求他任命以赛斯-英夸特为首的纳粹党人担任内阁部长，赦免所有纳粹囚犯，恢复纳粹党的政治权利，否则德军就将入侵。米克拉斯总统似乎犹豫不决。希特勒随后于昨天发出了最后通牒：或者执行贝希特斯加登“协议”各项条款，或者德军开进奥地利。昨天午夜后不久，也就是今天凌晨时分，许士尼格和米克拉斯投降了。新的内阁人选公布了，赛斯-英夸特担任至关重要的内政部长，同时大赦所有纳粹分子。我今天看到道格拉斯·里德时，他气得几乎说不出话来。他向伦敦《泰晤士报》发去了关于整个贝希特斯加登事件的文章。可能会起一些好作用。今晚，我顺便去了一趟公使馆。约翰·威利正在地板上走来走去。

“这是奥地利的末日。”他说。

维也纳，2月20日

在这个周日的下午，苔斯、埃德·泰勒和我闷闷不乐地坐在收音机旁，收听希特勒在柏林帝国国会大发雷霆。今天他公开提出了自己的理论，即德国将保护生活在境外的一千万日耳曼人。虽然他未明说，但意思是指奥地利的七百万和捷克斯洛伐克苏台德区的三百万。他甚至宣称，他们拥有“种族自决权”。他说:“有一件事是毫无疑问的。与帝国在政治上的分离，并不意味着权利即自决权被剥夺。最后，当一个世界大国得知身边的同种族兄弟，正因为他们与全民族联合的希望、他们的定数以及他们的世界观，不断经受最残酷的折磨时，它是绝不会容忍的。保护我们边境上那些无法通过自身努力确保其政治和精神自由的日耳曼人民，符合德意志帝国的利益。”

补记——纽约的广播称，艾登辞职了。这看上去几乎就像是按照希特勒的命令，希特勒在下午的演讲中单独对他进行了攻击。巴尔豪斯广场*对此非常担忧。

维也纳，2月22日

预产期到了，但仍然没有出生。我今晚必须离开维也纳，去索非亚做播音。错过孩子出生真是糟糕，但也许我能及时赶回来。

* 奥地利政府大楼所在地。——译注

维也纳，2月26日

当我下午4点走下列车时，埃德·泰勒站在站台上。他的表情告诉我，孩子已经出生。

“祝贺你！”他说。但我看得出，他笑得很勉强。

“苔斯怎么样？”

他犹豫着，吞吞吐吐地说道：“我担心，她是受了些罪。是剖腹产，但她现在好多了。”

我告诉出租车司机赶快去医院。

“难道你不想知道孩子是男是女？”埃德说道。

“是男是女？”

“女孩。”他说道。

几分钟后我就看到了这个甜美的女孩，不像书本上那种肤色难看的丑八怪，而是皮肤雪白、身体健康、精神旺盛。但她却差点要了妈妈的命。手术是在今天凌晨做的，非常及时。

“危险过去了。您的妻子将会复原。孩子也很好。”医生说道。他似乎对我迟迟才到有些不满。

我担心自己今晚会兴奋得睡不着觉。

维也纳，3月2日

从各方面来看，苔斯和孩子身体都不错。我把大部分时间都花在了医院。这里的局势日益紧张。听说许士尼格现在正与工人谈判，他的前任陶尔斐斯四年前曾经冷酷地屠杀过工人。工人们提出的要求并不高，但与这些愚蠢反动派的谈判进行得非常缓慢。不过，工人们宁愿选择现在肯定可从许士尼格处得到的东西，也不会选择纳粹党。我感到有点空虚，因为自己虽身处现场，却没做任何实际报道。很奇怪，电台竟不想做一次现场报道。纽约方面并未提出任何要求，只是关心几天后我将在卢布尔雅那播出的教育节目，似乎是关于学生合唱团一类的玩意儿！根据当地新闻界的说法，戈林昨天发表了非常“温柔的”演说。他说道：“我们德国空军将成为敌人的梦魇……我希望这支大军是由具备行动意志的钢铁战士组成的……当元首在国会演讲中说，我们不再容忍镇压境外一千万日耳曼人时，作为空军战士应该明白，如果情况确是如此，你就必须尽最大努力支持元首。我们怒火万丈，急于向世界证明，我们是不可战胜的！”

卢布尔雅那，南斯拉夫，3月10日

这是个让全世界都感到羞愧的城市。全城到处都是雕像，就是没有军人的雕像。只有诗人和思想家才会受到尊崇。为哥伦比亚学校录制关于煤矿工人子弟合唱团的节目。他们唱得棒极了，就像威尔士煤矿工人子弟合唱团一样。后来在车站，在等待回维也纳的列车时，跟当地牧师喝了不少醇美的斯洛文尼亚葡萄酒。斯洛文尼亚是个天主教盛行的省份。到这里后，已有两天得不到国际上的消息。

维也纳，3月11—12日，凌晨4点

最糟糕的事情发生了！许士尼格下台。纳粹分子掌权。德军正在入侵奥地利。希特勒撕毁了足足一打的承诺、誓言和协议。奥地利完蛋了。美丽的、悲惨的、文明的奥地利！全完了。仅仅一个下午，便被处以死刑。就在今天下午。根本无法入睡，所以起来写作。必须写点什么。纳粹分子不会让我广播。这里有我一生中最重要的文章要

写。我是城里唯一的播音员。我唯一的竞争对手，全国广播公司的马克斯·乔丹，还没有到来。然而，我不能发声。纳粹分子整夜对我实行封锁。我争辩、请求、斗争，但都无济于事。一小时前他们用刺刀把我轰了出去。

还是让我从头讲述这噩梦般的一天吧：

太阳刚刚升起，空气中洋溢着春天的气息。今天早晨8点钟，我乘坐的列车驶进了维也纳南站。我感觉还不错。乘车返回普洛斯尔巷时，我注意到街上散落着纸片。头顶上，两架飞机正抛撒传单。

“那是什么东西？”我问出租车司机。

“公民投票。”

“什么公民投票？”

“许士尼格下令搞的。”他不信任我，不想再多说。

我顺着楼梯回到公寓，心里有些迷惑不解。我询问女仆。她递给我一摞这几天的报纸。吃早饭时，我顺便看了新闻。周三晚上（3月9日）许士尼格在因斯布鲁克发表讲话，突然下令举行公民投票。就在这个周日举行。提出的问题是：“你支持一个独立的、社会主义的、日

1938年3月，奥地利总理许士尼格面对激动的民众。

耳曼的、统一的奥地利吗？是或不。”

吃完早饭，我匆忙赶到医院。苔斯身体不是太好。发烧，医生担心她左腿得了静脉炎。一个凝血块。简直让人受不了，就像当前局势一样。我陪她待了两小时，直到她沉沉睡去。上午11点，我乘出租车进了城，到施瓦岑贝格广场的施瓦岑贝格咖啡馆，去看看究竟发生了什么事。福多尔、泰勒和一些奥地利记者都在那里。他们略有点紧张，但都充满希望。公民投票将和平进行，他们认为。许士尼格得到工人的支持，毫无疑问肯定会获胜。这将遏制住希特勒好一段时间。我感觉好了些。有人打开收音机。播音员正宣读公告，要求1915年出生的公民服役。我们一致认为，这只是为确保选举正常进行。一名奥地利人被叫去接电话。他回来后告诉我们，纳粹分子刚砸了斯特凡广场的君主派办事处的窗户。我现在还记得，出于某些原因，所有人都笑了。我脑子里还在想，是否给正统王朝派领袖伍尔夫上校打个电话。我正在与他交涉，以便为奥托·冯·哈布斯堡安排一次播音。但是我没打。

快到下午4点的时候，我出发去医院看看苔斯是否好些。在穿过卡尔广场去坐地铁时，我被约上千人组成的人群堵住。他们是纳粹分子，场面显得有些滑稽，孤零零的一名警察正冲着他们叫喊和打手势。纳粹分子正在让步！“如果纳粹分子的勇气不过尔尔，许士尼格无疑**将会**获胜。”我想，“而且他正在武装工人，他们会对付那些纳粹恶棍。”我加快脚步赶到地铁站。

约6点时，我从医院返回，从地铁站出来后，走到卡尔广场。发生了什么事？肯定有事情在发生！我还没明白过来，就被一群大喊大叫的、歇斯底里的纳粹暴徒卷走，经过环城路，经过歌剧院，沿着凯恩特纳街，来到德国旅游局大楼。这里安放着用鲜花装饰的巨型希特勒肖像，近几个月来已经成为纳粹分子的圣地。看看这些人的脸！我以前在纽伦堡曾经见过，狂热的双眼、张大的嘴巴以及歇斯底里般的狂热。现在，他们就像圣滚者*一样喊叫："胜利！胜利！胜利！希特勒万岁！希特勒万岁！希特勒万岁！绞死许士尼格！绞死许士尼格！绞死许士尼格！人民万岁，帝国万岁，元首万岁！"警察的表现令人惊讶！他们只是在观看，在微笑。究竟发生了什么？我仍然不明所以。我大声喊着，询问身边的几个人。没有人回答，也根本听不清。最后，一名中年妇女似乎明白了我的意思。"全民投票！"她喊道，"取消了！"

没必要了解更多的情况。那将是奥地利的末日。我从这些苦行僧的旋涡中脱身，沿着环城路走到布里斯托尔旅馆。泰勒住在那里。他将我介绍给他妻子维罗尼，她很漂亮，肤色微黑，看上去很聪明，刚刚来到维也纳。他证实了取消公民投票的消息。他说，一小时前电台宣布了这个消息。我们乘坐出租车赶到美国公使馆。约翰·威利站在办公桌前，手指里夹着那支从不离身的长烟嘴，脸上带着古怪的微笑。这是刚刚被击败而且很有自知之明者的微笑。

"都结束了。"他平静地说道。柏林发来最后通牒。放弃公民投票，否则德军就将入侵。许士尼格投降了。

"过会儿你在电台上会听到更多消息。"约翰说道，"等着瞧吧。"

我离开公使馆，给莫罗打了个电话，他正在华沙。出公使馆时，我碰到了盖德耶，他看上去非常兴奋。回到家里，我给爱德挂了个电话，收音机播放着轻柔的维也纳华尔兹。不过，此时听上去却令人憎恶。突然，音乐声停止了。"注意！注意！"一个声音喊道，"几分钟后将播放重要声明。"然后，就是节拍器的嘀嗒声，奥地利广播电台特有的信号。听上去很悲哀。嘀嗒……嘀嗒……嘀嗒……我把收音机声音调小。没有开场白，一个人便开始讲话，我听出是许士尼格的声音。

---

* Holy Roller，美国宗教运动五旬节运动中某些信徒的绰号，因其狂热时在地上打滚而得名。——编注

“今天，我们身处悲剧性的也是决定性的处境中。我必须将今日事件的详细情况汇报给我的奥地利同胞。

“今天，德国政府交给米克拉斯总统一份最后通牒，附有时间限制，命令他任命由德国政府指定的一个人担任总理，并根据德国政府的命令任命内阁成员；否则，德军将入侵奥地利。

“我向全世界宣布，那些由德国发布的关于工人骚乱、血流成河和奥地利政府已不能控制局势的报道，都是彻头彻尾的谎言。米克拉斯总统要求我告诉奥地利人民，他决定向暴力屈服，因为我们面临着可怕的局势，但并未做好流血的准备。我们决定命令军队不予抵抗。

“在此，我发自内心地向奥地利人民告别：上帝保佑奥地利。”

讲话快结束时，你会感觉到他的声音已经哽咽，快要啜泣起来。但是他控制住了自己，直到最后。此时有一秒钟的沉寂。然后是张老唱片播放的国歌。是“德国德国高于一切”的曲调，海顿原创版本，仅略有改动。这就是全部过程。一切都结束了。

今晚的其余时候？过了一小会儿，犹大也就是嗓音刺耳的赛斯-英夸特博士讲了一些话，声称他将为秩序负责，奥军将不会抵抗。这是我们首次听说德军入侵。按照许士尼格的说法，最后通牒要求奥地利投降，**否则**德军将入侵。现在，希特勒甚至连最后通牒的条款都不打算遵守了。

我无法与华沙的爱德取得联系，旅馆服务员总是说他出去了。此刻时候尚早。我给奥地利广播公司打电话联系播音事宜。没人接电话。我决定进城。卡尔广场人山人海。有人正站在台阶上高声发表演说。“赫斯和比克尔。”我身边一名冲锋队员小声说道。他的制服散发着呛人的卫生球气味。“赫斯和比克尔！他们在这儿。”但是我无法挤到近处观察。

我在人群中奋力挤着，朝凯恩特纳大街方向前进。人群也在不断移动。现在开始唱歌了。唱的是纳粹歌曲。几名好脾气的警察站在周围。他们胳膊上戴的是什么？是红黑白三色“卐”字臂章！我沿凯恩特纳大街，朝格拉本方向走。年青恶棍将铺路石砸进犹太商店的橱窗。人群中发出欢呼声。

在卢浮宫咖啡馆，合众通讯社的鲍勃·贝斯特坐在十年来他每晚都在的那张桌子旁。他周围是一群外国记者，包括美国人、英国人、匈牙利人和塞尔维亚人，男女都有。除贝斯特外，所有人都极度兴奋，每隔五分钟就会去打电话，收到或发出一些消息。大多数都是荒诞的谣言。鲍勃将他写的电讯稿读给我听。他被叫去接电话。他回来后说道，许士尼格已被重新召回担任总理，纳粹分子被赶走了。他仍然很乐观，认为事情并未定局。几分钟后，事情就搞清了，上述消息是虚假报道。纳粹分子已经接管了巴尔豪斯广场。我们迅速跑到巴尔豪斯广场，梅特涅的巴尔豪斯广场……维也纳会议……二十名冲锋队员在大厦前叠罗汉，摞成一座小“金字塔”。一名小个子爬上顶端，手里拿着一面“卐”字旗。他爬上了阳台，四年前法伊少校就是在这里与许士尼格谈判的，法伊在陶尔斐斯被杀后已被纳粹分子逮捕。那个小个子在阳台上挥舞着“卐”字旗，整个广场上响起了欢呼声。

回到卢浮宫咖啡馆。玛尔塔·福多尔待在那里，竭力克制住自己的眼泪，每隔几分钟便用电话向福多尔通报最新消息。埃米尔·马斯是我以前的助手，一名奥美混血儿，长期摆出反纳粹姿态。此时，他得意扬扬地走进来，在我们的桌前停下。“啊，女士们、先生们，”他得意地笑着，“现在是时候了。”他翻开外衣翻领，解下藏在那里的“卐”字徽章，重新别在外衣扣眼上。有两三名女士冲着他尖叫：“可耻！”戈德施密特少校是正统王朝派分子和天主教徒，有一半血统是犹太人。他恰好静静地坐在桌旁，此刻站起身来说道：“我要去家里拿左轮枪。”一些人冲了进来。赛斯-英夸特组成了纳粹政府。此时是晚上11点过几分。是去播音室的时候了。纽约正是下午5点。

在广播电台大楼前的约翰内斯巷，有身穿土灰色制服的人，手持上刺刀的步枪站岗。我通报了自己的身份。过了很长时间，他们才让我进去。在前厅和走廊里，到处都是身穿军装和党卫军、冲锋队制服的人，挥舞着左轮枪，摆弄着刺刀。有两三个人叫住了我，但我鼓足了勇气，冲他们大喊大叫，终于走到了大厅，旁边便是演播室。广播电台的总导演赛查和节目总监同时也是我的老朋友埃里希·昆斯蒂都站在屋子中间，周围是兴奋的、叽叽喳喳的纳粹小伙子。一眼看去，就明白他们已成囚徒。我设法与昆斯蒂说了一句话。

“我什么时候可以播音？”我问道。

他耸耸肩。“我在这里已经不算什么了。”他笑道。他示意一个长着刀疤脸的家伙似乎是负责的，至少现在是。我说明了来意，但他毫无反应。我又解释了一遍，他还是没听明白。

“让我与你的柏林上司通话。”我说道，“我认识他们。他们会让我播音的。”

“没法与柏林联系。”他说道。

“但今晚你总会联系吧？”我问道。

“啊，可能稍晚一些。过一会儿你再来。”

“不可能。”昆斯蒂小声说道。两名警卫手持左轮枪，将我押了出去。我在大厅里等着，不时闯进去，看刀疤脸是否在和柏林通话。午夜时分，由巴尔豪斯广场传来一条广播新闻。过一会儿，新政府将宣布成立。我冲到了那里。不知安在何处的聚光灯打在阳台上。有十几个人站在那里。我认出了赛斯-英夸特、格莱泽·霍斯特瑙……“犹大”在宣读新内阁名单，他本人将担任总理。

回到广播电台，又是等待和争吵。他们无法与柏林通话。没有线路。不可能播音。对不起。更多的争吵。威胁。最后我被押送出来。跟刺刀没法辩论。走到约翰内斯巷，我看了看手表。时间是凌晨3点。我再次来到凯恩特纳街。现在已经空无一人。随后我便回家了。

电话铃声响起。是正在华沙的爱德。我将消息告诉他。我们的坏消息。即使我明天仍待在这里并且能搞到设备，我们也将处于纳粹严格的新闻审查下，我告诉他。

“为什么你不飞到伦敦？”爱德建议道，“你可以明晚赶到那里，并播放第一个不受审查的目击报告。而我将赶到维也纳。”

给阿斯佩恩机场打了个电话。明天所有机票都已被预订。去伦敦和柏林的飞机几点起飞？早上7点和8点。谢谢。我忘了今晚还未跟福多尔通过话。纳粹分子不喜欢他。可能……于是我打了个电话。“我很好，比尔。”他说道。他正在抽泣。给苔斯留了个字条，跟她解释一下几天内将见不着我。现在上床睡觉。可以睡一个小时。

在由阿姆斯特丹至伦敦的荷兰客机上，3月12日

刚刚写完稿子。我们一到伦敦就可开始播音。在柏林滕珀尔霍夫机场登机后就开始写稿，因为下一站是阿姆斯特丹，不会有纳粹分子检查。今天我很走运。早上7点，我赶到阿斯佩恩机场。盖世太保已经接管了这里。起初他们说任何飞机都不许起飞。然后他们准许去伦敦的飞机起飞。但是我无法上飞机。我向几名乘客提出以惊人的高价购买机票。由于多数都是犹太人，所以我毫不奇怪地遭到拒绝。下一班飞机飞往柏林。我上了那架飞机。

今天早上，维也纳几乎完全变了样。差不多每座房子上都飘扬着“卐”字旗。他们怎么会这么快就搞到这些旗子？在阿斯佩恩机场，我从有过一面之交的警官那里得到一个消息。许士尼格并未逃走，他坚持留在奥地利。虽然一架飞机直到午夜都在等着他，但他拒绝逃走。真够勇敢的。当我们起飞时，阿斯佩恩机场已经挤满了德国军用飞机。飞机中途在布拉格和德累斯顿降落，抵达柏林时已是中午。太幸运了。买到一张直达伦敦的荷兰客机机票。我有一个小时的时间吃午饭。我买了几

份柏林的晨报。令人惊叹！戈培尔正处在他的最佳状态，或可说是最恶劣的状态。希特勒本人的报纸，《人民观察家报》，正搁在我的腿上。头版横幅标题几乎是在尖叫：**德国—奥地利从混乱中得救**。随后，是一篇由戈培尔那邪恶但想象力丰富的头脑杜撰出来的令人难以置信的故事，描述了昨天在维也纳大街上发生的赤色骚乱、战斗、枪击和抢劫。这是一个彻头彻尾的**谎言**。但是，德国人民怎么知道它是个谎言？德意志通讯社今天播发的一条消息听上去也像是假的。它声称，赛斯-英夸特昨晚发电报给希特勒，要求派军队保护奥地利免受社会党和共产党武装的祸害。昨晚维也纳并无“社会党和共产党武装”，因此这显然也是个谎言。同样的理由也被用于证明6月30日大清洗的合法性。随便一个谎言就够用了。现在，我们已经快要到达克罗伊登上空了。

补记。伦敦——晚上11点半播音。现在先睡一会儿。

伦敦，3月14日

在今天凌晨1点（纽约时间昨晚8点），我们做了首次欧洲电台联播。具体操作情况是这样的。

昨天下午5点，我的电话响了。保罗·怀特，哥伦比亚广播公司公共事务部主任，从纽约给我打电话。他说：“我们今晚想做一次欧洲电台联播。你那里时间凌晨1点开始。我们希望你和一些国会议员在伦敦播音，爱德·莫罗当然是在维也纳播音，找些美国新闻记者在柏林、巴黎和罗马播音。节目时间为半小时，大约一小时内我将打电话通知你每个首都播音的确切时间。你和莫罗能做到吗？”

我说可以，便挂了电话。实际上，我对如何安排这件事毫无所知，至少是对如何在8小时内安排好这一切毫无所知。我们曾经做过一两次这类节目，但在每次播音前都花了**几个月**时间做技术准备工作。我给维也纳的莫罗挂了一个长途电话。宝贵的时间一分钟一分钟地流逝，我考虑着该怎么办。我越考虑就越觉得事情其实很简单。莫罗和我在欧洲每个首都都有一些报界的朋友和美国记者朋友。我们也都认识欧洲各广播公司的经理和工程师，我们必须使用他们的技术器材。我给巴黎的埃德加·莫雷尔、罗马的弗兰克·格瓦西、柏林的皮埃尔·哈斯以及巴黎法国广播电台、都灵意大利广播公司和柏林帝国广播公司的经理和总工程师都分别打了电话。

莫罗从维也纳打来电话；他负责安排柏林和维也纳的播音事宜，同时还就整个工作如何进行给我上了一堂急需的技术课。在每个首都我们都需要一台功率强大的短波发射台，以便将声音清晰地传往纽约。罗马有一台，但是否可用仍然存疑。巴黎没有。因此我们必须预订一条电话线路，联通最近的短波发射台。不久，我的三部电话都开始响起来，并且得用四种语言通话，包括英语、德语、法语和意大利语。头三种语言我都相当精通，但意大利语却忘得差不多了。不过，我仍然能够明白从都灵打来的电话意思是说，此时无法与意大利广播公司的经理取得联系。唉，今天是周日。不过，我还可以等罗马那边的消息。也许我可以与那里的分支机构把事情安排妥当。柏林方面打来电话。帝国广播公司表示愿意效劳。但他们又解释说，通往维也纳的线路由陆军掌握，因此是否可用也存在疑问。

到了晚上，播音事宜大体安排就绪。纽约再次打来电话，通知了为每个首都安排播音的确切时间。纽约那边几乎是厚颜无耻地若无其事，对播音将会顺利进行表现得信心十足，这对我倒起了一种鼓励作用。我在报界的朋友开始打来电话。芝加哥《每日新闻报》驻巴黎记者埃德加·莫雷尔正在乡下度周末。费了很大劲才劝说他回到城里做播音。不过，埃德加骗不了我。我知道，没有人比他对奥地利事件感触更深了。罗马的格瓦西和柏林的哈斯都打来电话。他们都同意播音，只要他们在纽约的公司总部批准。要征求纽约报社的意见，给我留下的时间不多了，尤其是在周日下午。给纽约的哥伦比亚广播公司打了个电话，要他们为格瓦西和哈斯播音取得许可。纽约方面又捎带问我，柏林和罗马方面使用什么型号的短波发射台以及波长是多少。我把这事儿倒给忘了。发射机是DJZ，25.2米，11 870千赫。一封加急电报将这个消息传给纽约哥伦比亚广播公司的控制室。

时间已经所剩无几。我想起来还必须为伦敦这边的播音写上一段对话。英国对于希特勒入侵奥地利将会如何反应？我到处打电话搜集素材。英国不会采取任何措施。我突然想起，纽约还想找一名议员，讨论英国官方对德奥“合并”的反应。我给两三名议员朋友打了电话。他们都在享受自己的周末。我给工党议员艾伦·威尔金森打电话。她也在度周末。

“你开车到英国广播公司需要多少时间？”我问她。

“大约一小时。”她说道。

我看了下手表。我们还有两小时多一点。她同意参加播音。

格瓦西又从罗马打来电话。“意大利人无法在这么短的时间内做好安排。”他说，“我该怎么办？”

我自己也不知所措。“我们将带你去日内瓦。”我最后说道，“如果办不到的话，一小时内用电话将你的播音稿告诉我，我在这里进行播音。”

我独自坐在广播大楼一间小演播室内，在凌晨1点差3分时与纽约进行了最后核对。我们核对了每次谈话的确切时间，以及维也纳、柏林、巴黎和伦敦的播音开始和结束时的信号。罗马被排除在外，我告诉纽约的控制室。但正在此时格瓦西打来电话，将其播音稿口述给一名速记员。我们同意到时由纽约方面再次切换到伦敦线路，以便由我来念这篇稿子。凌晨1点到了，通过耳机，我可以听到大洋彼岸纽约演播室中传来鲍勃·特劳特那宣布播音开始的平稳嗓音。我们的节目开始得很顺利，我想。埃德加和爱德的播音尤其好。艾伦·威尔金森，炫耀着自己的一头红发，也按时赶到。纽约方面后来表示，此次节目做得非常成功，他们今晚想再来一次。

电讯称，希特勒今天下午以胜利者的姿态进入维也纳。没有人开枪。张伯伦刚刚在下院发表演讲。他不会采取任何措施。“残酷的事实是，”他说道，“任何措施都无法阻止实际上已经发生的事实，除非这个国家和其他国家已经做好使用武力的准备。”战争不会爆发。英法两国在日益崛起的纳粹力量面前又后退了一步。

补记——今晚，《纽约时报》驻柏林记者阿尔比昂·罗斯参加了我们的联播节目，他讲了一句很有意思的话。他说，柏林人对“合并”的态度是“冷漠的平静”。

伦敦，3月15日

今天，希特勒在维也纳霍夫堡宫（哈布斯堡王朝皇宫）阳台上发表了演说，宣称要将奥地利并入德意志帝国。他又背弃了一个诺言。甚至不能等到原定于4月10日举行的全民公决之后。今天早上，给温斯顿·丘吉尔打了个电话。他愿意做十五分钟播音，但希望给高达500美元的报酬。

伦敦，3月16日

爱德从维也纳打来电话。他说，埃米尔·法伊少校在打死妻子和19岁的儿子后自杀。他是个罪孽深重的家伙。毫无疑问，法伊害怕因1934年陶尔斐斯被刺后自己欺骗纳粹的行为而遭到报复。后天我将返回维也纳。危机已经过去。我想，我们可以为电台联播节目寻找一些素材。

1938年3月15日，希特勒在维也纳霍夫堡宫前，他的右手边是赛斯-英夸特。

维也纳，3月19日

昨晚，爱德到阿斯佩恩机场接我。黄昏时，当我们到达普洛斯尔巷时，发现戴着钢盔、手持上刺刀步枪的党卫军士兵站在我家门口。朝街上看去，可以发现所有楼房门口都布了岗，特别是在旁边的罗特席尔德宫。爱德和我想进家去，但纳粹卫兵将我们推了回去。

“我住在这里。”我说道，禁不住有些生气。

“那没用。你不能进去。”卫兵反驳道。

“我说了我就**住**这里！”

“对不起，有严格的命令。任何人都不能进去或离开。”他是个奥地利小伙子，从口音可以听得出来。他的态度仍很礼貌，我的怒气也渐渐消退。

“我去哪儿可以找到你们的指挥官？”我问道。

“去罗特席尔德宫。”

他让一名高大的党卫军士兵护送我们进入一所花房，这里与我们住的房子相毗邻，罗特席尔德去年实际上就住在这里。当我们进去时，差点与几名正从地下室往外搬银器等战利品的军官相撞。一名军官腋下夹着一幅金框油画。指挥官也在其中。他手上抱着一堆银餐具，却毫不难堪。我说明了自己的情况和国籍。他咯咯笑了起来，随后告诉卫兵护送我们到家门口。

“但是你们必须在那里待上一会儿。”他笑道。

我们一直待到晚饭后。因为希望出去转转，我们偷偷下了楼梯，等卫兵走到离门几步远后，趁着夜色踮着脚尖溜了出去。我们在凯恩特纳街找到一个安静的酒吧聊天。爱德显得有些紧张。

“我们另外找个地方吧。”他提议。

“为什么？”

“昨晚大约这个时间我来过这儿。”他说道，“一个犹太人长相的家伙，站在那个吧台边。过了一会儿，他从口袋里掏出剃刀抹了脖子。”

苔斯情况也不太好。静脉炎仍然很严重。正在发生的重大事件，医院上空整天轰鸣的飞机，都无助于她放松神经。爱德一大早便飞回伦敦。

维也纳，3月20日

今早做了播音。描述了维也纳如何在一周内便被彻底纳粹化。这真是一件可怕的事情。一家美国电台整整一周都在强调，**该台**记者在这里的播音并未接受新闻审查。但是当他赶到电台，打算在我之后进行播音时，纳粹官员像对我一样要求审查他的稿子。

维也纳，3月22日

苔斯的状况仍然糟糕。医院的气氛也起不到有益的作用。首先，同屋一名犹太妇女的姐夫，在希特勒进城那天就自杀了。当天晚上，她尖叫了整整一夜。今天，她穿着黑色丧服，头蒙黑纱，抱着婴儿离开了。然后又来了一名犹太妇女。她家里倒没人被杀，但是冲锋队接管了她丈夫的生意，然后又抄了她的家。她害怕丈夫被杀或被捕，因而整夜哭泣。

今天，街上有成群的犹太人跪在地上，用手擦掉人行道上许士尼格时期的标语，面带讥讽的冲锋队员监督着他们，周围是嘲笑辱骂他们的人群。许多犹太人自杀。看到了各种关于纳粹虐待狂行为的报道，许多奥地利人也犯下此等罪行令我大为吃惊。犹太男女被赶去清扫厕所。年轻纳粹分子从大街上随便抓来数以百计的犹太人打扫厕所。幸运一些的人只用清洗汽车就可以走了，而这数千辆汽车是刚从犹太人和现政权的“敌人”那里偷来的。一名外交官的犹太妻子今天告诉我，她不敢离开家一步，生怕会被抓去干“擦洗活儿”。

维也纳，3月25日

与吉里一同去看塞滕斯塔滕巷的犹太教会堂，那里也是犹太人文化社总部。我们得知，犹太人被迫用神圣的祈祷带擦洗厕所。但是党卫军警卫不让我们进去。我们可以看到警卫们在里面懒洋洋地坐着，还吸着烟斗。我们去大教堂后面一家意大利小餐馆吃午饭，但路上吉里与一些冲锋队员发生了口角，因为他们将他当作了犹太人，尽管他是个纯苏格兰人。我们都非常气恼，但也只能将感情淹没在基安蒂红酒里。尼克在这里，阿格妮斯也在，虽然尼克很快就要离开。因为他被禁止进入德国，估计这里也不会让他继续待下去。哈斯正在这里试图营救国际新闻服务社驻维也纳记者阿尔弗雷德·泰诺出狱。我与他的妻子通过电话，她都快要疯了。福多尔一家已经到了布拉迪斯拉发，是约翰·威利出的主意，他派使馆的汽车送他们到那里。许士尼格已经被捕，有消息说纳粹分子为了折磨他，将房间里的收音机整天都开着。

维也纳，4月8日

苔斯和孩子总算从医院回家了。今早，我把她从汽车里抱上楼，她需要休息一段时间才能走路。但最糟糕的时候已经过去。

维也纳，4月10日（棕枝主日）*

今天，在怪异的节日气氛中，举行了全民公决。根据戈培尔的统

* 复活节前的星期日。

计，99%的奥地利人投了赞成票。情况可能的确如此。投反对票是需要勇气的，因为所有人都觉得纳粹有办法知道人们投了什么票。今天下午，我参观了霍夫堡宫的投票站。我估计，这间房子以前住的是皇帝卫兵。我走进一个投票间。墙上贴着选票样本，教你如何在上面写“同意”。在投票间的角上有个大口子，坐在几英尺外的选举委员会的人可以清楚地看到你如何投票！下午7点半，我做了一刻钟播音。虽然全民公决才刚刚结束，我还是说99%的奥地利人都投了赞成票。一名纳粹官员在播音前将这个消息告诉了我，我认为他是知道结果的。可能他昨天就知道了。就这样，今天奥地利人“投票”放弃了他们长达数百年的独立，加入了大德意志帝国。永别了，奥地利！

维也纳，4月12日

这次危机为我们办了一件好事。我想由爱德和我做播音的惯例算

1938年4月10日，奥地利就是否与德国合并举行全民公投。

是形成了。可以说，“无线电台驻外记者”也由此诞生。

维也纳，4月14日

捷克斯洛伐克当然将成为希特勒名单上的下一个目标。从军事上来讲，它是注定要遭殃的，因为现在德国已经从南北两面对它形成包围。我们在布拉格的所有播音现在都必须**经过**德国的电话线路，即使我们是通过日内瓦接线。如果发生麻烦，这可是够糟的。明天我去布拉格时，必须问一下新型短波发射台的问题。

布拉格，4月16日

今晚，邀请贝纳斯总统和艾莉丝·马萨里克小姐参加对美国的播音节目。昨天，我表示希望贝纳斯博士能就德国问题谈谈看法，虽然他们今晚的主题表面上是关于红十字会问题的。贝纳斯博士非常给我面子，不过其措辞仍然温和而且通情达理。奇怪的是，当他谈及德国问题时，播音效果很差。不幸的是，纽约没有按照我的要求通过日内瓦的短波发射台，而是通过设在德国措森的短波发射台转播此次节目。我怀疑德国人有意干扰贝纳斯的讲话，虽然后来我打电话质问柏林方面时，他们否认这一点。德方说，问题出在布拉格。捷克人对此予以否认。今晚，我与捷克广播公司总工程师斯沃博达做了一番长谈，催他加快安装新型短波发射台的工作。因为如果德国人态度强硬的话，那将是布拉格对外联络的唯一渠道。如果要进行跨大西洋广播实验，我们保证提供合作。他是个好脾气的家伙，但认为德国在“消化”奥地利之前，不会对捷克采取行动，而这可能会持续数年之久。不过，他仍保证将加快安装新**发射台**。

维也纳，4月17日（复活节）

今早回到家里，苔斯好多了。我们送给孩子一个复活节大彩蛋，这是昨天我在布拉格买的。心情非常愉快。

罗马，5月2日

晚上不知什么时候，黑衣党卫军在奥意边界将我从火车包厢床铺上拖了出来，拿走了我所有的钱。他们相互间争吵了很长时间，以决定是否逮捕我，但最后还是放了我。今晚黄昏时分，希特勒抵达罗马。我将在皇家马厩的屋顶上播音，那里可以俯瞰皇宫入口处，时间定在国王和元首抵达那一刻。

补记——对我来说非常不幸，谁都没有预料到希特勒乘坐的马车会跑得那样快。今晚，正当我准备播音时，他已经抵达并进了皇宫，出来向民众鞠躬致敬后便消失了。因此，当麦克风开机时，已没有什么东西留下来可供我描述了。不过，我曾就此次访问的背景做过一些笔记。同时，还通过收音机听到了德方的描述性报道，是关于他颇富戏剧性地驰骋在凯旋大道上，经过古罗马的壮丽废墟，经过圆形大剧场，剧场拱门上火炬在燃烧，一直到皇宫为止。但是，当我开始播音时，天色已经漆黑一团，麦克风上装的电灯也突然失灵。我根本看不清笔记本上的字。唯一可做的就是即兴发挥，但在刮着大风的屋顶上站了五小时后，我发现自己已经灵感全无。为了欢迎希特勒的到来，屋顶上燃起了一排火炬。我示意意大利工程师拿过来一支火炬。火光闪动得很厉害，但足以使我看见潦草笔记里的几个关键点。不过，我仍然感觉播音效果很糟糕。

1938年5月，意大利国王维多里奥·埃玛努埃莱三世与“领袖”贝尼托·墨索里尼在罗马火车站欢迎希特勒。

罗马，5月3日

保罗·怀特就昨晚的播音发电报表示祝贺，使我的情绪多少有些恢复。城里布满了密探，据说共有五万名德意密探，负责保卫两位大人物。在此次访问期间，所有外国犹太人，都被关押或被驱逐出城。意大利人丝毫不掩饰对德国人的敌意。他们看着德国人走过，就在背后吐唾沫以示轻蔑。春天的永恒之城是可爱的。我漫步走向西班牙广场，到处是一簇簇艳丽夺目的鲜花，后面有大台阶通向巴洛克式教堂。这些天我要在这里多转转。

佛罗伦萨，5月（未标日期）

跟着希特勒到这里，但并不需要做播音。纽约方面想让我找一些会唱歌的鸟（真是怪事！）以便做次播音，但是没有找到。今天，在乌菲兹美术馆消磨了一天。不知是何原因，我觉得达·芬奇、拉斐尔和提香等人，甚至包括波提切利，与西班牙的格列柯相比都显得有些苍白。走在阿诺河边。记得在菲耶索莱看到的壮丽景象，那是离这里约五英里的伊特鲁里亚山区古镇，但没时间故地重游。明天就回维也纳。

维也纳，5月20日

今晚，苔斯和我与路透社记者查尔斯·迪蒙及其美丽的妻子在歌剧院附近的匈牙利餐馆吃饭。查尔斯突然被叫去接电话，他回来后非常兴奋。电话是从伦敦打来的，据报道德军正在向捷克斯洛伐克进军。他决定雇辆汽车，去布拉迪斯拉发看一看。我决定留在城里，通过电话与布拉格、柏林和伦敦保持联系，以决定随后行动。

维也纳，5月21日

今晚前往布拉格。有消息称，希特勒在捷克边界动员了十个师。捷克已宣布进入一级战备，并让部队进驻他们自己的“马其诺防线”。我曾希望在这里再待几天，因为苔斯后天要做手术。如果捷克不发生战争的话，我们希望最迟于6月10日离开这里，去日内瓦的新总部。苔斯的瑞士护照届时将到期，如果我们不在最后期限前离开的话，再办护照将花费很长时间。挑选日内瓦是因为我在这里已不可能继续工作，原因包括这里的限制措施、纳粹的新闻审查和窃听活动等。

维也纳，6月9日

明天准备离开维也纳。这两天盖世太保一直在检查我的书籍、笔记，不过他们都是奥地利人，大量啤酒香肠就可使他们通情达理。苔斯的身体并不适合旅行，实际上浑身都缠着绷带，不过我们此次将坐飞机。

日内瓦，6月10日

真是难熬的一天！不过我们总算到了这里。碰上了三件倒霉事。第一件，是当我去航运公司经理那里收回500马克欠款时，盖世太保正在逮捕“非法”汇兑交易人员。任何现金交付都会被怀疑。当我走进这位经理的内室时，纳粹密探X（伪装成反纳粹移民安插在这里）站在那里冲着我咧嘴一笑。有一瞬间，我觉得自己落入了圈套。但是这位英国经理陪我走出来并将钱交给我。我仍然在想，X可能会出来跟着我。我很庆幸飞机将在两小时内起飞。

在阿斯佩恩机场，他们表现得非常多疑。我向盖世太保头目解释，苔斯太虚弱以至不能站立，我将陪他检查行李。我已将苔斯安排在候机室长椅上躺下。他却要求她站起来，并在海关检查期间回答问题，否则我们不能离开。我试图扶她站起来，一名警官随后便将我带走。我留下护士尽力帮助苔斯。在一间小屋里，两名警官彻底检查了我的小笔记本和口袋。所有的东西都符合规定。他们随后将我领进旁边一间小屋。“在这里等着。”他们说道。我说，我想回去帮助检查行李，因为我妻子身体状况很不好。但是他们把门关上了。我听到门被锁上。我被反锁在屋里。五分钟，十分钟，十五分钟。我在地板上来回踱步。已经到了飞机起飞时间。起飞时间都过了。随后，我听到苔斯喊道：“比尔，他们想把我带走脱光！”我已经告诉盖世太保头目，解释说由于怕有炎症，所以给她包上了厚厚的绷带……我重重地砸门。但毫无结果。透过窗户，我可以看到那架瑞士公司的道格拉斯式客机正在启动两台发动机，很不耐烦地准备起飞。半小时后，我被领到连接候机室与机场的走廊上。我试图走进候机室，但门是锁上的。最后苔斯来了，护士一手搀着她，另一只手抱着孩子。

“快点，那边。”一名官员叫道，“你们让飞机等了半小时。”我克制住没说话，扶住了苔斯。

她恨得咬牙切齿，我从没见过她如此愤怒过。“他们把我剥光了，这些……”她不停地说着。我想，她甚至可能转身挠那个跟着我们的官员。我们匆匆穿过跑道走向飞机。我担心如不尽快安全地坐到飞机里，真不知下一秒钟还会发生什么事。可能X会跑出来，并要求将我逮捕。幸而我们很快上了飞机，飞机立刻加速并起飞。

由维也纳飞往苏黎世，一路都是沿着阿尔卑斯山在乌云中飞行，飞机上下颠簸得非常厉害，大多数乘客都感到恶心、害怕。然后，苏黎世出现在下方，明智稳健的瑞士就在那里，我们又回到了文明世界。

洛桑，6月（未标日期）

我们，苔斯、莫罗和我，乘一艘明轮汽船游湖。这是个明媚的六月下午，湖水湛蓝似地中海，湖岸上则处处浓绿。左边是蓝灰色的汝拉山，右边是阿尔卑斯山。在阳光和白雪映照下，粉红和雪白斑驳错杂。真是令人陶醉。爱德和我来这里，是为参加半年一次的国际广播联合会大会。由于只是准会员而非正式成员，我们只需作为观察员列席会议，而不必参加欧洲广播业者之间的争斗，这也使我们有时间进行会议日程以外的活动。国际广播联合会是欧洲合作的少数典范之一。理由很简单：如果广播业者之间不合作，特别是在波长问题上，就不可能有任何欧洲广播电台。这里的捷克人和一些英国人就6月3日伦敦《泰晤士报》社论吵得不可开交。这篇文章建议捷克人为苏台德区日耳曼人举行全民公决，如果他们希望加入帝国就随他们去。《泰晤士报》认为，如果采取这一措施，德国就失去了干预捷克斯洛伐克事务的任何借口。这位“老太太”*真是不学无术。爱德和迪克·马里奥特（英国广播公司记者，一位聪明勇敢的青年）对伦敦搞绥靖政策那帮人的能力和意图都非常悲观。BBC的阿特金森少校翻译的斯宾格勒的《西方的没落》甚至比原书都好，这也是由德文（一种几乎无法翻译的语言）著作翻译过来的少数几本伟大译著之一。同时，他还精通美国内战。今晚，我们在阳台喝咖啡时，阿特金森一手拿瓶勃艮第红酒，一手拿着大玻璃杯，对我发起了进攻。他说道：“夏伊勒，如果李将军采取了……行动，葛底斯堡将会发生什么情况？”随后，他便开始滔滔不绝地探讨复杂的军事问题。我明白，我们又要在这里进行一场美国内战了。这些英国好战青年要比任何美国老百姓都更熟悉这个话题。

埃维昂莱班，7月7日

根据罗斯福的提议，来自三十二个国家的代表团在这里聚会，讨论采取一些措施解决第三帝国的难民问题。迈伦·泰勒作为美国代表团团长，今天当选为这个委员会的终身主席。我怀疑他们能做些什么。英法美似乎都极力避免触怒希特勒。这看上去十分愚蠢。他们竟想安抚那个给他们制造难题的人。纳粹当然欢迎民主国家主动将犹太人从他们手里接收过去。我估计，“无线电台驻外记者”已在德奥合并时诞生的想法有些操之过急。我已为泰勒做了一次播音节目，但纽约方面却未邀请我就此次会议发表看法。我们并没有对会议进行全面报道。偶然碰见了吉米·希安，我们十年前在巴黎相识，此后便再

---

* 该报诨名。——译注

没见过。昨晚，我们在赌场庆祝再次聚首，《曼彻斯特卫报》记者罗伯特·戴尔，一位了不起的老人，也加入了我们的行列。吉米在“比九点”牌桌上输了个精光，我玩轮盘赌费了好大劲才赢了一两千法郎，已经六十多岁的戴尔则在舞厅里跳舞。迪娜·希安晚上也加入进来，她长着聪慧的大眼睛，显得很漂亮。另外，还遇到了其他一些老朋友，包括美国代表团的鲍勃·派尔、约翰·艾略特等人。值得一提的是约翰·威南特，一个月前我在日内瓦结识了他，现在也来到这里。他是个非常讨人喜欢的家伙，慷慨大方，态度拘谨，有点像林肯。

布拉格，8月4日

朗西曼勋爵今天抵达这里，打算把局势搞糟，廉价出卖捷克人。他带着夫人、随从和大量行李，占领了城里最豪华的阿尔克隆旅馆，几乎包下整整一层楼的房间。朗西曼是个薄嘴唇、沉默寡言、秃头圆得像鸡蛋的小个子。他在接待大厅与三百名捷克和外国记者见面。我想，他为苏台德区领袖出席而表示感谢，实在是有些发疯。这些人曾与捷克部长们一起，去车站欢迎过朗西曼。

朗西曼的整个使命令人作呕。他说，来这里是要在捷克政府和康拉德·亨莱因的苏台德党之间进行调停。但是，亨莱因并非普通的政党领袖。他根本没有资格参与谈判，他完全受希特勒的命令支配。分歧存在于布拉格和柏林之间。捷克人知道，张伯伦希望捷克斯洛伐克屈从于希特勒的愿望。我们知道，这些愿望是将所有日耳曼人囊括入大德意志帝国。今晚就有人，我想是《先驱论坛报》记者瓦尔特·科尔，拿出他们报纸的电讯稿剪报。文章是该报驻伦敦记者约瑟夫·德雷斯克尔写的，当时他刚参加了阿斯特夫人的午餐会，张伯伦也在场，日期是去年5月。但是，已经很清楚地表明保守党政府走得如此之远，以至于希望捷克将苏台德区完全割让给德国。我相信，捷克人在屈服之前是会战斗的。因为，这意味着放弃他们的天然防御阵地，以及他们自己的“马其诺防线”。这意味着他们的末日。他们宁愿给予苏台德区实际上的自治，但亨莱因却要求在苏台德区建立一个纳粹政权。当然，一旦他达到这个目的，就会宣布独立并投向德国怀抱。

今晚，在巴兰多夫吃晚饭，此地俯瞰伏尔塔瓦河，在座的还有《每日快报》记者杰夫·考克斯和科尔。布拉格的哥特式和巴洛克式建筑，弯曲而狭窄的街道，横跨伏尔塔瓦河宏伟的查理大桥，峭壁上哈布斯堡王朝建造的赫拉德辛城堡，使这座城市显得比欧洲其他任何城市都更为丰富多彩。

每天都与捷克电台工程师一起测试新型短波发射台。我们的工程师在纽约与美国无线电公司合作，每天发来一份那里的信号接收情况报告。周日，我们将进行首次试播，对捷克军队演习进行现场报道。斯沃博达并不认为信号会顺利传到纽约。

布拉格，8月14日

今天下午，在开始播音前几分钟出了事故。当时，地面上的步兵和空中的战斗机已经摆出了壮观的场面。一架斯柯达战斗机从一万英尺高空俯冲，但未能成功拉起。它就坠毁在麦克风前，掠过我的身边，滑行了一两百英尺。当它最终停下时，已经化为一堆扭曲的金属。我当时正在播音，描述着这次俯冲。合众通讯社的菲比·帕卡德正在帮助播音。她说，当飞机坠毁时，我仍不停地冲着麦克风喊叫。但是，我却记不清了。当从残骸中将飞行员和领航员拖出时，他们依然活着。但我担心，他们活不过今天。我们前方的散兵线中，有四五名趴在地上的士兵被飞机撞到，都受了重伤。我们全都吓坏了，我提出取消播音，但是负责指挥的将军下令继续进行。菲比个子挺大，有些男子气，是唯一经受过埃塞俄比亚和西班牙战争考验的女记者。这使她对此类事件的承受能力比较强，因此表现得非常平静，不过显然也颇受震撼。

哥伦比亚广播公司的工程师后来说，对理想播音而言，炮火声多了些。但是，他们对捷克的新短波发射台仍充满热情。现在，即使德国切断电话线路，我们仍有独立的对外联系渠道。

布拉格，8月24日

朗西曼还在捣乱，要求捷克人全面让步。现在，他促使捷克政府忙于按照瑞士方式，制订一个设立州政府的计划。形势暂时还很平静。明天，我将去柏林，看看希特勒为欢迎匈牙利摄政霍尔蒂举行的阅兵式。

柏林，8月25日

今晚，各国武官再次目瞪口呆。在盛大的阅兵式上，德军展示给霍尔蒂和全世界的装备中，有一门至少280毫米口径的野战炮，拆成四部分由汽车牵引。还有其他重型火炮和新型坦克，步兵的正步行进也走得非常漂亮。但是，那门巨型摩托化“贝尔塔”大炮是今天最令观众轰动的武器。除了战列舰上，没人见过如此庞大的加农炮，当然铁道炮除外。观众们疯狂地为之鼓掌！似乎它并非一块无生命的、冰冷的钢铁。阅兵式后，我去了趟使馆，发现军事专家正忙于凭借记忆绘制火炮草图。除了几张没什么内容的官方照片外，绝对禁止拍照。拉尔夫·巴恩斯兴奋得像只猫。今晚在“酒馆”里，我坚称捷克人将进行战斗，一些亲纳粹的美国记者嘲笑了我。

日内瓦，9月9日

在战争乌云笼罩下，最后一次蜻蜓点水式地回家转了一圈。在柏林，最乐观的看法也是希特勒已经决心开战，如果要得到他的苏台德区必须这样做的话。出于两个原因，我对此表示怀疑：第一，德军尚未做好准备；第二，人民坚决反对战争。收音机里整天广播，大不列颠已经告诉德国，如果捷克遭到入侵，它将投入战斗。可能会是如此，但不要忘记三天前《泰晤士报》还要求捷克人将苏台德人交给希特勒，从而成为更纯粹的单一民族国家。

日内瓦则是一片令人愉快的超现实气氛。周一将召开国联委员会第102次会议和大会第19次会议，国际政治家云集此处却无所事事。捷克局势甚至都没被列入日程，也不会被列入日程。有一天，当我们沿着日内瓦湖边散步，看到宏伟的国联秘书处大楼时，不知是谁说了一句非常贴切的话："一座美丽的花岗岩棺材！让我们在青山映衬下欣赏它的美丽吧。就在那里，我的朋友，埋葬着我们时代的和平希望。"

月底，苔斯将带孩子去美国住一段时间，以便获得美国公民身份。明天，我将乘飞机去布拉格报道和平或战争。几乎已经说服哥伦比亚广播公司，让我每天播音5分钟。在播音行当这是个革命性创举！

布拉格，9月10日

全欧洲都等待着，希特勒将于后天纽伦堡纳粹党大会结束时做最后发言。同时，今天我们听到了两篇演讲，一篇是这里的贝纳斯总统的演讲，一篇是戈林在纽伦堡的演讲。那里的纳粹分子已在整整一周时间里，不断对捷克斯洛伐克进行疯狂的威胁。贝纳斯在捷克广播公司演播室做播音，保持了冷静和理智。我甚至觉得有些过于理智，虽说他显然是试图取悦英国人。他说道："我坚信，目前最需要的是道德的力量、善意和相互信任……如果我们能够和平解决我们的国家事务……我们的国家将成为世界上最美丽、治理得最好、最有价值和最为平等的国家……我这么说并非出于对未来的担心。在我一生中从未害怕过什么。我总是一个乐观主义者，而且我的乐观主义今天要比任何时候都坚定……让我们所有人都保持冷静……也让我们保持乐观……并且，最重要的是，让我们不要忘记诚心和善意可以移山倒海……"

贝纳斯博士先后用捷克语和德语发表了这篇演讲，因此我也听得懂。当他结束演讲后，我跑进广播大楼大厅去找他。我想冲过去对他说："要知道你是在与强盗打交道，与希特勒和戈林！"但我没有这个勇气，只是点头致意并祝晚安，然后看着他走开。这个小个子，捷克农民的儿子，在过去二十年里犯下了许多错误，但在最后关头却站了出来，维护希特勒企图摧毁的民主国家的尊严。他的表情是凝重的，与他言辞中的乐观毫无相近之处，而且我也怀疑他会不清楚自己的可怕处境。

另一篇演讲是戈林发表的，路透社报道中有如下引文："欧洲的一小部分，正在骚扰整个人类……这个可怜的、没有文化的侏儒种族，谁也不知道他们是从哪里钻出来的，正在压迫一个文明的民族，而站在它背后的是莫斯科和犹太恶魔那张永恒的面具……"

布拉格，9月11日

这里一片平静，但紧张气氛之浓重，似乎可用小刀划开。有报道称，德国人在奥捷边境集结了二十万大军。在伦敦唐宁街，还在不停地召开会议。在巴黎，达拉第与甘末林正在开会。但是，人们都在等待希特勒明天的演说。哥伦比亚广播公司终于同意，在这里每天做五分钟播音。但是，又要求我在新闻本身不很紧急时，事先发电报请示。

布拉格，9月12日

那位大人物终于说话了。不会有战争，至少现在不会有。这是捷克人对希特勒今晚纽伦堡演讲的第一个反应。希特勒对布拉格进行了侮辱和威胁。但是他并未要求将苏台德人完全交到他手上。他甚至没有要求举行全民公决。然而，他坚持苏台德人拥有“自决权”。在比尔·莫雷尔和玛丽·莫雷尔那所俯瞰威尔逊车站的公寓中，我收听了此次演说。烟雾腾腾的房间里坐满了记者，包括科尔、考克斯、莫里斯·兴都斯等。我从未听到过阿道夫如此充满仇恨，他的听众也几乎处于疯狂的边缘。他在长篇大套地历数苏台德人所受虐待时停顿了一下，他的声音里充满了恶毒:“我说的是捷克斯洛伐克！”他的言辞，他的声调，仿佛都在滴着毒汁。

全体捷克斯洛伐克人似乎都听了此次演讲。今晚8点到10点，大街上空无一人。演讲结束后，内阁委员会立即召开特别会议，但贝纳斯并未参加。莫雷尔和我向卡尔斯巴德和赖兴贝格打电话，看看那里的三百五十万苏台德人在演说后是否已经疯狂。幸运的是，当地正下着倾盆大雨。后来，约六千名亨莱因的支持者，戴着“卐”字臂章，在卡尔斯巴德大街上游行，高喊着:“打倒捷克人和犹太人！我们要全民公决！”但没有发生冲突。在赖兴贝格也发生了类似事件。

在战争与和平悬于一线的这一天，布拉格阴暗而凄凉，阴雨连绵，寒冷刺骨。这一天的大部分时间，我都游荡在古老街道上，试图了解当一个民族面对战争和入侵，并且知道宣战二十一分钟后炸弹可能如雨点般从天而降的时候，会做出怎样的反应。捷克人像往常一样干着自己的活儿，并不感到阴郁、压抑和害怕。或者他们根本就没有神经，或者他们有着钢铁般的神经。

今晚，俄国人非常成功地干扰了希特勒的演说广播，他们可能得到了捷克人的帮助。柯尼斯堡、布雷斯劳和维也纳等位于东部的城市都无法听清广播。我们必须跑到科隆，才能够清楚地接收信号。

布拉格，9月13—14日，凌晨3点

战争已经非常迫近，从午夜开始我们就在等待德国轰炸机，但迄今为止还没有任何迹象。在苏台德区的伊格尔、埃尔伯根、法克瑙和哈贝尔斯比尔克等地发生了激烈枪战。苏台德区的一些日耳曼人和捷克人被打死，日耳曼人抢劫了捷克人和犹太人的商店。因此，今天早晨，捷克政府理所当然地在苏台德五个地区宣布军事管制。今晚约7点，我们得知亨莱因向政府发出最后通牒，期限是六小时内。最后通牒是晚6点发出的，午夜到期。亨莱因要求：取消军事管制，将捷克警察撤出苏台德区，将军营和平民区“隔离”开。这是否得到希特勒的支持不得而知，不过自从他发表纽伦堡演说后，情况无疑就是这样。无论如何，捷克政府已经拒绝最后通牒。它别无选择。它已经决定。它将进行战斗。我们现在等着希特勒的行动。

“大使旅馆”中住满了外交官和记者，今晚门厅里的紧张和混乱，简直难以用语言来描述。看看民众对战争会如何反应的兴趣突然被恐惧所取代。一些人已经无法承受这种压力。他们放任自己陷入歇斯底里，然后便疯狂地想逃到只有上帝才知道的地方。大多数人都承受住了这种压力，当然其勇敢、冷静程度各不相同。今晚在门厅里，记者们像磨盘般打转转，试图通过唯一的接线员将电话打出去。犹太人激动地试图订购最后一班机票或车票。每个通过旋转门从外面走进的人都会带来最疯狂的消息，我们聚集在一起听着，然后根据自己的感觉相信或者不相信。戈林的轰炸机将于午夜时分到来，除非捷克人接受最后通牒。他们将使用毒气。如何才能搞到一个防毒面具？根本就没有这种东西。那么你该怎么办？贝纳斯将接受最后通牒。他一定得接

受！记者们跑来跑去，因为电话、德国人而怒火万丈，同时竖起一只耳朵，以倾听第一颗炸弹的爆炸声。在场的记者有合众通讯社的帕卡德和比蒂，美联社的斯坦因科普夫，国际通讯社的雷德·尼克博克，芝加哥《每日新闻报》的威特克和福多尔，《芝加哥论坛报》的亚历克斯·斯莫，纽约《先驱论坛报》的瓦尔特·科尔，《纽约时报》的盖德耶和瓦德奈以及英国记者们。

一丝喜剧性因素打破了这种紧张气氛。亚历克斯坐在一大杯啤酒后面，菲比·帕卡德也坐在一大杯啤酒后面，对着前者刚收到的一封电报皱眉头。这封电报来自他的老板麦考密克上校，他以一种军事性的精密指示应如何报道战争。“战争总是在凌晨开始。凌晨时分赶到那里。”亚历克斯说上校发来的电报如是说。

一位拘谨的美国商人凑到我们桌旁，并且做了自我介绍。“我今晚可受了不少刺激。”他说道，“你们记者的生活一定挺有趣吧。”

“你想喝点什么，先生？”有人问他。我们继续自己的话题，大声喊着要打电话。

午夜已经快到了。最后通牒的期限到了。一名外交部官员走了进来，面色凝重。“Abgelehnt，”他用德语说道，“拒绝了。”最后通牒遭到了拒绝。记者们再次飞向电话机。几名犹太人赶快跑了出去。苏台德党的新闻广告员像往常一样走了进来，他是个性格开朗的大个子，经常到这里来告诉我们一些消息。他今天并不快活。“他们拒绝了吗？”他问道。几乎没有等待回答，他便抓起遗落在角落里的小包，匆匆走出大门，消失在夜色中。

最终，帕卡德或是别的什么人赶到了苏台德区。人们正在用步枪、手榴弹、机枪和坦克交战。这是一场战争，所有人都同意这一点。比尔·莫雷尔从哈贝尔斯比尔克打来电话。我能把他的故事告诉《每日快报》吗？可以，是什么故事？他正在警察局打电话，他说道。在几英尺外屋子的角落里，一张床单盖着四名捷克宪兵和一名日耳曼人的尸体。四名宪兵全是在城里被日耳曼人打死的，但是捷克援军已经赶到，局势处于政府掌握之中。我给他的妻子玛丽（马上就要当妈妈了）打电话，告诉她比尔一切都好。到播音时间了，我冲上街头向广播大楼跑去。

我必须说，走到街上后，我感到有些羞耻。街头民众非常安静，波澜不惊。看不到军队，也看不到警察。所有人都像往常一样回家睡觉。我做了播音，但得不到纽约方面的反馈。我担心，播音会因大气层的原因而失败。随后，我便上床睡觉。

布拉格，9月14日，早晨

保罗·怀特打来的电报令人泄气。我昨晚的播音信号未能传回国内。可能是大气层或太阳黑子的干扰，他说。现在与兴都斯、考克斯和莫雷尔一起，乘汽车到苏台德区看一看。

晚上——驱车在苏台德区行驶了两百英里。战斗已经结束。由德国指使并提供武器的叛乱已被镇压下去。捷克军警在行动时保持了令人难以置信的克制态度，伤亡甚至超过了苏台德日耳曼人。除非希特勒再次干预，此次危机就算过去了。今天与我交谈的苏台德人都非常困惑。他们期待德军在周一晚上希特勒演讲后就开进，因此当德军未来而捷克军队开进后，他们的士气也就趋于低落。只是在施瓦德巴赫，亨莱因分子仍在坚守，而那也只是因为捷克人担心子弹飞到德国境内。今天下午，亨莱因在阿什宣布解散正与政府谈判的委员会。恩斯特·孔特是代表团团长，他皮肤黝黑且热情洋溢，是这帮人里最体面的一个。他告诉我，自己将留在布拉格，“如果他们不杀我的话”。

晚饭后不久，一名报童跑进“大使旅馆”门厅，带来一份德文报纸的号外，这是我能够读懂的唯一报纸。我不懂捷克语。大字标题是：张伯伦明天飞往贝希特斯加登去见希特勒！捷克人都蒙了。他们预料会被出卖，我担心他们可能是对的。今晚在去播音的路上，懂得捷克语的兴都斯与我走在一起，他停下来听报童的喊叫声。据他说，报童们喊道："号外！号外！看看英帝国巨头如何乞求希特勒！"我觉得这是对今晚事件的最中肯的评论。再次做了播音，还是担心无法将信号传送回去。剧烈的太阳黑子活动对我们形成了严重干扰。

布拉格，9月15日

感到有些沮丧。纽约再次发来电报，说播音信号未能传送回去。今晚，我将所有新闻稿用电报发回国内播音。亨莱因今天发表了一个声明，要求立刻实现彻底"合并"，随后便逃往德国。政府已经命令，将他作为叛国者逮捕。今早，合众通讯社的埃德·比蒂从伊格尔打来电话。虽然他是个地地道道的美国人，但帕卡德竟然听不懂他说的每一个字。帕克赶忙跑到我这里。"比蒂发疯了。说一种奇怪的语言。你能跟他通话吗？"我过去接了电话。埃德用德语解释说，他正在捷克警察局打电话，捷克人听得懂德语，但不懂英语。捷克人允许他打电话，条件是必须用德语口述新闻稿，以便对他进行监视。我将新闻稿记了下来。昨晚，捷克警察冲进亨莱因位于维多利亚旅馆的总部时，一共死了六个人。

今天，捷克人与所有人一样，都将注意力集中在贝希特斯加登。今晚，他们想知道张伯伦企图从希特勒那里争取的和平，是否需要他们做出所有让步。在政府圈子里，情绪十分低沉。莫罗从伦敦打来电话，建议我立即前往贝希特斯加登。我也不知到底能不能去。捷克穿越德捷边界的列车已经停开，而我也无法找到一个愿意开车穿越边界的司机。

补记——爱德打电话说，张伯伦今早已经返回伦敦。我的贝希特斯加登之行也就取消。感到一丝解脱。我宁愿在捷克境内报道这场战争。

布拉格，9月16日

纽约又发来一封电报。他们连续三天未能收到我的播音，但在那边播放了我用电报发过去的新闻稿。这对电台而言真是太糟了。据柏林报道，希特勒已要求为苏台德人举行全民公决，张伯伦基本已经接受。捷克政府说，这根本不可能。但是，他们害怕已经在贝希特斯加登发生的事情。换句话说，张伯伦先生可能已经出卖了他们。今晚，我在播音中说道："捷克人会同意分裂他们的国家、牺牲已经保卫波希米亚达千年之久的具有重要战略意义的山区边界吗？……我的印象是，他们不会坐以待毙，将命运交付给甚至是西方四巨头都出席的会议……捷克人说：设想一下只是接受举行全民公决，并且将苏台德区交给德国。他们想，张伯伦先生可能会提供由英法德意庄严签署的防止侵略的保证书作为补偿。但是他们又问，再签一个协议还会有什么价值？"

补记——乌拉！今晚清楚地听到了纽约的反馈，而且他们收到的播音也很清晰。已有四天不能正常播音，这四天是怎么熬过来的！朗西曼已离开此地回伦敦，静悄悄地溜走，不受欢迎，不被尊敬，无声无息。

布拉格，9月18日

捷克人的态度越来越强硬，很清楚张伯伦准备支持希特勒夺取苏台德区乃至整个捷克斯洛伐克的要求。米洛·霍查总理今天对全世界发表广播演说，对举行全民公决的提议表示坚决拒绝。"这是无法接受的。这解决不了任何问题。”他说道。霍查与大多数斯洛伐克人不同，当他演说完后我在广播大楼见到了他，给我的印象是处于高度紧张状态。过去这些天的紧张明显表露出来。我想，他或许只是口头强硬，实际上却很虚弱。

补记——我必须去德国。午夜时分，莫罗从伦敦打电话告诉我一个新闻。英法已经决定，不会为捷克斯洛伐克而战，要求布拉格无条件向希特勒投降，将苏台德区交给德国。我对爱德抗议说，捷克人不会接受，他们将独自战斗……

“可能是这样。我希望你是对的。但同时张伯伦先生将于周三在戈德斯贝格会见希特勒，我们希望你对此进行报道。如果发生战争，你随后也可以返回布拉格。”

“好的。”我说道。

我并不关心现在去哪儿。我最后冷静下来，走过去叫醒了莫里斯·兴都斯，告诉他这个消息，但他拒绝相信。我们给两三个外交部的朋友打了电话。从讲话的音调来看，他们也听到了这个消息，却都表示不知道。他们说，这个消息太“疯狂了”，令人难以置信。莫里斯和我上街走了一圈。人们正从咖啡馆往家走，并未表现出特别的兴奋，显然还未听到来自伦敦的报道。

莫里斯在我离开期间将负责播音。我将于早上乘飞机前往柏林。凌晨4点上床睡觉，疲惫不堪，感到恶心。

柏林，9月19日

纳粹分子感到欢欣鼓舞，认为希特勒取得了迄今为止最重大的胜利。这倒也不无道理。“而且像其他胜利一样，都是兵不血刃取得的。”他们今天不停地在我耳边聒噪。至于大街上的普通民众，他们感到极大的解脱。他们不想要战争。纳粹报纸上充斥着歇斯底里的大字标题。全都是谎言。比如：**妇女和儿童被捷克装甲车扫倒**，**或血腥的政权——捷克人对日耳曼人的新屠杀**。《证券报》堪称拔得头筹：**对奥西格的毒气攻击？**《汉堡日报》也很出类拔萃：**勒索、抢劫和枪击——捷克人在苏台德日耳曼人土地上的恐怖行径愈演愈烈！**

今晚，没有从布拉格得到捷克人接受张伯伦最后通牒的消息。我仍然希望他们会奋起一战。因为如果他们这样做，就会爆发一场欧洲大战，而希特勒不可能取得胜利。因此，今晚我在播音结束前说道："有件事可以肯定：张伯伦先生当然会在戈德斯贝格受到热烈欢迎。实际上，我今天在柏林得到的印象是，张伯伦先生在此地是个颇受欢迎的角色。"

在柏林至戈德斯贝格的列车上，9月20日

我们刚刚做了一次不可思议的播音。保罗·怀特下午6点由纽约打来电话，当时我正在收拾行李。我告诉他，必须取消今晚10点半的例行播音，因为前往戈德斯贝格的列车就在10点半发车。他建议在列车上做次播音，就戈德斯贝格会议上的战争可能性问题对记者们进行采访。给帝国广播公司打了个电话。在列车上不可能进行播音。在腓特烈街车站播音如何，我问道。可以，哈拉尔德·迪特里希博士答道。他非常年轻且有事业心，是帝国广播公司短波部主任。给纽约方面打了个电话。怀特很高兴。播音定于10点开始，当我在10点差5分赶到车站时，麦克风已经安装好并可以开始工作了。

但是，却没有美国记者，站台上空无一人。到了10点，我开始即兴地谈些话题。我所知道的唯一新闻，是匈牙利人和波兰人今天也要前往贝希特斯加登，像胡狼似的在瓜分捷克问题上要求他们那一份。这个话题谈完后，我开始朗读晚报上的大字标题。同平常一样都是谎

言，但如果我这样说的话，纳粹分子会中止播音。大字标题有：**捷克士兵攻击德意志帝国**！我向周围看了看。仍然没有一个记者。我气得恨不得他们都误了这班车。我又继续大谈捷克少数民族问题。最后，哈斯终于露面了。我揪住了他上衣的后摆，他还没明白怎么回事，便已经开始播音。其他记者最终也开始到达，不过他们似乎都忙于收拾行李。哈斯在播音中开始出错。上帝才知道这次节目的其余部分听起来像什么。我又采访了两三名英国记者，然后是西格里德·舒尔茨、韦布·米勒和拉尔夫·巴恩斯。意大利记者菲利波·博亚诺表示自己也想说两句。我知道他暗中敌视纳粹，但对其英语水平没有把握。没想到效果出奇得好。没有谁的舞台腔比得上他。哈瓦斯通讯社的约夫也想说两句。我还没来得及问他是否会说英语，他便已经开始用法语发言了。我开始翻译他的话，此时我突然瞥见列车已经开动。我的结束语说得不那么好，但还是赶上了列车。我担心此次节目在国内会失败，但现在必须考虑更重要的问题。

戈德斯贝格，9月22日

纳粹“卐”字旗与英联邦旗帜，在这个可爱的莱茵小镇上空并排飞舞，我发现这倒是非常协调。同样适宜的，是在一个瓦格纳戏剧中出现过的小镇举行会议。据德国人说，武坦、托尔等上古条顿族神灵，正是在这里寻欢作乐。

今早，我注意到一些非常有趣的情况。当时，我正在德雷森旅馆花园里吃早餐，希特勒也下榻于此。这位大人物突然出现，走过我身边，去莱茵河边看他的游艇。X先生是德国著名编辑，暗中反对纳粹政权。他推了我一下：“看他走路的样子！”我仔细一看，发现那的确是一种非常奇怪的走路姿势。首先，希特勒走路的姿势非常女人气，是一种优雅的小步子。第二，每走几步就神经质地耸右肩，左腿则突然向上指。当他返回又经过我们时，我进行了仔细观察。同样是神经质地痉挛。他眼睛下方有难看的黑斑。我想，这个人正处于精神崩溃的边缘。现在我才理解昨晚在德雷森旅馆喝酒时，一名纳粹党御用文人所说的话。他们不断谈论着所谓“吃地毯者”。开始时，我并不明白其所指，后来有人低声向我解释。他们说，希特勒最近出现过几次精神危机，而近几天这种神经质以一种奇怪的形式表现出来。当他对贝纳斯或捷克人大发雷霆时，他就扑到地板上咬地毯边缘，这就是“吃地毯者”的来源。今早亲眼看到他后，我才敢相信这个说法。

今天下午，张伯伦和希特勒举行了三小时会谈，明天还将举行一次会谈。我们将旅馆门房宿舍改装成了播音室。正当我播音的时候，两位大人物会谈完毕后走了出来，刚好经过我的窗口。希特勒确实显得非常亲切和蔼，长相酷似猫头鹰的张伯伦则在微笑。一个党卫军警卫连被安排在门口鼓掌，显然满足了他的虚荣心，因此显得非常高兴。我听说张伯伦提出，由国际委员会监督捷克人从苏台德区撤军；捷克斯洛伐克剩余部分的安全，则由国际社会提供保证。纽约方面发来电报说，昨晚在腓特烈大街车站的播音非常成功。这真是件怪事。布拉格成立了新内阁。新总理是严厉的独眼将军、军队总监扬·西罗维。他是军队总监。捷克人可能仍然准备战斗。

戈德斯贝格，9月23—24日，凌晨4点

在奇怪的一天过后，战争似乎已迫在眉睫。所有英法记者和《纽约时报》记者伯奇豪（也是英国人）正焦急地等待，准备在一小时后天亮时前往法国、比利时或荷兰边境。似乎希特勒欺骗了张伯伦。老猫头鹰受到了伤害。整整一天，他都躲在莱茵河对岸彼得斯贝格的彼得斯霍夫的房间中，拒绝过河与那位独裁者会谈。下午5点，他派亲信顾问霍勒斯·威尔逊爵士和英国驻德大使内维尔·亨德森爵

1938年9月22日，希特勒与英国首相内维尔·张伯伦在戈德斯贝格。

士过河来见里宾特洛甫。我们觉得，给5分钱这两人就会出卖捷克人。结果是，张伯伦和希特勒于晚10点半再次举行会谈。这次会谈也是最后一次会谈，凌晨1点半结束。没有达成任何协议，现在似乎将面临战争。但当张伯伦对希特勒说再见时，我从二十五英尺外门房宿舍的“播音室”观察，看不出他那张鸟脸上有任何紧张或愤怒之情。希特勒也在微笑，态度和蔼可亲。不过，今晚德国人仍然陷入了深深的忧郁中，似乎当真的面临战争时，他们又感到害怕。他们很忧郁，同时又发热般地兴奋。凌晨2点，正当我准备播送当天新闻及官方公报时，戈培尔和德国广播公司负责人哈达莫夫斯基突然冲了进来，禁止乔丹和我播送除官方公报以外的任何东西。后来，我在德雷森旅馆门厅里弄了点晚饭吃。戈培尔、里宾特洛甫、戈林和凯特尔等人不停地进进出出，所有人看上去似乎都像是挨了当头一棒。这让我非常吃惊，毕竟这是他们一手制造的战争啊。公告只是说，张伯伦承诺向布拉格提交一份德国备忘录，内容涉及德国在苏台德区问题上的“最终态度”。关键问题是，张伯伦到这里来，已经准备将苏台德区交给希特勒。但将以“英国的”方式，即由国际委员会监督。但他发现，希特勒的胃口又增大了。希特勒希望以他的方式吞并苏台德区，即立即实现合并，而且没有国际委员会那些乱七八糟的玩意儿。实际上，这对双方而言都不是关键，但他们都坚持己见。*

同时，有消息称捷克终于发布了动员令。

现在是凌晨5点。我将在门厅桌子上躺上一会儿，因为必须在6点离开，前往科隆以赶上去柏林的飞机。

---

* 内维尔·亨德森爵士在《失败的使命》一书中告诉我们，在第一次谈话中，在张伯伦向希特勒勾划出他的彻底投降计划后，元首盯着他说道：“我非常抱歉，但那已经完全没用了。”按照亨德森的说法，张伯伦表现出“惊奇和不满”。

柏林，9月24日

我在午夜时分播出了今天的新闻稿。我说道："今天早上，戈德斯贝格的所有人都有些慌乱……但在今晚，从柏林来看，情况是这样的：希特勒要求捷克斯洛伐克在周六，即10月1日之前，同意将苏台德区交给德国。张伯伦先生同意将这一要求转达给捷克斯洛伐克政府。他作为英帝国拥有全权的政治领袖同意接受这个任务。这里，我想别的地方也一样，认为这意味着，张伯伦先生支持希特勒的立场。

"这也是为何德国人认为和平就在眼前。今早我与科隆大街上的德国人、今晚又与柏林的德国人进行了交谈，他们都持这种观点。事实上，你们猜今晚柏林的新口号是什么？它就登在晚报上，内容是：'与希特勒和张伯伦一起谋求和平！'《攻击报》还说：'希特勒和张伯伦昼夜工作以谋求和平。'"

看来，今晚柏林对于和平抱着乐观的态度。无法与布拉格的兴都斯进行电话或电报联系，以便将播音时间表告诉他。所有与布拉格的通信方式都被切断。真该为那部捷克短波发射台感谢上帝。*

柏林，9月25日

希特勒明晚将在体育馆发表演说。他似乎对布拉格、巴黎和伦敦的报道非常愤怒，因为他们说戈德斯贝格备忘录提出的要求超出了他与张伯伦在贝希特斯加登达成的最初协议。他声称并非如此。在这个宁静的安息日，感觉不到任何战争狂热，甚至也感觉不到任何反捷克情绪。我记得过去在战争前夕，人们往往会在敌国使馆前举行愤怒的

* 在随后一些日子里，它是布拉格与外部世界联系的唯一途径。

示威游行。今天，我走过捷克使馆，外面一个人也没有，甚至连一个警察都没有。天气温暖，阳光灿烂，这可能是夏季的最后一个周日，几乎一半柏林人都在附近湖泊或格伦瓦尔德的森林里度周末。很难相信竟然会有战争来临。

柏林，9月26日

希特勒终于破釜沉舟了。他在一种我所见过的最糟糕的兴奋状态中大喊和尖叫。今晚，他在体育馆声称，自己必须在10月1日即周六得到他的苏台德区。如果贝纳斯拒绝交给他，他就将在这个周六付诸战争。这真是一群奇怪的听众，共有一万五千名纳粹党的骨干分子麇集在大厅里。他们一如既往地对他的话报以热烈掌声，然而并无战争狂热。听众们脾气很好，似乎没明白他的话是什么意思。这个老人浑身浸满了毒液，比过去任何时候都更甚，不断对贝纳斯进行人身攻击。希特勒两次尖叫道，**这**绝对是他在欧洲最后的领土要求。在谈到他对张伯伦的保证时，希特勒说："我进一步向他保证，当捷克人与国内其他少数民族和解后，捷克将不再会引起我的兴趣。而且对不起，我还可以再给他一个保证：我们不想要任何捷克人。"最后，希特勒竟然厚颜无耻地将决定战争或和平的责任全部推到贝纳斯头上！

我从希特勒上方包厢的座位上对这次演讲做了转播。他仍然不断神经质地痉挛。在他整个演讲期间，他不断耸起右肩，左腿膝盖以下则会相应地弹起。听众们看不到这一幕，但是我能看到。事实上，在这么多年里，今晚是我首次看到他似乎完全失控。当他演讲完并坐下后，戈培尔跳起来高喊："有件事可以肯定：1918年永远不会重演！"希特勒抬头看着他，两眼中是一种狂野的、期望的神情，似乎这就是他寻觅了整个晚上却未能找到的字眼。他跳了起来，两眼中是我永远无法忘记的疯狂怒火，抡起右手，划了一道弧线，砸在桌子上，使尽浑身力气喊道：“是！”然后便精疲力竭地瘫倒在椅子上。

柏林，9月27日

黄昏时分，一个机械化师隆隆驶过这个城市的街道，朝捷克边界方向开去。我走到菩提树下大街拐角处，车队将在这里拐到威廉街上，预计会看到一场盛大的示威游行。我设想会出现在书上读到过的1914年的场景，当时欢呼的人群在同一条大街上，将鲜花投到行进中的战士身上，姑娘们则跑上前去亲吻他们。选择今天这个时刻，无疑是为了便于下班后拥出办公室的数十万柏林人能够赶上。但是，他们都一头钻进地铁站，拒绝观看。站在路边的少数人也默不作声，对正在走向光辉战争的青年精英们未置一词。这是我所见过的最具震撼力的反战示威。据说，希特勒感到十分恼怒。我在街角站了没多长时间，一名警察就从总理府方向沿着威廉街走过来，对我们这几个站在马路边的人喊道，元首正在阳台上检阅部队。没有几个人挪窝。我走去看了看。希特勒站在那里，在大街和威廉广场上站着不到两百人。希特勒看上去很严厉，然后便很生气，不久就走回屋里，撇下列队行进的部队不检阅了。今晚所看到的景象几乎使我恢复了对德国人民的最后一点信心。他们坚决反对战争。

今天，苔斯带着孩子由瑟堡前往美国，早在几个月前她就开始计划这次旅行。昨晚，她从巴黎打来电话，说法国已经开始动员，无法肯定去瑟堡的列车是否会照常运行。今天没有电话打来，所以估计列车已经照常发车。

柏林，9月28日

不会爆发战争了！希特勒已邀请墨索里尼、张伯伦和达拉第明天

1938年9月29日，墨索里尼和希特勒在去往慕尼黑会议的途中。

在慕尼黑举行会谈。这三个人将把希特勒从困境中解救出来，他也将兵不血刃地获得苏台德区，只不过比他自吹的晚几天而已。大街上的民众明显得到了解脱，而且如果我没判断错的话，威廉街和班德勒街（国防部）也同样如此。今晚播音后，即离开柏林前往慕尼黑。

慕尼黑，9月30日

一切都结束了。今天凌晨零点半，希特勒、墨索里尼、张伯伦和达拉第签署了协议，将苏台德区交给德国。德国的占领行动将从明天周六，即10月1日开始，将于10月10日完成。也就是说，这两个“民主国家”甚至同意让希特勒实现他在体育馆的吹嘘，即在10月1日要得到苏台德区。除了还必须等几天之外，他得到了想要的**一切**。他等待的这短短十天就拯救了欧洲和平，这真是对这个病态颓废大陆的古怪评价。

仅就我在过去这奇怪的、非现实的二十四小时中观察到的情况来看，达拉第和张伯伦从未试图使希特勒做出任何让步。他俩从未单独在一起待过，也没有努力对这两位“恺撒”表现出某种民主国家共同阵线的样子。昨天早上，希特勒和墨索里尼在库夫斯坦因会面，制订了他们的计划。昨天，达拉第和张伯伦各自乘飞机抵达，根本不认为有必要共进午餐、制定战略，虽然两个独裁者已经这么做了。

捷克斯洛伐克被要求做出全部牺牲以维护欧洲和平。但在会谈的任何阶段都没有征求过他们的意见。捷克派了两位代表，一位是聪明且诚实的驻柏林大使马斯特尼博士，另一位是外交部的马萨里克博士。凌晨1点半，他们被告知捷克斯洛伐克**必须**接受协议，而且通知者不是希特勒，而是张伯伦和达拉第！我们听说，他们的抗议竟遭到这两位资深政治家的嘲笑。张伯伦看上去更像一只鸟，就像我在孟买看到的帕西人死尸上空的黑色秃鹫。今天凌晨，当签完协议返回女王宫旅馆时，他显得特别高兴，虽略有一丝睡意，但却是**愉快的**睡意。

达拉第则相反，看上去像是个遭到彻底失败、完全崩溃的人。他到女王宫旅馆向张伯伦辞行。当他走下楼梯时，我们一帮人等着他。有人问道:“总理先生，你对协议感到满意吗？……”他转过身来似乎在说什么。但他太疲劳、太沮丧了，以至于听不清他说的话。随后，他便安静地、跌跌撞撞地走出大门。法国人说，他害怕返回巴黎，担心会有反对派群众迎接他。希望他们说的没错。因为法国牺牲了它在整个大陆的地位，并且失去了东欧的主要盟友。对法国而言，今天是灾难性的一天。

今天凌晨2点时的希特勒与以前判若两人！整个晚上我都无法进入元首府，最后当他离开时我才闯进去。在戈林、戈培尔、赫斯和凯特尔等人陪同下，他像征服者一般与我擦身而过。我注意到，他走起路来昂首阔步。痉挛现象完全消失！至于墨索里尼，他很早便动身走了，骄傲得像只公鸡。

由于十分偶然的原因，今晚我在抢独家新闻时失手。全国广播公司的马克斯·乔丹在我之前整整一个小时便将协议内容公之于众，这是我遭受的最严重失败之一。由于他们公司在德国的特殊地位，他被允许独家使用元首府里希特勒的无线电播音室，会议就是在那里举行的。总在那里待着的魏甘德告诉我，马克斯在英国代表团的霍勒斯·威尔逊爵士步出会议室时堵住了他，从他那里获得了协议的英文文本。然后便冲进元首播音室，不一会儿便开始播音。由于无法在现场使用那个播音室，我便待在当地唯一的对外联络渠道慕尼黑电台播音室旁边，然后安排了几名英美友人帮我搞到那份文件，尽可能在会议刚结束就弄到手，即使不是从代表团成员手中搞来的。德马雷·贝斯第一个拿到文件副本赶到我这里，但是……唉！我们仍然晚了一步。纽约方面非常善解人意，今天凌晨2点半打来电话，叫我别太在意。让他们的礼貌见鬼去吧。实际上，昨晚11点半我在播音时，已经报道过达成了协议。我提到了协议的全部要点，称占领将于周六开始，占领行动将在十天内完成，等等。但是，我确实非常想第一个拿到协议的正式文本。对哥伦比亚广播公司来说，幸运的是伦敦的爱德·莫罗第一个将午夜后半小时签署协议的消息传回国内。他在一次播音时收听到了慕尼黑电台播发的这个消息。

补记——张伯伦显然知道自己在外交上遭到惨败，便要了个非常聪明的、挽回面子的手腕。今早，他在临行前再次会见希特勒，随后发表了联合声明。主要内容是："我们认为，昨晚签署的协议和英德海军协议，标志着我们两个民族决不再发动战争的愿望。"最后一句话说道，他们将继续就与两国有关的问题进行磋商，并"决定继续我们的努力，以铲除任何可能的分歧来源，从而对确保欧洲和平做出贡献"。

补记。**在慕尼黑至柏林的列车上**——列车上的大多数德国著名编辑都在开香槟庆祝，丝毫不打算掩饰对希特勒大胜英法的得意之情。在餐车上，《汉堡外国新闻报》的哈菲尔德、《晚报》的奥托·克里格、宣传部外国新闻司司长波默尔博士欣喜若狂，买下了餐车上的所有香槟，得意扬扬，自吹自擂……当德国人**自高自大**时，那可真够瞧的。今晚，将在柏林待上两小时，以搞到军队通行证并且洗个澡。然后，再乘晚班列车前往帕绍，跟随德军进入苏台德区，对我而言真是不愉快的任务。

［补记——当晚张伯伦将回到伦敦，在唐宁街10号阳台上自吹："我的朋友们，这是我们历史上的第二次。"人们高喊"老好人内维尔"，而且还唱着"因为他是个快乐的好伙计"，难道他们想起了1878年柏林会议时的迪斯累利？"光荣的和平，由德国来到唐宁街。我相信，它是我们时代的和平。"光荣的和平！捷克斯洛伐克该怎么说？

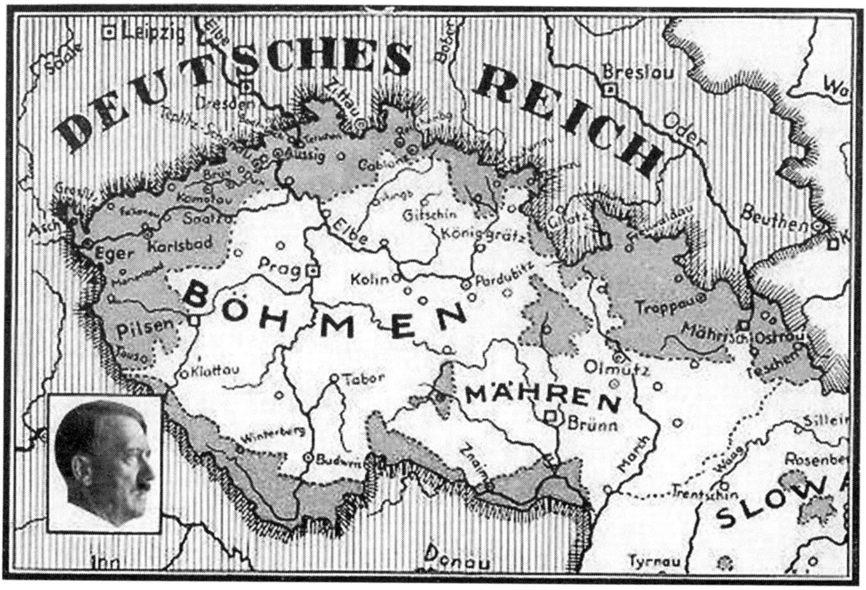

表现苏台德区形势的德国明信片。

内阁中只有戴夫·库柏辞职，他说道："1914年我们并不是为塞尔维亚或比利时而战……而是……不能无视条约的约束力、国际法和所有道德规范，允许一个大国凭借蛮力主宰欧洲大陆……在这些天里，首相竟然相信，可以用甜蜜的、理智的语言，与希特勒先生对话。但我相信，他更容易理解'铁甲拳头'的语言……"只有温斯顿·丘吉尔，这位多年来一直待在荒野中的先知，在下议院发表演讲称："我们遭受了一次全面的、十足的失败。……不要让我们捂住自己的眼睛。我们必须预料到，中欧和东欧的所有国家，都将争取与获胜的纳粹政府达成尽可能好的交易……通向多瑙河的道路……通向黑海和土耳其的道路，都被堵死了。在我看来，似乎中欧和多瑙河谷的所有国家，一个接一个地，都将陷入巨大的纳粹政治体系之中。从柏林辐射出的，不仅有军事政治力量，还将包括经济政治力量。"丘吉尔堪称英国土地上唯一的预言家，但却不受人关注。]

由雷根斯堡至柏林的列车上，10月2日

昨天拂晓，抵达雷根斯堡，乘坐公共汽车前往多瑙河边的帕绍，再在那里与德军总参谋部一名少校会合，乘小轿车随着部队，像野餐旅行一般开进苏台德区的Ⅰ区。天黑后，冒着倾盆大雨返回帕绍，那里的军事新闻审查员拒绝让我播音。我不得不坐火车于午夜时分赶到雷根斯堡，用电话将新闻稿告诉巴黎的无线新闻公司，再由他们通知纽约方面播发。柏林的帝国广播公司说，军方已禁止所有关于占领行动的播音，甚至他们自己的也不例外。没有去柏林的飞机，所以乘这趟列车往回赶，计划于今晚在柏林播音。

补记。柏林——军方还未取消禁令，因此只能播发我在火车上就希特勒在慕尼黑获胜的政治意义所写的新闻稿。其中，引用了今早

《法兰克福日报》上鲁道夫·克切尔（纳粹德国唯一幸存的聪明勇敢的编辑）写的一篇社论。他坦率地指出以武力和战争相威胁的好处，以及希特勒是如何了解民主国家对战争的**畏惧**的。当我回到旅馆时，一位在德国电台负责军事新闻审查的将军打来电话。他说，刚刚读到我写的关于占领问题的新闻稿，他很喜欢这篇稿子。尽管他必须禁止所有德国电台记者播发有关报道，但我可以播发这篇稿子。给纽约的保罗·怀特打电话。他说危机已经过去，国内民众希望忘掉这件事，以便能换换脑子。这对我来说也是好事。可以睡一觉而且不用再考虑这些德国人，现在他们竟变得如此凶狠好战，令人难以忍受。

柏林，10月3日

给伦敦的爱德·莫罗打电话。他像我一样感到压抑。后天，我们

德国军队开进苏台德区，受到当地日耳曼居民的欢迎。

可以在巴黎消除自己的种种不快。从我在阿德隆饭店房间的窗户可以看到，人们正在拆除安装在菩提树下大街对面法本公司屋顶上的高射炮。危机就这样结束了。没有多少事还留在记忆中。回想一下这场戏剧中的各个角色：贝纳斯自始至终保持了尊严；我总共见过五次的希特勒；长得像只鸟的张伯伦；那个精神崩溃的小个子达拉第，他似乎每次处于困境时都注定要垮台，正如1934年2月6日那样。保留在记忆中的还有：克罗莫附近一座桥上的地雷，如果我们乘坐的德国军车再向前开两英尺，就会将我们炸得粉碎；当战争和炸弹似乎肯定将在拂晓来临时，布拉格捷克人所表现出的勇气；当机械化师驶过街头以及战争似乎肯定到来时，威廉街上德国市民脸上的恐惧之情，以及当慕尼黑、柏林市民周五得知不仅是和平而且是胜利时的那种疯狂喜悦；当捷克人镇压叛乱后苏台德日耳曼人脸上沮丧的神情，以及半个月后当德军开进后他们表情的变化。另外，还有苏台德区小镇安特瓦尔道镇长施瓦茨布尔先生，他将我从德国军官身边带走。我问他："捷克人对你做的最糟糕的事是什么，镇长先生？"他的回答非常可怕，几乎令人难以置信。他说，捷克人抢走了他的收音机，以至于无法听到元首的声音，还有什么罪行比这更恐怖吗？

巴黎，10月8日

巴黎是个可怕的地方，完全陷入失败主义的深渊，对**法国**所遭受的损失一声不吭。在福柯饭店、马克西姆饭店，肥胖的银行家和商人们庆祝和平的香槟流成了河。但是，甚至一般来说神经比较健全的服务生和出租车司机们，也热情洋溢地歌颂避免战争是多么好。发动战争是一种罪恶，他们已经打过一场世界大战，已经受够了。如果同样打过一场大战的德国人也这样感觉那固然很好，但他们并不这样想。法国——马恩河和凡尔登战役时的法国——的勇气哪里去了？除了皮埃尔·科默外，法国政府内部根本没有一个人真正了解德国。法国社会党人，完全沉浸在绥靖主义之中；法国右派，除了少数人如亨利·德·克里利斯以外，不是法西斯分子就是失败主义者。法国对我而言不再有任何意义。

爱德·莫罗像我一样郁郁寡欢。我们试图将自己的思想理出头绪，整夜整夜讨论，喝光一瓶又一瓶香槟，在大街上晃悠，但是我猜这需要更多的时间。我们在一些问题上达成一致：现在战争爆发的可能性比以往更大；战争可能在下一个收获季节后到来；波兰显然是希特勒名单上的下一个目标；波兰人在此次危机中盲目而愚蠢，甚至帮助德国瓜分捷克斯洛伐克；我们必须促使华沙建立一座功率更大的短波发射台，如果他们希望国际社会听到他们这边的消息。我们还应组建一个美国电台记者班子。但老实说，我们对于该做什么也摸不着头脑。爱德说，美国电台在报道此次危机中干得非常漂亮，但美国人对此漠不关心，无论是任何事情。不久，甚至香槟也变得令人恶心。我们便分手了。

碰见了格里科。他正在各国首都旅游，以便为写作搜集素材。我给他写了几封给记者朋友的介绍信，我们在马克西姆餐厅吃了晚饭，但我再也不能忍受这里的气氛。早上将离开巴黎去日内瓦。这几乎是一年来首次有机会与苔斯和艾莲再见面。但她们已去了美国。

日内瓦，11月6日

在这里待了一个月，就像是可爱的小阳春。但是，现在白雪已经偷偷爬上阿尔卑斯山，今早在湖对面的汝拉山上也笼罩上了一层白色。不久我们就可以滑雪了。这是我生命中精神和心灵倍感压抑的一个月。现在我仍然处于这种状态，并且干了两件疯狂的事情：开始写一部戏剧；开始学打高尔夫球，尽管已经34岁！可能这有助于使神经恢复正常。在汝拉山脚下的德沃内，有个非常好的高尔夫球场，在那里你可以看到湖对岸的勃朗峰，夕阳西下时呈现雪白、粉红相杂的壮观景象。阿瑟·拜罗斯是英国人，已经52岁，是国际广播联合会的秘书。我们在高尔夫球场上晃荡，把草皮踩得稀烂，一会儿便忘记了分数。打完头九洞球便放下球杆，跑到边界上法国一侧的德沃内村，吃上一顿九道菜的午餐，再喝两瓶勃艮第红酒。回来时感到满足而舒适，再打完剩下的九洞球。我写的剧本叫《驻外记者》。它可以使我感到很大解脱。

华沙，11月11日

为波兰共和国诞生二十周年做了一次半小时的播音。由于某些原因，这次播音无可救药地乱成一团。坐在总统宫中，我说道:“女士们、先生们，下面开始奏波兰国歌……”按照计划，在华沙城里另外一个播音室的乐队将开始奏乐。但是国歌声并未响起，倒是莫西斯基总统开始讲话。他曾经答应用英语讲，但通过耳机我感觉听到的是波兰语。我冲过总统宫里的走廊，跑到他房间里询问。一名身材高大的副官在门口拦住我。“总统答应说英语的。”我说道。他奇怪地看了我一眼，将门略微打开了一点。“他是在说英语，先生。”他抗议道。我便又冲回播音室去介绍托尼·比德尔大使，他打算讲几句精心准备的发言。他开始絮絮叨叨说个没完，我想他可能是突然得了“麦克风恐惧症”，于是便打断了他。然后，他便拿起自己的演讲稿给我看，上面写着一堆象形文字似的东西。“波兰语！”他小声说道，“是发音……”原来他在用波兰语发表一篇简短的讲话。当他最终讲完后，我们笑得如此疯狂，以至于总统宫中的波兰人都有点不自在。

后来遇到杜兰蒂，这恰好是他的一个“俄罗斯之夜”。他非要用俄语跟四轮马车夫说话，并坚持要带我们去俄国咖啡馆。从杜兰蒂的俄罗斯大草原上刮来的寒风，将雪花摔打在我们的脸上。似乎经过差不多一个时代，马车夫终于拉着他那匹快死的老马，来到一座破败倾圮的老屋跟前。

“俄罗斯咖啡馆？”瓦尔特叫道。在浓密的雪幕遮盖下，我们根本看不清马车夫。不，它不是俄国咖啡馆。它是波兰一家机关，一座乱七八糟的房子。随后在暴风雪中，这位《纽约时报》驻莫斯科记者，就开始用俄语跟赶着破马车的波兰马车夫进行冗长的辩论。雪花在我们身上堆成了山。午夜过后很久，我们终于找到一家俄国咖啡馆。里面到处是说俄语的丰满姑娘，瓦尔特说她们是地道俄国人。还有许多伏特加、三弦琴演奏和演唱。姑娘们将脊背靠在大瓷炉上取暖，每次都会显得益发疲惫而困倦，我想还有一点悲伤。

波兰人是个令人愉快的、极端浪漫的民族，我和他们一起吃了许多精美食物，喝了许多美酒，还听了许多美妙的音乐。但他们可怕地不现实，例如，他们竟然会信任希特勒。波兰电台承诺，将加快建立新短波发射台的工作。我向他们介绍了我们与捷克人合作的经验。

布鲁塞尔，11月20日

这里正召开国际无线电大会，以便就波长问题制定新规定，我作为观察员参加了会议。由于我在此地无事可干，便把自己关在屋子里一个星期，写完了那个剧本。

贝尔格莱德，11月26日

来到这里做另一个“周年”广播，就像在华沙一样。

补记。**在去罗马的火车上**——下午6点，我们驻伦敦办事处的坎贝尔小姐打电话告诉我教宗病危。我在鸡尾酒会上逮住了《纽约时报》的年轻记者苏兹贝格，引诱他代替我做播音，跟他说明该怎么干，然后在晚9点坐上了开往罗马的火车。

罗马，11月29日

周二，在严重的心脏病发作后，教宗再次挺了过去。德拉尼神父是位非常出色、令人愉快的年轻的耶稣会会士，来自纽约并隶属于梵蒂冈电台。他帮助安排我为教宗葬礼精心设计的报道事宜。这两天，与梵蒂冈方面负责人就此事召开了会议，当然会议内容是极端微妙的，因为教宗毕竟还活着。不过，我们一致同意必须早做准备。意大利人为我们从圣彼得大教堂额外拉了条线路，通往他们的播音室。进行了非常愉快的谈话，吃了味道很好的意面，喝了不少基安蒂红酒，明天准备乘飞机去巴黎。不过，我的一位意大利朋友（也是齐亚诺的密友）偷偷告诉我，应等明天法西斯国会召开会议。但是，我们与法国政府之间的一件紧急事务需要赶快处理。

巴黎，12月1日

我的朋友试图帮我一个忙。国会中的法西斯分子组织了一次盛大的反法示威游行，高喊着:“突尼斯！萨伏伊！尼斯！吉布提！”但法国政府表示，达拉第将表示拒绝。此时有一个慕尼黑就够受的了。昨晚，我刚刚抵达一个小时，就有一对德国难民夫妇到旅馆找我。我乘坐的意大利飞机刚刚逃过一劫，机翼上的一根支柱在罗马和热那亚之间突然折断，我现在还有点紧张。他是一名前工会官员，妻子算是小说作家。他们告诉我，打算从塞纳河桥上跳下去，结束自己的生命。我带他们到街角的“小富人”饭馆吃了顿美餐，才使他们平静下来。我希望自己的劝说能够奏效，至少不会去跳塞纳河。他们接到法国政府将于下周生效的驱逐令，虽然那位丈夫已经在为政府做些事情。我打算为他们的事去找法国外交部说说情。

巴黎，12月6日

博内是《慕尼黑协定》的主要策划者，同时也是法国政界的一个邪恶分子。今天，他与另一个坏蛋里宾特洛甫，在法国外交部签署了《友好邻邦宣言》。我发现，巴黎已经多少有些从《慕尼黑协定》后的失败主义恐慌中恢复过来。当里宾特洛甫一行驱车驶上大街时，他们受到了彻底的冷落。这里的几名内阁成员和许多头面人物拒绝参加为他举办的社交集会。不过，从另一方面来看，里宾特洛甫在法国的拥护者，在政治、商业和社会圈子里也很活跃。今天公布的协议声称，两国庄严宣布，现在双方间已不存在领土或边界问题。如果未来发生争执，两国将及时进行磋商。真是一场闹剧！

巴黎，12月15日

苔斯和孩子今天乘坐“玛丽女王号”客轮回来。我打算离开巴黎去日内瓦，以便在那里过圣诞节。

格施塔德，瑞士，12月26日

这里是我所见过的最美丽的山区旅游点。厚厚的白雪是如此可爱，以至于我自六年前那次事故后头一次开始滑雪。这里有大批富有的英国人和法国人，他们对欧洲现状无知得惊人。昨晚在盛大的圣诞节舞会上，我发现为人们制造笑料的戏子令人恶心，因此我们很早便退场离开。这就是过去的一年，生孩子、德奥合并、捷克危机和慕尼黑会议。像往常一样，苔斯和我都在揣测，明年我们将去哪里，未来一年将带来什么结果。

罗马，1939年1月11日

今天，张伯伦和哈利法克斯抵达罗马以安抚“领袖”。在车站的张伯伦比在慕尼黑时更像只鸟，同时也更加自负。他手里拿着雨伞，在站台上来回走，向乱七八糟的一群当地英国侨民颔首致意，这些人是墨索里尼暗中请来迎接他的。墨索里尼和齐亚诺身穿黑色法西斯制服，在两位十分可笑的英国人身后悠闲地走着。墨索里尼脸上始终带着一丝得意的笑容。当他走过我身边时，正低声与女婿说笑。他看上去老多了，比以前显得庸俗，脸也更胖了。当地消息人士告诉我，他在一位19岁金发美女身上消耗了太多精力。他将这位小姐安置在官邸对面的别墅里。过去他身上那种精力充沛、专注工作的劲头开始消退。我们还得知，沿途车站的热烈欢迎使张伯伦深受感动。难道他不知道这都是事先**安排好**的吗？

日内瓦，1月19日

国联已经处于垂死挣扎中，过去四天的景象真是令人悲哀。这里的博内和哈利法克斯认为，已经没必要不承认佛朗哥的胜利了。昨天，德尔·瓦约在国联委员会面前发表了一次很有尊严的演说。哈利法克斯为了表明自己的立场，在演说中间站起身来，故意很招摇地走了出去。今晚，我与德尔·瓦约进行了一次长谈。他感到压抑和沮丧，虽然他并没说什么，但我理解这都是为了共和国。佛朗哥带着他的德国兵和意大利兵，已经站在巴塞罗那大门口。与埃德加·莫雷尔、尼克、哈里·马斯迪克和泰布瓦夫人共进午餐，聊了很多事情。无论如何，我们这边输了。

罗马，2月12日

周五早上6点15分，科尔提斯从罗马给我打电话，说教宗逝世了。7点2分有趟列车开往米兰，我把苔斯叫了起来，她帮我赶上了火车。今天是周日，在圣彼得大教堂前的广场上做播音。我叫住一些刚刚瞻仰过庇护十一世教宗遗体、正从教堂中鱼贯而出的人，对他们进行采访。由于我并非天主教徒，尽管在过去一年里读了许多书，但对于教会和梵蒂冈仍所知甚少，所以找了教会人士帮助做大部分的播音工作。

威廉·夏伊勒在罗马圣彼得广场上进行播音。

罗马，2月（未标日期）

庇护十一世今天下葬，仪式举行得很堂皇。但是圣彼得大教堂很冷，而且中间耽搁了很长时间。原因好像是在将棺木放入墓穴前，需要将棺材口封死，但工匠的焊锡用光了。人们紧急行动去找焊锡，但大多数工场都已停业，花了好长时间才找到。德拉尼神父帮我们转播这次葬礼，他干得非常漂亮。在人们四处找焊锡的空当里，他解说得非常出色。

罗马，3月3日

昨天，红衣主教欧金尼奥·帕切利当选为新教宗。除德国以外，这个选择受到了普遍欢迎。我们很幸运，在选举过后一会儿便播发了这条消息，虽然那天早些时候我们似乎面临着一场灾难。前天，我离开洛桑时得了流感，感觉很难受。当我抵达米兰时，病情已经非常严重，必须住进旅馆上床休息。我想方设法赶上了火车，但在昨天早晨抵达罗马时完全失去了知觉。汤姆·格兰丁中午时分从巴黎赶来，他是我们驻巴黎的记者，很聪明但刚被聘用，播音方面还是新手。他后来告诉我，当时我已神志不清，谵妄状态中发出的指示完全是胡说。不过，他还是听明白了，下午要在圣彼得大教堂柱廊处做播音。他赶到那里，找到了为我们播音的德拉尼神父。正当他们准备停止播音的时候，突然从耳机中听到梵蒂冈内部传来的消息，要求他们准备播音并将消息发往纽约，他们立刻明白了是怎么回事。不大一会儿工夫，他们便宣布了新教宗的名字。

罗马，3月9日

一场风暴，正在可怜的捷克斯洛伐克残余国土上酝酿。哈查博士，这个虚弱的小个子总统，伟大的马萨里克总统和能干的贝纳斯总统的继承者，已经宣布在斯洛伐克实行军管，并解散了以蒂索神父为首的斯洛伐克内阁。但我知道，蒂索是柏林的人。奇怪的是，当然也可能并不奇怪，德意并未向残缺不堪的捷克提供安全保证，虽然他们在慕尼黑会议上做了承诺。意大利外交部官员承认，伦敦和巴黎已经敦促希特勒做出保证。但是他们说，希特勒认为布拉格仍然“太犹太、太布尔什维克、太民主了”。我不记得《慕尼黑协定》有此项保留条款。

我流感还未好，仍然躺在床上，必须待在这里，直到周日教宗加冕礼。

1939年3月2日，红衣主教欧金尼奥·帕切利当选为教宗，并于3月12日就职，称为庇护十二世。

日内瓦，3月14日

收音机广播称，斯洛伐克宣布“独立”。捷克斯洛伐克的残余部分也开始解体了。应该去布拉格，但我实在没这份心情。难道我变得多愁善感起来，太感情用事以至于不再是个好记者了吗？我并不太在意杀戮和流血，在过去十四年里我可没少经历那种事。但是，现在的布拉格，我实在无法面对它。收音机说，捷克总统哈查和外交部长查瓦科夫斯基今晚抵达柏林。是想收拾残局吗？

巴黎，3月15日

在这个春季的暴风雪天里，德军占领了波希米亚和摩拉维亚，希特勒在布拉格伏尔塔瓦河边的赫拉德辛城堡，以戏剧性的姿态宣布将其并入第三帝国。撕毁庄严的国际条约，对他而言已是家常便饭。但是，由于我亲自参加了慕尼黑会议，所以忍不住回想起张伯伦是如何说的：协定不仅拯救了和平，还拯救了捷克斯洛伐克。

今晚，巴黎方面对希特勒出乎意料的行动无动于衷。法国不会为此动一根指头。实际上，博内今天告诉议会外交事务委员会，《慕尼黑协定》中的保证“还未生效”，因此法国没有义务采取行动。爱德·莫罗打电话说，伦敦方面的反应是一样的。今天，张伯伦在下院甚至声称，对希特勒不讲信用的指责与他毫不相干。我的上帝！

我原以为今天将去布拉格或柏林。但是，今早在日内瓦与莫罗讨论后，我们认为纳粹分子在这两处的新闻审查会非常严格。而根据我在这里搜集的材料，以及我非常熟悉的背景知识，可以从巴黎播发内容更好的新闻。我感到十分轻松。我乘飞机前往巴黎，但当飞机从日内瓦起飞后不久，在贝勒加德山口附近，机身开始结冰并在暴风雪中迷航。飞机遂返航，送我们回机场，我改而转乘中午的火车。博

1939年3月15日，希特勒在捷克布拉格赫拉德辛城堡慰问德国伤兵。

内下令对电台进行新闻审查，今晚我与他的走狗就广播稿一直争论到深夜。

巴黎，3月22日

昨天有人（我记得是刚从伦敦回来的佩蒂纳克斯）告诉我一件怪事，张伯伦在上周五伯明翰演讲中完全改变了立场。两天前，他已经告诉下院不会指责希特勒不讲信用。在伯明翰，他却严厉地指责希特勒“撕毁协定”。佩蒂纳克斯说，霍勒斯·威尔逊爵士，这个戈德斯贝格和慕尼黑会议上站在幕后的小个子家伙，实际上按照首相议会讲话的绥靖路线，已经为他起草了伯明翰演讲的稿子。但是，当半数内阁成员和伦敦多数大报编辑表示反对后，张伯伦突然感到必须改变自己的全部政策。实际上，在前往伯明翰的路上，他亲自重写了大部分演讲稿。

在过去十年里巴黎已变得多么蹩脚！一些法国人对那些新鲜事物颇有微词，包括华丽俗气的电影院、汽车销售橱窗和一度美丽的爱丽舍大街上到处皆有的廉价酒吧。他们还说：“这都是美国人给我们带来的。”可能的确如此，不过我想这是法国人自作自受。法国已经失去了我十四年前来这里时所拥有的一些东西：它的品位，它的部分灵魂，它对历史使命的责任感。到处都是腐败，自私自利的各阶级，政治上的彻底混乱。我的一些正派朋友也打算放弃了。他们说：“让它见鬼去吧。”这使他们也成为类似失败主义者的人，塞林纳等作家还使“让它见鬼主义”一词广泛流传。

日内瓦，3月29日

马德里昨天投降了，西班牙共和国的剩余部分今天也投降了。我今晚的感受无法用言辞来表达。佛朗哥的屠杀将是恐怖的。

柏林，4月1日

今天下午，正当希特勒在威廉港开始广播讲话时，一个命令传到帝国广播公司控制室，要求停止向国外转播，我本已在那里做好了准备。控制室里顿时一片混乱。希特勒开始演讲后，德国人准备切断我们的转播线路，我疯狂地向他们提出抗议。但是，来自威廉港的命令非常清楚，是希特勒本人在开始演讲时下的命令。此次演讲同样不在德国国内直播，只是随后再播放录音。从这个情况以及转播线路被切断来看，希特勒希望在将演讲公之于众前，再仔细斟酌一下自己兴之所至的讲话。对录音总是可以进行剪辑的。我向短波部负责人拉特克博士建议，他应该在我们的美国广播网上宣布，由于一个误会导致希特勒的演讲播音暂时中断，元首此时实际上仍在演讲。但他是个非常谨慎的人，拒绝了我的提议。相反，他下令播放一些愚蠢的音乐唱片。我预料的事情果然发生了。不到一刻钟，保罗·怀特便紧急从纽约打来电话。为什么希特勒的演讲被切断？纽约有消息说他遭到暗杀。他没有被暗杀吗？你怎么知道？因为我此刻可以从联通威廉港的电话线路上听到他的声音。德国人正在给演讲录音。

直到德国人收到准许播放的希特勒演讲录音，我才可以再次开始播音。实际上，准许播放的演讲录音与演讲原文差异不大。今天，希特勒非常好战，显然是在对张伯伦发火。昨天，张伯伦在下院发表演讲，终于对英国外交政策做了彻底修正，宣布如果波兰的独立受到威胁，英国将援助波兰。明天，我将去华沙，看看德国人可能会在何时进攻。

华沙，4月2日

这个周日下午参观了一个十分可怜的航空展。看着那些笨重缓慢的轰炸机和双翼战斗机，波兰朋友们向我表示歉意。它们都太破旧了。他们也展示了几架看上去速度挺快的先进战斗机，但仅此而已。波兰人怎能用这样一支空军与德国人作战？

华沙，4月6日

波兰外长贝克已经去了伦敦，他在这些年里采取了亲德反法政策。今晚，我们听到英波公报宣布，两国将签署一份永久性条约，当一方遭到第三方进攻时，相互间将提供援助。我想这将暂时延缓希特勒的步伐，因为力量是他能够理解和尊重的东西，而我到波兰一周后对波兰人作战的决心已毫无疑虑。如果英法也投入战斗，希特勒将陷入困境。我只对三件事不太放心：波兰的战略处境极端糟糕，因为德军进入了保护国和斯洛伐克（而且是在波兰的帮助、鼓励下！），从而在南面对波兰形成了迂回，而在北面则从东普鲁士对波兰形成迂回；当明年冬天“西墙”防线竣工后，将阻止英法为帮助波兰而从西面进攻德国；最后，则是对苏联不放心。这周我曾与十几位波兰人吃饭、喝酒，其中包括外交官、军官和负责波兰电台的那个毕苏斯基元帅军团中的老战士。他们始终无法明白，波兰不能承担同时对苏德作战的奢侈做法。他们必须做出抉择，如能使苏英法联合起来，那他们就赢了。但是，他们往往是叉起一块这里盛产的非常美味的烟熏维斯杜拉河鲑鱼肉，再从五十七种伏特加酒中倒一杯喝下去，随后便向我指出苏联援助的危险性。肯定是有危险。红军一旦踏上波兰土地就可能赖着不走，并进行宣传以赤化波兰。这个国家被上校们统治得如此糟糕，无疑为布尔什维主义提供了肥沃的土壤。没错。那么就与纳粹讲和吧。给他们但泽和走廊地区。绝不！他们答道。

尽管如此，在英国做出保证后的这个春日，我们所有人都感觉好多了。福多尔感觉很乐观。他今晚将乘船回英国过复活节，因为德国禁止他过境。美国驻波兰使馆人员，包括比德尔大使和武官，都感到很快活。只有二秘兰德雷特·哈里森冷嘲热讽，不断夸大其词地指出波兰人的弱点。他有偏见，但很聪明。

今天，有谣言说德军正在调动，但波兰人对此不予理睬。波兰电台在安装新短波发射台问题上仍拖拖拉拉。真是糟糕。明早去巴黎做复活节播音节目，然后去日内瓦过复活节后的第一个星期一。

柏林，4月7日

今晚，当东方快车驶入车站时，我首先看到的便是站台上的哈斯，我知道一定有坏消息。他说，伦敦打电话叫把我弄下车，因为英报声称德军正向波兰边境调动。过境时我专门注意过这方面的迹象，但什么也没发现。他还说，伦敦方面对阿尔巴尼亚问题非常关注。“那里出什么事了？”我问道。意大利人今早向那里进军，他说。今天？真是个不错的周五。当我确定德国并不打算在复活节对波兰采取行动后，我计划乘坐明早的飞机去巴黎。

伦敦，4月23日

与斯特拉布尔基勋爵一同播音。我的主要观点是，现在德国人的整个生活都在为战争做准备，但是已经出现经济崩溃的迹象。铁是如此短缺，以至于他们将帝国境内的铁栅栏全拆了。德国人民的心理也受到很大影响，他们反对发动战争。斯特拉布尔基为此感到振奋，并邀请我去上院一个委员会发表讲话，但我还是婉拒了。计划飞回柏林，以报道4月28日的帝国国会。

柏林，4月28日

今天，希特勒在帝国国会又撕毁了两项条约。在听到他演讲到此处时，我都忍不住要笑出声来。同时，他还回答了罗斯福的要求，即让他保证将来不会进攻欧洲其他独立国家。我觉得，他对总统的回答相当精明，刻意争取美英法等国绥靖主义者和美国国内反新政分子的同情。他声称，已询问过罗斯福认为受到德国威胁的国家，问它们是否觉得自己受到了威胁。但是，“所有回答都是否定的”。他无法询问像叙利亚那样的国家，因为“它们现在并不拥有自由，而是处于被民主国家军队占领的状态，因此也就被剥夺了权利”。而且，“罗斯福先生显然忽略了一个事实，即巴勒斯坦现在是被英国而非被德国所占领”。于是，就以这样一种挖苦的语气，希特勒极其巧妙地大肆讥讽嘲弄，今天他就像一名超级演员。美国支持以召开会议的方式解决分歧？他问道。但难道它不是头一个不愿参加国联的国家吗？“只是在许多年之后，我才下定决心效仿美国的榜样，也离开这个世界上最大的会议。”

然而，最后希特勒还是同意“按照罗斯福先生希望的方式”，给予总统罗列的国家以安全保证。但是，这当然只是纳粹骗人的小把戏而已。在整个演讲过程中，那些坐在下面的脖子短粗的议员们不时爆发出粗野的笑声，而这正是希特勒所希望的。这是一个非常典型的例子，表现了他利用插科打诨摆脱尴尬处境的技巧，实际上罗斯福的要求非常合理。

废除两项条约受到了“橡皮图章”议员们的热烈欢迎。希特勒废除《英德海军协定》的理由是，伦敦的“包围政策”已经使它失去效力。这个理由实在不充分，实际上可能根本算不上理由。被废除的另一项条约是1934年的《德波条约》，这一举动的性质更为严重，理由

1939年4月28日，希特勒在克罗尔歌剧院的国会演讲中对罗斯福做出回应。

则恰好一样。希特勒在演说中，还揭晓了他向波兰提出的全部要求：将但泽归还给德国，同时给予帝国一条通过走廊地带联系东普鲁士的公路。为了吓唬波兰人，他还说这个要求“只提一次”。那就是说，以后提出的要求会比今天还要高。这里的消息灵通人士仍在怀疑，希特勒是否真的要为但泽而挑起一场世界大战。我猜，他是希望以慕尼黑方式得到但泽。

伦敦，6月（未标日期）

明天将乘新船“毛里塔尼亚号”回国，这也是其处女航。苔斯发来电报，说弗吉尼亚州一家法院刚刚承认了她的美国公民身份。

在“毛里塔尼亚号”轮船上（未标日期）

一次沉闷的旅行。冠达邮轮公司的总裁珀西·贝特爵士向我保证，不会发生战争。

华盛顿，7月3日

希望我能在祖国多待些时间。21岁之后几乎一直待在国外，现在要适应还真需要些时间。这里和纽约对欧洲危机几乎完全不清楚。苔斯说，我的悲观态度已使自己成为最不受欢迎的人物。问题是，这里的人似乎知道所有问题的答案。他们**知道**不会发生战争。我也**希望**不会有战争。但我认为除非德国放弃其要求，否则必有一战。我无法肯定德国会那样做，虽然说可能性肯定始终存在。这里的国会处于不可救药的混乱中。哈姆·菲什、博拉赫、海勒姆·约翰逊之流主宰了国会，他们对任何外交政策都不感兴趣，只是坚持武器禁运。似乎确保西方民主国家赢得对轴心国战争的胜利，对共和国根本无关紧要。罗斯福的双手完全被国会束缚住了，处境与首届任期伊始的林肯很相似。只不过林肯还能采取一些措施，而据这里的人说，罗斯福已经气馁，所以不会采取任何行动。他对欧洲局势的看法是准确的。但正因为如此，正因为他看到了危险，所以博拉赫和菲什之流称其为战争贩子。

啊，在这里与家人们待在一起，无所事事、悠闲自在地过日子真是美妙。

纽约，7月4日

在展览会与比尔·刘易斯一家度过了一个美好的下午。明天我们必须返回欧洲。从但泽传来了令人担心的消息，分社害怕我不能及时返回。汉斯·卡尔滕博恩是如此肯定战争不会爆发，以至于他今晚告诉我，已经送儿子去地中海度蜜月。

在“玛丽女王号”轮船上，7月9日

在船上遇到许多不错的旅伴。其中有保罗·罗伯逊，自从十年前他在伦敦一举成名后，我们便一直没再见面。晚上，我们坐在一起讨论问题，有罗伯逊、苏联驻美大使康斯坦丁·乌曼斯基、苔斯和我。乌曼斯基告诉我，他将就“苏联民主”问题给一些美国学生讲课。他宽厚豁达地接受了我的玩笑。苏联民主？我不嫉妒他的工作。他的前任，即上一任苏联驻美大使，现在被关在小黑屋里。我认识许多苏联外交官，但他们或迟或早都被清洗了。乌曼斯基认为，苏联将会和英法站在一起，组成民主国家阵线，以对抗法西斯侵略者。但巴黎和伦敦要表现出诚意，而非只想让苏联独自或与波兰一道对抗德国。他说，迄今为止，英法两国没做任何事情，在与克里姆林宫的谈判中趑趄不前。

在这次航程中，与苔斯打了许多场疯狂的乒乓球赛。

伦敦，7月14日

来自纽约的保罗·怀特，同我们的“欧洲班子”开会，讨论了战争报道问题，包括莫罗、驻巴黎的汤姆·格兰丁和驻伦敦的我。我们就传输线路、短波发射台等技术问题制订了方案，另外还安排建立由美国记者组成的常设报道小组。《纽约时报》国外部也雇用了几名英国人，以防开战后美国新闻机构不再允许雇员做播音。我听说，与我们竞争的广播公司计划采访一些大名鼎鼎的外国人，包括英国的丘吉尔、法国的弗朗丹和意大利的盖达等人。但是，我们认为自己的计划更好。如果战争爆发，美国听众希望听到新闻，而非外国人的宣传。我们对波兰人未能迅速建成新短波发射台感到沮丧，因为这将使我们的广播网出现一个漏洞。与爱德痛快地打了场高尔夫球。平时，总听到我的工党朋友在下院咒骂义务兵役制，保守党则表示希望继续执行绥靖政策。但在球场上，却听到我的球童操着地道伦敦腔说：“这几天我们大概必须得给那个笨蛋希特勒一顿胖揍了……”听上去感觉真不错。

巴黎（未标日期）

约翰·艾略特以前驻柏林，现在是《先驱论坛报》驻巴黎记者。他告诉我，他为报纸写欧洲每日新闻的这些年里，总共只收到一打左右的读者来信。只有这么几个人对他写的文章感兴趣。但3月15日布拉格被占领后，他在巴黎只做了两三次广播，便收到数十封来信，有表扬的，有抗议的，也有提问的。

日内瓦，7月28日

福多尔和贡特尔今晚来了，我们聊天并争论了大半夜。约翰对和平相当乐观。福多尔本身就是有经验的工程师，知道许多关于德国缺少铁矿的材料。德国不可能储存足够的铁矿砂，福多尔说。约翰的新作《在亚洲》即将发行。我们还讨论了印度问题，我担心自己在这方面有点过于敏感。与我不同，甘地给约翰留下的印象并不深。

日内瓦，8月3日

打了许多场高尔夫球，包括与乔·菲利普斯的一场滑稽的比赛。在附近山区远足，与家人去湖边游泳，再次开始与她们相熟。从个人角度看，如果没有战争该多好。但是，下周必须出发去但泽看看。

柏林，8月9日

昨晚由巴塞尔上车的乘客看上去干净而体面。正是这种类型的人，使我们不禁会喜欢纳粹上台以前的德国人。今早，在阿德隆饭店吃早饭时，我要了杯橙汁，如果他们有的话。

“我们当然有橙子。”侍者骄傲地说道。但是，当他端来早餐时，却并没有橙汁。“旅馆里一个橙子也没有了。”他羞愧地承认。

今天，我与D上尉进行了讨论。他是个参加过世界大战的军官，爱国心无可置疑，在慕尼黑危机时反战。但我注意到，4月28日希特勒攻击波英签署协议后，他的立场转变了。今天，只要提到波兰和英国，他就变得非常暴躁。他大发雷霆:“为什么英国人要插手但泽，而且威胁如果一个德国城市回归祖国便要开战？为什么波兰人要向我们挑衅？难道我们对但泽那样的德国城市没有权利吗？”

“你们难道对布拉格那样的捷克城市有什么权利吗？”我问道。沉默。没有回答。他以德国人特有的迷茫目光注视着我。

“为什么波兰人不接受元首宽宏大量的提议？”他再次开始发问。

“因为他们害怕又一个苏台德区，上尉。”

“你意思是说他们不信任元首？”

“自从3月15日之后是不那么信任了。”我说。在说出这句亵渎的话之前，我小心地环顾四周以防有人听见。再次是那种迷茫的德国式注视。

与埃略特少校夫妇共进午餐。他刚从伦敦和巴黎回来，对法国陆军和英国空军评价甚高，这对我而言是个好消息。午夜时分，在“酒馆”里遇见《先驱论坛报》的乔·巴恩斯。他刚从但泽和波兰回来。他的理论是，如果希特勒再等九个月，就将得到但泽。届时可能不会有什么麻烦，而且肯定不会有战争。他认为，波兰对希特勒要求的反抗将会崩溃，波兰根本无法承受超过九个月的动员。我争辩说，英法可以替波兰人支付账单。乔不认为它们会那样做。我不认为他就一定错，但我想他低估了英法的转变程度。乔对波兰落后状况的描述令人印象深刻。他和莫里斯·兴都斯访问了波兰农村。他说，波兰只有两百万人能够读报，许多村庄连收音机都没有。

柏林，8月10日

德国人民生活在怎样一个完全孤立的世界啊。看一眼这两天的报纸，就会使你想起这一点。当世界上其他地方都认为，和平即将因德国而被打破、德国威胁将因但泽而进攻波兰时，德国报纸仍坚持完全相反的观点。这对我而言实际上并不稀奇，只不过我离开了一段时间，所以淡忘了而已。纳粹报纸的内容包括：波兰在破坏欧洲和平，波兰以武力入侵威胁德国，等等。这与德国去年9月准备入侵捷克时的做法如出一辙。

“波兰？小心！”《证券报》的大字标题警告道。另外，还有：**“答复波兰，反对欧洲和平与正义的杀人狂信使！”**

我在火车上买的卡尔斯鲁厄《元首报》的大字标题则称：**“华沙威胁轰炸但泽——波兰人的极端蠢行与不可思议的兴奋！”**

要说对真相的荒谬歪曲，这可以说是登峰造极了。你可能会问：德国人民怎么可能相信这些谎言？那么你可以与他们交谈。许多人都信以为真。

但是，迄今为止，新闻界仍将自己局限于但泽问题。德国人是否仍将掩盖自己的真实意图？任何一个傻瓜都知道，他们根本不在乎但泽。这只是借口而已。在纳粹党圈子内公开宣称，纳粹的立场是，德国不能长期承担在东部边境保持庞大的部队，因此必须消灭波兰。德军不仅将占领波兰的生命线但泽，而且将夺取走廊地带、波森和上西里西亚。波兰将名存实亡，成为德国附庸。然后，当匈牙利、罗马尼亚和南斯拉夫都变成类似国家后（匈牙利实际已经成为卫星国），德国将在经济方面尤其是农业领域实现独立，对英法经济封锁的巨大恐惧就可以消除了。英法的经济封锁曾经赢得上次战争，而且可能也会赢得下次战争。于是，德国便可以转向西方，并有可能击败英法。

街上、饭馆和咖啡馆里的德国女人之丑陋令我惊讶。德国人当然是欧洲最缺乏吸引力的民族。她们似乎没有脚踝。她们的走路姿势难看。她们的衣着一般不如英国妇女。今晚出发去但泽。

但泽，8月11日

作为被认为将成为战争策源地的城市，但泽有些名不副实。与柏林人一样，当地民众并不认为会开战。他们盲目信任希特勒，认为他会使他们成功回归帝国，而且不致引发战争。这个自由市正迅速军事化，德国军车挂着但泽车牌在街上奔驰。我所在的但泽旅馆里住满了德国军官。通往波兰的公路，用坦克陷阱和原木障碍进行封锁。这使我想起了一年前的苏台德区。两座具有战略意义的山头，主教山和哈格尔山，已经被堡垒化。德国人趁着夜色，由东普鲁士渡过诺加特河，将大量武器运到这里，包括机枪、反坦克炮、高射炮和轻型火炮。显然，他们还没运来重型火炮。大多数武器都是捷克制造。

这座城市被彻底纳粹化了。最高领袖是纳粹大区区长阿尔伯特·福斯特，他甚至根本不是但泽人，而是巴伐利亚人。参议院议长格雷塞先生是个较为温和的人，但听命于福斯特。普通民众并不像我预料的那样紧张。人民希望回归德国，但并不愿以战争为代价，或者失去作为波兰出海口的地位。如果失去后者，他们就会挨饿，除非德国征服波兰。自从波兰人在西面十二英里处建设新港格丁尼亚后，但泽的重要性已有所降低。像所有德国人一样，但泽人两样都想要。

但泽看上去是个美丽的城市。我喜欢那些笨重的波罗的海式日耳曼塔楼，以及正面墙装饰富丽且有着陡峭山墙的哥特式汉萨同盟大厦。这使我想起了汉萨同盟的其他城市，比如不来梅、吕贝克和布鲁日。在港口周围走了一圈，到处一片死寂，船只寥寥无几。但泽城内的醉鬼要比我这些年来在各国看到的总和还要多。这里的杜松子酒口味很正，酒性强劲。人们称之为“但泽金水”，因为里面掺着金粉。

与我们的领事库肯达尔先生共进午餐，他是个非常有用的人而且也知道自己的重要性。吃午餐时，约翰·贡特尔不知从什么地方冒了出来。饭后，约翰和我坐出租车去祖波特，这是波罗的海著名的夏季旅游胜地。我们在码头、海滩和赌场里消磨了一下午，在轮盘赌上都输了钱，谈论着各类事情，探讨着国际问题。午夜时分，他急忙赶回格丁尼亚，以搭乘晚间特快回华沙。

但泽，8月12日

我越来越感到，但泽并非关键问题，在这里是浪费时间。关键问题是波兰的独立，或者说德国对它的主宰。我必须争取去华沙。今天，已经给柏林打了几次电话。柏林电台在设备方面卡我，阻挠我明天在这里播音。打算给华沙的波兰电台打个电话，了解一下他们在格丁尼亚是否有麦克风。我可以在那里播音。我讨厌德国人阻止我播音的行为，因为我走了这么远的路，而且也的确有话想说。但泽本地的纳粹分子对我非常冷淡。

在卧铺车厢里，格丁尼亚—华沙，8月13日，午夜

我在格丁尼亚而不是在但泽对纽约做了播音。柏林的德国人对此不置可否。华沙的波兰人非常仗义地拔刀相助。很高兴能够击败德国人让我闭嘴的企图。我曾经计划驱车十二英里由但泽赶到格丁尼亚，但我的德国司机临阵退缩，说挂但泽牌照的汽车会遭波兰人射击。我急忙跑到火车站，赶上了一趟列车。糟糕的是，在格丁尼亚我怎么也找不着广播电台。没人知道它在哪里。电话本上没有记录。电话中心也不知道。我先后询问了陆军、海军和警察，但都不知道。最后，当我已经完全放弃播音的希望时，却在邮电大楼内发现了广播电台。这个电台通过电话与伦敦相连，再从那里用短波发射台传到纽约，而且刚刚安装完毕。不过，伦敦方面称接收效果很好。与两名波兰工程师聊了聊，他们是专为此次播音而从图尔恩赶来的。他们显得冷静而自信。他们说：“我们准备好了。我们将会战斗。我们就在附近出生，当时还处在德国统治下，我们宁死也不愿再有那种经历。”

吃完晚饭，在等华沙特快的时候，我利用这段时间看了看这个

港口城市。波兰人在法国人帮助下完成了一件了不起的工程。十五年前，格丁尼亚还只是个默默无闻的渔村，人口只有四百人。今天，它已成为波罗的海最大港口，人口超过十万。由于缺乏天然便利条件，波兰人直接将码头延伸到海里。城市本身看上去朝气蓬勃，非常像三十五年前我们西部的一些城市。它也是波兰未来的希望之一。

补记——关于但泽局势的一点情况：希特勒还未准备好最后摊牌，否则但泽参议院就不会在一周前让步。当时，他们通知波兰，要求撤回驻但泽的波兰海关官员。但在收到波兰的最后通牒后，又表示屈服并收回成命。这可能只是德国人的暂时性后撤。

华沙，8月16日

今天，波兰政府内部显得很激动。雷茨-斯米格韦元帅、贝克和将军们举行了多次会议。一名波兰士兵在但泽边境遭到枪击。结果是：今晚下达了命令，要求波军对任何越过但泽边境者不问口令立即射击。在比德尔大使家吃午饭。他对自己的工作充满了热情，并且知道无数有价值的消息，虽然我并不总是同意他的结论。他非常亲波兰，这很自然，而且也合我的脾气。比德尔害怕英法两国再次试图绥靖，并提出布尔克哈特博士可能会成为又一个朗西曼。布尔克哈特是个瑞士人，任国联驻但泽高级专员，上周末在贝希特斯加登会见了希特勒。

华沙，8月20日

今天凌晨4点对美国播音。拂晓时分走回旅馆，空气柔和新鲜，使人感到欣慰。按照纽约的指示，今晚将前往柏林，我担心自己的命运总是这样赶不上趟。总而言之，波兰人冷静而又自信。柏林方面的大肆嘲笑，戈培尔以谎言和捏造发动的可怕新闻战，使这里显得有点冷清。但是他们太浪漫、太自信了。你问他们关于苏联的问题。上周我在外交部和军队中问过几十名官员和军官，他们只是耸耸肩。苏联对他们而言不算什么。但是，这当然得算个大事。我认为波兰人将会战斗。我知道一年前在捷克问题上我说错了。但在波兰问题上我还是要这么说。美国使馆内部的看法存在分歧。大多数人认为，波兰将会表现得不错。我们的武官认为，波兰人能够单独抵抗德国六个月。哈里森则相反，认为波兰会很快崩溃。埃略特少校也在这里。他认为波兰军队相当不错，但是装备不够好，也不明白极度糟糕的战略态势。另外，约翰·贡特尔举行了一次喧闹的晚宴，有许多伏特加、熏鲑鱼，大家聊得很开心。今天，与酷似乃父的理查德·莫雷尔、保罗·斯科特·莫雷尔及其极为迷人的新娘共进午餐。昨晚播音前，与莫里斯·兴都斯在华沙市内走了一圈。华沙的新短波发射台还未安装完毕，令我十分担心。

柏林，8月23日

汉斯·卡尔滕博恩，我们著名的外国新闻评论员，今天下午在由伦敦飞抵滕珀尔霍夫机场时，被秘密警察遣送回去。我们都被纳粹好好骗了一回。根据纽约指示，我向政府圈子里的人询问了他到柏林来的问题，并得知他访问此地不会遭到反对。但他不能在德国播音，也不能会见任何官员。当所有乘客都已走光，护照官仍然不给他放行时，我就开始有些怀疑。他的妻子、她的几名德国亲戚和我，都耐心地在铜栏杆外等候。天气非常闷热，而且事情已经很明白，我们都惊出一身冷汗。这些德国亲戚，仅仅因为在场就可能被捕。但是，他们勇敢地待在栏杆那边。最后，我对一名盖世太保官员抱怨，为何使我们滞留了这么长时间。经过一番激烈争吵后，他允许汉斯陪我们去机场咖啡馆的露天座位，在那里我们要了啤酒。汉斯是下午3点45分抵达的。到6点差一刻时，一名盖世太保官员宣布，汉斯将乘6点的飞机返回伦敦。

“为什么，他刚从那里过来。”我喊了起来。

“他现在将回到那里去。”这名官员说道。

“我能问为什么吗？”汉斯说道，内心很愤怒，但外表仍很冷静，不过额头上布满了大滴汗珠。

这名官员有着现成答案。看着笔记本，他非常严肃地念道：“卡尔滕博恩先生，某年某月某日在俄克拉何马城发表过一篇侮辱元首的演讲。”

“请让我看看那份演讲稿。”汉斯叫道。但是你没法与盖世太保争辩。对方并不回答。汉斯冲了出去以赶上那架飞机，但根本没有空位，所以他又回来，坐在我们的桌子旁边。我问这名盖世太保官员，是否可以让他乘坐晚班列车去波兰。现在我担心，他可能不得不在监狱里过夜。我说，可以让美国使馆担保他不会中途在德国境内跳车。最后，他们犹犹豫豫地答应了。我给盖斯特领事打电话。他要照章办事。我们再次把这件事搁下来，将注意力转移到啤酒上。随后，一名盖世太保气喘吁吁地冲了过来。在飞机上为犯人腾出了一个地方。他们已经将某位旅客从飞机上赶了下来。于是汉斯就被押了出去。当走进围栏后，他忽然想起衣袋里装满了给我带的美国烟草。他赶忙将一些烟草扔给我，但一名盖世太保特务制止了他。这么做是违禁的。然后他便消失了。

补记。午夜后四小时——今晚“酒馆”里闹得很厉害。凌晨2点，我们得知了苏德条约的条款。它大大超出所有人的想象。通过邀请德国入伙、消灭波兰，这个条约实际意味着斯大林与德国结盟，尽管他曾被认为是纳粹主义及其侵略行动的最大敌人。布尔什维克的朋友们目瞪口呆。前天还在歇斯底里地写文章痛骂布尔什维主义祸害的几名德国编辑，包括哈菲尔德、克里格和赛莱克斯等人，现在走了进来，要了香槟庆祝，声称自己原来就是苏联的老朋友！斯大林竟会如此赤裸裸地玩弄强权政治，而且为纳粹提供便利条件，确实出乎所有人的意料。记者们，尤其是英国记者们，都要了香槟或科涅克白兰地，借酒浇愁。斯大林的所作所为，会严重有损于国际共产主义。难道法国共产党员在被灌输了六年的反纳粹宣传后，竟会忍受莫斯科与希特勒的拥抱吗？不过，斯大林可能是精明的。他的目标是使德国和西方国家开战以便造成混乱，布尔什维克即可乘虚而入，共产主义就能在这些国家，或者说在这些国家的废墟上实现。当然，他这样做也可能十分愚蠢。希特勒撕毁了自己签订的所有国际条约。当他利用完苏联后，也就该和苏联说再见了。正如他已经利用完波兰一样，德波之间曾在1934年签过一个相似的条约。乔·巴恩斯和我争论着此事的意义，这个消息令他震惊，不过他是这里唯一真正了解苏联的人。我们与德国编辑们坐在一起。他们心满意足、夸夸其谈，口沫四溅地声称英国现在绝不敢参战，并否认过去六年来纳粹主子要求他们说的话。乔和我当面将这些话回敬给他们。争论变得十分不堪。乔十分紧张，有些压抑。我也同样如此。不久我们觉得有些恶心。如果我们不走，肯定就会出事……卡尔滕博恩太太走了进来。我约她凌晨3点在这里会面。我随即告退。我必须走。乔也必须走。对不起。我们在蒂尔加滕公园漫步，直到冷静下来。此时，天色也已微明。

柏林，8月24日，晚7点

今晚看上去像是战争即将爆发。在我房间的大街对面，有人正在法本公司屋顶上架高射炮。我估计就是去年9月份安装的那门炮。整天不断有德国轰炸机飞越城市上空。今晚，希特勒很可能会下令向波兰进军。许多人都这样想。但我认为，这将取决于英法两国。如果他们强调自己将遵守对波兰许下的诺言，希特勒可能会等一等。然后在不发动战争的情况下，尽可能多地捞一些他想要的东西。到国际新闻服务社去拿张伯伦在议院的讲话稿。听上去很坚定。一小时前，爱德从伦敦打电话说他正在下议院，英国政府态度十分坚定。希特勒看上去当然是很坚定的。昨天，英国大使亨德森飞往贝希特斯加登去见他。亨德森告诉他，如果德国进攻，英国将实现帮助波兰的承诺，尽管苏德条约已经签署。希特勒答道，英国的任何保证都无法使德国“放弃其生存空间”。

很明显，由于已将苏联收入囊中，希特勒不会妥协。苏联已在其囊中！在过去四十八小时内，发生了一件多么具有转折意义的事件。布尔什维克俄国与纳粹德国，地球上的两个死敌，突然相互容忍、成为朋友并令人惊叹地结成同盟。

8月21日即周一晚11点公布了这个消息。德国电台突然中断了音乐节目，然后是宣布德国和苏联决定签署一项互不侵犯条约。我错过了这个广播。我当时正在《先驱论坛报》办公室，同乔·巴恩斯聊天，直到11点差5分。事先没有得到关于此事的暗示，只是后来才想起威廉街给的一点微妙暗示，意思是深夜可能会有新闻。我记得，好像是一名德国报界人士费蒂提过此事。实际上，我是在午夜当爱德·莫罗从伦敦打电话时才得知这个消息的。德国广播公司不会让我在当晚播发这个消息。显然，他们正在等待政府下达的“编辑”指令。昨天，也就是周日，有人暗示会公布苏德签订的新通商条约。当地报纸关于此事的友好言论本来应该使我警觉起来，但很可惜没有。此前，那些报纸一直猛烈攻击苏联和布尔什维主义。消息公布后，对于大多数纳粹高官而言，如同对于世界上其他人一样，不啻一颗重磅炸弹。参与希特勒此项机密的人不超过一打。

第二天（周二，8月22日），德国报纸的表现真是令人惊叹！戈培尔博士的《攻击报》历来反共最积极，此时却写道："全世界都面临着这个惊人的事实：两国人民将自己置于共同的外交政策基础上，悠久的传统友谊为相互理解奠定了基础！"（惊叹号是我加的，并非《攻击报》报文中原来就有）。卡尔·赛莱克斯博士原是一名诚实的国际新闻记者，现在则是《德意志汇报》善于阿谀奉承的编辑，在头版社论中称新条约为"自然的伙伴关系"。自从他成为纳粹的一名奴仆之后，他就不断猛烈攻击布尔什维主义和苏维埃俄国。

毫无疑问，希特勒出人意料的行动很受大众欢迎。周二，我乘地铁、电车和公共汽车在街上转了一圈。每个人都在读报上的这个消息。从他们的脸上，从他们的谈话中，你可以看出他们欢迎这个消息。为什么？因为它意味着，他们最害怕的被包围的噩梦（两线作战）显然已经不存在了。昨天它还在那儿。今天它就不在了。这次再也没有漫长的俄国前线需要防守。

根据英国使馆的命令，所有英国记者都将于今晚撤至最近处的德国、丹麦边境。《每日快报》的塞尔科克·潘顿冲进来问我，能否照管他的汽车直到恐慌过后。*他认为自己十天内就可返回，他说道。又一场慕尼黑危机，你知道。由于英国人都走了，阿德隆饭店的酒吧显得很冷清。不少人说，希特勒已命德军于拂晓向波兰进军。我对此表示怀疑。德国民众还没有被充分动员起来参战。仍然没有"理由"。没有口号。报纸上尚未有一个字提及战争即将来临。大街上的民众仍对希特勒能在不开战的情况下安然脱身抱有信心。我觉得大众对战争不像1914年时那样狂热的支持。

---

* 潘顿于1940年4月德军开进哥本哈根后被捕，被关押在丹麦小岛上。法国驻哥本哈根公使坚持要求德国释放关押在那里的所有法国和波兰记者。英国驻哥本哈根公使没有进行任何努力，那里的四名英国记者全部被捕，并被关押起来。

柏林，8月25日

纽约的一些人坚持要我们执行几周前制订的“欧洲之舞”计划，即在伦敦、巴黎和柏林的夜总会里安装拾音器。我在一个被称为“汉堡酒吧”的“圣保利夜总会”里安装了拾音器，但是今天莫罗发电报来建议取消该计划。战争一触即发，哪里还顾得上这种事情。今晚非常不自在，因为整个下午和晚上与外界的电话和电报联系都中断了。今晚，当我赶到德国广播公司去做凌晨1点的播音时，我对得到准许并不抱任何希望。但是主管官员一句话没说，于是我便径自去播音。显然，这是美国一天来从柏林听到的唯一消息。从我得到的反馈情况看，当我报道这里一切平静、战争并未爆发时，纽约那边一片释然。无线电可以扮演某种重要角色了，我想。亨德森今天见了希特勒两次，今天早些时候又飞往伦敦。只要他们觉得还有可谈判的东西，就不会有战争。

柏林，8月26日

亨德森今早去伦敦，预计直到明天即周日晚上都不会回来。我想，周末我们可以有个喘息机会。没有任何迹象表明希特勒的立场软化。但威廉街仍希望张伯伦的立场会软化。今天，美国使馆对这里所有美国人发布了正式通知，要求除绝对有必要留下的人之外，其余的人立即撤离。大多数记者、商人都已将妻儿送走。由于“局势的严峻性”，纳粹计划于明天在坦嫩贝格举行的大会也被取消，希特勒原打算在会上发表讲话，我也就不必去了。与莫罗通了电话，他很痛快地同意取消“欧洲之舞”节目。今天德国报纸的部分大字标题如下：《证券报》：“**波兰陷入全面骚乱——日耳曼人家庭逃亡——**

波军士兵向德国边界推进！”《正午报》：“**这次玩火过了头——三架德国客机遭到波军射击——走廊地区许多日耳曼农舍燃起熊熊大火！**”

又是炎热的一天，大多数柏林人前往城市周围的湖泊游玩，以便忘掉战争的威胁。

补记。凌晨1点30分——午夜后不久做了播音。试图不去扮演先知的角色，但还是说了如下一段话：“我不知道我们是否将面临一场战争。但我可以告诉你们，今晚在柏林的感觉是，除非德国对波兰的要求得到满足，否则必有一战。”明天早晨（周日）的报纸首次表明，希特勒现在不仅要求但泽和走廊地区，而且要求德国在1918年失去的一切，那意味着波森和西里西亚。就在我开始播音前，德意志通讯社通知说，自周一开始将实行配给制度。食品、肥皂、鞋子、布料和煤炭都将发配给卡。这将使德国民众明白他们的处境！不过，希特勒这样做的目的，可能只为给伦敦和巴黎留下深刻印象。纽伦堡的纳粹党大会今晚被取消。这同样可使民众从漠不关心的状态中清醒过来。明早的报纸将使紧张局势进一步加剧。希特勒的《人民观察家报》的大字标题是：“**波兰全国陷入战争狂热！1 500 000人被动员！川流不息的部队被运往边境！上西里西亚地区陷入混乱！**”

当然，丝毫没有提及德国的动员，虽然已经进行了两周之久。

柏林，8月27日（周日）

天气十分闷热，使局势显得更加紧张。亨德森未能如预料的那样于今天返回，使得威廉街指责英国人拖延时间。两周内波兰的雨季将开始，届时道路就会泥泞难行。然而，有些纳粹分子则认为，亨德森在伦敦的耽搁意味着英国正在屈服。明天的《人民观察家报》将要求人民耐心一些:“元首仍然要求你们保持耐心，因为他希望穷尽和平解决危机的最后一点可能性。那意味着以不流血的方式满足德国的全部要求。”这倒是个不错的手腕，可以进一步使人民相信无论结果如何，元首已经采取了一切可能的措施以避免战争。然而，《人民观察家报》这篇文章在结尾处声称，德国不会放弃其要求。“无论是个人，还是国家，只能放弃那些无关紧要的东西。”在这里，你可以看到德国人性格的精髓所在。一个德国人不能放弃至关重要的东西，但他却期待别人这么做。今天下午，希特勒在总理府对国会议员发表了讲话，不过这并非例行性会议。弄不到关于此次演说的任何报告。德意志通讯社的公告只是说，元首“描述了形势的严峻性”。这是希特勒首次告知德国人民“形势严峻”。

食品配给制度今天确定下来，我听说许多德国人对自己的配给份额表示不满。食品配给制度的部分项目包括：肉，每周700克；糖，每周280克；柑橘酱，每周110克；咖啡或代用品，每周八分之一磅。至于肥皂，今后四周每人将得到125克。实行配给制度的消息，对于民众而言是个沉重打击。

完全出乎议员哈姆·菲什的意料，前些天里宾特洛甫为他提供了一架飞机，匆匆赶往斯堪的纳维亚参加国际议会大会，以便在这个民主党派的会议上告诉人们形势的严峻性。今天，他返回了柏林。使我们惊讶的是，他似乎渴望继续扮演这一角色。中午，在阿德隆饭店大厅吃饭时，乔·巴恩斯和我发现他正非常严肃地与扎拉特博士谈话。后者是外交部一位无足轻重的低级官员，据说负责那里的美国新闻事务，但美国记者们都懒得搭理他，因为他什么都不知道。后来，让记者们足足等了一小时后，菲什终于吃完午饭并露了面。他以非常庄重的语调说道:“对不起，先生们，我迟到了，但是我刚刚与德国政府一名重要官员进行了一次谈话。”记者们费了好大劲才没笑出声来。菲什今天下午乘坐第一班列车离开。格奥弗雷·帕森斯是《先驱论坛报》的社论主笔，冷静、聪慧、大度且坚定，昨晚离开柏林去巴黎。他上周刚见过丘吉尔，并且相信战争即将爆发。

不管外界情况如何，威廉街今天仍倾向于和平。

柏林，8月28日

他们已经亮出自己的全部底牌。现在欧洲各国领导人都很难再后撤。凌晨2点，我们得知了前两天达拉第与希特勒通信的内容。达拉第以一种高贵的口吻，要求希特勒不要挑起战争，没有任何问题不能通过和平手段解决。他还提醒希特勒，波兰毕竟是一个主权国家，法国将履行对波兰的承诺。希特勒对法国打算为"维护一个错误"而战斗表示遗憾。然后，他首次挑明了自己的真实要求。他说，但泽和走廊地区必须还给德国。他声称自己非常了解战争的全部后果，但认为波兰在战争中的命运将比任何国家更糟。

在达拉第的信中，有一句话讲得非常好，那就是最后一句："如果现在法国人和德国人再次喋血，就像二十五年前那样，那么两国人民都将充满信心地为胜利而战。不过可以肯定的是，毁灭和野蛮将成为真正的胜利者。"

今天1点半，爱德·莫罗从伦敦给我打电话。他很疲惫但精神很好。我们都是每天播音四五次，从中午直到凌晨4点。爱德不同意昨晚比尔·斯通曼从伦敦打电话告诉我的话，即英国正在叛卖。爱德说，他们现已无路可退。他估计，今天下午正由伦敦返回柏林的亨德森，将给希特勒带去"令他震惊的消息"。宣布实行食品配给制和公布希特勒与达拉第的通信内容，似乎使大街上的民众终于理解了局势的严重性，从他们的表情可以看出这一点。一位德国老人读了希特勒和达拉第的信，对我说道："是的，他们忘记战争是怎么回事了。但是我没忘。我记得。"

今天，向东方进发的部队拥过街道。这些并非精锐部队。他们乘坐的是运送货物、食品的卡车。德国已向比利时、荷兰、卢森堡和瑞士保证，在战争中将尊重其中立地位。

补记——晚上8点半亨德森乘飞机返回柏林，于10点半前往总理府，在那里一直待到11点40分。关于这次重要会谈没有什么可靠消息，虽然午夜时威廉街的官方态度无论如何不能说是悲观的。

柏林，8月29日

今天，普通德国人看上去很沮丧。他们无法摆脱食品配给卡带来的打击，这对他们来说就意味着战争。昨晚，当亨德森带着对希特勒要求的答复从伦敦飞回时，在所有人都知道可能将决定战争与和平的一个晚上，我惊奇地看到在柏林的五百万人口中只有不到五百人来到总理府前。这几百个人站在那里，冷漠而安静。在民众中几乎可以感觉到一种失败主义情绪。有人昨晚对我说："走廊地区？见鬼，我们有二十年没听说它了。为什么现在还提这事？"

补记。凌晨3点——今晚7点15分，希特勒将他对英国提议的答复告诉了亨德森。*出乎威廉街的预料，这位英国大使并没有带着这个

---

* 只是在8月31日晚，也就是在战争爆发前九小时，我们才得知答复中包括一个要求，即波兰应在8月30日周三派出一名全权代表，也就是说在二十四小时内。亨德森问希特勒："这听上去像最后通牒。"但这位大人物对此表示否认。在谈判期间，记者们基本上都被蒙在鼓里，而威廉街则散布欺骗性的消息，要我们"保持乐观"。

答复紧急飞回伦敦，虽然德国人已在滕珀尔霍夫机场为他准备了一架飞机。他只是通过正常外交渠道将它发回。看上去似乎英国人终于强硬起来。今晚在“酒馆”里的一些记者，包括我在内，都感到英国人终于将这个下士逮了个正着。“酒馆”里的德国编辑们今晚不那么嚣张。现实情况是，希特勒有些犹豫不决。许多狂热纳粹分子认为，他应在上周五就采取行动。如果说英国人真将他逮了个正着，英国保守派是否仍然可能与他做交易并拯救他？今晚，我顺便去英国使馆看望一个老朋友。大厅里堆满了行李。“我们都打好了行李。”他笑着说道。

柏林，8月30日

今晚，英国冷冰冰地对希特勒的最近一次要求做了答复。结果如何，我们并不知道。亨德森再次会见里宾特洛甫，但关于此次谈话也无任何消息。今晚可能会是决定性的。德意志通讯社已经宣布，今晚它将通宵发布新闻。这听上去像是不祥之兆。威廉街今晚吞吞吐吐地向我们指出，《苏德互不侵犯条约》也是一个磋商性协议，近几天正在落实这部分内容。这使我感到惊奇，但今晚我在播音时仍然说道：“那似乎意味着，实际上威廉街内部消息人士已经毫不含糊地指出了这一点，即德国人和苏联人过去几天一直在举行会谈。而且正如一位记者今晚所说，‘是就波兰问题会谈’。关于这方面的联系，德国媒体今晚并未忽略一条来自莫斯科的电讯，意思是苏联不仅没有如报道所称将三十万部队从西部边境撤退，相反还加强了在西部边境的兵力。我不知道那意味着什么。我只知道在这里看来，这一行动颇为引人注目。”

补记——今天凌晨2点半，波兰人宣布实行总动员。这并不像听上去那么可怕，因为波兰已经动员了许多部队，只要提供足够的步枪和皮靴就行了。但这条新闻给德国媒体提供了借口，并攻击波兰人是侵略者。实际上德国也实行了动员，只是未曾正式宣布而已。由于希特勒现已公开要求归还但泽和走廊地带，德国人民应该知道谁是侵略者。但是，我估计他们还是会听话地吞下戈培尔博士精心配制的药丸。

午夜，希特勒宣布成立战时内阁，称作帝国国防部长委员会。戈林任主席，成员包括弗里克、冯克、拉默斯和凯特尔将军。

夜晚的时间过得越来越快。

柏林，8月31日，早晨

所有人都反对战争。人们公开这样谈论。一个国家怎么会在民众都坚决反战的情况下挑起一场大战呢？民众对被蒙在鼓里也十分不满。昨晚，一个德国人对我说："我们什么也不知道。他们为什么不将情况告诉我们？"我看，今天早上政府内部的乐观情绪也逐渐消失。哈斯认为，希特勒可能还保留着一张王牌，即与斯大林的协议，由苏联人从后方进攻波兰。我对此非常怀疑，但在苏德条约签订后，任何事情都可能发生。有人认为，这位大人物现在要摆脱羁绊了。但是如何摆脱呢？

补记——晚上7点45分进行了播音。内容包括："今晚形势非常严峻。希特勒尚未答复英国昨晚的照会……可能已不需要答复……新国防委员会开了一整天会。威廉街忙得不可开交……德国和英国政府间没有联系。相反……倒是苏联和德国进行了联系。柏林期望苏联今晚批准苏德条约……英国大使没有拜访威廉街。他与法国大使科隆德先生倒是谈了话。然后他又会见了波兰大使李普斯基。这三个使馆的行李都已收拾好……”

补记。凌晨3点半——今晚，希特勒又使出了惯用骗术。晚上9点，德国电台停播正常节目，广播了德国向波兰提出的“要求”条款。这些条款显得通情达理，使我吃了一惊。由于当时正在播音，而我还必须立刻为美国听众翻译，一时搞得我有些摸不着头脑。这就是希特勒昨晚要求波兰派遣全权代表到柏林“讨论”的东西，但是这些条件前天晚上才送给亨德森。*德国政府立刻非常巧妙地抱怨，波兰人甚至不愿到柏林就这些条件进行磋商。显然，他们根本就没有时间。而且希特勒凭什么给一个主权国家设定限期呢？这些“提议”看上去似乎合情合理，但显然德国人并不当真。其中包括十六点提议，但实质性建议只有四点：(1) 将但泽归还德国。(2) 举行全民公决以决定走廊地区归属。(3) 交换少数民族人口。(4) 即使走廊地区投票交还德国，格丁尼亚仍属于波兰。

今晚，大批陆军、海军和空军都已动员。各国相互间实行封锁。今天，我们无法与巴黎或伦敦联系，当然华沙也是如此，不过我倒的确与日内瓦的苔斯通了话。尽管如此，并未料到今晚会发生突发事件。从表面上看，今晚柏林一切正常。没有撤退妇女儿童，甚至在窗口也没有堆垒沙袋。看上去似乎我们还必须再等一个晚上，才能知道最终结果。于是就这么上床睡觉，几乎已是拂晓时分。

柏林，9月1日

清晨6点，西格里德·舒尔茨（愿上帝保佑她）打来电话。她

---

* 甚至这也是不真实的。亨德森后来揭露，里宾特洛甫以一种极端傲慢的态度向他宣读十六点要求，语速极快以至根本无法听清。当他要求得到一份书面材料时，德国外交部长竟然表示拒绝！

说:“开战了。”我睡得迷迷糊糊，身体和头脑都有些发木，几乎失去了知觉。我含糊地说道:“谢谢，西格里德。”然后就跌跌撞撞滚下了床。

战争开始了。

1939年9月1日晨，但泽西盘半岛遭到德国军舰“石勒苏益格-荷尔斯泰因号”炮轰，战争拉开序幕。

第二部分

战　争

柏林，9月1日，补记

这是一场“反攻”！今天拂晓，希特勒下令进攻波兰。这是一次明目张胆、毫无理由、无缘无故的侵略行动。但是，希特勒和最高统帅部却称其为一场“反攻”。这是一个灰蒙蒙的清晨，乌云低垂。当我驱车去帝国广播公司做8点15分的首次播音时，发现大街上的民众表情冷漠。阿德隆饭店对面，上早班的工人们正在法本公司的新大楼上忙活着，似乎什么事也未发生。没人购买报童叫卖的号外。德国空军沿着由东向西的轴线，正在架设五门重型高炮，以保护将于10点去帝国国会演说的希特勒。乔丹和我必须留在电台，以便将希特勒的演说向美国转播。整个演说都保持一种奇怪的旋律，似乎希特勒也被自己打造的困境搞得头晕目眩，甚至还感到一点绝望。不知何故，他的演说不能令人信服，帝国国会中欢欣鼓舞的气氛也明显不如上次会议，其实那次会议的重要性远不如这次会议。乔丹一定也有同感。当我们准备将演说翻译为英文时，他嘀咕道：“听上去像是天鹅最后的歌声。”实际上的确如此。他听上去有些泄气，因为他告诉国会意大利不会参战，因为“在这场斗争中我们不想寻求外部帮助。我们将自己完成这项任务”。然而轴心国军事盟约第三条要求，战时意大利将立即、自动以“其在陆地、海洋和空中的全部军事力量参战”。这是怎么回事？当提及莫洛托夫昨天关于苏联批准苏德条约的演说时，听上去他几乎有些绝望。他说道：“我将记住外交人民委员莫洛托夫演说的每一个字。”

1939年9月1日，阿道夫·希特勒在德国国会发表演说，为进攻波兰寻找借口。

明天，英国和法国可能将参战，你们将得到你们的第二次世界大战。今晚，英法向希特勒发出了最后通牒，要求他将军队从波兰撤退，否则他们的大使将要求发还其护照并回国。他们很可能将会得到自己的护照。

补记。凌晨2点半——我们的首次灯火管制已快结束。这座城市陷入一片漆黑之中。费了一会儿工夫才逐渐适应。你在漆黑的街道上摸索前进，不久你的眼睛就会适应。你可以分辨出刷着白灰的路边石。晚上7点，我们首次听到空袭警报。我刚开始在电台为8点15分的播音写稿子。电灯突然熄灭，所有德国人都抓起防毒面具，惊慌失措地跑向掩体。没有人给我一个防毒面具，但防空管理员坚持要我去地下室。在黑暗和混乱中，我跑了出去，来到播音室，在那里我发现一间小屋的桌子上点着一支蜡烛。我就在那里写完了播音稿。没有飞机到来。但是随着英法参战，明天情况可能就会不同。那时我将处于一个不那么愉快的困境，既希望他们将这座城市炸得鬼哭狼嚎，又希望不要炸着自已。汽笛凄厉的尖叫声，戴着防毒面具（如果你有的话）跑向地下室，漆黑一片的夜晚。人类的神经怎么可能长期承受这种压力？

在战争头一天，柏林显得很奇怪：咖啡馆、饭馆和啤酒馆都坐满了客人。我感到，空袭过后人们只不过略有些担心而已。凌晨1点半做完播音后，在黑暗中沿着帝王大道跌跌撞撞走了约半英里，才找着一辆出租车。但是，黑暗中又窜出一位步行者，并抢先钻进车里。最后，我俩共享了这辆出租车，他喝得一塌糊涂，而司机也是个醉鬼，两人都不停地咒骂黑暗和战争。

与外部世界的隔绝，使你感觉犹如身处暗夜。今晚又颁布了新法令，禁止收听外国广播。到底是谁害怕事实真相？这不言自明。奇怪的是，今晚没有一架波兰轰炸机突入柏林。但是英法参战后恐怕就不会这样了。

柏林，9月2日

德国进攻波兰现在已有两天，英法还未兑现诺言。难道张伯伦和博内试图从战争中脱身？希特勒发电报给罗斯福，称如果对方不轰炸不设防城市的话，他也不会那样干。今晚没有空袭。波兰人都干吗去了？

柏林，9月3日

希特勒对波兰的“反攻”在这个安息日变成了一场世界大战！记住这个日子：1939年9月3日。时间：上午11点。今天早上9点，内维尔·亨德森爵士拜见了德国外长，交给他一份致德国的照会，要求德国在11点之前同意将其军队从波兰撤退。11点过后不久，他又返回威廉街，收到了以备忘录形式写成的德方答复。现在大街上已经在出售号外。报童们正在到处散发。我这里有一份《德意志汇报》的号外。它的大字标题是：

英国的最后通牒被拒绝

英国宣布与德国处于战争状态

英国照会要求东线我军撤退

元首今天赴前线视察

在官方报道前是一个典型的大字标题：

德国备忘录证明了英国的罪恶

将近中午时分，我正站在威廉街上，高音喇叭突然宣布英国已向德国宣战。阳光下，约有二百五十人站在那里。他们很专心地听着声明。广播结束时，大街上寂静无声。他们就像刚才一样站在那里。人们都惊呆了。人民仍然无法明白，希特勒已将他们带进了一场世界大战。迄今为止，还没有制造出什么借口来愚弄他们，不过随着这一天的继续，很清楚所谓“不列颠的叛卖”，将像1914年那样成为欺骗公众的借口。在《我的奋斗》一书中，希特勒曾说德皇最大的错误就是与英国作战，而德国一定不要重犯那一错误。

这是9月里可爱的一天，阳光灿烂，气候宜人，往常柏林人在这种天气里喜欢在附近森林里或小湖边度过。我走上街道。人们的脸上满是惊讶和沮丧。直到今天为止，他们基本还是像平常一样干着自己的工作。的确，是有食品卡和肥皂卡，但你无法搞到汽油，晚上实行灯火管制时行动很困难。但是东线战争似乎离他们还很远。在两个月光明亮的夜晚，没有一架波兰飞机飞抵柏林带来死亡和破坏。报纸上也说，德军在所有战线上都在挺进，波兰空军已经被摧毁。昨晚，我听见德国人议论，说这些“波兰佬”只能坚持几周，顶多几个月。没有几个人相信英法会采取行动。里宾特洛甫肯定它们不会采取行动并已报告元首，希特勒相信了他的说法。英法以前容忍过一次。为什么就不会再来一个慕尼黑？昨天，当伦敦和巴黎仍在犹豫时，包括威廉街人士在内的所有人都很乐观。为什么不呢？

1914年，我相信，柏林在世界大战第一天是极度激动的。今天，没有激动，没有乌拉，没有欢呼，没有四处抛撒的鲜花，没有战争狂热，没有战争歇斯底里。甚至没有对英法的仇恨，尽管希特勒向民众、纳粹党、东西两线部队发表了各式各样的声明，谴责这些挑起战争的“英国战争贩子和犹太资本家”。今天下午，当我经过英法使馆时，发现门前人行道上几乎没人。在两座使馆前，各有一名士兵来回踱着步。

午饭时分，我们聚集在阿德隆饭店前的院子里，与十几名英国使馆人员喝酒。他们似乎完全无动于衷。他们谈论狗和其他类似话题。今天，法国未与英国协调行动令人迷惑不解，科隆德的最后通牒直到下午5点才递交，而此时英国宣战已有六个小时。法国人告诉我们，这纯粹是因与巴黎联络不畅。*

最高统帅部表示，西线德军不会对法国人开第一枪。

补记——整个下午和晚上都在播音。实行灯火管制第三天。依然没有遭到轰炸，虽然我们都估计英法轰炸机可能会来。报纸继续大肆宣传禁止收听外国广播的法令！他们究竟在害怕什么呀？

柏林，9月4日

午夜过后，仍然没有空袭，虽然英法已经参战。难道在这场新的世界大战中，他们不会轰炸大城市、首都、平民和家中的妇女儿童吗？这里的民众已经感觉轻松多了。他们在头两个晚上几乎不敢睡觉。

今晚，从纽约收到的反馈中，我听到击沉“雅典娜号”客轮的报道，一千四百名乘客死亡，其中包括两百四十名美国人。英国人说，

* 实际上在法德停火后，博内还吹嘘他拒绝哈利法克斯提出的同时宣战的要求。直到最后一刻，他还玩弄不惜一切代价争取和平的把戏。

这是一艘德国潜艇所为。德国人立即予以否认，不过德国报纸和电台直到明天还被禁止提及此事。事件发生后，今晚我对自己竟然还坐在这里播音感到恶心，以至于一反常态地解释我作为一名美国播音员的个人立场。我被指定播送来自德国的消息，德国官方否认其潜艇用鱼雷击沉“雅典娜号”的声明是这些消息中的一部分，而国内的指示禁止我表达自己的个人观点。我所讲的一切都要送交最高统帅部派遣的军事新闻审查员，但幸运的是负责审查的是一名海军军官，是个有荣誉感的正派人。过去几天我和他谈了些知心话，在其职责范围内他十分通情达理。

战争开始触及普通人的利益。今晚颁布了一项法令，规定将所得税提高50%，对啤酒和烟草的税收也大幅提高。另外，还颁布法令规定了固定工资和物价。

今天，英法使馆人员乘坐两列大型普尔门卧车离开。这件怪事使我有些震惊。尽管杀戮正在进行，但直到最后交战双方仍然严格遵守所有的外交礼仪。

昨晚，英国人首次轰炸了库克斯港和威廉港。当消息传来时，德国人的脸色真够瞧的！这意味着战争已经来到身边，似乎没人喜欢这一点。

柏林，9月5日

西线情况非常奇怪。今天，威廉街向我们保证，目前还没开过一枪。实际上，一名官员告诉我，法国边境上的德军用法语向法国兵广播：“只要你们不开枪，我们就不开枪。”不过，对此我有些怀疑。一些消息人士声称，法国人在气球上拴了一长条标语，上面写着同样的内容。今天，帝国国家广播公司首次在前线做了播音，听起来相当真实。当然仍旧是录音。德国人说，他们将让我在前线做广播录音，但美国广播公司不允许这样做。这很遗憾，因为这是用无线电在前线对战争做现场报道的唯一途径。我想，我们放弃了一个难得的机会，虽然上帝知道，我并不特别希望像英雄一样战死沙场。格劳登兹要塞今天陷落，德国人已经突破走廊地区。在开始时的缓慢推进后，他们的神速推进令人震惊。在南方，克拉科夫已被包围。

柏林，9月6日

今天下午，波兰第二大城市克拉科夫陷落。最高统帅部还声称，凯尔采已被攻陷。在地图上寻找这个地名时，我惊奇地发现它位于罗兹和克拉科夫以东，几乎处于华沙正南方。没人会想到德军已经挺进到那么远的地方。在一周之内，德国人已经推进到超出1914年边境线的地方。看上去波兰人全线溃败了。

今晚，我听说由纽约启航的“不来梅号”客轮成功逃脱了英国的封锁，于今天抵达苏联北部港口摩尔曼斯克。我可以肯定，自己是城里唯一知道此事的人，因此我在播音开始时谈到了这一冒险故事。但在快要讲完的时候，军方新闻审查员冲了进来，并停止了播音。他说，我不能提及此事。

补记——凌晨1点，在我的屋子里，乔·巴恩斯和我聊了聊，以便将情况梳理清楚。我们有个想法，即认为英法不愿在西线流很多血，但将保持严密封锁，等待德国崩溃。与此同时，波兰当然会被打垮。

柏林，9月7日

今天听到许多关于和平的议论！他们的想法是在德国对波兰取得胜利后，希特勒将向西方提出和平建议。我就此问题相当小心地编写了今晚的广播稿，但新闻审查员不允许有一个字提到此事。

“反攻”开始至今只有一周时间，而今晚我从一位军方朋友那里听说，德国人离华沙仅二十英里。今天颁布的新法令规定，可以对任何“危及德国人民国防力量”的人处以死刑，这将给盖世太保头子希姆莱以充分活动空间。另一项法令则强迫工人必须接受新的工作，即使工资比以前少。

柏林，9月8日

德国最高统帅部宣布，德军已于今天下午5点15分攻抵华沙。7点15分，电台广播了这个消息。随后，乐队立即奏起《德意志高于一切》和《霍斯特·威塞尔之歌》。甚至我们的武官也为这个消息所震惊。今晚，柏林街头并没有狂喜的欢庆场面。在乘地铁去广播公司播音室的路上，我注意到人们对这个重大消息十分奇怪地无动于衷。当波兰正被打垮的时候，按照德国人的说法，西线却一枪未响！根据昨天的法令被处决的第一个人，是德绍的约翰·海恩。据称，他之所以被枪毙，“是因为拒绝参加国防工程”。希姆莱倒是不浪费时间。

全国广播公司和联合广播公司已经停止在欧洲的播音工作。爱德·克劳伯打电报称，我们应该独家干下去。我们建立一套美国电台记者班子是很明智的。凌晨1点即早早回家，是开战以来头一次，打算好好睡一觉。今晚听到了爱德在伦敦的播音。听上去他疲倦到了极点，我也同样如此，一个月以来日夜不停地播音，几乎没有睡觉。

柏林，9月9日

今天凌晨4点，拉响了开战以来第二次空袭警报。但我却没有听见，因为好久没有睡个好觉了，当时正在梦乡中。没有听到其他关于德军进入华沙的消息，我开始怀疑昨天的声明是否有些仓促。从前线回来的O.W.先生告诉我，他看到了一些可怕的残缺不全的尸体，都是被波兰人杀死的日耳曼人。他同时也描述了德国人如何将包括男人、妇女和儿童在内的波兰平民包围起来，赶进一座建筑物里，进行简短的军法审判；随后又赶到后院墙边，由行刑队处决。我们的武官说，可以这样干，对付非正规狙击手就是这样。但我不喜欢这样，即使他们是狙击手。而且根据O.W.先生所说的情况，我怀疑军法审判能否识别真正的非正规狙击手，可能被杀者的唯一罪行不过是身为波兰人而已。

今天，戈林在柏林军工厂做了广播讲话。他提醒人民，这可能是一场长期战争。他威胁英法，如果胆敢轰炸德国，他就将进行可怕的报复。他说，现在波兰境内的七十个师将在一周内得到解脱，并可用于“其他地方”。显然，波兰战役已近尾声。大多数记者都感到有些压抑。英法在西线没有采取任何措施，以缓解波兰承受的巨大压力。现在，希特勒看上去像个新拿破仑，可能会横扫一切并征服欧洲。

柏林，9月10日

在英法宣战一周后，普通德国人开始纳闷，这是否真的是世界大战。他们是这么看问题的。没错，英法两国是正式履行了对波兰的诺言。它们与德国正式处于战争状态已有一周之久。但这是战争吗？的确，英国人派了二十五架飞机轰炸威廉港。但如果这真是战争的话，为何只派二十五架飞机？而且如果是战争的话，为何只在莱茵兰撒了几张传单就算完事？德国工业心脏地带就位于法国边境的莱茵河沿岸地区。将波兰人炸得粉身碎骨的军火大部分来自那里。然而还没有一座莱茵兰的工厂曾挨过一枚炸弹。这是战争吗？他们问道。一周前我看到的那些拉长的脸，在今天看上去又不那么长了。

这里的生活基本保持正常。歌剧院、戏院和电影院仍然开放，而且都是观众爆满。歌剧院里上演《唐豪塞》和《蝴蝶夫人》。国家剧院里正在上演歌德的《伊菲革涅亚》。希特勒最喜欢的大都会戏院宣布，周三将上演一部新的轻歌舞剧。晚报上说，今天德国共举行了两百场足球赛。

柏林，9月11日

最高统帅部声称，波兰境内规模巨大的战役即将结束，预计波兰陆军将被全歼。现在，德军已在华沙东南桑河一线作战。今天的战争公报首次提到，西线法军进行了炮击。布拉格的保护国政府今天宣布，任何站在敌方作战的捷克人被俘后，都将作为叛国者被枪毙。

补记。午夜——今晚去播音的路上，在地铁里听到许多对战争的不满和牢骚。似乎妇女们感到特别压抑。然而，当我播音完毕回来时，一大群人在歌剧院站上了地铁，其中大多数是妇女。她们刚去看过歌剧，似乎对战争正在进行，德国的炸弹和炮弹正落在华沙妇女、儿童头上都无动于衷。我怀疑，除非是一场可怕的空袭或是几年的饥肠辘辘，才能使这里的人民明白战争已经来临。

今晚，《德意志汇报》的大字标题非常经典：**“波兰人炮击华沙！”**报纸上充斥着最疯狂的谎言。最新的一个谎言声称，两名英国特工组织了对勃洛姆堡市日耳曼人的屠杀。当我拿此事挑逗为人正派的军方新闻审查员时，他的脸都红了。

但有一件事值得注意：是否在英法决定进行长期消耗战后，德国民众可能会忘却对纳粹政权的反感，转而认为保卫祖国是神圣的职责？今天，我从德国人那里听到的议论，使我禁不住这样想。

柏林，9月14日

昨天，元首司令部发布了一项由最高统帅部签署的声明，当然也是在希特勒的指使下。声明宣称，如果城中波兰平民继续抵抗德军，德国人将使用一切可以支配的手段，特别是空中轰炸和重炮轰击，向平民证明“他们抵抗行动的毫无意义”。这周在前线待了三天的D、H和W先生说，他们看到的波兰城镇和村庄，几乎都被空袭和炮击摧毁了一半甚至全部。

英法的无所作为，使这里的人深感困惑。显然，从爱德和汤姆在伦敦和巴黎的播音来看，盟国方面夸大了它们在西线的行动。德国人坚持说，那里迄今只发生过小规模冲突，并且指出法国人在“进攻”中甚至连飞机都未使用。今天，我们使馆的Y先生，对比德尔大使电报中所述对波兰城镇的可怕轰炸提出了看法。Y先生认为，当平民进行抵抗时，希特勒轰炸、炮击城镇就是正当的。我想自己可能是不够客观，但对此我实在不能苟同。

今晚，我的女仆进来时说，战争真是太可怕了。

“为什么法国人要对我们开战？”她问道。

“为什么你们要对波兰人开战？”我说道。

“嗯……”她脸上一片茫然，“但是法国人，他们毕竟是人呀。”她最后说道。

“但波兰人可能也是人呀。”我说道。

“嗯……”她脸上又是一片茫然。

柏林，9月15日

我今天得到非常权威的消息，即苏联可能进攻波兰。

就一个非常枯燥的话题写几句话。盟国的封锁对于德国有什么影响？封锁使德国的进口数量减少了50%。德国遭禁运的主要商品包括：棉花、锡、镍、石油和橡胶。苏联可能会提供一些棉花，但是去年苏联棉花的出口总量，只相当于德国每年所需的2.5%。不过苏联可能向德国提供其所需的全部锰矿砂和木材，并且可以和罗马尼亚一起提供至少足够军方使用的石油。关于铁，去年德国从法国、摩洛哥等国获得了所需铁矿石的45%，但这些来源现在已被切断。不过瑞典、挪威和卢森堡可以提供1 100万吨铁矿石。这些供应国仍然对德国开放。总之，德国因失去50%的进口物资而遭受的打击当然是沉重的。但是，由于斯堪的纳维亚、巴尔干和苏联是潜在的供应源，德国所受打击并不像1914年那样严重。

整整两周前，对波兰的大“反攻”刚刚开始。在十四天中，德军机械化部队就将波军击退了两百英里，俘虏了十万战俘，实际上消灭了波兰。今天，一个德国集团军已经来到布列斯特-立托夫斯克城堡前。1918年，德国人曾在那里迫使布尔什维克签署了屈辱的条约。另一个德国集团军正在接近罗马尼亚边境，将德国带到丰富的石油矿藏和小麦产区的大门口。的确，一支勇敢的波军部队仍然在坚持战斗，他们被彻底包围在华沙以西七十五英里的库特诺。但能坚持多久呢？华沙也在坚守。但能坚持多久？波兰境内的战争已经结束。德国师团正在拥回西线。今晚，新闻审查员并不反对我在广播中指出，苏联将插手并占领居住有俄罗斯族的波兰部分领土。今天，更多的人在谈论和平。

举一个例子，就可以说明纳粹多么欢迎我们的孤立主义政策：《证券报》的大字标题：“**参议员博拉赫对美国国内的战争焦虑提出警告。**”

柏林，9月16日

今天，我遇到的所有德国人都欢迎林德伯格上校的广播讲话。柏林报纸对此事做了广泛报道，其受到的待遇甚至超过罗斯福的讲话。大字标题都非常友好。《证券报》称：“林德伯格上校警告反对西方列强的挑唆。”

今天，我认识的一位美国妇女买了一听沙丁鱼罐头。杂货店主坚持要在商店里打开罐头。原因是：如果杂货店主把罐头打开，你就无法囤积罐装食品。

补记。午夜——德国人刚刚宣布，如果华沙不在十二小时内投降，德军就将动用所有军事手段。那意味着对华沙进行空袭和炮轰。在该城里有五十余万平民，大部分是妇女和儿童。

柏林，9月17日

莫斯科时间今早6点，红军开始入侵波兰。苏联当然与波兰签订有互不侵犯条约。似乎是多少世纪以前，虽然实际上并没隔多长时间，我坐在日内瓦和一些国家的首都，听着苏联政治家谈论反侵略统一战线。现在，苏联竟在背后捅了波兰一刀，红军与纳粹军队联手灭亡了波兰。今天早晨，红军的行动在柏林得到了衷心拥护。

1939年9月，德国军队与苏联红军在波兰布列斯特-立托夫斯克会师。

今天，我的军事新闻审查员真是相当正派。他允许我在播音时谈了下面这段话："如果华沙不投降，就意味着欧洲最大城市之一将被德军炸掉，而其中相当一部分市民也将玉石俱焚。这在历史上当然是前所未有的……德国人说，这是由于华沙的波兰人违反了国际法，动员平民参与防守首都。但是，我想说的是，我对这场战争中发生的事情实在是无法理解。”

明天将去“前线”，如果还有的话。

祖波特，但泽附近，9月18日

由柏林出发开了一天车，穿过波美拉尼亚和走廊地区，来到这个地方。公路上都是由波兰返回的德军机械化部队。在走廊地带的树林中，到处是死马的腐臭气，还有更为浓烈的死人的腐臭气。德国人说，就是在这里，整整一个波兰骑兵师向数百辆德国坦克发起冲锋并被全部消灭。在这个避暑胜地的码头上，仅仅五周前约翰·贡特尔和我还坐在遥远的和平的夜晚，讨论着欧洲是否会爆发战争，今晚我们便看到格丁尼亚周围正在进行着的战斗。隔着大海，你可以看到远方重炮开火时的闪光。

宣传部负责此次旅行的波默尔博士，坚持要我和菲利普·约翰逊在旅馆里共住一个双人间。他是个美国法西斯分子，声称代表库夫林神父的“社会正义党”。我们都无法忍受这个家伙，并怀疑他为纳粹充当监视我们的探子。在我们房间的头几个小时，他摆出一副反纳粹姿态，试图摸清我的立场。我只是厌烦地咕哝了几句。

但泽，9月19—20日，凌晨2点半

坐在当地电台，冻得直打哆嗦，等着凌晨4点的播音。我在午夜做了播音，但柏林打电话说哥伦比亚广播公司可能没接收到。我们定于4点再试一次。

今天，我看到了一场真正的战斗，也是波兰战役的最后战斗之一，实际上与此前的战斗没什么两样。战斗发生在格丁尼亚以北两英

里处的小山上。这座小山由海边向内陆绵延约七英里。此次战斗既非常可悲，也有些怪诞。

我们站在格丁尼亚城中叫作施特恩贝格的小山上，头顶上方竖着巨大的十字架，颇具讽刺意味！这里是德军的一个观察哨。军官们站在周围，用望远镜观察。俯瞰这个曾经是波兰希望的模范新城的现代化建筑，我们观看着北面两英里处进行的战斗。今天早晨，我们在祖波特一家旅馆睡觉时，便被这场战斗惊醒。6点，我房间的窗户震得哗哗响。停泊在但泽港中的德国战列舰“石勒苏益格-荷尔斯泰因号”，正用280毫米舰炮进行炮击，炮弹飞越我们的头顶。现在，可以看到，德国人已从三面包围波兰守军。德国驱逐舰则从海上炮击，从而对波兰人形成了全面包围。德军动用了各型武器，包括重炮、轻炮、坦克和飞机。波兰人除了机枪和步枪以外，只有两门高炮，他们绝望地将其作为平射炮使用，以便对付德军机枪阵地和坦克。你可以听到德军火炮低沉的轰鸣声，双方机枪的“嗒嗒”声。波兰人不仅利用战壕和树丛防御，还将所有建筑物都改成机枪阵地。我们只能从其射击声进行判断，因为即使通过望远镜也看不到什么。他们将两座大型建筑物（军官学校和电台大楼）改建为堡垒，从几个窗口用机枪扫射。经过半小时战斗，一发德国炮弹击中军官学校楼顶，燃起大火。随后，德军步兵在坦克支援下（从望远镜里看去似乎坦克在前开路），冲上山坡并包围了这座大楼。但是，他们并未拿下它。大楼虽燃烧起来，但波军从地下室窗口继续用机枪扫射。波兰人虽身处绝境，仍然非常勇敢。一架德国海军飞机在山头盘旋，为炮兵射击定位，后来，又飞来一架轰炸机。两架飞机俯冲下来，用机枪扫射波军阵地。最后，又飞来一个中队的纳粹轰炸机。

波兰人的处境毫无希望，然而他们仍坚持战斗。同我们在一起的德国军官不断称赞其勇气。就在我们下方的格丁尼亚街道上，站着当地的妇女和儿童，表情阴沉而安静，静观这场不对等的战斗。在一些

1939年9月，德国军舰“石勒苏益格-荷尔斯泰因号”炮轰格丁尼亚。

建筑物门前，波兰人排着长队，等待分发食物。上山之前，我注意到他们脸上的悲苦之情，特别是妇女们更是如此。

我们观看战斗，直到中午时分。此时，德国人已前进了约几百米。他们的步兵、坦克、炮兵和通讯部队，就像一架精密机器在运转。我们这个观察哨上的德国军官，脸上没有一丝一毫的紧张或兴奋。他们完全是公事公办的神态，使我联想起冠军足球队的教练。他们坐在球场边线旁，冷静而自信地看着自己制造的机器表演，对所有一切都胸有成竹。

当我们准备离开时，乔·巴恩斯转向我。“可悲而古怪。”他说道。没错，就是这样。不对等的战斗，还有街道上震惊的平民，这的确是场悲剧。我们这帮人则有些古怪，毫无危险地站在那里观看屠杀，仿佛这是一场足球赛，我们被舒服地安置在大看台上。同样古怪的是，可以坐在大看台的座位上，观看下面街道上的妇女。对她们而言，我们听到的火炮轰鸣声，是一场不折不扣的个人悲剧。

当我们离开时，我向一名军官询问波军炮兵的实力。

“他们没什么炮兵。”他说道，“如果有门75毫米榴弹炮，就能把我们所有人都炸成碎片。战场离这里只有两英里，这里很自然会成为目标。”

我们驱车前往西盘半岛，这是但泽和大海之间的小岛，被波军当作补给站。一支小小的卫戍部队，面对“石勒苏益格-荷尔斯泰因号”战列舰直射的280毫米舰炮，还有施图卡俯冲轰炸机投下的500磅炸弹，整整坚守了五天。甚至德国人也承认他们的勇敢，当波兰人最终投降时，指挥官被允许保留佩剑。今天的西盘半岛看上去就像凡尔登的废墟。有趣的是：施图卡俯冲轰炸机投下的炸弹，远比老式战列舰发射的炮弹更为准确致命。一个直径不超过四十英尺的波兰圆形碉堡，被两枚500磅炸弹直接命中。厚厚的钢筋水泥墙像纸片一样被撕得粉碎。在附近，我们看到了为碉堡中的波兰守军挖的坟墓。

下午，我们驱车前往但泽同业公会大厅，一座非常美丽的哥特式建筑，去听希特勒自9月1日在帝国国会发表开战演说以后的首次演讲。我的座位在过道边，当他经过我身边向讲坛走去时，我想他看上去要比以前任何时候都更具帝王相。他在演说中就像我以前所见过的那样怒气冲冲。当他说到英国时，面部因歇斯底里般的愤怒而涨得通红。后来，我认识的一个纳粹分子私下告诉我，“老头子”正处于可怕的愤怒之中。因为他曾打算今天在华沙发表演讲，并在波兰首都城外等待了三四天，渴望像征服者恺撒一样入城并发表胜利演说。但是，城里的波兰人拒绝投降并顽强抵抗，他的耐心最终达到了极限，便赶到但泽发表演讲。他必须发表这次演讲！我们曾经预料，希特勒会向西方提出和平建议，并宣布对波兰的处置办法。但他什么都没说，只是说波兰将永远不会按照《凡尔赛和约》的模式重建，而他没有任何针对英法的战争目标。但是，如果它们仍想打，他也会继续战斗。当希特勒在过道上与我擦身而过时，希姆莱、布吕克纳和凯特尔等人紧随其后。所有人都穿着沾满灰尘的野战军装，大部分人都没刮

1939年9月19日，希特勒在但泽投降后发表演说。

脸。我不得不说，看上去就像一群芝加哥匪徒。希姆莱负责希特勒的保卫工作，不断将过道上的人往后推，冲着他们小声嚷嚷。我听说，陆军想把他除掉，但又不敢动手。这里的灯火管制已被取消，很高兴能够再次看到灯火通明的景象。

柏林，9月20日

希特勒将自己的一架三十二座飞机借给我们，将记者们从但泽带回柏林。今晚，新闻界公开谈论和平。《法兰克福日报》称："英法为何要在我们的'西墙'防线浪费鲜血？既然波兰已经不复存在，与它的同盟条约当然也就失去了意义。"今天，与我交谈的所有德国人都十分肯定，一个月内就会实现和平。他们都情绪高涨。当我对其中一些人说，谋求和平的最佳时机是在三周前，即希特勒进攻波兰之前，现在英法恐怕不会轻易媾和。但是他们看着我，就像看着一个疯子。我觉得，现在实现的和平只会是一次停火，希特勒将进一步瓦解民主国家的抵抗意志、加强自己的军事实力，直到他感到有把握征服西欧为止。

华沙以西的战斗已经快要结束，历史上可能会称之为库特诺战役，简直就是第二次坦嫩贝格战役。今天，我向一名总参谋部军官询问了此次战役的情况。他告诉我一些数字。俄国人在坦嫩贝格有92 000人被俘，28 000人战死。昨天，德国人仅在库特诺就俘虏了105 000人，前天还俘虏了50 000人。最高统帅部通常在战报中很少使用形容词，但却称库特诺战役为“人类历史上最具毁灭性的战役”。在我对前线的短暂参观后，很快便理解了波兰人的遭遇。他们对德国轰炸机和坦克的毁灭性攻击毫无防御能力。这是一支按第一次世界大战标准衡量相当优秀的军队，与一支1939年标准的机械化军队的较量，后者只是简单地绕过他们或直接冲过去。同时，德国空军破坏了他们的联络系统。的确，波兰最高统帅部似乎不知道自己在干些什么。为什么它将自己最好的集团军在战争开始时部署在波森附近？更不用提当德国人已经进至华沙后方时还那样干。这对我们一些最老练的战略家而言都是个谜。如果波兰人在战争头一周撤过维斯杜拉河，他们可能会坚持到冬季，届时泥泞和大雪将阻止德国人的前进。

上周日晚上，有两枚炸弹在柏林爆炸，一颗在航空部门前，另一颗在亚历山大广场秘密警察总部门前。当然，在报纸或电台上都没有提及此事。渗透进来的飞机借着灯火管制带来的黑暗安然脱身。

如果战争继续下去，我对大多数民众支持现政权的立场是否会动摇仍持怀疑态度。民众非常爱国，而且被可怕的新闻“轰炸”洗脑，认为英国应单独为战争负责，可能会普遍产生“保卫祖国”的观念。甚至在那些不喜欢纳粹政权的人中间，我也没有发现有人认为德国摧毁波兰有任何不对。外部世界对德国侵略波兰的谴责，在这里的人民

库特诺战役/布楚拉战役是第二次世界大战波兰战场的一次决定性会战，发生于1939年9月9日至19日。图为库特诺战役中的波兰骑兵部队。

中间几乎没有任何共鸣。柏林所有阶层的群众，不论男女，在过去两周都聚集在窗前，以赞叹的目光注视着地图，上面的红色小箭头显示德军在波兰境内的胜利进军。只要德军在战场上取得胜利，而人民不至于把裤带勒得太紧，这就不会是一场不受欢迎的战争。

昨天，在萨尔区的奥特魏勒村，德国人以全副军礼埋葬了法军的路易·保罗·德夏奈中尉。他父亲曾是法国前总统。他在率领一支小分队进攻“西墙”防线时阵亡。在他的葬礼上，一支德国乐队演奏了“马赛曲”。德国人将葬礼拍成新闻片，并将在宣传中大肆利用，以便向法国人显示德国对法国并无恶意。让无线电见鬼去吧。刚刚才得知，我在但泽的播音根本没有接收到。

柏林，9月21日

昨晚，在一项给德军的每日训令中，陆军总司令布劳希奇将军宣布对波战事已经结束。就这样，这次“反攻”结束了。在十八天的时间里，德军这架令人惊异的作战机器占领了波兰，摧毁了其军队，将其政府赶出了波兰领土。但是，华沙仍然英勇地坚持战斗。

听说罗斯福总统要求国会举行特别会议以取消中立法，允许根据“现金自运”原则，出售货物给那些有能力购买的国家，也就是英法两国。总统还没有讲完，威廉街就向外国新闻界发布声明，指责总统违背中立原则。去年夏天，我试图考察一下美国是否被纳入了纳粹考虑的范围。我没有发现任何证据表明，他们对我们有丝毫关注。上次大战时的往事已成过眼云烟。但是，他们现在开始考虑我们了。

这里对苏联抱有很大希望，认为他们会帮助德国渡过封锁难关。不过，首先，我无法理解希特勒会使自己的生存处于依赖斯大林恩赐的境地；其次，我无法理解苏联人会替纳粹德国火中取栗。

战争可能才刚刚开始，尽管德国人在灭亡波兰之后，希望看到战争结束。奇怪的是，希特勒两天前在但泽竟说道：“我们永远不会屈服。”而新闻界也对此做出了响应。为什么当你的地位看上去如此稳固时会提出这样一个问题？与苔斯通了电话。她身体更好了，而且当我不在的时候，独力支撑着日内瓦的办事处。

柏林，9月22日

今晚，《德意志汇报》对罗斯福要求取消中立法案的消息做了评论：“美国不是罗斯福，而罗斯福必须依靠美国人民。”昨天，《证券报》在所谓美国国内“理性阵线”中看到了一丝希望。在那个阵线里，它将参议员博拉赫、克拉克、林德伯格上校和库夫林神父放到了一起！

柏林，9月23日

冯·弗里奇将军是现代德国陆军的建立者，因在奥地利问题上与希特勒冲突而退休。最近，他在华沙城下的战斗中阵亡。这有点奇怪。他并未参与指挥战斗，只不过当时正与自己担任荣誉上校的团队在一起。

从后天开始，开始实行新的食品配给制度。现在德国人民每周食品定量如下：一磅肉，五磅面包，四分之三磅猪油，四分之三磅糖，一磅用烘烤过的大麦做的代用咖啡。重体力劳动者可以得到双倍的配给食品，戈培尔博士真是个聪明人！他决定将我们这些外国记者也列入重体力劳动者。

柏林，9月24日

最高统帅部在对波兰战役进行总结后，声称波兰的命运实际上在八天内就决定了。到那时为止，德军已经实现了主要战略目标，即将波军主力包围在维斯杜拉河大河湾处。另外，还公布了其他一些数字：俘虏波军450 000人，缴获火炮1 200门，摧毁或缴获飞机800架；在十八天的战斗结束时，没有一个波兰师，甚至没有一个波兰旅，仍然保持完整无损。

今早，戈培尔博士召开了特别新闻发布会。我们聚集在宣传部，琢磨着可能是达成和平协议或其他什么事。小个子博士昂首阔步走进来，鼻子哼哼得像头公牛，然后便将全部时间都投入对尼克博克的攻击，称其为“国际骗子和造假者”。博士说，同样作为一名记者，在他的一生中，就从来没有诋毁过任何人的名誉！似乎尼克发表了一篇文章，说纳粹高官们在国外囤积了黄金，以便在战争失败时使用。这使戈培尔博士怒气冲天。他告诉我们，他已在周四即9月21日的德国短波电台上向尼克播发了一条消息，即只要他能提供纳粹分子的国外存款证明，总数的十分之一将归他。这真是一个奇怪的提议。他还说，他要求尼克于周六即昨晚提出证明。显然，尼克当时已在海上，正在前往纽约的船上。这里流传的说法是，尼克回电称在收到德方最后通牒前，规定期限就已过了。

柏林，9月26日

今天早晨，他们埋葬了冯·弗里奇将军。天在下雨，寒冷而阴暗，是我记忆中柏林最凄凉的一天。希特勒没露面，里宾特洛甫和希姆莱也没露面，虽然他们今天下午已从前线回到柏林。报纸上的官方讣告，省略了惯常的“为元首而死”，只说是“为祖国而死”。昨天，当戈培尔发完怒后，我们这些记者聚集在外面大街上，认为弗里奇或是被他的死敌希姆莱下令杀害，或是由于对生活和希特勒领导德国陷入的处境感到厌恶，也可能是对德国炸弹和炮弹毫无意义地屠杀华沙妇孺感到恶心，因此才有意寻死。也就是说，他是自杀。我们觉得可疑的是，一个像他那样级别的将军，在华沙外围前线干什么？那里的狙击手正以惊人的速率干掉德国兵。实际上，我听说他是在随一个侦察小队在维斯杜拉河对岸华沙郊区街道上前进时被杀的。对于德国现代陆军最伟大的人物而言，这真是一件怪事。*

希特勒在不参加葬礼问题上显示了典型的小家子气。他无法原谅曾经与其发生过冲突的人，即使对方已经死了。他不原谅冯·卡尔，后者曾镇压过1923年的啤酒馆政变，并在1934年的清洗中被枪杀。

战争越来越多地进入熟悉的家庭中。昨天，T小姐在波兰失去了她的兄弟。在世界大战中，她曾失去父亲和另一位兄弟。报纸上充斥着德国家庭刊登的正式死亡通知。其中半数都省略了“为元首而死”，只保留了“为祖国而死”。这也是在表示对希特勒的不满。

在摧毁波兰之后，德国现在希望与西方实现和平。今天，开始发

---

* 许多个月之后，我从一个绝对可靠的来源得知，弗里奇的确是在寻求死亡，而此次行动前不久他写的三封信也证明了这一点。在德国陆军圈子内也传说，虽然弗里奇受的是重伤，但无论如何并非致命伤，他拒绝了副官将其送往后方的要求。他根本不听这个请求。弗里奇是因流血过多而死。

动大规模的和平攻势。报纸上、电台上充斥着相关内容。标题包括：法国和英国现在为什么还要打仗？已经没有可为之奋斗的目标了。德国对西方一无所求。

补记——美国驻华沙使馆的七名成员今晚抵达这里，我们在阿德隆饭店酒吧里一起喝酒。他们讲述了关于炮击华沙的可怕故事和对平民的屠杀。有些人似乎还尚未完全从弹震症中恢复过来。他们是趁德国人与波兰人的短暂停火逃出来的。德军一发炮弹直接命中使馆，但幸运的是大家都藏在地下室。

今天又对服装做出了新限制。如果我定做一件新套装，我的裁缝必须用一块长3.1米、宽1.44米的布料做出来。报纸还告诉我们，再也不能为自己的鞋制作半底。再也没有皮革供应，必须等待一种还未生产出的代用品。

另外，我们怎么刮脸呢？一项法令规定在今后四个月里，你只能有一块刮脸皂或一管刮脸油。我打算蓄须。

柏林，9月27日

在经过一场很有英雄气概但毫无希望的抵抗后，华沙今天投降了。最高统帅部称，波兰司令官在“德国的进攻给他留下深刻印象”后，决定于今天早晨投降。

今天，德国人声称，在舰队与飞机的首次交战中，德国空军在未损失一架飞机的情况下，击沉一艘英国航空母舰，重伤一艘战列舰。海军上将和空军司令们已经在纸上进行了多年较量，试图回答一支舰队是否容易遭到空中攻击的问题。

今晚，我在播音前去了趟国家歌剧院。合众通讯社的乔治·基德声称，这对我们的神经会有好处。这是本音乐季的头一夜，节目是深受喜爱的老剧目，韦伯的《魔弹射手》。我对自己的神经状态感到有些奇怪。我无法坐着将歌剧看完。我无法容忍这些饱食终日的小市民男女，其中许多人还穿着晚礼服。甚至音乐听上去也不那么对劲。唯一感到有趣的，是夹在节目单中的一页纸，告诉你遇到空袭警报时应该怎样做。由于歌剧院里没有防空洞，一张地图显示应如何赶到我的防空洞，即一号防空洞。解说词还称，警报将由舞台上发出。届时我应保持冷静，到衣帽间取帽子和衣服，然后前往防空洞。当警报解除后，我再回到歌剧院存好衣帽，歌剧将从中断处重新开始。不过，今晚并无空袭警报。

里宾特洛甫到了莫斯科，我们都在想他去那里干什么。

柏林，9月28日

今晚午夜时分，我对德国王牌潜艇指挥官赫伯特·舒尔策上尉做了广播采访。结果比我预料的好得多。本来在下午和晚上，我还怀有许多疑问，并且遇到一件非常头痛的事情。今天下午，在一些海军军官的帮助下，我在海军部堵住了舒尔策。他刚从首次战斗中返航。他是个外表整洁的家伙，今年刚30岁，结实得像颗钉子，性格坦率而自信。我想，当你每天都用自己和他人的生命赌博时，可能自然而然就会变得自信。

他有点担心自己的英语水平。而在听了一段录音后，我也很担心。说实话，他说的英语我一个字都听不懂，我们必须用德语交谈。有人提议说，可以在下午帮他好好提高英语水平，他只不过是有些生疏而已。这个提议带来了希望，我给纽约发电称采访改在今晚。我将自己的提问告诉他，上尉则坐下来用德语写下答案。当他写完一张纸后，我再将英语译文告诉海军部一位秘书。这位秘书不知出于什么原因，写英文正确无误，听却要费很大劲。我们忙了整整一个下午共四个小时，最后整理出一份十五分钟的播音稿。

在广播稿里，有两点内容是根据我的意思加的，也使稿子显得非常有趣。上尉讲了一个如何用鱼雷击沉英轮“皇家权杖号”的故事，以及他如何冒着生命危险营救这些船员，并帮助他们登上另一艘英国船“勃朗宁号”。现在我回想起来，几天前伦敦曾报道过，“皇家权杖号”在未得到警告的情况下即遭鱼雷攻击，船员和乘客共六十人可能全部遇难。我不知道到底谁说的是事实。

当我们写采访稿时，舒尔策上尉还提到，他就是那个给温斯顿·丘吉尔发了一封鲁莽无礼电报的潜艇指挥官。他将刚被击沉的英国轮船位置通知丘吉尔，以便这位海军大臣可以营救船员。但就在一两天前，丘吉尔先生刚刚告诉下院，那个向他发电报的德国潜艇艇长已被俘虏，现在已经成为国王陛下政府的一名囚犯。

我将这件事告诉上尉，并问他是否可将那封电报内容告诉我。他的航海日志放在基尔港，我们便给那里打了个电话，让对方将电报念给我们听。这使我感到放心了一些。就在今晚播音前不久发生的一件事使我更加放心。当我们离开海军部时，一名军官拿来一份路透社电讯，声称“勃朗宁号”刚刚抵达巴西的巴希亚港，“皇家权杖号”船员和乘客都安全抵达。

好事情接踵而至。出乎我的预料，当播音开始后，正如原先估计的那样，上尉的英语水平的确有很大提高。他的口音相当可怕，但不知为何他还是能够清晰流畅地说出每一个单词。你可以听清每一个音节。我早就发现，像他那样类型的男人，一旦站在麦克风前，往往只会机械地念稿子。但是令我高兴的是，他证明自己能够自然地说话，就好像事先不曾写过一行稿子似的。*

---

* 后来，英国海军部证实了他关于“皇家权杖号”以及发给丘吉尔无礼电报的说法，当然也包括舒尔策并未被俘的事实。

德国王牌潜艇指挥官赫伯特·舒尔策（1909—1987）和他指挥的U-48潜艇。

柏林，9月29日

德国的和平攻势现在得到了苏联的支持。

昨晚在莫斯科，里宾特洛甫和莫洛托夫签署了一项协议和共同宣言。后者的内容说明了一切：

“今天，德国政府和苏联政府通过签署一项条约，彻底解决了由波兰国家解体而产生的问题，从而为东欧的永久和平奠定了稳固基础。德苏两国政府均认为，结束目前存在于德国与英法之间的战争状态，符合所有国家的利益。因此两国政府将集中力量，如有必要还将与其他友好国家合作，共同致力于实现这一目标。

“然而，如果两国政府的努力仍然不能取得成功，则英法应为战争的持续进行负责。在这种情况下，德国和苏联政府将进行磋商，以采取必要的措施。”

这实在是滑稽可笑，但可能意味着苏联站在德国一边参战。去年8月曾说英法在苏德协议签订后绝不敢开战的纳粹分子，今晚又肯定地说这两个民主国家现在将同意停战。他们可能会再次说错，不过我也不太确定。

柏林，9月30日

今天，这里到处都充斥着关于和平的议论。德国人对此十分肯定，而苏联使馆一位秘书告诉我，莫斯科也是如此。他说，伦敦和巴黎现在应该赶紧抓住和平的机会。《人民观察家报》今天评论称："全欧洲都在等待来自伦敦的和平信号。诅咒那些拒绝和平的人。他们总有一天会被民众用石头砸死。"

今晚，与伦敦、巴黎和纽约合作搞了一次四方联播，由于节目时间拖得太晚，我将自己的广播稿删掉了许多内容，以至于没有什么意义。

明天，齐亚诺将来这里拜会希特勒。有消息说，德国人打算利用他向伦敦和巴黎施压，以争取实现和平。

柏林，10月2日

刚听到BBC广播，说英国飞机昨晚飞越柏林上空。我们这些待在柏林的人都很奇怪。既没有空袭警报，也没有飞机的声音。不过，交战双方这些天来都在撒谎。德国人声称他们击沉"皇家方舟号"航母就是一例。

埃莉诺·K是个自然入籍的美国姑娘，父母都是德国人，多年来在这里对我帮助很大。自昨天开始，她家里人就不断要求我帮忙找她。她在几天前由阿姆斯特丹前往柏林，但却未能抵达目的地。今天，我去了趟使馆，找G先生给德荷边境的德国秘密警察机构打了个电话。答复是：埃莉诺被关押在那里。我该如何向其家人解释呢？

丘吉尔昨晚的广播讲话，使这里对于和平的热情略有些降温。我正对着根据配给制发给我的一管刮脸油纳闷，今后四个月就只有这么多。我的胡子将是粉红色的。

周六即9月30日，A先生突然闯进来，还带着他在华沙遇到的一位美国姑娘。他们在波兰东部荒野流浪了三个星期，就在德军和苏军之间。他说，有很多天他们就以干面包维持生命，由一个村庄流浪到另一个村庄。农民们只肯出售干面包，虽然他们拥有奶油、鸡蛋和鲜肉。大部分村庄已经成立地方苏维埃。A先生从未喜欢过波兰人，对纳粹则相当拥护。他说，波兰东部那些远离泥泞道路、公路和铁路的村庄，尽管根本没有军事意义，但仍被德国空军不分青红皂白地摧毁。德国飞机经常对着小块田地里的几个农妇俯冲，朝她们投下一枚炸弹或用机枪扫射。他看到了那些尸体。A先生和女友最后设法进入了德军防线，与日耳曼族难民一道坐了几天敞篷车，最终抵达了德国。

威蒂从波兰回来后，说他于9月30日乘飞机飞越华沙上空，看到全城到处烈焰熊熊。在城中心看到少数几幢未着火的建筑物，但也只

1939年9月，德国飞机轰炸华沙后的幸存者。

是废墟而已。他估计城中有数以万计的平民死亡。他在苏军中待了三天，但印象很糟糕。军中女人数量之多令他震惊。威蒂还参加了一次特别行动。戈林得到报告，说是有几名被波兰人俘虏的飞行员，在靠近苏联边境的集中营被杀害。于是出动了四架德国飞机寻找飞行员的尸体，一架载着威蒂和几名德国军官，另外三架装着棺材。他们在整个波兰东部地区到处刨坟，但都没找对地方。最后在一块地里，他们认为自己终于找对了地方。那是一个大土堆，上面覆盖着新土。他们狂热地刨着，最后发现里面埋着五十匹死马。

柏林，10月4日

摘录两条今天的新闻标题：《正午报》头版红色大字标题：**“英格兰的责任——为保卫自己而令人愤慨地对华沙进行煽动。”**《晚报》的社论认为，美国并不像“罗斯福先生和他的犹太顾问”那样急于参战。

柏林，10月5日

明天，帝国国会将召开会议。预计希特勒将提出和平条款。没人觉得那些条款会非常慷慨大方。今天，他飞往华沙对其部队进行胜利检阅。他对士兵们发表了演说，征服者恺撒式的演说。

这里的人民当然渴望和平。政府可能在目前这个时候也希望和平。英法现在也许能够媾和，但明年又得再次动员。希特勒赢得了波兰战争的胜利，但在和平问题上输给了苏联。苏联人未经战斗就获得了将近一半波兰领土，掌握了波罗的海诸国命脉，现在又阻碍德国实现其向东方发展的两个主要目标，即获得乌克兰的小麦和罗马尼亚的石油。希特勒急忙将所有日耳曼人从波罗的海诸国撤退，他们大多数人在那里已经定居了数百年。爱沙尼亚屈服于莫斯科，同意苏联人

1939年10月5日，希特勒在华沙阅兵。

在其领土上建立海空军基地。拉脱维亚和立陶宛的外交部长们，在两国首都和莫斯科之间来回穿梭，试图挽回残局。一旦苏联人在这些波罗的海国家中打入一个楔子，还需要多少时间它们就会被布尔什维克化？很快，用不了多长时间。

柏林，10月6日

今天中午，希特勒在帝国国会公布了德国大肆宣扬的“和平建议”。我到那里看了这场表演，这已经是我第N次听他演讲。他提出了“和平建议”，与1936年进军莱茵兰以来每次征服后他在讲坛上提出的建议完全相同。这次想必已经是第五次提出类似建议。虽然这至少已是第五次，与以前说的相同并且也非常真诚，但后来我与一些德国人交谈时发现，如果你表示外部世界可能会不相信这次提出的和平建议，正如他们从苦涩的经验中学会了不再相信前几次提出的和平建议一样，大多数德国人都会大吃一惊。

希特勒提出，如果英法不干预德国在东欧的生存空间的话，他愿意在西线实现和平。波兰的未来前途未卜，但他说波兰将永远不会再威胁德国的利益。换句话说，波兰将成为一个奴隶国，就像现在被奴化的波希米亚一样。

我很怀疑英法是否会花五分钟去听听这些和平建议，虽然我的一些同行不这样想。他们认为，现在苏联和德国在一条漫长的边界线上相遇，在过去一周里又忙于巩固在波罗的海诸国的势力范围。因此对伦敦和巴黎而言，媾和并坐等苏德在东欧冲突可能是精明之举。佩蒂纳克斯几个月前曾写过文章，声称除非德国在东方有一道它明知无法突破的屏障，否则德国问题将永远无法解决。只有到那时，它才会停止扩张，停止骚扰欧洲其余部分，并将其无可置疑的精力和能量转用于更为和平的目标。苏联可能会充当那道屏障。按照任何标准衡量，迄今为止苏联都是这场战争的赢家，希特勒完全依赖于斯大林的善意，而后者无疑只对维护自己和苏联的利益感兴趣。

希特勒今天比往常安静一些。那些"橡皮图章"国会议员们的快活劲儿要多一些，热情则要少一些，只是当他吹嘘德国强大时除外。这种吹嘘可以使任何德国人感到热血沸腾。内阁成员们坐在歌剧演员平时表演的舞台上。大会开始前，他们随意地站着，轻松地聊天。里宾特洛甫和雷德尔海军上将在一起，戈培尔博士和冯·牛赖特在一起。会议结束后，我采访过的大多数议员都表示，肯定将会实现和平。这是一个美好的秋日，天气凉爽，阳光灿烂，似乎也有助于人们产生好心情。当我穿过蒂尔加滕公园去参加国会会议时，注意到到处都是高炮阵地。会议像往常一样在克罗尔歌剧院召开。

明天早晨的《人民观察家报》，原是希特勒进行战争叫嚣的御用工具，现在似乎变成了和平鸽。红色大字标题是：**"德国的和平意愿——无意对英法作战——除殖民地外别无领土要求——削减军备——与欧洲所有国家合作——建议召开会议。"**

如果纳粹是真诚的，他们应该在“反攻”前就说这套甜言蜜语。

柏林，10月8日

今天的《人民观察家报》，以整整一版的篇幅刊登阵亡启事。没想到会有这么多的独子丧生！摘录两则典型启事：“为元首、人民和祖国像英雄般战死，9月18日，在波兰的战斗中，我亲爱的独生子，22岁。”另外一则是：“为了他亲爱的祖国，9月20日在库特诺附近的战斗中倒下，我唯一的儿子，25岁。”所有阵亡启事都由母亲签名。

我明天去日内瓦，以使神经得到休息，顺便取些冬季衣物，因为天气已经变冷。当我整整两个月前离开日内瓦时，没有带任何冬服。我没想到需要带。仅仅两个月！感觉倒像过了一个时代。在和平年代，时间对于记忆是多么无足轻重。那个世界已不复存在。对我来说，尽管它存在缺点，存在不公正和不平等，但总体上仍是个不错的世界。我在那个世界长大成人，在其中的生活是自由、文明、有意义的，充满了小小的悲剧和喜悦，工作和休闲，新的土地，新的面孔。少有陈腐平庸，永远怀有希望。

现在则是一片黑暗。一个新世界。灯火管制、炸弹、屠杀、纳粹主义。现在到处是暗夜、尖叫和野蛮。

日内瓦，10月10日

终于可以回家待两三天了。难以言表的震惊。今晚当我回家时，孩子还在睡觉；头枕着枕头，正在熟睡。苔斯到车站接我，既漂亮又……她开车带我们回家。德马雷·贝斯从柏林跟我到这里来，另外还有多萝西。在实行灯火管制的柏林待了六周以后，驱车驶过日内瓦城，看到炫目的街灯、灯火通明的商店橱窗、车灯大开的汽车，感觉非常奇怪。奇怪而美丽。

今天中午在巴塞尔，德马雷和我毫不知羞地吃了个肚儿圆。我们点了一大盘奶油，只是为了欣赏它，另外还点了俄国鸡蛋、一大份牛排、奶酪和甜点，还有几升葡萄酒、科涅克白兰地、咖啡，真是一顿盛宴！而且不用给食品卡。从巴塞尔开始，我们在火车上一路感觉都很好。山脉、山边小木屋和结实的瑞士人都像是在天堂。

今天早晨，在从卡尔斯鲁厄沿莱茵河去巴塞尔的路上，我们经过约一百英里长的法国边境。没有任何战争迹象，列车服务员告诉我，自开战后这段前线还从未开过一枪。当列车沿着莱茵河行驶时，我们可以看到法国碉堡。在许多席子掩蔽下，法国人正在建造堡垒。在德国这边，也是同样的景象。双方部队似乎遵守着某种停火协议。他们相互在对方的视野中和射程内，毫不隐蔽地干着自己的事儿。实际上，一发法国75毫米炮弹就可以将我们的列车轰掉。德国人在铁路上运输火炮、补给，但是法国人并不干扰他们。

真是一场奇怪的战争。

“静坐战”中的法国士兵。

日内瓦，10月11日

看到瑞士报纸同时刊登**两边**的战争报道，感受到一种奇怪的震惊。如果在独裁国家里能够做到这一点，那些“恺撒们”可能就不会那么轻易挑起战争了。带着艾莲和苔斯到处逛很有意思。回家时感冒了。这里的屋子现在还没有供暖。

柏林，10月15日

又回来了，感到很压抑，瑞士的一周过得实在太快。我在日内瓦的三天半时间里，有两天是在发烧，一天是在准备播音，但却因气象原因无法播出。即使如此仍很不错。苔斯坐火车一直送我到纽沙特，在湖边小站分手时实在伤感。瑞士火车上坐满了士兵。这个国家有十分之一的人口参军，比世界上任何国家比例都高。这并非他们的战争。但是他们准备战斗，保卫自己的生活方式。我在公寓里问一个胖胖的商人，他是否愿意不惜一切代价获得和平，从而可以重新挣钱。在周围都是交战国且所有健康者都参军的情况下，瑞士的商业遭到了毁灭性打击。

“不是希特勒提出的那种和平，”他说道，“也不是过去五年我们拥有的那种和平。”

入夜后不久，沿着莱茵河行驶，又经过了那段梦幻般的前线。双方士兵都在观望，就是不开枪。实行灯火管制的法兰克福车站简直像场噩梦。数以百计的旅客，其中有不少是士兵，在漆黑的站台上拼命想挤上车，被行李绊得跌跌撞撞，有时还踩到旁人身上。我在卧铺车厢订了个铺位，但在黑暗中找不到那节车厢，便又回到座席车厢，一直坐到柏林。实行灯火管制的列车过道里挤满了人，他们就在黑暗中整整站了一夜。

在安哈尔特车站，我买了份早报。重大新闻。**“德国潜艇击沉英国战列舰‘皇家橡树号’！”**英国海军部已经承认这一事实。这真是个重大打击。我纳闷，德国人是如何又是在哪里击沉这艘战列舰的？

补记——罗素·希尔是个非常聪明的年轻人，年仅21岁。他既为我们做播音工作，同时还是《先驱论坛报》的助理记者。他告诉我，周三（10月11日）一条关于停火的假报道使整个柏林欣喜若狂。那天早上电台播发的一条新闻宣称，英国政府已经倒台，将立即实现停火。罗素说，菜市场的胖老太太们将卷心菜抛到了空中，在狂喜中甚至砸坏了她们自己的摊位。然后就都跑到附近酒馆，痛饮杜松子酒庆祝和平。当柏林电台下午否认该报道后，那种似乎从梦中醒来的感觉非常可怕。

我房间的服务员告诉我，昨晚在柏林听到非常猛烈的高炮射击声，是开战后头一次。宣传部今晚解释说，一架德国飞机在城市上空迷航，结果被击落。

柏林，10月18日

德国潜艇击沉“皇家橡树号”战列舰的地点原来是在斯卡帕湾，那里是英国最大的海军基地！听上去不可思议。今晚，一位第一次世界大战时期的潜艇指挥官告诉我，在上次战争中德国人曾两次试图派潜艇进入斯卡帕湾，但都遭到失败，潜艇全部损失。

今天下午，普里恩上尉，即那艘立功潜艇的指挥官，专程赶到宣传部参加午后新闻发布会，身边还带着自己的艇员，都是些18岁到20岁的大男孩。普里恩本人30岁，干净利落，趾高气扬，是个狂热纳粹分子，明显具有极强的能力。希特勒的新闻主管迪特里希博士将他介绍给大家，同时还不停地咒骂英国人，并称丘吉尔是个骗子。普里恩对如何击沉“皇家橡树号”战列舰并未多谈。他只是说，在通过保护海湾的障碍物时没费什么周折。虽然他并未证实，但我猜他一定是跟随一艘英国舰艇，很可能是扫雷艇，混进了斯卡帕湾。英国人的玩忽职守实在是太糟糕了。

柏林，10月19日

今天中午，德国人禁止全国广播公司和我们进行播音。我事先看过了希尔的稿子并予以批准。纳粹新闻审查官坚持认为，它将使国外产生不良印象。下午，我给波默尔博士打电话并告诉他，如果今天的行动意味着我们只能谈一些可以产生良好印象的事情的话，那我们将干脆停止播音。他向我保证，这只是误会而已。今晚当我播音时，新闻审查员准许我说自己想说的内容。最高统帅部今晚就神秘西线所发生的事情发布了一份详细报告。报告称，其实根本就没有发生任何事情。我倾向于相信这个说法，虽然巴黎大肆向美国吹嘘一些荒诞不经的故事，即法军对“西墙”防线发动了伟大的攻势。最高统帅部称，到10月17日为止，德国人在西线共有196人阵亡、114人失踪、356人负伤。这足以证明，只发生了零星、分散的军事行动。我几乎完全相信德国陆军就其军事行动所说的情况。德国海军有些夸大其词，而德国空军纯粹就是撒谎。

柏林，10月21日

威廉街怒气冲冲，因为土耳其与英国前天签署了互助条约。据我的线人说，巴本被紧急召回柏林，并被其主子召去，狠狠训了一顿。

这是在相当长一段时间里德国人在外交上遭到的首次打击。他们不喜欢遭到打击。

柏林，10月22日

本周日是“喝汤日”。这意味着，你中午只能喝一份廉价的汤。但却要支付一份大餐的价钱，差价将用于“冬季救济”行动，也可能只是说说而已。实际上，钱都流进了战争钱柜。今晚8点15分，戈培尔突然毫无先兆地发表了广播讲话，对丘吉尔进行了猛烈攻击，指责他击沉了“雅典娜号”轮船。他称呼丘吉尔为骗子至少有十二次，并且不断高喊:“你这个厚颜无耻的骗子，丘吉尔先生！你这个可恶的骗子！”戈培尔竟然说出这种话来！

1939年，柏林，一名警察在为“冬季救济”行动售卖徽章，这是纳粹德国时期接受现金与实物捐赠的基金会，纳粹政府通过它得以减轻部分人口的物质困难，维持了国内的稳定。

柏林，10月24日

德国人民苦苦等待和平，但今晚里宾特洛甫在但泽发表的演说却告诉他们，这场战争必须决出最后胜负。我想每个走向战争的政府都会试图使其人民相信三件事：(1) 正义站在他们一边；(2) 他们纯粹是为保卫国家而战；(3) 他们必将获胜。纳粹当然试图使人民对这三点深信不疑。现代化的宣传工具，特别是无线电，也给他们帮了大忙。

汉诺威的三个年轻人在灯火管制期间抢了一位女士的手提包，被判处死刑。

柏林，10月28日

我听商人圈子内部传说，下月将开始实施严格的布料配给制度。真实情况是，棉花已经没有了，羊毛也快没有了，德国人民必须依靠现有的衣服凑合着过日子，直到战争结束为止。

柏林，10月29日

我看了看德国人在这些黑暗的日子里所看的书。最畅销的小说有三部：(1)《飘》，德语译为《随风飘散》；(2) 克罗宁的《城堡》；(3)《丛林上空的歌声》，作者是年轻的挪威作家特里格维·古尔布兰森。注意这三部小说的作者都是外国人，其中一人还是英语国家的作家。

非小说类书籍中最畅销的是：(1)《肤色阵线》，匿名作家写的关于白种人与黑种人关系的著作；(2)《了解英格兰》，一本介绍英国的小册子；(3)《总体战》，鲁登道夫关于总体战的名著，现在倒是正合时宜；(4)《德国五十年》，作者斯文·赫定是瑞典探险家，也是希特勒的朋友；(5)《这就是波兰》，冯·奥尔岑编写的关于波兰详情的书，1928年首次出版。

我得知，尽管自8月份与莫斯科签约后，官方命令要降低反苏或反布尔什维克宣传的调门，但仍然有三本反苏书籍畅销。其中最受欢迎的是《遭背叛的社会主义》，作者是一个名叫阿尔布雷希特的前德共党员。侦探故事在战时德国仍然很受欢迎，而匆忙写就的关于潜艇战和空战的书籍也很受欢迎。一个德国人告诉我，今天下午他在报摊上能找到的美国杂志只有一本，好像是什么《真实爱情故事》杂志10月号。

剧院生意也很兴隆，上演的大多是古典名剧，歌德、席勒和莎士比亚等人的作品。萧伯纳现在是最受大众欢迎的当代剧作家。唯一成功上演的德国现代戏剧是格哈特·豪普特曼的新作《教堂的女儿》。可怜的老豪普特曼，一度是热情洋溢的社会主义者和伟大的剧作家，现在却成为纳粹分子，老迈不堪。

在电影界，此时最轰动的是克拉克·盖博在《中国历险记》（德文译名）中的表演。这部片子已经使人们连续四周蜂拥而入影院观剧。一部德国电影能够坚持放映一周就已经很不错了。

电台广播的威力真是惊人！我那关于缺少刮胡肥皂以及我可能必须蓄须的言论，在国内引起了巨大的反响。我在十天之后便放弃了蓄须的打算。胡子是淡红色的，而且长得像杂草，遭到了所有人的嘲笑。

柏林，10月30日

今天，传来对老百姓而言十分糟糕的消息。天气已经转凉并时常下雨，而且很快就会下雪。政府却规定，只有5%的人可以购买新橡胶套鞋，现有存货将优先供应邮递员、报童和清洁工。

柏林，10月31日

看看莫洛托夫同志的讲话。据此地报道，他今天在莫斯科最高苏维埃会议上说道："我们极其谨慎且一丝不苟地遵守苏德条约……我们宣布，所有关于将波罗的海国家苏维埃化的胡言乱语，只会对我们的共同敌人和那些反苏破坏分子有利。"

秘密警察宣布，昨天有两人因"拒捕"而被击毙。据称，其中一人企图诱使一座重要军工厂的德国工人怠工。希姆莱现在拥有不经审判就可枪杀任何人的权力。

柏林，11月2日

休·约翰逊将军是纳粹报纸经常引用其言论的少数美国人之一，林德伯格是另一个。今天，他上了柏林报纸的头版。约翰逊关于美国船"弗林特城号"（前些天被纳粹俘获）的观点成为《正午报》的头条新闻："**对'弗林特城号'事件不必要的愤怒——约翰逊将军反对小题大做**。"

反共产国际一事是绝口不提了。我得知，纳粹用来展示布尔什维主义暴行的反共产国际博物馆已经悄悄关闭。本周，《反共产国际》杂志的纳粹编辑给订户们写信，就杂志9月号未能按时出刊表示歉意，并解释说该杂志将换个名称重新出刊。他宣布，编辑们已经发现，德国的真正敌人原来并非布尔什维克，而是犹太人。"在所有敌视德国统治的敌人身后，"他写道，"还站着需要我们全力围攻的敌人，同时也是日耳曼人民以及所有健康向上民族的敌人，那就是犹太人。"

1939年9月3日，英国客轮“雅典娜号”被德国潜艇U-30击沉，美国货船“弗林特城号”参与了对幸存者的救助。10月9日，在“弗林特城号”运送物资前往英国的途中，德国袖珍战列舰“德意志号”将其俘获，宣布它装载的都是禁运品，将其开往德国。图为“弗林特城号”上的“雅典娜号”幸存者。

柏林，11月4日

德国电台工作人员私下里好心地提议，可以带我到一个波罗的海港口，让我在那里报道“弗林特城号”的到来，该船预定于明天抵达。但挪威人前天又扣留了这艘船，使我的计划落空。威廉街火冒三丈，威胁挪威政府，如果不将这艘美国船交还德国，就将面临可怕的后果。

柏林，11月5日

哥伦比亚广播公司希望我就战争期间希特勒的工作状况做一次

广播。我就此问题遍访我的“间谍们”。据他们说：他起得很早，在7点钟即吃第一顿早餐。一般包括一杯牛奶或果汁，还有两三个面包卷，他喜欢在上面涂抹大量柑橘酱。与大多数德国人相同，他还要吃第二顿早餐，这次是在上午9点。吃的东西与第一次相似，只是他还要再吃一点水果。他以浏览国内报纸来开始一天的工作，他对此十分厌恶，因为他讨厌做具体工作。他与自己的副官讨论当天日程，主要是与冲锋队领袖威廉·布吕克纳。希特勒特别倚重自己的副手鲁道夫·赫斯，赫斯一度是他的私人秘书，是少数几个可以推心置腹的人之一。上午，他往往会接见三军领导人，听取他们的汇报并做出决定。与戈林在一起时，他不仅谈论空军事务，而且还谈论一般性的经济问题，或者不如说是谈论其结果。因为在这方面，无论是细节还是理论，他都毫无兴趣。

希特勒午餐吃得很简单，往往是一份炖蔬菜或蔬菜煎蛋卷。他当然得算是素食主义者、禁酒主义者和禁烟主义者。他往往会邀请一个小圈子里的人共进午餐，包括三四名副官、赫斯、新闻官迪特里希博士，有时也包括戈林。在这种宴会中，会摆上一种专门为希特勒酿制的酒精度仅1度的啤酒，有时也会摆上一种用卷心菜酿制的“赫尔夫牌”酸菜汁，其中加了一点摩泽尔河葡萄酒调味。

午餐后，他回到书房开始工作。阅览更多的国内报纸，召开更多的会议，往往是与他的外交部长，有时则是与回国的驻外大使，此外还有一些党的领导人如莱伊博士或马克斯·阿曼。后者是第一次世界大战时他的老军士长，现在则是利润丰厚的埃耶出版社负责人。该社负责印刷《人民观察家报》，希特勒是该报股东。下午稍晚时，希特勒会在总理府后花园散散步，并继续与约好会面的随便什么人谈话。希特勒是个电影迷，当晚上没有什么重要会议，或他不在征服什么国家时，就会在总理府的私人放映室里度过几个小时，看看最新拍摄的电影。新闻纪录片是他的最爱，近几周来他看了在波兰战役期间拍摄

第三帝国首席建筑师弗里茨·托特博士与希特勒一起讨论一项建筑计划。

的所有纪录片，包括为军方档案馆拍摄的数十万英尺胶片，公众永远也看不到这些东西。他喜欢美国电影，许多永远不会在德国公映的片子他都看过。几年前，他坚持把《一夜风流》播放了几遍。虽然人们认为他热爱瓦格纳的歌剧，但他几乎从未光临过柏林的歌剧院。他喜欢大都会戏院，那里上演质量不错的音乐喜剧，其亮点则是美丽的舞女。最近，他邀请了一位令其心动的姑娘喝茶。但仅仅是喝茶而已。在晚上，他还喜欢邀请托特博士，这是一位想象力丰富的工程师，建造了了不起的拥有双车道的高速公路网，后来又建造了“西墙”的堡垒工事。希特勒热衷于补偿自己在艺术领域的遗憾，年轻时在维也纳他曾苦于才华无人赏识。现在他对建筑师们的模型十分钟爱，会和托特博士花上几个小时摆弄那些东西。他们说，他甚至还亲自设计新军装。希特勒很晚才睡觉，睡眠质量也很差，我担心这恐怕会是全世界的不幸。

柏林，11月7日

荷兰女王和比利时国王提出愿意调停。希望很渺茫。柏林很冷静地接受了提议。荷兰和比利时仍然拒绝举行参谋部会谈。但是，它们长期以来的中立、拒绝与任何一方结盟的做法，最终可能使自己陷入困境，除非能够放弃那些老古董。这里对德国通过荷兰实现突破的话题谈得很多。这不仅将绕过马其诺防线，而且也使德国空军基地向英国海岸推进一百英里。

补记——今晚，我们四五个美国记者与戈林进行了一次谈话。地点则有点蹊跷，恰恰是在苏联使馆，我们是去参加布尔什维克革命周年招待会的。沙俄时代遗留下来的装饰品和家具闪闪发亮，列宁的大幅画像微笑着俯视我们。戈林背靠自助餐桌站着，啜饮着一杯啤酒，抽着长长的雪茄。此刻他十分健谈。当一名吓坏了的副官提醒道，他正在与"美国新闻界"谈话时，他说自己不在乎。我们认为，我们真是太天真了，他可能会对美国生气。因为几天前我们刚刚废除了中立法案，而且国内还吹嘘将向同盟国出售数千架飞机，以便帮助它们击败纳粹德国。但他非但不生气，相反还调侃了一番美国制造飞机的能力。

"如果我们只能以你们的速度制造飞机，"他说，"那我们就太可怜了。我是很认真的。你们的飞机很好，但你们不能迅速制造足够数量的飞机。"

"那好，德国是否会在这数千架美国飞机交付同盟国前发动大规模空中攻势呢？"我们问道。

他笑了。"你们制造你们的飞机，我们的敌人制造他们的，而我们制造我们的，有一天你会看到谁制造的飞机最好最多。"

谈话仍然继续进行：

"您对总体局势看法如何？"

"对德国非常有利。"

"目前您的空军只攻击了英国军舰。为什么？"

“军舰是非常重要的目标，而且也为我们提供了非常好的训练机会。”

“你们会开始轰炸敌方港口吗？”

“我们是讲人道的。”

我们实在压抑不住自己的笑声。戈林反驳道：“你们不要笑。我是认真的。我是讲人道的。”

柏林，11月8日

事先没有通知，希特勒今晚（即1923年啤酒馆政变的纪念日）在慕尼黑的贝格勃劳凯勒啤酒馆突然发表了一次演讲。无论是电台还是报纸，都未暗示他今晚将发表讲话，威廉街的官员们只是在讲话前一小时才得知此事。所有德国电台都广播了此次演讲，但不知出于什么理由没有允许我们向美国转播。希特勒告诉人民，要做好长期战争的心理准备，并披露两个月前那个周日英法宣战时，他命令戈林做好进行五年战争的准备。

柏林，11月9日

昨晚，当希特勒和所有纳粹党重要领袖离开啤酒馆后十二分钟，即9点零9分，一枚炸弹爆炸，将大厅炸得一片狼藉，七人被炸死，六十三人受伤。这枚炸弹被安放在一根柱子里，恰好位于希特勒发表演讲的讲台后面。如果他再多停留十二分零一秒，他肯定会被炸死。他原先所站的地方覆盖着六英尺厚的残骸。

现在还无人知晓是谁干的。纳粹新闻界尖叫道，这是英国人干的，是英国秘密机构！它们甚至指责，张伯伦应对此负责。我们大多数人觉得这有点像国会纵火案。前几年，希特勒和所有其他大人物在演讲过后，都会继续待上一会儿，与啤酒馆政变的老战友们叙叙往

1939年11月8日晚，希特勒在慕尼黑布格勃劳凯勒啤酒馆发表纪念1923年啤酒馆暴动的演讲，他离开后不久发生了爆炸案。

事，喝喝啤酒。昨晚，他们几乎是跑出了啤酒馆，只留下普通同志们自己喝啤酒。此次未遂的“暗杀”无疑会激起公众对希特勒的支持和对英国的仇恨。奇怪的是，纳粹机关报《人民观察家报》是唯一刊登此事的早报。昨晚午夜当我刚做完播音后，一个朋友打电话告诉我这个消息。但是，德国电台官员和新闻审查员都对此予以否认。他们说，这是个愚蠢的谣言。

柏林，11月11日

停战日。真是个讽刺！听到在慕尼黑为啤酒馆爆炸案死难者举行国葬的广播。希特勒出席了葬礼，但并未讲话。赫斯发表了讲话。他说：“这一犯罪企图教会我们如何去仇恨。”我想，他们事先一定知道。

今天得知，昨晚有人向御用摄影师海因里希·霍夫曼展览希特勒肖像艺术照的橱窗扔了块砖头。一名警察开了枪，但罪犯趁灯火管制之机逃之夭夭。随后，警察加强了对要人们的保护措施。

1939年11月11日，希特勒参加啤酒馆爆炸案死者的葬礼。

似乎有迹象表明要发生什么大事。今天，有人告诉我，希特勒的司令部专列已经升火待发。纳粹党圈内人士也在悄悄谈论，可能对英国发动大规模空中攻击。可能会发动横扫荷兰和比利时的进攻。也有可能通过瑞士发动进攻。

柏林，11月12日

德国人宣布，他们已经根据“军事法庭的判决”，枪毙了布龙贝格的波兰市长。他们说，调查表明他“涉嫌对日耳曼人的谋杀和盗窃城市资金”。我想，这就是德国人的和平。我想不起同盟国占领莱茵兰后，曾枪毙过哪个德国城镇的市长。

柏林，11月12日

今天下发了衣服配给卡，可以看到许多德国人的脸都拉长了。男人、妇女、男孩、女孩和婴儿的配给卡各不相同。除了婴儿的配给卡外，每个人的卡上都有一百点。买一双短袜或长袜只花五个点，但你每年只能买五双袜子。一套睡衣要花三十点，几乎相当于配给卡总额的三分之一，但如果你买睡袍的话，就可节省五个点。一件新大衣或西服套装将花掉六十点。今晚我计算了一下，用我的衣服配给卡（购衣还受季节限制），从12月1日到4月1日可以购买：两双短袜、两条手绢、一条围巾和一副手套；从4月1日到9月1日：一件衬衫、两副衣领和一套内衣；在一年的其他时候：两条领带和一件汗衫。

柏林，11月18日

昨天，布拉格大学九名捷克学生被带到德国行刑队面前枪决。在今天中午的新闻发布会上，我们质问政府这是为什么。他们答道，在10月23日和11月15日，这些学生组织了反德示威游行。“在战争时期这可不是开玩笑。”我们的新闻发言人说道，对于我们的问题甚至显得有些不耐烦。当天晚些时候，德国人承认还有三名捷克人，其中有两名是警察，因“攻击一名德国人”而被枪毙。我敢拿一件衬衫打赌，三百万苏台德日耳曼人在捷克统治的二十年中，没有一人曾因参与示威游行而被处决。

昨天，在德国有三名年轻人因“叛国罪”而被处决。今天，在奥格斯堡，有两名19岁的孩子，因在一名士兵家偷窃而被判死刑。

《先驱论坛报》的比奇·康格尔一个月前才来到这里，今天在德国政府要求下被迫离开。纳粹不喜欢他写的一篇文章。他们要求他收回这篇文章。但他拒绝了。在最后时刻，比奇说道，一名高大的纳粹官员把他叫进屋里，“提出”让他得到一家美国大电台驻柏林记者的工作，这使他相当吃惊，令我也受惊不小。大多数美国记者都到车站欢送他，还有人向康格尔夫人献了鲜花。

虽然纳粹不喜欢我，但我估计自己永远不会被赶出德国。他们的困难是，我的电台播音稿事先都经过审查，所以无论我在播音时说了什么，都不能用来陷害我。报纸记者可以用电话将想写的任何内容告诉外界，同时也就会冒康格尔所冒的风险。这甚至要比我必须忍受的新闻审查更为糟糕，因为纽约新闻协会和纽约报社不喜欢那些被一脚踢出来的记者。

柏林，11月19日

迄今为止，几乎有两个月没有发生陆战、海战或空战。然而，从与德国军方人士的谈话来看，我确信如果认为德国人将会接受同盟国把战斗局限于经济战线的做法，那将是个错误。帝国在那种类型的战争中将处于不利地位。这也是德国大多数人都期待军事行动尽快开始的原因之一。

今天，德占波兰大区区长弗兰克宣布，华沙的“隔都”从此必须与首都其余部分用路障隔离，并处于警察严密控制之下。他说，犹太人是“疾病和细菌的携带者”。今晚，一名由华沙返回的美国朋友告诉我，纳粹的政策就是要灭绝波兰犹太人。他们被驱赶到波兰东部地区，被迫住进没有取暖设备的小木屋，被剥夺了任何为自己挣得面包和奶油的机会。据他说，几千名来自帝国内部的犹太人，也被遣送到波兰东部去送死。

柏林，11月20日

纳粹分子强迫可怜的奥古斯特·威廉王子（德皇第四子）出席今晚在宣传部举行的新闻发布会，以否定最近谣传的希特勒迫害霍亨索伦家族成员的说法。人们习惯于叫他“奥威”，他是霍亨索伦家族中唯一积极参与纳粹党活动的人。他实际上是名冲锋队员。今天，波默尔博士在向我们介绍时，称他为“大队长奥古斯特·威廉王子”。王子有些紧张，对自己扮演的角色感到有些羞愧。他说完要求他说的话，便以响亮的“希特勒万岁”结束了讲话。我不禁想到，这对霍亨索伦家族而言真是奇怪的结局。那个充满活力的普鲁士家族，诞生了腓特烈大

奥古斯特·威廉，人称“奥威”，德皇威廉二世的第四子，穿着冲锋队制服在一场纳粹集会上。

王、腓特烈的父亲还有威廉二世，并且先是将普鲁士、随后又将德国提升到世界大国的地位。

柏林，11月21日

今天，盖世太保头子希姆莱声称，他已经抓住半月前在慕尼黑安置炸弹并差点将希特勒炸成碎片的那个人。他的名字叫格奥尔格·埃尔泽，今年36岁。希姆莱声称，他背后是英国情报机构和奥托·施特拉塞尔。后者是纳粹党前领导人，现在则是希特勒的死敌，目前住在法国。希姆莱关于埃尔泽如何行动的报告听上去实在可疑。今天，一名德国人在看到报道后告诉我："现在我可以肯定，那颗炸弹是希姆莱安的。"*

发表于1939年11月22日媒体通报上的格奥尔格·埃尔泽的照片。

似乎是为了迷惑公众，希姆莱今天还宣布，英国情报机构负责西欧的头子，即所谓的贝斯特先生及其帮凶斯蒂文斯上尉，都于11月9日在德荷边境被盖世太保抓住。这也证实了从阿姆斯特丹传来的绑架案消息。荷兰人称，此事发生在荷兰领土上。

《人民观察家报》的记者将在明天的报纸上刊登一篇文章。他写道，当看到埃尔泽时，"你几乎忘记了自己正与恶魔待

---

* 有几个月的时间，在几乎每一次纳粹新闻发布会上，我们都会询问何时审判埃尔泽。开始时，我们被告知，他将会与国会纵火案的"罪犯们"一样，在莱比锡最高法庭接受审判。这倒非常恰当，因为纳粹党在两件案子中都有嫌疑。几周以后，我们每天必提的问题"何时审判埃尔泽？"，只会惹得记者们发笑并使波默尔博士（宣传部外国新闻司司长）、施密特博士（外交部新闻司司长）及其副手冯·施图姆男爵感到越来越尴尬。最后，我们终于不再觉得此事可笑。在充分利用此事开了几个月玩笑后，我们最终不再提它。据我所知，埃尔泽从未被审判过。无人知道他是否已被处决。

在一起。他的眼睛是聪慧的，面貌非常柔和”。

希姆莱及其手下进行这一系列活动，显然是企图使容易受骗上当的德国人民相信，英国政府打算通过谋杀希特勒等人来赢得这次战争。今天，新闻审查员删去了我的播音稿中关于国会纵火案的内容。

柏林，11月23日

感恩节。在临时代办亚历山大·柯克家，约一百名饥饿的美国人扑向摆在餐桌上的几只火鸡。晚饭时，我在奥克斯纳家又吃了一次火鸡，在午夜时分又拉上多萝西·奥克斯纳一起去播音室，就她如何在实施战时配给制的德国准备火鸡大餐做了次采访。她解释得非常好，说自己使用一种新机器，将奶油从黄油中提炼出来，作为制作南瓜馅饼所需要的生奶油。

12月1日以后，凡不属于正规农场的马、牛、猪都要使用食品配给卡。

柏林，11月26日

比尔·怀特来到这里，他是威廉·艾伦·怀特*的儿子，这星期帮我对战时夜生活做了调查，哥伦比亚广播公司希望我今晚就此话题做一次播音。我们发现柏林的夜生活非常丰富。明天将去日内瓦待些日子。

日内瓦，12月1日

苏联入侵芬兰！昨天，苏军轰炸机攻击了赫尔辛基，杀死了

---

* 美国著名编辑。——译注

七十五名平民，数百人受伤。工人阶级最伟大的斗士，反抗“法西斯侵略”的了不起的宣教士，“一丝不苟遵守条约”（见莫洛托夫不久前讲话）的最正义的旁观者，现在却违背了至少半打“庄严条约”，扑向了欧洲最规矩、最勤劳且实行民主制度的那个小国。过去十年苏联在国际关系上赖以立足的道德基础，就像纸牌搭建的房子一样坍塌了，而且恰恰证实了其批评者和反共分子一贯的观点。斯大林表明自己与希特勒、墨索里尼和小日本都是一样。苏联外交政策原来与沙皇时代一样具有“帝国主义”特色。克里姆林宫已经背叛了革命。

我愤怒了足有三十个小时；昨晚几乎无法入眠，虽然实际上我也没有机会睡觉。自从昨天中午开始，我便不断向赫尔辛基、斯德哥尔摩、柏林、伯尔尼、阿姆斯特丹和伦敦打电话，为我们从芬兰做播音进行通信准备。我下定决心一定要将此事办成，不仅是出于自己的目的，也为了使美国国内能够听到芬兰人为自己辩护的声音。这是一项艰苦的工作，一个失败接一个失败，但我们就是要把此次播音办成。

在芬兰的苏联军队拆除曼纳海姆防线上的反坦克障碍。

头一个问题是，马克西代表全国广播公司与日内瓦电台（我们唯一中立的对外联系渠道）达成了协议。他还率先与芬兰人和瑞典人进行了联系，并设法使对方同意，让芬兰总统卡利欧、外交部长埃尔库只接受全国广播公司记者的采访。给赫尔辛基政府打了个电话，澄清了这一事实。原来并非如此，至少芬兰人这样说。但我很难说服斯德哥尔摩的瑞典人，使他们相信参与采访的并非全国广播公司一家，还包括我们公司。而且，我还必须依赖他们转播所有从芬兰发出的信号。昨天整个下午，我都在寻找一家转播电台。柏林的帝国广播公司既不会向我提供转播电台，也不会提供用于转播的电话线路。他们接到不要冒犯苏联人的命令。给阿姆斯特丹打电话，试图使荷兰人借给我一个转播电台，但是他们太害怕违反自己的中立原则。实际上只要有利可图，无论是苏联还是德国，无疑都不会尊重什么中立地位。最后，爱德·莫罗解决了我们所有的困难，不过我们既不会将此事告诉德国人，也不会告诉瑞典人，甚至也不告诉芬兰人。他让英国广播公司接收瑞典中波电台转播的信号，而后者则通过电话线接收来自芬兰赫尔辛基的报道。英国广播公司再将他们接收的信号通过电缆传输到“橄榄球”电台，再通过短波发射台传送到我们在纽约的播音室。从赫尔辛基播音的通常做法是，通过电话线将播音经瑞典、德国传到瑞士，然后再通过日内瓦的发射台，用短波传送到纽约。但是，德国拒绝为我们提供转播电话设施，马克西又独占了日内瓦的发射台，使我们无法这样做。纽约方面反馈说，我们对赫尔辛基报道的转播，要比全国广播公司的转播好得多。他们的转播很明显是由日内瓦接收斯德哥尔摩中波发射台的信号，但由于伦敦的接收设备性能要比日内瓦的优越，我们的转播效果自然也要出色得多。

今天下午，我安排《基督教科学箴言报》驻赫尔辛基记者对赫尔辛基遭受轰炸做了首次现场报道，是条独家新闻。哈拉尔德·迪特里希是帝国广播公司短波部主任，同时也是冷静、优秀的技师。他对美国广播电台在接收欧洲电台信号时所面临的技术问题，几乎具有一种艺术家的敏感。虽然是个需要提防的狂热纳粹分子，但我在德国与他合作得最顺利也最成功。哈拉尔德打电话告诉我，将尽全力促使戈培尔允许我们使用转播用电话设备，只是我必须保证通话者都是美国人。

由于流感而发着烧，但必须继续处理这些在芬兰做播音的事务。苔斯全力投入工作，帮了大忙，往往要用几种语言对着电话叫喊几个小时，其中包括斯堪的纳维亚国家的语言。她的丹麦语说得不错。她还得发出并接收电报，这些都必须在电话旁完成，对我帮助很大。两天以来，我的电话账单已经超过1 000美元，包括打给赫尔辛基、斯德哥尔摩、柏林、阿姆斯特丹、伦敦和纽约的无数紧急电话。我的海底电报和普通电报账单一定也达到将近500美元。但是保罗·怀特和克劳伯坚持要求:“一定要播音。”

柏林，12月7日

通过电话与斯德哥尔摩的比尔·怀特取得了联系，并叫他前往赫尔辛基为我们报道芬兰战争。*有趣的一件事：我们公司在纽约的一些人认为，某个晚上他在这里的报道完全脱离了中立立场。他们发电报称，虽然他们个人同意比尔的反纳粹立场，但他应努力更客观些。当我返回柏林并前往帝国广播公司时，迪特里希手里拿着比尔的播音稿向我走来。我想，他可能会挑起一场争执。

“看看这个。”他说道。

“有什么问题吗？”我说道，并决定维护这篇播音稿，虽然这篇稿子在讥讽嘲弄纳粹方面确实有些过火。

---

* 他从芬兰前线发回的感人的圣诞节播音还写进了罗伯特·舍伍德的剧本《夜晚不再》。

“噢，它非常精彩！我们这里认为这是一次非常出色的播音，机智但是公正。如果你能够忘掉你个人对纳粹主义的反感，有一天你大概也能做到。”他说道。

即使我在德国住上一百年，我也无法理解这些德国人。

柏林，12月10日

在这个安息日的夜晚，爱德和我进行了柏林和伦敦之间的首次电话交谈。自开战以来，两地间的电话联络即被切断。这是一次播音节目。我相信这是保罗·怀特的主意，他特别热衷于做“姿态”。我们的声音做了一次真正的长途旅行。爱德的声音由伦敦通过短波发射到纽约，再从那里由短波发射到柏林，然后我才能听到。我的声音则沿着同一条路线做反向旅行。为了不至于给敌方提供有价值的信息，我们事先都写好交谈内容，我将两人的相互问答都提交给德国人，而他对英方也是如此。两国在对待稿件方面都表现得相当宽宏大量。听到爱德的声音令人高兴。有一两次他的声音模糊不清，我也无法听到提示我说话的暗号，但总体而言十分有趣。

似乎埃莉诺·K是在由阿姆斯特丹到柏林的路上，在靠近德荷边境的本特海姆，被盖世太保逮捕，又从关押她的旅馆顶楼跳下的。几乎是个奇迹，她没有摔死，但背部、双腿和一只手臂骨折。我听说，她现在已被释放，并前往纽约。必须将此事查个水落石出。我敢肯定秘密警察在她身上没抓到什么把柄。

柏林，12月13日

“不来梅号”客轮成功突破了英国的封锁，沿着挪威海岸由摩尔曼斯克返回德国港口。英国海军在这件事上显得有些无能。乔丹和我在谁将采访海军准将阿伦斯（“不来梅号”船长）问题上发生了争执。我不喜欢这类竞争。由于争执，我们都落到了纳粹手里。现在，宣传部坚持让洛斯罗普·斯托达代替我们采访。有人告诉我，这位美国作家凭着《有色人种的兴起》一书迅速走红。他写的关于种族问题的文章被选进了纳粹学校课本。我不能让宣传部来指定节目主持人，因此即使哥伦比亚公司失去了播音机会，仍坚决拒绝了这一提议。

今天，里宾特洛甫的白皮书《关于此次战争起源的文件》，由外交部以几种语言出版。我草草读了一遍，可以肯定这本书就像其作者和其服务的主子一样不诚实。在《我的奋斗》中，希特勒曾批评帝国政府在1914—1918年间对于战争起源的宣传不温不火。那时，柏林政府的立场似乎是，德国对战争爆发应负的责任并不比别国多。希特勒认为，这是糟糕的宣传。他认为，帝国政府应该絮絮不休地对着全体德国人民的耳朵说，同盟国应为战争负全部责任。目前他正在这样做。

在序言中，里宾特洛甫重复了一个流传已久的谎言，希特勒已经勤勤恳恳地使其在这个国家成为不容置疑的真理，那就是：在凡尔赛和会后，大不列颠抵制任何德国以和平手段摆脱和约枷锁并解放自己的努力。英国反对过德国1935年实行义务兵役制吗？反对过1936年德国进军莱茵兰吗？反对过1938年德奥合并吗？反对过1938年将从未属于德国的苏台德区割让给它吗？

圣诞树开始出售了，立即被人们抢购一空。无论德国人多么粗野、凶暴，多么像个异教徒，他们对圣诞树却怀有一种孩子式的热情。所有地方的人们都勇敢地企图使这个圣诞节看上去与和平年代毫无二致。我今天进行了一次圣诞节采购，却感到有些狼狈。在橱窗里摆着那么多好东西，但是人们却不能买，因为按照政府的命令，将它们摆在那里只是为了展览。德国人在圣诞节往往会相互馈赠衣饰、肥皂、香水、糖果等礼品，但今年这些东西都实行了配给，他们必须送别的东西。今天在拥挤不堪的商店里，他们大多是购买书籍、收音机、留声机、唱片和珠宝。我试图买些留声机唱片，送给帝国广播公司的四位女秘书，但发现你必须交出老唱片才能买新的。我没有老唱片，也就很不幸地不能买新的。政府在圣诞节对配给制也稍微放松了一些。每人可得到四分之一磅奶油、一百克额外的肉，在圣诞节这一周可得到四个鸡蛋，而非以前的一个鸡蛋。

这些天，纳粹报纸给丘吉尔安上了新头衔："谎话大王"。纳粹报纸提到丘吉尔时，一般只用缩写W. C.，德国每个厕所都标着这两个字母，这也是他们这么干的原因。

柏林，12月14日

今晚，德国报纸大肆庆祝袖珍战列舰"施佩伯爵号"在蒙得维的亚港外对三艘英国巡洋舰所取得的伟大胜利。在收音机里，我听到伦敦也将此次海战欢呼为英国的胜利。这不禁使人想起日德兰大海战，当时英国和德国都庆祝自己获得胜利。德国报纸声称，英国巡洋舰使用了芥子气炮弹，不过德国海军对这一指控并不当回事。戈培尔博士当然要利用这个故事大做一番文章。

柏林，12月18日

公众还有点糊涂，不明白"施佩伯爵号"的伟大胜利，如何却以这艘袖珍战列舰昨天下午在蒙得维的亚港外自沉而告终。但是戈培尔和戈林却很利索地使人们尽快忘掉此事。明天早晨，德国人民的注意力将被报纸和电台转移到其他方面。一场黑尔戈兰岛附近的所谓胜利，这次是在空中。所有报纸和电台都接到命令，要求它们尽其所能大吹大擂一份政府公告。即今天下午在黑尔戈兰岛北面，四十四架英国轰炸机有三十四架被击落。一场非常**及时的**胜利。我们就“施佩伯爵号”事件提出一系列令德国人尴尬的问题后，刚刚穿上外套并走下楼梯，正要离开晚间新闻发布会时，波默尔博士上气不接下气地冲进来，说他有一些重要消息，请我们上楼返回会议室。然后，他就气喘吁吁地宣读了关于击落三十四架英国飞机的公告。我怀疑这是个骗局。

听说，因为戈培尔在“施佩伯爵号”事件中帮倒忙，海军冲希特勒发了火。海军上将们最感恼怒的是，前天该舰自沉后，戈培尔还让记者由蒙得维的亚发回一篇电讯，声称这艘袖珍战列舰只受了表皮伤，而英国报道其遭到严重破坏纯属谎言。

在告诉人们战败的可怕后果以争取支持方面，纳粹所做的宣传要更精明一些。明天的《人民观察家报》将刊登一幅地图，显示如果英法获胜的话，德国领土将会变成什么样。《人民观察家报》声称，同

德国袖珍战列舰“施佩伯爵号”在乌拉圭蒙得维的亚港外燃烧的残骸。

盟国报纸已经刊登了这幅地图，不过我很怀疑纳粹编辑没有对其进行一番巧妙的润色。根据这幅地图，法国拥有莱茵兰，波兰拥有德国东部，丹麦拥有石勒苏益格-荷尔斯泰因，捷克斯洛伐克拥有萨克森，南边是巨大的哈布斯堡帝国，包括了德国南部大部分地区。德国剩下的土地则标为“占领区”。真是聪明的宣传，德国人民会上当的。

补记——当我在播音中提到上述故事时，我评论道：“我没看到假如德国胜利时欧洲地图的模样。”我的新闻审查员认为，这违背了公正立场，并将这段话删掉。

柏林，12月21日

今天，德国海军发布了一项奇怪的公告：“海军司令部宣布：‘施佩伯爵号’司令官，汉斯·兰斯多夫舰长，在战舰沉没后，不愿苟且偷生。遵循古老传统以及他在其中生活了三十年的军官团的精神，他做出了这一决定。在将其船员带到安全地带后，他认为已经完成了自己的职责，并追随他的战舰而去。海军对此表示理解和褒扬。兰斯多夫舰长的行为，不愧战士和英雄的称号，没有辜负他的元首、德国人民和海军的期望。”

可怜的德国人民，得不到任何来自外界的真实消息，永远也不会知道兰斯多夫舰长并未随战舰沉入海底，而是在布宜诺斯艾利斯旅馆房间里，孤独地用左轮手枪自杀。他们也不会被告知，虽然海军在公告里已经竭力暗示，被这次失败激怒的希特勒，在暴怒中命令这位舰长结束自己的生命。

希特勒和里宾特洛甫向约瑟夫·斯大林同志发电祝贺圣诞节。真是非常滑稽。希特勒的电文称：“对您本人以及友好的苏联人民的繁荣未来致以最美好的祝愿。”*经过一个月的战斗，俄国人在芬兰进展甚微。我还记得苏联使馆顾问在战斗开始前曾说的话。他吹嘘道：“三天内事情就会结束。”

在过去两天，这里批准了十一件死刑案。约一半是间谍案，其余则是因为“破坏战争时期人民的利益”。除一件案子以外，所有判决都由“人民法庭”做出，其程序从不公开。这十一个案子中，有一个案子是因“破坏人民利益”，法庭做出了十五年监禁的判决。但是希姆莱对这一判决并不满意，因此他直接下令将这个可怜的家伙枪毙。“抵抗国家权威者格杀勿论。”希姆莱说。但是当你与海因里希·希姆莱谈话时，他是多么温和的一个小个子家伙，使你想起一位戴着夹鼻眼镜的乡村教师（他一度曾当过）以及其他一些东西，简直是惟妙惟肖。弗洛伊德曾经告诉过我们，为什么温和的小个子，或身上流露女性气质的人如希特勒，有时会变得如此残忍。我猜想自己宁愿忍受戈林那种暴跳如雷的粗暴待遇。

许多收听外国电台广播的德国人被判处长期监禁，不过仍然有许多人继续收听。实际上，偷听敌台的人数是如此之多，以至于今天发布了官方警告。在结尾处声称：“对于收听敌人谎言的那些白痴罪犯将毫不容情。”有一天，我与一个德国家庭共度午后时光，包括母亲、两个女儿和一个儿子。当收听晚6点BBC新闻时，他们都显得有些紧张。那位母亲说，除了门房以外（他是这座公寓楼的正式密探），刚刚得知一名犹太房客为换服装配给卡（犹太人有食品卡但无服装卡）也当了密探，因此他们必须特别小心。他们将收音机音量调得如此之低，以至于我几乎听不到新闻，还有一个女儿在大门口盯着。

---

* 对此，斯大林答称：“德国和苏联人民之间由鲜血凝成的友谊万古常青。”

柏林，12月24—25日，凌晨3点

圣诞夜。外面下着雨，但不久将会下雪。不知怎么搞的，第一个战时圣诞节比任何东西都使人更深切地体会到，战争已经进入每个人的家中。对德国人来说，圣诞节总是一年的高潮。但今年的圣诞节却很凄凉，礼物少得可怜，斯巴达风格的食品，男子们都不在家，街上灯火管制，百叶窗和窗帘都按警察局的规定拉得紧紧的。我曾在许多美丽的圣诞夜漫步柏林街头。即使是最贫困的街区，透过不拉窗帘、毫无遮挡的窗户，都可看到家家皆有烛光辉煌的圣诞树。德国人感到了今晚的不同。他们显得阴沉、压抑和悲伤。希特勒已经前往西线，但禁止我们提及此事。他于21日匆匆忙忙出发，不再参加为总理府职员及其纳粹党老友们举行的传统圣诞宴会，尽管此事

纳粹宣传部长约瑟夫·戈培尔参加圣诞节宣传活动，左前为他的两个女儿希尔德和赫尔加。

早已安排就绪。今晚，我去奥克斯纳家吃的圣诞晚宴，这真是一顿美餐。在那里，聚集了相当一部分人数已经大大减少的美国侨民。我想我们都极力想忘却战争和德国人，并按照“美好的、传统的美国方式”享受飞逝的圣诞时光。对于我们所有人而言，这种“美好的、传统的生活方式”已经一去不复返了。但是，晚餐有火鸡和配菜，多萝西像艺术家一样做了南瓜馅饼、掼奶油和真正的咖啡，还有许多最近十分少见的优质红酒。啊，还有香槟和一棵巨大的圣诞树以及一位长着金黄色头发、清澈的蓝眼睛、跳起舞来像阵风的可爱美女，明天她就要与丈夫一起出发前往芬兰前线，在伤员们四处喷溅的鲜血中工作。

午夜时分，我因播音而必须离开。在帝国广播公司，他们在一个办公室里竖起了一棵巨大的圣诞树，当我到达时人们正在跳舞、喝香槟取乐。我担心，这次播音毫无疑问有些过于感伤。我不断回想起童年时也就是第一次世界大战前，舒曼-海因克在芝加哥演唱《平安夜》时所用的腔调。“嗬嗬勋爵”夫妇也来到晚会上，但是我刻意避开了他们。他是个英国叛国者，在这里被称作弗罗利希，真名则是威廉·乔伊斯，每晚都有成百万英国人在电台上听到他的声音。后来，杰克·特雷沃走进屋里，看上去喝了不少酒。他是一名英国演员，也是个叛国者，为德国人做英语广播。我对他也无法容忍。

两小时内，即凌晨5点，必须乘车出发前往汉堡和基尔，明晚我将在那里的德国舰队做圣诞节播音。因为我无法在圣诞节回日内瓦，所以很高兴能够有这么一次消遣。自从战争开始后，还没有一个外国人见过德国舰队。纳粹曾答应我在“西墙防线”做一次播音，因为我们公司驻巴黎办事处在马其诺防线做了一次播音。但是有人欺骗了我，将这个机会给了我们公司的竞争对手。作为抗议，我在晚上停止播音一周。

柏林，12月27日

这真是一个不平常的圣诞节。在德国舰队待了两天，我是第一个得到这种机会的外国人。

圣诞节拂晓前几个小时即起床，但是陆军派来的司机却因柏林的灯火管制和浓重雾气而迷了路。我们花了两小时才找到向导，一位来自陆军总司令部的X中尉。他是典型的一战军官，戴着单片眼镜，气得说不出话来。他发火是因为自己在瓢泼大雨里在黑暗的街角站了两小时，而我们的车几次经过那里。

当我们抵达汉堡后，仍然下着倾盆大雨。这个城市令我想起了利物浦。我们最终找到了码头，蹚过一英尺深的积水，来到停泊战舰的地方。我花了一小时，参观新的万吨巡洋舰“海军上将希佩尔号”。这艘战舰系泊在码头上，甲板上下堆着乱七八糟的东西。军官们解释说只是正常维修，每艘新型舰艇都需要这样。他们发誓说，这艘军舰并非遭敌军破坏。不知何故，我和这些德国海军军官相处得非常融洽。喝红酒吃三明治时，我提醒他们说英国海军部最近宣布英潜艇用鱼雷击中了一艘巡洋舰。德国舰长冲我眨了眨眼，示意我跟他来。我们顺着狭窄的梯道爬呀爬，直到我浑身大汗、喘不过气来，我的外套也撕破了五处。最后，我们爬到了指挥塔。

“看看那里。”他有些顽皮地说道。约一百码外，有艘稍小些的巡洋舰，被架在干船坞里。恰好在舰体中部，即水手们所说的舯部，炸开了一个直径足有五十英尺的大洞。这是巡洋舰“莱比锡号”，德国舰长告诉我，一枚英国鱼雷准确击中了“莱比锡号”，但他们很幸运地将这艘军舰弄回了港口。他还说，BBC声称这艘军舰已被击沉。但它就在那里，虽然是圣诞节，仍有一群工人在舰上抢修。在返回我们的汽车时，沿着河边溯流而上走了一段，我注意到35 000吨级的战列舰“俾斯麦号”*。看上去它已接近完工。这艘军舰及其姊妹舰都笼罩在极度神秘的气氛中，它们是德国海军仅有的两艘35 000吨级战列舰。

下午晚些时候，当我们驱车前往基尔时，天气开始转冷，由下雨变成下雪，汽车在翻山时遇到了困难，因为路面开始结冰。在基尔，几个可能是代表宣传部的官员迎接了我并寒暄了几句。

“我刚刚听说，”他说道，“你在汉堡逗留并看到了我们在那里的所有军舰。你看到‘莱比锡号’巡洋舰了吗，夏伊勒先生？”

“是的，先生，而且……”

“那些英国骗子，他们说他们击沉了‘莱比锡号’，夏伊勒先生。”

“对我而言它的确不像是被击沉了，我必须承认，而且我将很高兴在播音时宣布我看到了它，它并未被击沉，但是那个……”

他以一声大吼打断了我的话。“夏伊勒先生，那就好。你将答复这个卑鄙的英国谎话，是吗？你将告诉伟大的美国人民事实真相。告诉他们你亲眼看见了‘莱比锡号’，是吗？而且那艘军舰完好无损。”

我还没来得及插话，他就将我推上了通向一艘海军汽艇的跳板。我转向陪同我前来的中尉表示抗议。但他的单片眼镜已经掉了下来，脸上写满了悲哀，于是我也放弃了抗议的努力。无论如何，在这伙人中他能说些什么呢？而且现在又有几名等候在汽艇中的海军军官加入了我们的行列。

驶进基尔港，我惊奇地发现几乎整个德国舰队都因圣诞节而集中在这里。我注意到袖珍战列舰“德意志号”和两艘“科隆”级巡洋舰。近几天在柏林我突击钻研了德国海军舰艇型号以便能够分辨，当一名军官证实它们的确就是“科隆”级时我感到很自豪，这些都是

* 真实排水量为42 370吨。——译注

26 000吨级战舰。另外，还有约十五艘潜艇，还不包括三艘仍在干船坞里的潜艇。我不禁想到，如果英国人知道这个情况，他们可以在今晚飞来，将整个德国舰队一扫而光。只要一次真正的大规模轰炸行动。基尔港在圣诞节傍晚淡灰色的光线中显得很美丽。环绕港湾的群山一片雪白。

我们的汽艇最终停靠在一座巨大的干船坞旁边。一艘26 000吨级的战列舰“格奈森瑙号”*停放于此。主人们决定向我展示这艘军舰。他们很迅速地向我介绍，这艘军舰也在大修。我必须承认，在我能看到的船体一边没有任何孔洞。我们花了一小时参观这艘庞大的军舰。我对军舰上军官与士兵之间的同志情谊感到惊讶，而且我注意到陪同参观的“第一次世界大战式”的中尉也是如此。有四五名高级军官陪同参观，当我们走进舰员舱时，水兵们并未如我所预料猛然蹦起来并“咔”的一声敬礼。舰长一定注意到了我们的惊讶表情。

“这是我们海军的新作风。”他骄傲地说道。他还解释说，在这次战争中，所有德国军舰上士兵的食品种类和分量与军官完全相同。在上次大战中情况则不同。他引用了一些海军中流传的口头禅，以证明官兵伙食平等消除了不满情绪并有助于赢得战争。我记得，无疑他也记得，1918年革命就是在基尔由心怀不满的水兵发动的。

当我们乘汽艇返回岸边时，一轮辉煌的满月从覆满白雪的山后冉冉升起，在水面上洒下一片银辉，军舰的轮廓清晰可见。回旅馆后，我们讨论了播音计划，播音将在一艘潜艇补给舰上进行，一艘刚刚返航潜艇的艇员将在那里庆祝圣诞节。海军军官们同意晚9点与我碰头。我们将乘车前往那艘补给舰。播音定于10点15分开始。9点钟到了。一个军官也没有露面。9点15分。9点30分。我对那艘军舰停泊在哪

---

* 战列巡洋舰，排水量39 522吨。——译注

里毫无所知。即使我知道，我也怀疑出租司机能在灯火管制中找到地方。10点差5分，海军军官们终于露面。虽然我曾计划至少排练一次，但我们恰好在播音开始前才赶到舰上。沃尔夫·米特勒身材高大、脾气温和，帝国广播公司派他来协助播音。他赶忙组织围坐在船舱桌子旁的艇员们唱起圣诞歌曲。港口上空的月亮已经高高升起，月色是如此美丽，于是我决定在顶层甲板开始此次播音，以便先描绘一下周围的美景。不过领头的海军军官警告我，看在上帝的分上，千万不要告诉英国人，整个德国舰队都在这里。此时此刻，这当然是可以理解的。我将在月色照耀下在甲板上开始播音，然后再带着麦克风滑下一个舱口，来到下层舰员舱，播音的主要部分将在这里进行。开始时进行得非常顺利，在用完我的形容词后，我开始顺着舱口爬下，手里紧紧抓着便携式麦克风。唉，我到底不是水手。在我终于爬到舱底（不管水手们管它叫什么）时，我撕破了一只袖子，打碎了系在腰里的秒表面。但我当时并未注意到此事。我跌跌撞撞地闯进了舰员舱，转播了水兵们演唱的歌曲，描述了他们如何乘潜艇执行攻击任务后返航并在这里庆祝圣诞节，再让自告奋勇者用英语说几句话。节目进行得非常顺利。我扫了一眼秒表，想看时间还剩多少。秒表面已经碰碎。我向舰长打手势，示意要看手表，但他不明白我的意思。最后，我断然决定结束播音。后来，柏林方面告诉我们，实际只剩十秒钟。在一片匆忙中，我们都忘记了新闻审查员。我还即兴发挥穿插了一句话，即“莱比锡号”受重伤但并未被击沉。显然没有一位军官懂英语，因为他们都一声不吭。

为欢度圣诞节，这些强壮的小个子水手在布置他们的“黑洞”（那当然得算个黑洞）方面所表现出的聪明才智令我吃惊。在一个角落里放着一棵圣诞树，电子蜡烛将其照耀得辉煌灿烂。在舱室的另一边，水手们临时支起了一些奇异的圣诞节展品。其中一件是个微型溜冰场，周围是白雪覆盖的山区景点，一对对小人在上面做着有趣的花样滑冰动作。一套精巧的磁力装置，使花样滑冰者不停做着动作。另一件展品则显示了英格兰的海岸线，一套电动装置为人们表演非常逼真的海战场面。播音过后，我们围坐在长桌旁，军官和士兵们混坐在一起，令陪同我前来的中尉十分吃惊，人们又唱又聊。舰长端来了罗姆酒和茶水，然后又搬出成箱慕尼黑啤酒。因为没有杯子，只能直接用酒瓶喝啤酒，中尉和我都感到有点费劲。到午夜时分，所有人都喝得有些多愁善感。

"英国人，为什么要与我们打仗？"士兵们不断向我提出这个问题，但显然此时此地都不适于我说真话。然而，这些潜艇部队官兵的高昂士气令人印象深刻。另外，普鲁士等级纪律的彻底消失，也给人留下深刻印象。在我们的桌子周围，军官和士兵们似乎地位平等，而且都很喜欢这样。

我们踏着月光走回旅馆，又喝了会儿酒，3点才上床睡觉。

德国海军水兵在舰上过圣诞节，约1939年。

柏林，12月28日

我必须记下莱伊博士的圣诞节公告:“元首永远正确。服从元首。母亲是女人品德的最高体现。士兵是男人品德的最高体现。上帝不会用这场战争来惩罚我们，他只是给予我们机会，以证明我们是否配得上我们的自由。”

希姆莱突然决定，取消允许咖啡馆和酒吧在新年夜通宵营业的决定，而且警告公众在那天晚上不得过量饮酒。他是否害怕这块土地上的人民会到街上大吃大喝，喝醉（德国人很少喝醉）并表达他们对这场战争的真实感受？无论如何，所有酒吧和咖啡馆都必须在新年夜凌晨1点前打烊。

柏林，12月31日

来自各个方面的新年公告如潮水般汹涌而来，包括希特勒、戈林和希姆莱等人发布的公告。希特勒向人民指出1940年获胜的希望。他说道:“在国内保持团结，在经济上做好准备，在军事上武装到最高水平，我们已经进入德国历史上最具决定性的一年……1940年可能会带来决定性的胜利。无论如何，那将是我们的胜利。”然后，他开始长篇大套地为“他的”战争进行辩护。如果德国人民不是被宣传毒化到如此程度，被剥夺了从外界获得最起码事实真相的机会，他们肯定会感到好笑。他说，“资本主义民主国家中反动的犹太战争贩子”挑起了战争！我担心，无论是对这个人，还是对他的人民而言，言辞已经失去了意义。他说道:“德国人民不想要这场战争。”（真话）“直到最后一分钟我还试图保持与英国的和平。”（假话）“但是犹太人和反动的战争贩子正等着这个机会，以便执行其摧毁德国的计划。”（假话）

1939年12月31日，阿道夫·希特勒、埃娃·布劳恩和格尔达·鲍曼与鲍曼家和施佩尔家的孩子们一起在伯格霍夫过新年。

奇怪的是，德国人仍然试图用狂暴的威胁吓唬英国人，而他们此时应该明白这毫无用处。戈林在明天的《人民观察家报》上将做如下威胁："直到现在，德国飞机仍然只满足于严密监视英国的战争行动。但是，只要元首发话，它带过去的就不会是目前那些轻巧的摄像机，而是毁灭性的大批炸弹。世界上没有哪个国家像英伦三岛那样易于受空中攻击……当德国空军真要开始行动时，它将发动一次世界历史上从未见过的攻击行动。"

非常寒冷，而且煤炭短缺。办公室男仆说，今晚我们已经用完办公室里的煤，而且将无法再弄到更多的煤。

柏林，1940年1月1日

今年将带来什么呢？是希特勒昨晚所吹嘘的决定性结果吗？我还

没碰到哪一个德国人不是死心塌地相信这一点。当然，这种虚假的战争不会持续很长时间。希特勒必须不断取得新的胜利，否则其体系就有崩溃之虞。

昨晚，在选帝侯大街上看到的醉汉，比我以往在柏林全城看到的还多。希姆莱派出数以千计的警察散布在城里，以确保无人使用私车以及咖啡馆在凌晨1点时打烊。在西格里德·舒尔茨家度过1939年的最后时刻，随后在帝国广播公司与德国人消磨了一个小时，然后又与罗素·希尔一起去弗吉尼亚家。凌晨2点左右，我们在选帝侯大街跳进一辆出租汽车。一对德国夫妇及其大约12岁的女儿从另一侧车门也钻了进来，我们于是决定共享这辆车，因为实际上几乎没有出租车了。紧接着，一名士兵及其女友也钻了进来，紧挨司机坐下。我们没走多远，一名警察便拦住了车，并命令我们都出来，理由是除非公务在身，否则不能坐出租车。我承认，在新年夜凌晨2点我的确没有公务在身，但是我们带着一个孩子，而且她还得了病。最后，他同意让我们再次挤进车里。我们行驶了没有几个街区，那个士兵便开始大发脾气。我说不清是因为喝醉了，还是由于弹震症。不管怎么说，他叫嚷着要司机停车并让他出去。然后那个女友先是冲他尖叫，随后又冲司机尖叫，不知要干什么。那个司机，不知是由于喝醉了，还是因为我不了解的性格问题，却什么反应都没有。我们继续前进。然后，前座乘客的神经质开始传染后座乘客，我们五个人正在那里挤作一团。小女孩突然开始尖叫，不知是因为幽闭恐惧症，还是由于害怕那个尖叫的士兵，抑或两者兼而有之。罗素和我都有些拿不准。她也叫喊着企图出去。她的母亲加入了她的行列。然后就是她的父亲。最后，司机显然被骚乱惊醒，终于决定停车。走到马路边后，那个父亲和士兵开始激烈争吵，辩论到底是谁毁了谁的大年夜。罗素和我以及司机偷偷开车溜走，让他们在那里争论个水落石出。我们的结论是，战争使人神经错乱。

柏林，1月3日

今天，我听说苏联人答应今年向德国运送如下物资：100万吨饲料和谷物、50万吨油菜籽、50万吨大豆、90万吨石油、15万吨棉花（这比去年苏联出口总量还多）、价值300万金马克的皮革。

这在纸面上看上去不错，但我敢打赌苏联人只会交付一部分。

一份官方声明宣称，戈林将成为德国战时经济的绝对独裁者。在相当长时间里，他实际上已经承担着这项工作。新闻开始喋喋不休地谈论所谓“英国对斯堪的那维亚的侵略意图”。我们听说，希特勒已要求陆海空军迅速草拟计划，以阻止盟军通过斯堪的那维亚半岛，帮助芬兰抵抗苏联人。德国陆海军都非常亲芬兰，但也理解必须保护通向瑞典铁矿的航路。如果德国失去这些，它就注定要失败。

柏林，1月8日

今晚采访了恩斯特·乌德特将军。但他的上司戈林将广播稿大加删改，以至没有多大意思了。今天的大部分时间，我都用于教这位将军说英语，他说得实在不算好。乌德特是个讨人喜欢的家伙，过去我时常在多德大使家看到他，堪称是个特殊人物。他是职业飞行员，几年前还因手头紧在美国做巡回特技飞行，常穿着全套礼服和大礼帽做表演。现在，他负责德国军用飞机的设计和制造。虽然他从未有过任何商业经验，但在工作中已经证明自己在这方面是个天才。除了戈林和米尔希将军，他在圈子内部被认为对德国空军的发展做出了最大贡献。今晚，我不由自主地想到，像乌德特这样的人，在美国永远不可能被委以如此重任。他会被认为“缺乏商业经验”。另外，如果商人们知道他多少有些波希米亚式的生活方式，在是否信任他的问题上

恩斯特·乌德特，第一次世界大战中的王牌飞行员，其62架击落记录仅次于“红男爵”曼弗雷德·冯·里希特霍芬。他也是第二次世界大战爆发前重建德国空军的重要人物。

也会犹豫不决。然而，在这个疯狂的纳粹体系中，他却成就了一番惊人的事业。有趣的是，昨晚乌德特在他家举办了小型晚会，其中包括三位将军。他们将餐巾甩在肩膀后面，在奢华的酒吧里充当招待。席间，有非常漂亮的姑娘，还有一大堆胡闹行径。然而，正是这些人，使得德国空军成为世界各国同行中最可怕的杀人机器。

柏林，1月9日

哈里·C可能是我们驻莫斯科使馆中消息最灵通的人。今天，他陪妻子路过柏林，准备回美产子。哈里知道一些离奇古怪的故事。他认为，现在苏联人支持斯大林，只是为了保住工作，或至少是保住性命。他说，俄国人在进攻芬兰时把事情搞砸了。伤亡高达十万。列宁格勒及北方地区的医院里挤满了伤员。他们还算幸运的，因为有数以千计的轻伤员死于严寒。哈里说，莫斯科所有人，包括斯大林在内，都认为进攻开始一周后，红军就能打到赫尔辛基。他们是如此自信，甚至还计划于12月6日进攻比萨拉比亚，只是在最后时刻才取消了该计划。

今天是十四年来我在欧洲经历过的最冷的一天。数以万计的家庭和许多办公室没有煤烧。人们经受着真正的折磨。因为运输煤炭的河流和运河都已封冻，德国无法提供足够的煤炭供应。我听说，最近在一座波兰战俘营，有十八名波兰人被杀、三十人受伤。这里的党卫军解释说，那里发生了“暴动”。由于盖世太保在波兰的残暴行为，陆军向希特勒提出了抗议，但我估计无济于事。

必须注意到正在进行新的宣传战，以使德国人民相信，这不仅是针对“财阀们的”英法，而且是针对犹太人的圣战。今晚，莱伊博士声称：“我们知道这是一场针对世界犹太人的意识形态斗争。英国与犹太人结盟反对德国……英国在精神、政治和经济上都与犹太人站在一起……对我们而言，英国和犹太人是一丘之貉……”

柏林，1月11日

寒气逼人。在窗户外面，气温低到零下15度。一半人口都在家里、办公室或工厂里挨冻，因为没有煤。昨天，看见街上那些可怜的人们，用童车推着或肩膀扛着一袋煤回家。我奇怪，纳粹怎么会允许形势变得如此严重。所有人都牢骚满腹。没有什么会像持续挨冻这样消磨士气。

希特勒回到了柏林。我听说，昨晚在总理府，他和戈林严厉斥责工业巨头们的懈怠，这些人是紧急由莱茵兰地区召集来的。有人告诉我，这些大亨们坐在那里，脸色通红，一声都不敢吭。正是由于他们的钱，希特勒才得以掌权。近两天，希特勒还会见了军方将领。有消息称，春天将发动大规模攻势。据线人的说法，尽管受到纳粹党的压力，陆军仍然不愿对马其诺防线发动进攻。德国是否会如许多人想象的那样，尝试通过荷兰发动进攻？他们想要取得荷兰海岸的空军基地，以便作为对英作战出发地。这里还有关于入侵英国的疯狂说法；另外就是德国人将进入瑞典以确保其铁矿供应，借口是瑞典人图谋让盟军借道进入芬兰作战。

今天，从一个由布拉格返回的旅行者处得知，斯洛伐克和波希米亚的奶油、面粉等食品生产者，都将他们运往德国的商品标上“苏联制造”的字样。这么做是根据柏林的命令，以便向德国人民显示，已经有大量来自苏联的“援助”。

今天，威廉街一名官员告诉我，德国要求波兰境内所有犹太人服强迫劳役。他说，强迫劳役的时间“只有两年”。*一名德国教师告诉我这么一件事：每天早晨，教师跟学生们的见面语是：“上帝惩罚英国！”然后学生们就要回答：“一定。”

阿姆斯特丹，1月18日

爱德和我到这里待上几天，以讨论我们对欧洲的新闻报道范围，或者至少这是我们的借口。实际上，夜晚的灯光、精美的食物、气氛的改变都使我们极度兴奋，我们像一对突然由严厉的姑母家或教化院逃出来的孩子一样胡闹。昨晚，我们参加完盛大晚宴后返回，新雪就像狂欢节纸屑一样，从天空飘然而下。在纯粹的喜悦中，我们在明亮的街灯处停下，打了一场激烈的雪仗。我丢了眼镜和帽子，回旅馆时

---

* 德国官方颁布的法令内容如下：“所有年龄在14岁到60岁之间的犹太人，都需服强迫劳役。强迫劳役的期限是两年，但如被认为未达教育目的还可延长。被征召服强迫劳役的犹太人必须迅速报到，且须携带两天的伙食及卧具。犹太技术工人在报到时，必须携带其工具。违背该法令者，最多可判处十年徒刑。”

已筋疲力尽，但是感到很快乐。今早，我们与玛丽·马尔文·布雷京里奇一起在运河上滑冰。她抛弃了美国社会无聊沉闷的生活，充当我们驻荷兰的代表。荷兰人仍然过着舒适的生活。他们消费的食物，无论数量上还是质量上，都绝妙得令人难以置信，包括牡蛎、家禽、肉类、蔬菜、橙子、香蕉和咖啡，都是交战国人民根本见不着的东西。他们举行晚宴、舞会、去教堂、在运河上滑冰并照管自己的生意。同时他们也是盲目的，简直太盲目了！以至于看不到迫在眉睫的危险。爱德和我试图做一些“宣教”工作，但我担心并不成功。荷兰人与其他所有人一样，总是希望两全其美。他们希望和平舒适的生活，但是不想做出任何牺牲，也不想做出能确保其生活方式的艰难决定。他们说，女王顽固地拒绝与盟军举行参谋部会谈，甚至与比利时也不合作。而据我通过边境时的观察，德国人正在德荷边境囤积物资、集结军队。如果他们开始进军，荷兰根本来不及与盟军举行参谋部会谈。荷兰人说，即使他们只是与盟军偷偷研究联合防御，希特勒都会将其当作进军的借口。似乎当希特勒决定进军时，他还会寻找什么借口似的。

爱德有些不安，因为据说英国人正在把事情搞砸。英国国内有投机取巧的思潮，即认为盟军不用损失太多人，或不用进行激烈战斗，只要保持封锁和坐等德国崩溃，就可赢得战争胜利。今晚，我们从希尔维萨姆对美国做了联合播音。

阿姆斯特丹，1月20日

爱德今天前往巴黎，而我则于今晚返回柏林。我已经邀请马尔文下个月过来，负责“妇女问题”。今天下午，在卡尔顿饭店碰见了汤姆·R，一位美国商人。他终于将有关埃莉诺·K的事情告诉了我。他本人也牵涉其中。他交给她两封商业信件，要其转交德国境内某人，他说，自己并不知道这些信件十分危险，但显然情况正是如此。这些信件最终差点害死她。埃莉诺并未看信，只是塞进包里。在荷德边境的本特海姆，盖世太保发现了这些信。他们逮捕了她，因为没有合适的监狱，所以关押在当地旅馆。每天都会进行长时间审讯。盖世太保试图使她屈服，承认她不但知道信件内容，而且还自愿充当信使，为德国一些从事非法经济活动的可疑商业团体效劳。使事情变得更糟的是，其中一封信是致柏林一位犹太人的。一天晚上，埃莉诺在旅馆里陷入了极度抑郁的状态。盖世太保对她进行了一整天的审讯和威胁。她仿佛看到自己被判处长期监禁。她原本打算在几周内就返回美国。现在，她可能会在一座纳粹集中营或一间潮湿的牢房里度过漫长的岁月。她决定，绝对不能那样。她决定自杀。决心下定后，她冷静地做了准备。她搞到一根绳子，将一头拴在暖气片上，另一头拴在脖子上。她打开窗户，坐在窗台上，吞下烈性安眠药。她知道，自己很快就会失去知觉，从窗台上跌下，然后绳子就会解决余下的问题。为什么没能死，她永远也搞不清了，汤姆说道。可能是绳子从暖气片上滑脱。她所知道的，就是几天后人们在医院里告诉她，大街上的积雪减缓了下跌冲击力。她在那里躺了五个小时，直到凌晨时分有人被她冻得半僵的身体绊倒。她的骨头大部分骨折，但最终仍可能康复。最后，她被转移到柏林一所监狱医院。美国领事在极度秘密的情况下争取使她获释并悄悄把她送出这个国家。她现在已回美国，汤姆说。

柏林，1月22日

昨天，我对严寒的冬季和军队的需要如何使德国的运输（至少是铁路客运）瘫痪有了切身体会。在德国边境，我们得知通常开往柏林的特快已经停运。我同其他五十名旅客一起，在本特海姆车站躲避暴风雪，足足等了几个小时。最后，铁路官员调来一列当地列车，声称可以送我们前进二十五英里，而这里距柏林足有二百五十英里。这列客车没有供暖设备，而且不久就停了下来。我们聚集在风雪中，尽其所能地扛着行李。现在德国根本就没有搬运工。到天黑时，我们乘坐形形色色的当地列车，一共前进了大约七十五英里。在一个小站上，有消息说一列来自科隆的特快列车不久将抵达，并将捎带我们去柏林。但当这列特快抵达时，车上已经挤满了人，而月台上至少有五百人想上车。随后发生了一场混战。我用大学里玩橄榄球的战术技巧，抱着行李冲了上去，在三等车厢走廊觅得一小块栖身之地。而其他挤作一团的乘客们则大声喊叫着，咒骂着我。在随后八小时里，我就站在那一小块地方，没有暖气供应，直到抵达柏林。数百名脾气暴躁的乘客大半夜都站在车厢过道里，数以千计的旅客站在我们途经的车站月台上，根本就没有机会上车。自从战争爆发以来，我还从未听德国人发过如此多的牢骚。

柏林，1月24日

珀西瓦尔·W是一位退休美国商人，父母都是德国人，在这里度过了大半生。我想，他大概明白我一直试图搞清楚的一些事情。我以前从未见过他，但今天早晨他不期而至，到我房间闲谈了一会儿。我们讨论了德国人关于道德、荣誉和行为的概念。他说："对于德国人而言，一件事是否正义、道德和荣誉，要看它是否与德国人所认为的行为传统相符合，或者它是否有利于德意志精神或德国的利益。但是，德国人缺乏对于道德、荣誉和正义行为的抽象概念的理解。"他举了一个精彩的例子作为证明。一位德国朋友告诉他："芬兰人的做法太恐怖了，竟然与俄国人打仗？这绝对是错误的。"W先生对此表示异议，毕竟芬兰人只是做了所有体面的德国人在同样处境下也会做的事情而已。也就是说，抵抗肆无忌惮的侵略，维护自身的自由和独立。那位朋友反驳道："但俄国是德国的朋友。"

换句话说，对于一个德国人而言，保卫自己国家的自由和独立是正确的。对于一个芬兰人而言，这样做就是错误的，因为会破坏德国与俄国的关系。在德国人的头脑中完全缺乏抽象概念。

这大概可以解释，为何德国人对波兰人或捷克人的灾难缺乏同情。德国人对这些民族所干的一切（例如谋杀他们）都是正确的，因为这是德国人干的，而牺牲者按照德国人的观点都是劣等种族。他们必须认为，只要德国人高兴，无论干什么都是正义的。正如莱伊博士所说："正义就是元首所做的事情。"所有这些都证实了我多年前即得出的结论，那就是：德国人津津乐道的"荣誉"观念纯粹是胡说八道。

W先生告诉我，他是在1917年美国参战前不久来到德国的，而直到1916年至1917年冬季，普通平民还未经历任何生活困难。他说，目前的配给制和物资短缺，大致与德国在第一次世界大战第三年所经历的相同。他肯定，目前的状况不能持续太久，前线一片平静，除了艰苦生活外一无所有，特别是现在我们经受了一个多月的严寒折磨。"德国人必须取得的，"他在临走时说道，"是一连串的快速胜利。"

昨天，乔·哈什顺路到我这里来。他说，他的公寓里是如此寒冷，以至于当他试图打电讯稿时，不得不在厨房炉子上热一盆水，每隔五分钟便将手指浸进去，才能继续打字。今天，市长警告公众，绝对不能使用煤气炉给房间加热或烧水取暖。现在，即使你还有煤，热水也仅限于周六。因此我又开始蓄胡子。

柏林，1月25日，午夜

在哈贝尔餐馆独自用餐。要了一小瓶1923年的波尔多红酒，尽管侍者向我保证是真货，但其口感与年份并不相称。现在对于普通红酒而言，1934年就是最好的年份了。当我正要离开时，一个白头发老糊涂蛋在桌子旁边坐下。他要了份肉菜，但却没有配给卡，我把自己的卡给了他。我们开始聊天。

“谁将赢得战争？”他问道。

“我不知道。”我说道。

“什么？毫无疑问，当然是德国。”他笑道。他争辩说，1914年德国人的对手是整个世界，现在则只有大不列颠和法国，俄国人是友好的。

“两边的人都认为自己将获胜，”我说道，“在所有战争中都是如此。”

他那双老眼怜悯地看着我。“德国将会获胜，”他说道，“这是一定的。元首已经说了。”

当我们谈话时，我明白自己的话刺激了他。他变得具有侵略性，脾气也暴躁起来。他说，英国和法国挑起了战争。

“但是你们进攻了波兰，而有些人觉得正是那件事引起了战争。”我插话道。他惊讶地挺直了身子。

“请原谅。”他喘着气，然后花了十分钟时间，重复了希特勒告诉人们的关于战争起源的所有谎言。那么德国人确实是相信希特勒的，我想。“我们外交部发布的文件无疑已经证明，”他继续说道，“是英法挑起了战争，而且实际上已经策划了一年多。”

“对我而言，它们并未证明这一点。”我说道。

这使他倒吸了一口凉气。当他恢复过来后，又说道：“正如我说的，文件证明了这一点……”

我发觉，自己的刺激性语言已经吸引了屋里其他人的注意。邻桌两个长着斧子脸、戴着党员徽章的家伙似乎打算扮演英雄角色进行干预。我遂起身离席，并向那位老先生道了声晚安。

晚上6点，X小姐来访，以便取回国外亲戚托我捎的食品。她是我在这些年里遇到过的最聪明的德国女孩。我们聊了德国戏剧和电影，对此她颇为精通。对于德国的特点、历史和前途问题，她有些很有意思的观点。她说，德国人的问题在于，他们是天生的奴才。来自高高在上的统治者的权威和指示，就是德国人毕生之所求。

“一个德国人，”她说道，“会认为在某些情况下，即使死了也像个好德国人。他可能会在马路边等红灯，然后在绿灯亮时就开始过马路，即使他清楚地看见一辆卡车，虽然可能是违法的，正向他冲来并会撞死他。”

使她痛苦的是，德国将全部赌注都押在了一场可能会终结西方文明的战争上。德国不仅曾对这一文明做出一些贡献，而且还曾试图在德国文化基础上再造它。她认为，现政权根本不关心西方文明，只代表了始终潜藏在德国历史表面下的野蛮因素。对他们而言，生命只有在赞美战争、力量、征服、野蛮，以及粉碎一个弱小敌手时才有意义，特别是如果对手为斯拉夫人的话。她批评德国人完全缺乏政治判断力，对权威表现出奴性，并怯懦地拒绝独立思考和行动。

按照她的说法，非欧洲的、反西方文明的因素，目前在德国占了上风。她还认为，挽救德国的西欧属性的唯一途径，就是再次遭到失败，即使是第二次威斯特伐里亚和约。1648年签署的这个和约，将德国分裂为三百个独立国家。对此，我完全赞同。

柏林，1月27日

几条杂记。我今天得知，随着为前线部队准备的袖珍版《我的奋斗》的出版，希特勒写的这部“圣经”的总出版量，已经达到不可思议的5 950 000册……自上次大战后希腊和土耳其互换人口以来，最大规模的有组织移民在波兰进入尾声。来自俄占波兰东部的约135 000名德国人，以及来自波罗的海国家的约100 000名德国人，被安置在德国正式兼并的那部分波兰土地上。为给他们腾出地方，相同数目的波兰人被赶出自己的房屋和农庄，并被遣送到波兰被占领区……德国驻波兰大区区长弗兰克博士下令，当德国人提出“合理”价格后，那些拒绝出售商品或囤积物资的波兰人将被处以死刑。这将使德国人能够彻底掠夺波兰。如果一个波兰人拒绝，就将丢掉他的脑袋……波森的德国法庭已经判处八名波兰人死刑，其中包括三名妇女，罪名是虐待德国飞行员（可能是被击落后跳伞）。甚至德国人也承认，并无一名飞行员被杀。

一场虚假的战争。今天，来自前线的电讯都是关于德国机枪如何与法国喇叭进行战斗的报道！似乎在莱茵河前线，德国人认为法国人播放的一些录音构成了对元首的人身侮辱。

“法国人不能理解，”德意志通讯社以完全缺乏幽默感的口吻说道，正是这一点使德国人显得很滑稽，“对元首的攻击将立即遭到德国部队的反击。”于是，在奥登海姆和布雷萨赫，德军对法军广播喇叭开了火。陆军有人告诉我，实际上法国人只不过播放了希特勒以前攻击布尔什维主义和苏联人的演说而已。

柏林，1月28日

在这个安息日，很难相信一场战争正在进行。街道和公园里，覆盖着厚厚的白雪。今天下午，数以千计的人们在蒂尔加滕公园的池塘和潟湖里滑冰。数以百计的孩子们在玩平底雪橇。孩子们是否在想着战争？我无从知晓。下午在蒂尔加滕公园，他们似乎只想着自己的雪橇、溜冰鞋和冰雪。

柏林，1月30日

马尔文·布雷京里奇到这里来了。明天，我将去加米施做次短程旅游。这是希特勒的新闻主任和亲信迪特里希博士组织的，以便拉拢我们保持友好态度。我希望从那里再偷偷跑到瑞士山区，与苔斯和艾莲待上半个月。今晚在体育场，希特勒在纳粹党夺权七周年纪念日上出人意料地发表了演讲。我并不特别希望参加这次集会，于是马尔文前去进行报道。她对能够观察此人感到非常兴奋。

加米施-帕滕基兴，2月3日

在这里做播音显得有些愚蠢。正在举行冬季运动会，德国所有的卫星国都参加了。但我们对这些国家并无兴趣，我将每日播音内容局限于更严肃的关于这场可怕战争的主题。困难在于城里唯一的麦克风位于溜冰场。昨天，在下午2点的播音节目中，当我刚刚谈及战争中不幸的人们可能面临的前景时，有人就在播音室下面的冰球场上射门得分，场中顿时欢声雷动。在这种情况下，我发现自己很难将注意力集中在希特勒今后的行动上。今晚零点50分做播音时，冰球比赛已经结束，体育场上一片空旷，我在雪地里等了很长时间，才把守夜人叫醒。体育场上方的小播音室里非常冷，我被冻得牙齿“咔嗒嗒”直响，必须不断向手指哈热气才能保持灵活并给播音稿翻页。我估计，哥伦比亚广播公司的听众可能会纳闷这种杂音来自何方。

我为鲍勃·X感到遗憾，他是随同我们前来的年轻美国记者。他只是无法承受开战后与纳粹交往的压力而已，这也是可以理解的。到这里后，他显然是有些紧张，放纵自己喝了太多酒，表达了自己的真实想法。酒精有时会使人们口无遮拦，但不幸的是也为他引来了很大麻烦。我估计在返回柏林后，纳粹会要求他离开德国。今天，在晚餐室，两位著名的美国记者拒绝与他同桌吃饭。我觉得这实在没必要，他俩实际上对纳粹批判得最多。

今天，希特勒下令，今后婴儿也必须使用服装配给卡。当一个国家连尿布也短缺时，经济形势确实是够紧张的。

在慕尼黑—洛桑的列车上，2月4日

我必须记下三件事：

1. 在德国收听外国电台是严重的刑事犯罪。一天，一名德国飞行员的母亲接到德国空军通知，称其子失踪并被认定为死亡。几天后，BBC在每周公布一次德国战俘名单时，宣布她的独生子被俘。次日，她便收到来自朋友和相识者的八封信，说他们已经得知其子在英国被俘并很安全。随后，这个故事发生了很丑恶的转折。这位母亲向警察告发这八个人收听英国广播，他们全都被捕。当我打算在广播中讲述此事时，纳粹新闻审查员将它删掉了。理由是，美国听众可能会不理解这位妇女在告发八位友人时所表现出的英雄主义！

2. 一位潜艇军官的父母接到了关于其子死讯的正式通知。这艘潜艇过期仍未返航，德国海军已经放弃了希望，认为它已被击沉。这对父母在教堂安排了葬礼。在举行葬礼的当天早晨，肉铺老板造访并想跟一家之长私下说几句话；随后，杂货店老板也来了；最后，朋友们开始蜂拥而入。BBC公布了从一艘潜艇上抓到的战俘名单，他们都听到其中有那个儿子的名字。但如何取消葬礼又不让当局得知这个家庭的密友们收听敌台呢？如果这对父母不告发的话，他们本人就可能被捕。为此，举行了一次家庭会议，最后决定葬礼照常进行。仪式结束后，吊唁者们聚集在这对父母的房间里，不知情者才被告知事实真相，于是所有人都痛饮香槟以示祝贺。

3. 去年夏天，德国一家大电影公司投资几百万马克拍摄了一部电影，内容是关于德国“秃鹰军团”在西班牙的功绩。这是一部超级巨片，表现了德国人是如何在反共圣战中在西班牙抛洒鲜血的。希特勒、戈林、戈培尔和希姆莱都看了这部片子，并提出了表扬。随后，去年8月签署了苏德条约。这部片子现在已被封存，从未公映。

沃伦别墅，瑞士，2月20日

从窗户向外望去，越过河谷，便是中阿尔卑斯山脉犬牙交错的山峰。夕阳西下时分，这些白雪覆盖的山峰会呈现为壮丽的粉红色。因每年都得的流感，我在床上躺了十天。明天必须返回柏林。春天很快就会来到这里。作战、攻击、战争，似乎离这里都很远。黄昏时分，苔斯回来了，她在旅馆后面山坡上滑了四英里的雪，脸庞红扑扑的。艾莲回屋时脸庞更红润，她在雪地里玩了一整天。在病倒之前，晚上会吃一顿精美的、不受配给限制的晚餐，然后在酒吧里与头脑正常的人们聊天和跳舞。在第一天以及我走下病床的最后三天，在山下滑冰场与中国驻巴黎大使顾维钧一道滑冰。他的流感也才好，刚开始学习滑冰。顾大使看上去像30岁，实际上可能已经50多岁。他试图向我传授中国人久已知晓的长远观点，但我既无耐性也缺乏这方面的智慧。他经历了中国的战争。在他看来，这场战争不过是漫长故事中的一个章节而已，只不过是人们必经的一站和漫长艰苦道路上的一个停顿而已。他一边柔和地讲着，一边踩着溜冰鞋，跌跌撞撞地走着。

柏林，2月23日

我的生日。想想现在已经36岁，目前为止一事无成，而中年时光过得又是多么迅速。

昨天在瑞士边境的经历很不愉快：瑞士人拿走了我所有的生活用

品，巧克力、肥皂、罐头、咖啡和威南特送我的一瓶威士忌。我理解他们。瑞士人与外部世界隔绝，希望保留他们所有的物资，不愿让其落入德国人之手。但我很心疼。在德国人那边，盖世太保搜查了三分之二的旅客，包括所有妇女。不知什么原因，可能因为我是最后一个检查完护照的人而列车已经晚点，他们放过了我。

今天（周五）早晨抵达这里，发现伙食里没有肉。食品令人厌恶。因为倒春寒，没有鱼吃。甚至在阿德隆饭店，我也只能吃到土豆和罐头蔬菜。朋友们还说我算幸运的，因为过去几天甚至连土豆都没有，城里供应的土豆都被冻坏了。在瑞士待了几天后，再看德国的报纸，似乎都是疯话。但是，德国人仍然“吞下”了这些伙食和谎话。在这个可怕的冬季过后，他们的士气更加低落，但他们似乎仍是那么温顺听话。很难想象他们忍受能力的限度。

关于春季攻势，这里议论纷纷。但到底将在哪里发动呢？

柏林，2月25日

今天，X先生告诉我一个离奇的故事。他声称，正在计划把党卫军突击队员藏在货船底舱，将他们运往斯堪的纳维亚、比利时和非洲的港口，随后夺取那些地方。对此我实在难以置信。即使他们能够进入港口（这一点也很成问题），他们怎么能够守住呢？我怀疑这个故事是个诡计，纳粹希望我们广为宣传，以此作为神经战的一部分。我不会上他们的当。

柏林，2月27日

马尔文从侧面发掘出许多有关战时德国生活的有趣故事。她访问了九所纳粹新娘学校中的一所。党卫军成员的妻子或未婚妻，将在那里学会如何做好一个家庭主妇和为下场战争生产炮灰的好机器。*她们还将学会如何阅读纳粹报纸和收听纳粹电台。马尔文注意到，在女孩宿舍里只有两本书，分别是《北欧国家的信仰》和《男人》……因为缺乏肥皂，洗涤也不得不相应减少，马尔文发现德国职员都穿上了纸衣领。每个衣领只花8分钱，可以穿两天，然后就扔掉……马尔文说，许多公共场所由于缺煤都悄悄关闭了，包括柏林大学工学院、国家图书馆以及大多数学校。教堂也不许烧煤，直到接到进一步通知。她还告诉我，有一天她去拜访一位德国老太太，这位老夫人露面时穿着两件毛衣、一件毛皮大衣和套靴。她客厅里的温度低至摄氏七八度……虽然德国人每年移民美国的配额只有27 000人，但马尔文发现美国领事馆接到的出国申请名单却有248 000人之多。其中98%都是犹太人，这就是说有一半犹太人要离开德国。

柏林，3月1日

今天早晨，萨姆纳·威尔斯抵达这里。据说，他是作为罗斯福总统的特使来访，以便了解欧洲领导人各自的立场的。今天他将会见里宾特洛甫和国务秘书魏茨泽克，明天将会见希特勒。人们都在议论，纳粹将设法欺骗他，并提出一项听上去不错的和平设想。这很有可能，起码并非不可能。

进攻似乎迫在眉睫。运输部队的列车每天都经柏林向西开去。近些天许多人被征召入伍。所有的防空管理员都接到通知，3月15日之

* 在婚内或者婚外都可以。1939年10月28日，德国警察头子和党卫军领袖海因里希·希姆莱下令："超乎可能尚属必要的资产阶级的法律、风俗和观念的限制，拥有良好血统的德国妇女和姑娘们现在最大的任务是——并非出于轻佻无聊，而是出于发自内心的、真诚的道德感——**甚至在婚姻约束之外**，也应成为出征士兵的孩子们的母亲……对于按照国家命令仍然留在国内的男子和妇女们而言，在这时候生育更多的孩子是比平时更为神圣的义务。"（强调是我加的。）希姆莱承诺，党卫军将承担所有在前线战死的雅利安士兵的所有合法及私生子女的监护责任。

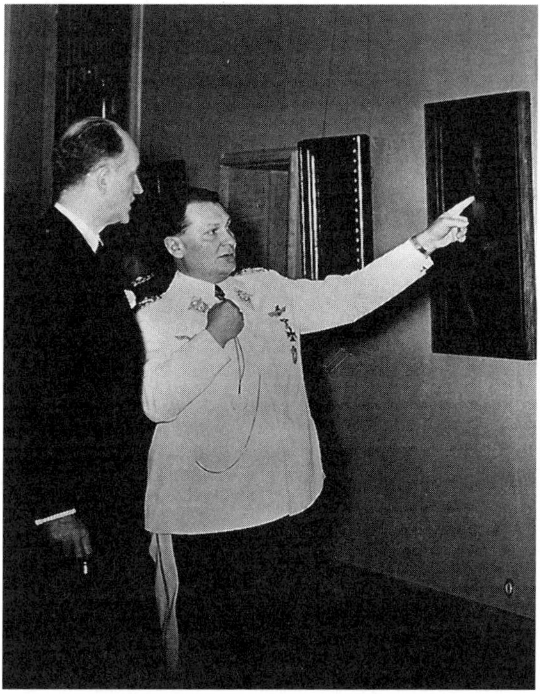

罗斯福特使萨姆纳·威尔斯会见赫尔曼·戈林。

后必须准备好执行任务。有人听说，在这里你永远无法明确知道，正在荷兰当面进行大规模的部队集结。根据我在低地地区看到的情况，荷兰对德国而言只是小菜一碟。荷兰的军队十分糟糕。著名的洪水防线的价值也十分可疑。瑞士则是个难啃的核桃，而且我怀疑德国人是否愿意试试。

午饭后，威尔斯在大使馆接见了我们。一个沉默寡言的家伙，他说自己无可奉告。从透露的只言片语中，我感到他对会见戈林很有兴趣。不知是否因为他觉得戈林可能会领导一个更为保守的政府？

柏林，3月3日

威尔斯于今晚离开，并且始终守口如瓶。然而，威廉街那些人却并非如此。他们向美国记者们提供了重要消息。他们说，希特勒向威尔斯清楚表明：

1. 不可能通过谈判立即实现和平。这场战争必须进行到底。德国有信心取胜。

2. 必须允许德国在它所确认的欧洲东部的生存空间自由行动。它将永远不会重建捷克斯洛伐克、波兰和奥地利。

3. 无论任何和平协议都必须包括一条，即打破英国对海洋的控制权，不仅包括裁减其海军兵力，而且要放弃直布罗陀、马耳他和新加坡等大型海军基地。

我怀疑这番高论会给威尔斯留下什么深刻印象，在我看来这倒颇有些调侃的味道。无论如何，德国并未像有些人所预料的，提出一项言辞动人但毫无意义的和平倡议。我的内线报告说，希特勒这些天信心十足，认为他可以迅速取得全面胜利。

德国人民天真地希望，威尔斯的访问可能会为实现和平铺平道路，这实在令人有些感动。今天，有几个德国人来到我这里，询问"威尔斯运气如何"。

柏林，3月4日

昨晚，根据要求，我就战时这里每天的播音实况做了一番报道。以前从未抽空考虑过此事。在这里做些摘录：纽约时间每天下午6点45分的广播，意味着我们这里是在次日凌晨1点差1刻进行播音。如果我能为汽车搞到汽油的话，开车去播音室只需十二分钟。如果我搞不到汽油，就必须沿着一片漆黑的威廉街走十分钟到地铁站。几乎每个晚上，我都会撞到路灯柱、消防水龙、突出的楼梯或一头栽倒在雪堆里。到了地铁站就安全了，到达帝国广播公司需要半小时。由于一半路程都是在地面上，地铁要在黑暗中行驶约一刻钟。我的口袋里塞满了各种通行证。如果我不能找到相关通行证，地铁到站后就必须在大厅里等候，并填写一张允许通行的表格。终于到达后，我在一间办公室里写播音稿。隔着两间办公室，可以听到“嗬嗬勋爵”正兴致勃勃地攻击他的打字员，或者用鼻音很重的嗓音叫喊着攻击“大财阀张伯伦”。在播音前半小时，我必须将稿子交到新闻审查员手中。随后，便是与他们进行半小时斗争。如果他们保留的内容还值得广播的话，一般而言都会如此，为及时赶到播音室和麦克风那里，我必须冲过广播大楼那曲折的走廊，跑下许多层楼梯，再来到一片漆黑的空地上。这里有着看不见的台阶，因为这片空地被修成了阶梯状。我必须十分小心，以免撞到途中几处棚屋或掉进雪堆里。在穿越这片空地的旅程中，我必须经过至少3名戴钢盔的党卫军卫兵，不过他们待在暗处我看不到。但是我知道，他们都端着锯短枪管的自动步枪，可以向任何不服从命令者开枪。他们必须检查我的通行证。我用冻僵的手指摸索着寻找通行证，如果能够幸运找到的话，我便可及时赶到播音室而且也不会累得气喘吁吁，当然也绝不会是满面春风。如果在新闻审查员或警卫那里耽搁了时间，我便不能及时赶到播音室，赶到后也会气喘吁吁，心情沉重而且脾气乖戾。我估计，听众们可能会奇怪我们在播音时经常会大喘气。

柏林，3月8日

外交圈子里盛传，在斯德哥尔摩正为结束苏芬战争举行秘密和谈。今天颁布的法令规定，所有拥有废金属的个人和公司应将其上交国家。由于缺铁，德国可能会在这场战争中落败。

柏林，3月10日

今天是德国的纪念日，是纪念在战争中牺牲者的日子。在前些年，德国人纪念的是在1914—1918年间被杀的两百万死者。现在，纳粹要求人民不要过多考虑第一次世界大战的死者，而应将其思念更多集中于这场战争中已死或将死的人身上。人类可以变得多么荒谬乖张啊！《地方启事报》在头版社论中称："这不是多愁善感的时刻。每时每刻都有人为德国而死。个人的命运现在无足轻重。当一个人倒下或负伤时，不要再问为什么。"

而这正是问题之所在。如果德国人问问为什么，他们的青年精英可能就不必总是在战场上遭受屠杀了。冯·伦德斯泰特将军，征服波兰的军事领袖之一，在《人民观察家报》上写道："1940年的纪念日：我们真诚思念死者，但是我们不要悲伤。"该报头版红色通栏大标题是："**越过坟墓前进！**"

今天，希特勒在军械库即战争博物馆大院里发表了讲话。在那里，在博物馆的展品——以往战争中欧洲人用以相互屠杀的铠甲和武

1940年3月10日，阿道夫·希特勒在阵亡战士纪念日上对伤兵发表讲话。

器——中间，他大模大样地发表了演说。他的声音充满仇恨，人们可能会期望在纪念日他会避免这一点。难道此人就没有其他感情了吗？他向人民承诺，当战争结束时，德国将会获得历史上最为辉煌的军事胜利。他只考虑武器。难道他不明白经济在这场战争中所扮演的角色吗？

里宾特洛甫前往罗马，以确定当德国开始进攻时，墨索里尼能够做些什么。同时，也是为了会见教宗，将就签署新宗教事务协定举行会谈。教宗公使恺撒·奥森尼戈先生悄悄抵达威廉街访问已有几周时间。德国人并未遵守上次签署的宗教事务协定，并且随意迫害教会人士。但他们可能会签署一项新协定。这意味着希特勒的威信在国内外都将得到提高。

所有与我交谈的德国人都担心，本月之内地狱之门就将打开。

柏林，3月11日

今天，与冯·舍尔将军进行了交谈，他是负责石油和汽车的一位奇才。他声称，自己拥有足供十年战争之用的石油。他说，他的工厂现在只生产20种型号的卡车。与此相对照，去年生产的型号多达120种。

自4月20日开始，所有10到18岁的德国孩子都必须参加希特勒青年团。征召年轻人入伍在1936年便已立法，但直到现在才正式生效。17至18岁的男孩将接受初级军事训练。

柏林，3月13日

昨晚在莫斯科，苏联和芬兰实现了和平。对芬兰而言，这是非常苦涩的和平。根据BBC报道，今天赫尔辛基下了半旗。然而，柏林却很高兴。原因有二：（1）苏联摆脱了战争负担，它现在可能会向帝国提供一些极端紧缺的原料；（2）这使德国摆脱了必须在漫长的北部前线作战的风险，届时它将不得不从海上进行补给，并可能分散现在集结于西线准备进行决定性打击的军队，而这随时可能开始。

我想，最终挪威和瑞典将会为拒绝盟军穿越其领土帮助芬兰而付出代价。可以肯定，这两个国家的处境并不妙。今天，外交部的冯·施图姆男爵以肯定的语气告诉我，希特勒已经通知奥斯陆和斯德哥尔摩，如果盟军在斯堪的纳维亚半岛建立立足点，德国将立刻入侵北方以切断其交通线。对于斯堪的纳维亚人而言，问题在于百年和平已使他们变得软弱不堪，成为不惜一切代价确保和平的人。而且，他们也缺乏展望未来的勇气，当下定决心站在某一边时，往往已经太迟，正如波兰人那样。瑞典外交大臣桑德勒似乎是唯一能对形势做出正确判断的人，但他已被迫辞职。

现在，芬兰处于苏联掌控之中。苏联人可以随时捏造借口占领这个国家，因为芬兰人必须放弃其筑垒防线，正如捷克人在慕尼黑会议后必须做的一样。在放弃防线之后，捷克仅生存了五个半月。难道我们已经进入了没有一个小国还能维护其安全的历史阶段？难道说这些小国都必须依靠独裁者的宽宏大量才能生存？美好的19世纪已经一去不复返，那时一个国家只要说自己希望如此，就可保持中立与和平。

随着芬兰实现和平，这里的话题再次转移到德国的攻势上。一位德国人X先生不断地对我说，那将是十分可怕的攻势，包括使用毒气、细菌等武器。尽管他应该知道得更多些，但与所有德国人相同，他仍然认为攻势将是如此可怕，肯定会使德国迅速获胜。他似乎从未想过，敌方也拥有毒气和细菌武器。

一项纪录：卡尔·勃兰特去年10月7日由纽约发出的一封信，于前天也就是3月11日才送到我手里。英国和德国的审查员都曾打开看过。

柏林，3月14日

昨晚在伦敦，一个叫穆罕默德·辛格·阿扎德的人开枪打死了迈克尔·奥德耶尔爵士。虽然甘地可能不会这样想，但我认识的大多数印度人都会感到，这是上天的报复。奥德耶尔一度担任旁遮普邦副总督，对1919年阿姆利则惨案负有一定责任。在那次事件中，戴尔将军冷酷地枪杀了一千五百名印度人。十一年后也就是1930年，当我去阿姆利则的时候，那里的人们仍然对此感到痛心疾首。戈培尔充分利用了这次暗杀事件。今晚，《晚报》的大字标题是 :“**一位印度斗士追求自由的事迹——反抗压迫者的枪声**。”这种话竟出自在波希米亚和波兰进行大规模谋杀的德国人之口。

几则消息：今天，又有两名德国人因“破坏人民利益”而丢了脑袋。另外，还有一人也被判处死刑，同样的指控……德国人吹嘘说，这里的物价并未上涨。今天，我在阿德隆饭店买一盘煮胡萝卜竟花了1美元……今天，戈林命令人民必须上交他们拥有的紫铜、青铜、黄铜、锡、铅和镍。如果缺乏这些物资，德国如何打一场长期战争呢？1938年，德国从国外进口了近100万吨紫铜、20万吨铅、18 000吨锡和4 000吨镍。

柏林，3月15日

去年3月14日的晚上，希特勒将哈查哄进了他的总理府。后者是慕尼黑会议和纳粹操纵的斯洛伐克“脱离”后，捷克斯洛伐克残余部分的总统。希特勒大肆进行威胁，一直进行到凌晨4点。他声称，将派德国空军摧毁布拉格及其百万人口。最终，希特勒迫使这位可怜的老人不得不“邀请”德国“保护”。奇怪的是，迄今为止似乎没有几个德国人知道那天晚上发生的事情。今天，希特勒又强迫哈查发来一份“祝贺”电报，赞扬他摧毁了捷克斯洛伐克，并祝愿他在战争中获胜。希特勒的玩世不恭固然令人叹为观止，但无数德国人竟然相信今天双方的电报往来完全出于真诚也确实令人吃惊。希特勒答称，哈查的电报令他“深为感动”，并说“德国丝毫无意威胁捷克的国家生存”。实际上他已摧毁这个国家！冯·牛赖特，一个将其灵魂（他们并无头脑）出卖给希特勒的典型德国贵族，向他发来奴性十足的电报，为希特勒的“历史性功绩”向他表示感谢，同时发誓“波希米亚和摩拉维亚将永远效忠元首”。在德国新闻界的一次采访中，牛赖特说捷克人对自己的命运感到满意，只是“少数知识分子和不安定分子除外，但他们已被镇压下去，手段之严厉将使人不致产生误解”。他指的是去年秋天对捷克人的大规模枪杀。

我的好朋友Z是在最高统帅部工作的海军上尉，他整整一周没穿军装露面。今天，他将原因告诉了我。“我没有多余的白衬衫。我有八周不能在洗衣店洗衣。我也没有肥皂，所以不能自己洗。我只剩深色衬衫，因此只能穿便衣。”对海军而言，这真是个不错的国家。

柏林，3月17日

在这个棕枝主日，德国政府显得非常兴奋。原因是一份战争公报声称，德国空军昨晚在斯卡帕湾摧毁了三艘英国战列舰。在我看来，更重要的是德国人首次承认，在空袭中德国飞机还轰炸了位于斯特罗姆内斯和柯克沃尔的英国空军基地。在这场半心半意的战争中，这是一方首次有意在对方**领土**投下炸弹。我想，这标志着这场战争在春季真正开始了。今天早晨，《法兰克福报》编辑基希尔试图回答一个长期困扰人们头脑的问题。为何德国人不以他们众所周知的空中优势对付同盟国？为什么他们要坐等同盟国在美国帮助下追赶上来？基希尔的答案是，同盟国并未赶上来，而德国的相对优势在过去七个月中变得更明显了。

春天终于要来了。在经历了记忆中最严酷的冬季后，千百万德国人正在“解冻”。尽管今天是周日，但不知什么原因，多数公寓没有热水供应。几位朋友到我房间里轮流洗澡。

柏林，3月18日

今天早晨，暴风雪持续刮了两个半小时。希特勒和墨索里尼在布伦纳山口举行了会晤。我们认为，希特勒希望在执行春季计划前得到领袖支持，无论计划内容是什么。今晚，威廉街声称，希特勒已说服墨索里尼，同意与德苏组成三国集团，以便在欧洲建立新秩序。可能是吧。

1940年3月18日，希特勒与墨索里尼在布伦纳山口举行会晤。

柏林，3月19日

约翰·查普曼来访。自从艾奥瓦州锡达拉皮兹市的高中毕业之后，我就再未见过他。他是《商业周刊》驻外记者，刚从巴尔干和意大利过来。他知道一些不错的内幕消息。他怀疑意大利将会参战。我也是。意大利**能够**被阻止。约翰说，他注意到法西斯运动的冲劲有所减弱。人们变得更为懈怠。领袖也不那么起劲地推动他们了。他年纪大了，身体发胖了，和年轻的金发情妇在一起消磨的时间太多了。在罗马时，有人告诉约翰，那位情妇刚刚为领袖生了个孩子。约翰说，他在马德里见到了贝当。老头子说："我估计德国人会试图突破马其诺防线。它可以被突破。当然要花点代价。但就让他们过来吧。我希望能够在那里指挥盟军作战。"

今天下午，我拜访了X国大使馆的X少校。他认为现在德国有三种选择：

1. 德国可以媾和。他认为希特勒希望和平。而且他也有实力提出一项听上去相当公平，并可被除英国以外各方所接受的和平倡议，这有利于巩固其大部分胜利果实。他认为，实现这样的和平，不亚于德国在战场上获得一次伟大的胜利。

2. 德国可以维持现状，使斯堪的纳维亚和意大利保持中立和经济合作，同时发展与东南欧特别是苏联的合作关系。这将需要时间，至少是三年，但是一旦发展成熟，就将使同盟国的封锁失去效力。少校指出，历史上没有哪个丧失制海权的国家能够获得一场大战的胜利。但他认为，如果德国能够保持其北部、南部和东南部的门户开放，并与苏联发展密切合作，这次它可能会做到这一点。他认为，与苏联的关系是希特勒的王牌，但同时又说这是德国总参谋部强迫希特勒这样做的。总参谋部直截了当告诉他，如果苏联加入同盟国，或甚至只是保持中立但敌视德国，与西方国家的战争都是不可想象的。

3. 德国在西线以武力解决问题。他认为这绝不可能。德国总参谋部，他说，对马其诺防线和法国军队都十分敬畏。他承认，在付出巨大代价后，马其诺防线可能被攻破，但这并不意味着赢得战争。

柏林，3月20日

昨晚，英国为了报复对斯卡帕湾的轰炸，对位于叙尔特岛的德国水上飞机基地进行了长达七小时的猛烈炮击。同往常一样，最高统帅部声称没有造成任何破坏。按照BBC的说法，英国人的战果十分辉煌。中午时分，政府提出要派飞机送我们去亲眼看一看，随后又取消了。我很老实地在播音稿里提到了邀请，但播音时又传来取消行程的决定，于是便在结束时宣布了这一消息。今晚，当我正在等候播音时，顺便打开收音机收听BBC。令我惊奇的是，英国播音员正在念我中午播音稿的全文。令我感到尴尬的是，帝国广播公司的官员就坐在我旁边。英国播音员对我的声音模仿得极为准确，特别是结尾处关于取消叙尔特之行的声明。他肯定是根据BBC的录音学的，今后我可能还会听到更多此类广播。

根据戈培尔的命令，所有柏林报纸都以大字标题，报道了对叙尔特岛德国基地的进攻：“**英国炮击丹麦！**”好像有两发炮弹确实落在丹麦领土上。但这是典型的歪曲事实。

今天，《正午报》头版头条是关于昨晚张伯伦下院演说的报道：“**下院谎言的节日——海盗们承认了他们对中立国犯下的罪行！**”

柏林，3月21日

今天，他们终于送美国记者去参观叙尔特岛，但没邀请我。今晚，美国记者给柏林打电话称，在重要的赫尔努姆水上飞机基地，的确没有看见多少破坏的痕迹。不过也只允许他们参观了这一处地方。我在今晚播音中指出了这一事实。纳粹新闻机构接到命令，将于明早就美国记者的报道大做一番文章。

今天，在波森又有三名波兰人因被指控在战争中杀死一名德国人而被判处死刑。我听说，十六名波兰妇女正在柏林监狱中等待处决，她们全被判处死刑。

柏林，3月22日

我劝全国广播公司的埃尔文也在播音中指出，美国记者并未参观全部叙尔特岛。今天下午，最高统帅部因我提及此事而非常生气。

今天是耶稣受难日。马路两边挤满了人。他们的脸上并未流露出复活节应有的喜悦之情。前几天在糖果店前排起了长长的队伍。德国人真是太有耐性了，为了得到一点节日配给糖果，能在雨中站上几个小时！上周鸡蛋的配给额由一个增加到两个，这周又减少到一个鸡蛋。

补记——电台职员打来电话。明天，他们将送埃尔文和我乘飞机去叙尔特岛，参观该岛北部地区。*

柏林，3月23日

昨晚午夜时分，帝国广播公司打电话通知我们，叙尔特岛之行最终还是不能安排。难道德国空军不想让埃尔文和我知道英国人在该岛

* 前一天参观的赫尔努姆基地位于叙尔特岛南端。——译注

北部所干的事吗？

今天中午，电台出了大事。最高统帅部的一名军官指责埃尔文和我在背后对新闻界同行捣鬼。他说，在我们昨天播音后，没一家美国报纸愿意刊登驻柏林记者撰写的关于叙尔特岛的稿件。然而，德国人当然刊登了美国记者们的文章。这便产生了绝妙的宣传效果。

今天宣布，将拆下所有教堂的铜钟，以便用来制造武器。下周将在全国范围内开展运动，搜集锡、镍、紫铜和青铜等稀有金属。今天，陆军命令所有因战时禁令而停用汽车（约占总数90%）的车主上交汽车电瓶。

明天是复活节。政府通知民众，他们必须待在家里，不能像以前那样外出旅游，因为没有多余的列车。明天还禁止私车上街。待在家里也很愉快。去年这时候我正出门在外，开车由华沙去巴黎，途中风驰电掣般驶过柏林。当时，欧洲正因墨索里尼入侵阿尔巴尼亚而战战兢兢，有谣言称希特勒也将染指波兰。这似乎已经是很遥远的事了。

柏林，3月24日

今天复活节，天色灰暗，十分阴冷，不过雨倒是停了。我取消了与几个德国朋友共进午餐和喝茶的约会。今天不愿见任何德国人，尽管他们并非希特勒的支持者。只希望独自一人待着。中午时分方才起床，收听来自维也纳的广播。爱乐交响乐团演奏了海顿的一首不错的小曲。

下午散了会儿步。菩提树下大街熙熙攘攘。就个人而言，德国人肯定是欧洲最难看的民族。整个菩提树下大街就没有一个相貌端正的女人。蹩脚的服装可能也加深了外人的不良印象。大街上军人相对较少。难道是限制军人外出？这是什么意思？是否意味着很快就要进攻？

我惊奇地注意到，菩提树下大街尽头的皇宫已破旧不堪。宫殿墙皮很多都已剥落。一派荒芜景象。阳台石栏杆看上去都快碎了，1914年威廉二世正是在那里，对着脚下谵狂的人群，发表了著名的开战演说。不过，当这次战争开始时，群众并没有在希特勒的阳台下表现出疯狂的热情。

在这个复活节，我试图从人们的脸上看出其所思所想。但他们的脸上皆是一片茫然。显然，他们不喜欢战争，但仍愿意服从他人的命令，哪怕是走向死亡。

柏林，3月25日

帝国广播公司今天宣布："复活节，在上莱茵河前线的一些地方，法国一方爆发了示威活动，反对这场英国的战争。这清楚地表明，法军认为由于英国暗中操纵，才使德法两国成为敌人，这真是太愚蠢了。"

柏林，3月28日

除非德国能够确保瑞典铁矿石的供应，否则便不能长期作战。铁矿石大部分在挪威港口纳尔维克装上德国运输船，为突破封锁要沿着挪威海岸航行，并保持在三海里领海内，就不会遭到英国海军攻击。我们中有些人感到很奇怪，丘吉尔为何不就此采取措施。从现在开始，可以看出他是否会采取行动。威廉街人士说，他们将拭目以待。对德国而言，这是生死攸关的问题。X先生向我保证，如果英国驱逐舰进入挪威领海，德国人必将采取措施。但如何行动还不清楚。德国海军绝非英国人的对手。

我并不希望给自己找麻烦，但根据这周打听到的消息，今晚还是在播音稿里写道："这里有些人相信，战争可能会蔓延到斯堪的纳维亚。

今天柏林有报道称，上周有一个中队至少九艘英国驱逐舰集结在挪威沿海，而且运输铁矿石的德国货船已遭到几次警告性炮击……从这里来看，似乎中立国，特别是斯堪的纳维亚诸国，最终可能会被卷入冲突。”

我经常会写上这么一段话，以试探军方新闻审查员的反应。他没有表示反对，这本身便意味深长。

柏林，3月30日

昨晚，纳粹分子发动了进攻，抛出他们认为在美国会引起爆炸性轰动的材料。今天，它看上去倒更像个飞去来器。笨拙的德国外交官经常会犯类似错误。

外交部发表了新白皮书，包括据说是德国人在波兰外交部发现的十六份文件。里宾特洛甫说，这些都是多位波兰特使的秘密报告。最重要的是来自波兰驻伦敦、巴黎和华盛顿大使的报告。这份白皮书“涉及”美国大使如肯尼迪、布利特和比德尔等人，其观点则是这些外交官在罗斯福支持下，策划阴谋并将这场战争强加于德国身上！

虽然听上去确实有些令人难以置信，即使德国人也不应如此愚蠢。但外交部的朋友告诉我，里宾特洛甫的确认为这些“揭密”将动摇罗斯福的地位，以至于在下次大选中肯定会遭到失败，或在提名时便遭到失败并根本不能参选。里宾特洛甫听说，美国民众强烈希望置身于战争之外。于是，他认为这些“文件”将使美国人民相信，罗斯福及其任命的大使不仅参与了挑起战争，而且正竭尽全力促使美国参战，从而使美国孤立主义者的实力大大增强。令人高兴的是，美国的第一反应还不错，纽约报界指出文件可能是伪造的。它们可能并非全是伪造，只是经过了一番篡改。

补记——在晚报上，看到一条极为可笑的假话。该报告诉德国人民，波兰“文件”的公布就像炸弹一样在美国引起轰动。意思是指罗斯福遭到了致命一击。国务卿赫尔已正式否认这些“文件”的指控。德意志通讯社对此进行了歪曲报道，声称：“**赫尔否定了美国大使们的做法**！”真是拙劣的谎话！

唯一的问题在于，哈姆·菲什和拉什·霍尔特参议员等人，可能会利用纳粹宣传作为攻击罗斯福的工具。德意志通讯社电讯中坦率地说道，参议员霍尔特“同意德国白皮书的观点”。

柏林，4月2日

今晚，我在播音中说道：“德国现在正静静地观察，为切断将瑞典铁矿石沿挪威沿海运往帝国的运输线，同盟国打算采取什么行动。这里普遍认为，英国必将进入斯堪的纳维亚国家领海，以便切断这条运输线。同时还认为，德国将不可避免地对此做出反应……德国每年进口一千万吨瑞典铁矿石。德国不可能眼看着铁矿石运输线被切断而一弹不发。”

但是如何战斗呢？S先生悄悄告诉我，纳粹部队正在波罗的海港口集结。但是德国人怎么对付英国海军呢？

柏林，4月7日

今天，《人民观察家报》称：“德国已经做好准备。八千万双眼睛仰望着元首……”

柏林，4月8日

英国宣布，他们已在挪威领海布雷，以阻止德国铁矿石运输船由纳尔维克南下。威廉街表示:“德国知道应该如何行动。”到底如何行动呢？今晚流传着两个谣言，但我们无法证实。一个说法是，德国舰队已经驶入卡特加特海峡，即丹麦以北、瑞典以西和挪威以南海域，正向斯卡格拉克海峡前进。另一个说法是，一支德国远征军正在波罗的海港口集结，匆匆征集了数十艘客轮，以便将部队运往斯堪的纳维亚。

柏林，4月9日

在这个春日里，希特勒又占领了两个国家。拂晓，纳粹军队入侵了丹麦和挪威这两个中立国。一份官方公报真诚地宣布，这样做的目的是为了“保护它们的自由和独立”。经过短暂的十二小时后，一切似乎都已结束。丹麦已被彻底占领，仅仅一年前希特勒刚刚签署了一份为期十年的互不侵犯条约。挪威所有的重要军事要点，包括首都在内，都落入纳粹手中。这些消息令人震惊。哥本哈根今天早晨被占

1940年4月9日清晨，几名丹麦士兵在日德兰半岛南部的布雷德瓦德附近拍下的照片。当天晚些时候，其中的两名死于德军入侵。

领，奥斯陆今天下午被占领，克里斯蒂安桑今晚被占领。挪威所有的重要港口包括纳尔维克、特隆海姆、卑尔根、斯塔文格都已被占领。纳粹如何在英国海军的尖牙利齿下到达那里完全是个谜。显然这一行动早已做好准备，计划的时间更早，而且肯定是在前天英国在挪威沿海布雷前便已开始执行。由德国基地前往纳尔维克至少需要三天。

今天上午10点20分，我们被紧急召到外交部，参加将于10点半举行的特别新闻发布会。我们等了足有半个小时。上午11点，里宾特洛甫高视阔步地走进来，身穿浮华的淡灰色外交部制服，看上去似乎整个地球都已归他所有。他的新闻处长施密特公布了新闻，宣读了今早致挪威和丹麦政府的备忘录内容。德国要求它们接受“保护”，并警告“所有抵抗都将被德国武装力量以所有可能手段予以粉碎，因此只能招致完全不必要的流血”。

“因此，帝国政府，”施密特（一个肥胖粗笨的年轻人）继续唠唠叨叨地念着，“期待挪威政府和人民，能够完全理解德国的做法，不再以任何方式抵抗……本着长期存在的德挪友好关系的精神，帝国政府向挪威王家政府宣布，无论是现在还是未来，德国都无意损害挪威王国的领土完整和政治独立。”

里宾特洛甫像条毒蛇似的弹了起来，说道:“先生们，昨天同盟国对挪威领海的入侵，是对一个中立国权利明目张胆的侵犯。这可以与1807年英国炮击哥本哈根相提并论。然而，”他得意扬扬地咧嘴笑着，牙齿全都露了出来，“这都在德国意料之中……英国企图在斯堪的纳维亚建立基地，以便从侧翼攻击德国。先生们，我们拥有无可辩驳的证据。计划包括占领整个斯堪的纳维亚，包括丹麦、挪威和瑞典。德国政府有证据表明，英法总参谋部军官已经到达斯堪的纳维亚，正在为同盟国军队登陆行动做准备工作。”

“全世界现在都可以看到，”他继续说道（不知何故令人觉得像只蠕虫），“同盟国在试图开辟一个新战区时所表现出的玩世不恭和野蛮粗暴。一项新的国际法现在已经公布，即当交战国一方采取非法行动时，另一方也有权采取非法行动作为回应。元首已经做出回答……德国已经占领了丹麦和挪威领土，以便保护这些国家不受同盟国侵略，并使它们享有真正的中立权直到战争结束。这样，值得我们尊敬的一部分欧洲，也就免于遭到几乎肯定降临的毁灭。”

这个小人儿（曾是成功的香槟酒推销员并娶了老板女儿，以最卑鄙的方式取得了希特勒的青睐，并通过将主人送进集中营的手法窃取了萨尔茨堡附近一座城堡）结束了讲话。他环顾四周，试图跟大家笑笑，但却毫无意义且索然乏味。

“先生们，”他喊道，“我再次感谢你们，并祝你们早安。”在身穿制服的随从护卫下，他昂首阔步走了出去。

我感到震惊。我不应该如此。在希特勒统治的土地上已经待了这么多年，但我还是惊呆了。我走到威廉街上，然后又穿过蒂尔加滕公园，以便冷静下来。中午，我驱车去广播公司做例行播音。我注意到，街上的人们对这一新闻的反应十分平静。甚至很少有人去买报童们开始叫卖的号外。从帝国广播公司的数十个房间里，扩音器传来戈培尔那令人不愉快的嗓子发出的狂吼乱叫。他正以惯常的激烈风格朗读各种备忘录、声明和新闻公告（全是谎言）。我首次发现来了一大群新闻审查员。他们警告我要“小心”。我扫了一眼最新的德国电讯。最高统帅部的特别公告称，哥本哈根已于早8点被彻底占领。公告称，德国军队晚上乘船由波罗的海港口出发，于拂晓时分在哥本哈根登陆，首先占领了城堡和电台。*很清楚丹麦人没有进行任何抵抗。看上去挪威人似乎进行了抵抗，不过德国人很自信地认为，入夜后他们就会停止抵抗。我给几位朋友打了电话。今早，丹麦大使向威廉街提出了抗议，但很快便表示丹麦处于无法与德国作战的地位。我记

* 这是个谎言，正如不久之后在举行入城式时所表明的。

得，挪威大使因亲纳粹而在柏林臭名昭著。他也向德国政府提出了抗议，并表示挪威将进行战斗。我写了简短、悲哀的新闻稿，并进行了播音。

补记——显然在挪威方面出了问题。挪威人并非“可能”在战斗，而是“确实”在战斗，至少是在一两个地方。有报道称，德国海军损失很大，但是军方保持沉默。今天拂晓，所有丹麦和挪威记者都被从床上揪了起来，并被关进了恺撒霍夫旅馆。这时他们才知道，自己的祖国已经遭到德国的保护。

今晚，纳粹报纸上有一些绝妙的报道：《攻击报》：“年轻的德国陆军为军旗增添了新的荣誉……这是历史上最为辉煌的伟绩之一。”这当然是个伟绩。《证券报》：“英国冷血地踏过小国人民的尸体。德国保护弱小国家不受英国强盗的侵害……挪威应该理解德国行动的正义性，这样做是为了确保挪威人民的自由。”

明天，《人民观察家报》（希特勒的骄傲和印钞机）将以大红通栏标题宣称：**“德国拯救了斯堪的纳维亚！”**惊叹号并非是我所加。

在凌晨2点再次播音，现在准备去睡觉，胃里因没吃饭而感到恶心。

柏林，4月10日

从我今天打听到的消息来看，显然希特勒和最高统帅部原本期望挪威不战而降。现在，情况却并非如此，昨天的信心十足已经烟消云散。今天，在官方授意下写的一篇文章警告民众，“昨天仅仅是一次大胆冒险行动的开端而已，预计同盟国方面可能会发动反击”。实际上，我从陆军和海军圈内人士处得到的印象是，如果英国以得到强大登陆兵力支持的海军介入的话，德国人面临的战斗规模要比预期的更大。德国的弱点是缺乏强大海军。在挪威西岸港口的驻军只能通过海上补给。另外，斯塔文格以北也没有合适的机场。

最高统帅部简短介绍了今天德英驱逐舰在纳尔维克的战斗，又提到了一件令我们感到困惑不解的事情。德国人说，4月8日即德军夺取挪威港口前一天，“一艘英国驱逐舰在另一次战斗中被击沉”。我们几个预感到，如果能够搞清“另一次战斗”的情况，可能就会搞清德国海军是如何迅速将战舰和登陆舰送到挪威港口并避免英国海军截击的。*此事的确令人费解。

1940年4月8日，英国驱逐舰“萤火虫号”在挪威海岸撞上德国巡洋舰“海军上将希佩尔号”后沉没。

---

* 后来，我们得知这艘驱逐舰是“萤火虫号”。4月9日前，英国海军只有这一艘军舰与数十艘偷偷驶近挪威海岸的德国军舰及运输船遭遇。4月8日，它在挪威海岸附近撞上了德国万吨级巡洋舰“海军上将希佩尔号”，还没来得及逃离便被轰成碎片。如果4月8日英国能有一支小型舰队，比如后来驶入纳尔维克的那支舰队，处于对挪威沿海的打击范围之内，希特勒的冒险行动就会失败。人们只能认为，英国海军在“打盹时”，被德国人打了个措手不及。

柏林，4月11日

伦敦报道称，盟军已经夺取卑尔根和特隆海姆。德国最高统帅部直截了当地予以否认。它还断然否认伦敦关于在斯卡格拉克海峡发生大规模海战的报道。那里恰好也是日德兰大海战发生的地方。目前德方承认，海军所受损失包括在奥斯陆峡湾被击沉的10 000吨级“布吕歇尔号”巡洋舰、在克里斯蒂安桑被击沉的6 000吨级“卡尔斯鲁厄号”巡洋舰，都是在9日晨被挪威海岸炮台击沉的。

听说希特勒已经警告瑞典，在当前这个时刻如果不保持中立，就将面临极为可怕的后果。据我所知，瑞典人吓坏了，不会去帮助他们的挪威兄弟，而且今后也将任人摆布。这些小国是多么奇怪啊，宁愿被希特勒一个接一个吞掉。

今天，外交部发言人声称，挪威议会议长汉布罗先生是个“不干净的家伙和犹太人”。挪威的纳粹头子原来是前国防部长，一个叫维德孔·吉斯林的人，而且他似乎拥有一支强大的“第五纵队”。威廉街一名官员告诉我，吉斯林将担任挪威总理。《证券报》抱怨哈康国王“态度不明智……透过他僵硬的态度，可以看出参谋人员很糟糕，并非国民利益的真正保护者”。

今晚，BBC引用了丘吉尔今天在下院的讲话:“希特勒犯了一个严重的战略错误。”现在，英国海军可以占领挪威沿海，并击沉斯卡格拉克海峡和卡特加特海峡中的所有德国舰艇。上帝呀，我希望他是对的。

柏林，4月14日

我终于搞清了德国是如何在缺乏强大海军的情况下，在英国海军鼻子底下占领了一千英里海岸线上的所有主要挪威港口。携带火炮和补给的德军由运输船送往目的地，表面是前往纳尔维克运送瑞典铁矿石。这些运输船就如同战争开始时那样，在挪威三海里领海范围内航行，从而得以逃脱英国海军的监视。具有讽刺意味的是！它们竟然是在挪威军舰护送下抵达目的地的，后者得到命令要保护德国船免受英国海军的侵害！

但这并不能解释英国人为何会放走组成德国船队另一半的军舰，包括七艘驱逐舰、一艘重巡洋舰和一艘战列舰，使它们能在不被察觉的情况下沿挪威海岸航行。

德国海军圈子内部承认，昨天在纳尔维克，七艘德国驱逐舰被一支强大的英国舰队全部歼灭。但是，德国人说他们守住了这座城。然而，明天报纸上将会说："**大不列颠进攻纳尔维克被击退**。"今晚，当我让一位海军上尉看报纸清样时，他不由得脸红了，还骂了戈培尔几句。

听说冯·法尔肯霍斯特将军在奥斯陆张贴了如下公告："挪威政府已经拒绝了几项合作提议。挪威人民现在必须决定他们祖国的未来。如果挪威人遵守本公告，正如丹麦人做的那样，挪威将免于战争的恐怖。然而，如果进行任何抵抗，拒绝去握德国人伸出的善意之手，那么德国最高统帅部将不得不使用最严厉的手段以粉碎这种抵抗。"

希特勒在欧洲播下仇恨的种子，总有一天不仅会毁灭他自己，而且也会毁灭他的国家。

柏林，4月17日

今天，希特勒向丹麦王室表示祝贺，因为王太子妃生了个女儿。

德国报界和电台今天将火力对准了荷兰。由外交部授意的一篇报道称："与德国形成鲜明对比的是，同盟国并不希望阻止这些小国被拖进战争！"

柏林，4月18日

乔·哈什由哥本哈根返回，带回一个不错的故事。他报道称，4月8日夜，丹麦国王被当天的新闻搞得有些心神不安，遂召见德国公使并要求他做出保证。公使向国王发誓说，希特勒无意进军丹麦，那些愚蠢的谣言只是“盟国的谎言”而已。实际上就在那一刻，这位德国公使知道，有几艘德国运煤船正停泊在哥本哈根港，这些船是两天前抵达的。在舱盖下，正如他也知道的，是德军部队。

拂晓时分，舱盖被打开，德国士兵跳了出来。王宫离码头很近。纳粹军队沿着街道走向宫殿。骑车上班的丹麦人被惊呆了，几乎不敢相信自己的眼睛。许多人后来说他们还以为是拍电影。然而，当德军接近宫殿时，国王卫队开了枪。德军进行了回击。乔说，当国王听到枪声后，便派副官出去告诉卫队，看在仁慈的分上停止射击。这位副官疯狂挥舞着白手绢，冲出王宫下达了停火命令。正是由于这一合作，德军才得以包围宫殿。同时，德军命令骑车上班的丹麦人避开宫殿，走旁边一条马路。但有人没有及时领会其意思，德军开枪打死十几名丹麦人。X先生，一名美国商人，当时恰好在哥本哈根，认为德国人故意压低了海军损失。例如，他说，在离哥本哈根约六十英里处，曾看到一艘沉没的袖珍战列舰的桅杆。

今天，德国海军要求民众表现出更多的耐心和纪律性，不要再围着海军部打听亲属的消息。它承诺，战死者的亲属将会及时得到通知。同时，我还得知，盖世太保禁止战死者亲属在报上刊登阵亡启事。只有两三名海军高级将领的家庭获准刊登其亲属的阵亡启事。

今天，“布吕歇尔号”重巡洋舰上幸存的陆海军伤员抵达柏林，脸上和脖子上都带着可怕的烧伤。似乎当这艘巡洋舰沉没时，水面上泄漏的大量油料起火燃烧了。许多游泳逃生者都被烧死。我估计，死者半是死于水淹，半是死于火烧。真是个不错的组合。

新闻界只字不提这些事情。德国人民只能得到关于这场战争的愉快的、胜利的消息。我怀疑，以他们目前的精神状态，还能否承受得住更多坏消息。

值得注意的是，丹麦已为德国占领所毁灭。丹麦拥有三百万头牛、三百万头猪和两千五百万只蛋鸡，主要依靠来自南北美和“满洲国”的饲料。那些供应源现已被切断。丹麦必须屠宰大部分牲畜，但这是它赖以生存的主要经济来源之一。

柏林，4月19日

今天，一份官方公告称：“鉴于挪威国王和挪威前政府的敌对态度，挪威公使以及挪威公使馆全体人员被要求于今天离开德国领土。”他们已经离开了。

明天是希特勒的51岁生日，要求民众悬挂旗帜以示庆祝。今晚，戈培尔博士在广播讲话中声称：“德国人民在元首身上发现了他们的强大化身，以及他们民族目标的最伟大阐释者。”今晚，当我经过总理府时，注意到约有七十五人等候在外面，希望能看上元首一眼。前几年，在他的生日前夕往往会聚集上万人。

柏林，4月21日

今天，最高统帅部揭开了盟军在挪威登陆**地点**之谜。他们是在纳姆索斯和翁达尔斯内斯登陆的，这是特隆海姆铁路线的南北两端。特隆海姆则是位于挪威中部海岸的重要港口，现在被德军占领。最高统帅部的一个朋友告诉我，挪威战役现在完全取决于特隆海姆战斗的结果。如果盟军占领了它，他们便保住了整个挪威，或至少是北部地区。如果德国人由奥斯陆出发，沿着两条铁路线首先推进至这两个地方，那么英国人就必须撤退。今天，德军占领了利勒哈默尔，位于奥斯陆以北约八十英里。但是，他们仍需向前推进约一百五十英里。我估计，德国人最害怕的是，英海军将会在德军由奥斯陆赶到前进入特隆海姆峡湾，将城中德国守军一扫而光。如果能够做到这一点，德国的赌博就算失败了。

今晚，在搞清楚这点之后，我感到比开战后任何时候都好受多了。

柏林，4月22日

向北朝特隆海姆推进的德军，遇到的抵抗日益增强。今晚，德国最高统帅部首次声称，在该地区遇到了顽强抵抗。但是，德国空军猛

1940年4月，德国三辆“新型三号”坦克原型车开赴挪威前线，其中两辆由于机械问题无法继续前进，4月22日，剩余的一辆被英军击毁。

烈轰炸了纳姆索斯、翁达尔斯内斯和杜姆奥斯的英军基地。戈林的得力助手米尔希将军已被派往挪威指挥空军。现在，空军已成为德国在那里的最大希望。

柏林，4月23日

约瑟夫·特博文，年轻而强硬的科隆大区区长（那里的弗里茨·蒂森远非其对手），已经被任命为帝国驻挪威专员。换句话说，如果希特勒获胜，挪威将成为纳粹治下一个省。

准备前往洛桑出席国际广播联盟会议。阿尔卑斯山脚下日内瓦湖的春天应该是美好的。

柏林，4月29日

今晨由瑞士返回。本周内，可能会在特隆海姆进行关键性战斗。我发现，德国人要比一周前我离开时自信得多。显然，英国远征军并不像原先预料的那样强大。从我在瑞士及今天在这里听到的情况看，一周前在利勒哈默尔参战的首批英军，不但数量上居于劣势，而且装备也非常糟糕。没有坦克、重炮，只有少量反坦克炮。

弗雷德·N是美国使馆里最熟悉这次战役情况的人。今天，他仍然怀疑英国人可能并未认真对待挪威战役，这令我十分震惊。为给自己打气，我提醒他在上次大战中，英国人花了两年才攻抵巴格达，随后英军主力和总司令都被土耳其人俘虏。然而，一两年后英国人最终还是占领了巴格达，并将土耳其人和德国人赶出美索不达米亚。英国陆海军需要遭到一两次挫折。然后，他们可能就会认真起来。

我现在才听说，在挪威中部登陆的英军已经被消灭了。

柏林，5月1日

两天前，也是开战后第四次或第五次了，我由巴塞尔出发沿莱茵河旅行至法兰克福。出巴塞尔城后，约有二十英里长路段，列车会沿德法两国界河莱茵河行驶。实际上，列车是在穿越所谓无人区，因为德军防线位于铁路线外侧黑森林高地的山坡上。两支大军隔河对峙，但却一片静谧。今天是周日，在一个村子的游戏场上，德国孩子们正在玩耍。在莱茵河对岸，一些闲逛的法国士兵清晰可见。在离莱茵河不到两百码的草地上，刚好处于法国碉堡的射程内，一些德国士兵正在闹着玩，踢着破足球。莱茵河两岸的列车毫无阻碍地行驶着，其中一些装载着在挪威造成可怕破坏的那些物资。没有听到一声枪响。空中也看不到一架飞机。

昨晚，我在播音时说道："这到底是什么战争？还是一场什么游戏？为什么在挪威飞机会轰炸战线后方的交通线，正如在波兰或世界大战中那样什么都炸。然而，在这里、在西线，世界上最强大的两支军队，面对面站着却相安无事？"

难道汽油开始短缺了吗？在柏林，1 600辆出租车中的300辆今天停止使用，原来还允许使用的占总数约25%的私家车和卡车也突然被下令停开。

显然，德军由于拥有挪威北部的所有空军基地，已经夺取了全面的空中优势。是否这就足以使其胜利地向特隆海姆挺进？我担心情况正是这样。正是德国空军的威胁，使得英国海军畏首畏尾。否则就无法解释英国进攻纳尔维克取胜，而同样由海上进攻特隆海姆时却遭到失败。实际上，纳尔维克位于大多数德机作战半径之外。但是，英国人除非由海上过来，否则他们可能永远也达不到目标。这是一场赛跑，德国人现在跑得更快些。

补记——今天是劳动节，是除兵工厂工人以外所有人的节日，希特勒向在挪威的部队发布了夸大其词的命令。昨晚，最高统帅部宣布，由奥斯陆向北挺进的德军和由特隆海姆向南挺进的一支德军分遣队，在特隆海姆以南不远处会师。希特勒赢得了特隆海姆战斗的胜利。盟军现在的位置及行动目前都不清楚。但这已经无关紧要。他们曾有一个绝佳时机可以阻止希特勒，但却白白错过了。最糟糕的猜测似乎得到了证实：在挪威人看来，英国人似乎从未真正重视特隆海姆战斗。

“盟军的意图，”希特勒胜利地叫喊道，“即通过逐步占领挪威从而迫使我们屈服的计划遭到了失败。”希特勒还向“挪威战区的士兵们”下达了命令。就在三周前，里宾特洛甫还告诉我们，元首将避免使挪威成为“战区”。

于是，这个劳动节便成为德国人的胜利日。但希特勒并未讲话或公开露面，这是他上台以后首次出现这种情况。希特勒的副手鲁道

1940年5月1日，正在组装二号坦克的德国兵工厂。

夫·赫斯代替他在埃森的克虏伯兵工厂发表了演讲。他不断提到汉布罗先生，并称之为“那个犹太人、汉堡包先生”。

今天，从挤满蒂尔加滕公园的普通市民的表情看，他们发自内心地渴望和平，让胜利见鬼去吧。然而，我估计挪威战役的胜利对士气将是个鼓舞，尤其是在这个可怕的冬季过后。一位资深记者S先生认为，这个国家中的每个男人、妇女和儿童都是天生的杀手。可能是吧。但是，今天在蒂尔加滕公园，我注意到许多人在用配给面包喂那些松鼠和鸭子。

柏林，5月2日

对同盟国而言忧郁沮丧的一天。在乔的房间里，我们收听了晚6点的BBC播音，听到不少坏消息。张伯伦刚在下院公布了可怕的失败。在特隆海姆以南登陆的英军，过去十天对由奥斯陆向特隆海姆挺进的德军进行了抵抗。但是，英军现在已经由位于海岸的基地翁达尔斯内斯撤退。也就是说，英国人放弃了挪威南部和中部地区，也是最重要的地区。在那里进行了史诗般英勇战斗的挪威人被弃之不顾。张伯伦承认，德国空军使得英国无法将坦克和火炮运往翁达尔斯内斯。但4月11日丘吉尔说的大话又该如何解释？英国海军在哪里？

德军由奥斯陆向北，沿着奥斯特达尔和古德布兰斯达尔两条河谷，朝特隆海姆前进了两百多英里。同时，还以一支小部队轻松顶住了盟军的南北夹攻，守住了该城。这当然是个了不起的战绩。夺取整个挪威，虽然使用了最卑鄙的诡计，但在军事上无疑算是了不起的战绩。英国人动用全部海军，经过三周战斗，竟然连纳尔维克都拿不下来。

张伯伦吹嘘说，由于德国舰队实力受损，同盟国便可加强在地中海的海军实力。也就是说，这位老人开始重视墨索里尼的虚张声势，认为他可能会步希特勒后尘参战。但他当然是选错了地方。在我们看来，英国将本可确保其夺取特隆海姆、在挪威击败希特勒的海军撤离，以加强其在地中海的实力去攻打实际不堪一击的意大利，实在是有些不可思议。

柏林，5月4日

英国人已由特隆海姆以北的纳姆索斯狼狈不堪地撤退，从而结束了盟军在中部地区对挪威人的灾难性援助。

仅仅半个月前丘吉尔还大肆吹嘘可以将德国人逐出挪威领海的英国海军在哪里？今天我看了一部德国新闻纪录片。该片展示了德军坦克和重炮在奥斯陆登陆的情况。除了动用显然数量很少的潜艇以外，盟军没有进行任何真正的努力，以阻止德军补给物资由奥斯陆运进挪威。他们甚至不愿派驱逐舰去斯卡格拉克海峡和卡特加特海峡冒险，更不用说派巡洋舰和战列舰了。

是否在这场短促的挪威战役中，空军力量已经显示出其凌驾于海军力量之上呢？或至少是在机场控制范围之内？在1914—1918年期间，德国人像现在这样主动出击根本不可思议。但是，由于德国空军控制了丹麦、挪威的机场，盟军舰队不仅不敢冒险进入卡特加特海峡，阻止德国向奥斯陆运输武器和人员，甚至不敢试图在特隆海姆、卑尔根或斯塔文格采取行动。只是在战争头一周，英舰曾对斯塔文格进行了八十分钟的炮击。现在，德国人吹嘘说，空军力量已经证明其优越于海军力量。

总体上看，戈林的飞机在挪威完成了四项关键任务：(1) 确保由卡特加特海峡通往奥斯陆的海路不受英舰骚扰，使得德国陆军主力能够自由得到人员、火炮和坦克补给。(2) 防止或成功吓阻英国海军攻击德国人控制的关键港口如斯塔文格、卑尔根和特隆海姆。(3) 正如张伯伦先生所承认的，通过不断轰炸盟军卸载物资的港口，使英国人几乎不可能将重炮和坦克运上岸。（4）通过轰炸和扫射敌军阵地，使德军陆军能够十分轻松地在崎岖地形上推进。

换句话说，德国空军使北海周边地区的战争发生了革命性变化。

今天，我与一位警察朋友聊了聊。他认为，这场战争将在几周内发展到轰炸主要城镇，甚至可能使用毒气。我对此表示同意。希特勒希望尽可能在今年夏天结束战争。如果他不能做到这一点，那么尽管德国人取得了一些胜利，但最终仍有可能遭到失败。

今天颁布了一项命令，解释了为何在汽油供应还充足时要进一步减少消耗。许多仍在使用的汽车和卡车都被禁止行驶。这就带来两个问题：（1）供应难道不够充足吗？（2）在英国人撤出纳姆索斯、德国人赢得挪威战役胜利后，难道现在又要进行更大规模的军事行动，所以需要尽可能多的汽油吗？

今天的德国报纸，充斥着对英国现在企图"扩大战争"的指责。在地中海或巴尔干或别的什么地方，我认为那意味着荷兰。

今天下午，作为一种逃避的手段，我读了一些歌德的信件。回想拿破仑给德国造成的破坏，令人感到舒服一些。显然，歌德所在魏玛附近的耶拿遭到了法军蹂躏。但是经历了这一切的大诗人从未丧失希望。他不断地说，人类精神最终将胜利，那也是欧洲的精神。但是今天，德国的欧洲精神又在哪里呢？只有死亡……死亡……

歌德反复说，作家在创作时，必须远离世俗，才能完成工作。他抱怨说，世俗只是索取，却不给予。他的一些关于魏玛地方行政问题的信件颇为有趣。他也有渺小、好争吵的一面。而且，令人奇怪的是，他对魏玛大公殿下极为恭顺！

柏林，5月6日

今天，纳粹教育部长伯恩哈德·鲁斯特对学生们发表了广播讲话，十分准确地反映了1940年时德国人的精神状态。他说道："上帝创造世界，是作为工作和战斗的地方。谁不理解战斗的生命法则，谁就将被判失败，正如在拳台上一样。这个地球上所有的好东西就是奖杯。强壮者得到它们。弱小者失去它们……希特勒领导下的德国人民，并非自己主动拿起武器，闯进外国领土使其他民族臣服。他们是在阻挠其获得面包和统一的那些国家重压下，不得不拿起武器。"

我开始想，欧洲面临的最迫切问题，并非共产主义或法西斯主义，也就是说并非是社会问题。最迫切需要解决的是日耳曼主义问题，是拉斯特描述得如此清晰的精神状态问题。除非解决这个问题，否则欧洲永无宁日。

今天，德国女孩被要求将梳头时掉下的头发带到学校。这些头发将集中起来，用于制作毛毡。

柏林，5月7日

现在已经有三四天时间，德国报纸正在进行一场激烈的"战役"，以使人们相信自从在挪威遭到失败后，盟军正试图入侵欧洲的其他什么地方。六周前，德国采取了同样的行动，以使人们相信盟军将要成为斯堪的纳维亚的"入侵者"。随后，德国便以所谓的同盟国入侵意图为借口，开始进行它自己的侵略。

下一步德国将在哪里采取行动呢？我怀疑是荷兰，部分原因是因为在这场宣传战中，它是唯一没有被特意提起的地名。或者盟军在将德军吸引到远离其国内基地的挪威之后，又打算将其吸引到巴尔干地区？

今天看到的报纸大字标题令人好笑："**张伯伦，这个侵略者。同盟国计划进行新的侵略！**"如果德国人民不是在智力上处于迷醉状态或者极端愚蠢的话，他们应该能够看出其中的幽默点。

我猜想，在今后几周内，战争将在整个欧洲展开。而且，最终将动用所有的军事手段，包括轰炸不设防城镇、使用毒气等。

柏林，5月8日

今天，不能不注意到威廉街弥漫着紧张的气氛。正在酝酿什么事情，但我们不知道究竟是什么。拉尔夫·巴恩斯刚从阿姆斯特丹赶来。据他说，途经荷德边境地区时，列车上的卫兵将窗帘拉了下来，直到驶出二十英里以外。我听说，荷兰和比利时都很紧张。我希望它们如此。它们应该如此。今天，我发电报通知纽约，让埃德温·哈特里希留在阿姆斯特丹。他们希望将他派往斯堪的纳维亚，但那里的战争已经结束。

今天，就在我开始播音前，弗雷德·奥克斯纳打电话说，在伦敦附近克莱布哈姆交换站的铁轨旁发现了韦布·米勒的尸体。这个消息令我感到震惊。我认识他有十二年之久，我喜欢他，敬佩他。在我作为年轻记者来到这里的头些年里，他对我十分友好并帮助过我。在过去十年，我们的人生道路经常交错，包括印度、近东、巴尔干、德国、日内瓦和意大利。当然还有英国，他是合众通讯社在那里的明星记者和欧洲主管。韦布非同寻常地谦逊，尽管他的记者生涯与我们时代的任何美国记者相比都毫不逊色。他从不记得自己所取得的成功。我记得当面临重大事件时，他往往既激动又紧张，就像当时我们这些最年轻最缺乏经验的记者们一样。而如果是一次采访的话，他的羞涩之情也与我们相似。他的羞涩令人非常吃惊，而且他始终保持了这个特点。我纳闷他是怎么死的。疲劳？睡意？我知道不会是自杀。

昨晚，我到郊区去看一部关于德国空军如何给波兰造成巨大破坏的电影。片名是《火的洗礼》。波兰城镇和农村（特别是华沙）所遭到的肆无忌惮的破坏被赤裸裸地表现出来。德国观众在一片死寂中观看了这部影片。

补记——今天，我的新闻审查员表现得很正派。他们允许我公然暗示德国的下一次打击将是在西线，包括荷兰、比利时、马其诺防线和瑞士。今晚，城里到处是流言。威廉街对美联社的一篇报道非常生气。该报道称两个德国集团军，一支由不来梅出发，一支由杜塞尔多夫出发，正向荷兰边境挺进。

柏林，5月9日

多么具有讽刺意味！在过去二十四年中，韦布·米勒大部分时间都在报道战争，经常身处枪林弹雨之中。他成功地躲避了所有危险，但却在远离战场的列车上摔死！今天的德国报纸充斥着愚蠢的故事，声称韦布是被英国特务暗杀。纯粹胡说。卑鄙下流。当民众天天接受这些谎言熏陶时，他们的思维会发生怎样的变化？

今天，希特勒下令释放一些挪威战俘，同时宣称："与德国人民及其政府的意愿相反，挪威国王哈康及其陆军参谋部发动了对德战争！"

补记——今晚，疯狂喊叫的大字标题字体仿佛又加大了一些，都疯狂指责英国计划在某地发动大规模入侵行动。"**英国企图扩大战争**。"德国报纸叫嚣。

今晚，所有这些都促使我在播音时说道："不管是谁要扩大战争，看来战争是要扩大了。而且很可能正如这里许多人所设想的，双方将在夏季结束前进行决定性战斗。人们似乎感觉到，这个周末的圣灵降临节，将是欧洲在今后相当长时期内的最后一个节日。"

新闻审查员们不喜欢这段话，但是在一番争论后，他们同意不删除。他们也认为德国无疑正在扩大战争。

柏林，5月10日

西线攻势已经开始。今天凌晨，德军开进了荷兰、比利时和卢森堡。这是希特勒为胜利所做的孤注一掷。显然，德国无法长期坚持经济战。所以希特勒在其军队仍然拥有补给、其空军仍然领先于盟军的时候发动了进攻。他似乎明白自己冒着满盘皆输的风险。今天，他在给部队的训令开头说道："关系德国民族未来的决定性战斗已经来临。"在结尾时则声称："今天开始的战斗，将决定今后一千年德国民族的未来。"如果他输了，那当然没错。

照我看来，希特勒有三个选择：等待并在经济领域决出战争胜负，正如整个冬季所做的那样；在有利地点迎击盟国军队，比如巴尔干地区；横穿中立的荷兰和比利时，在西线寻求决战。他选择了第三种做法，同时也是风险最大的一种。

1940年5月10日，德国Ju 52运输机在荷兰上空投下伞兵。

我不能吹嘘说已经为此做好准备。实际上，昨晚例行播音后，我就睡得死死的，直到今早7点电话铃响。是帝国广播公司的女孩。她向我报告了进攻的消息。

“你想什么时候开始播音？”她问道。

“我赶到那里就开始。”我答道。

“里宾特洛甫8点将在外交部开新闻发布会。”她提醒我。

“别管它。”我说，“告诉纽约方面，给他们发封急电，做好准备工作，我将在一小时内播音。”

实际上，直到两小时后我才能开始播音。穿衣服、赶到帝国广播公司并写好播音稿都花了不少时间。帝国广播公司内部似乎很兴奋，我从德国播音员手里拿到各种公报又花了些时间。幸运的是，新闻审查员夜里一定得到了消息，现在已经赶到工作岗位，他们没耽搁我很多时间。只是在导语中，我不能将德国对荷兰和比利时所做的事称为“侵略”。他们对此表示否定。我火了，但最终决定，既然新闻审查员忽略了正文中三次使用“侵略”一词，那么为了使美国听众能够听到来自柏林的报道，在导语中用“开进”代替“侵略”也许是值得的。我不喜欢这种妥协。但这是为一个词而牺牲一次重大报道的问题。而且无论如何，当侵略确实发生时，美国人民心里有数。

补记——我必须说，柏林人民对这场战役的反应是平静的，虽然希特勒声称这将决定日耳曼民族今后一千年的命运。与平常发生重大事件时不同，没有什么人聚集到总理府前。也没有什么人去买登载消息的午报。不知出于什么原因，戈培尔禁止报纸发号外。

早6点，德国将为希特勒侵略活动辩护的备忘录交给了荷兰和比利时大使。此时大约是德军入侵这两个中立国后一个半小时。甚至对于希特勒而言，这份备忘录在玩世不恭和厚颜无耻方面也创下了新纪录。它要求两国政府下令，不要对德军进行抵抗。“如果德军在比利时和荷兰遭到任何抵抗，”备忘录称，“它将使用一切手段将其粉碎。比利时和荷兰将为因此而产生的不可避免的后果和流血事件负一切责任。”

早8点，里宾特洛甫在新闻发布会上宣读了备忘录，声称英法两国即将通过低地国家进攻德国，因此帝国认为有必要派遣部队“确保比利时和荷兰的中立”。这一荒谬而伪善的说法还附有一份最高统帅部提供的伪造“文件”，声称这是盟军将要开进比利时和荷兰以夺取鲁尔的证据。

显然，德军倾尽全力发动了进攻。空军全部出动，并利用其对盟军的优势取得了丰硕战果。最高统帅部称，德国空军在凌晨轰炸了荷兰、比利时和法国的几十个机场，最南直到法国里昂。然后就是下面这条新闻：公报声称，德军从空中降落到比利时和荷兰的许多机场。德国人宣称，他们夺取了机场并占领了周边地区。虽然最高统帅部新闻审查员禁止我在今天的播音中提及此事，不过显然德军是在那里空投了数以千计的伞兵。一条报道称，德国伞兵已经占领鹿特丹部分地区，但还未得到证实。听上去似乎有些不可思议，但挪威战役后一切都有可能发生。

第一份德国战报称，他们渡过了马斯河（法语称默兹河），夺取了马斯特里赫特，并且穿过了卢森堡，进入了比利时。今晚，德军已经来到列日城下。1914年该城曾经坚守了一段时间，鲁登道夫就是在这里一举成名的。

对平民的战争也已开始。盟军方面报道，德国飞机炸死了许多平民。今晚，德国声称三架盟军飞机在弗赖堡市内投下炸弹，炸死了二十四名平民。作为战争发展趋势的预兆，今晚一份德国公报声称：“从现在开始，敌军对德国平民的每一次轰炸，都将遭到德国飞机对英法城市五倍的报复。”注意纳粹在这里采取的手腕：(1) 这一声明实际上是对敌国神经战的一部分。(2) 通过保证将使英法平民遭到五倍的报复，促使德国平民忍受轰炸。

这是一个迹象。另外还有一个迹象：今天，当比利时和荷兰大使向威廉街申请领回护照时，还对粗暴践踏两国中立权提出了强烈抗议。德方迅速发表了一份官方声明，称“外交部值班官员看了傲慢愚蠢的申请书后拒绝接受，并要求两位大使以正常方式申领其护照”！德国人已经发疯了。

在播音一整天后，我感到非常疲劳，同时也有些反胃。

柏林，5月11日

德军像压路机一般横扫荷兰和比利时。今晚，德国人声称已经夺取了最高统帅部所说的列日附近最重要的埃本-埃马尔要塞。该要塞控制着马斯河与阿尔伯特运河交汇处。在希特勒领导下的最高统帅部不放过任何宣传机会，声称这座要塞是用“崭新的攻击方法”夺取的，故意把气氛搞得很神秘。难道历史又再次上演？1914年，当列日阻止德军进攻达十二天之久的时候，德军也是出其不意地使用420毫米口径榴弹炮，比军堡垒在狂轰滥炸下就像木头玩具一样四分五裂。

德国人对部队乘飞机空降到荷兰前线后方的海牙和鹿特丹保持沉默。但是，最高统帅部在盟军报道的刺激下，今天明确否定荷兰人已夺回海牙或鹿特丹机场的说法。从此点来看，伞兵们随身携带着轻型无线电台。

奇怪的是，民众对于战争中的这一决定性转变态度冷漠。除政府官员外，我所见到的大多数德国人在听到这些消息时都情绪沮丧。问题是：究竟多少人支持希特勒进行这最后的绝望赌博？在阿德隆饭店讨论这一问题时，大多数记者都认为支持的人不少。然而，我还没发现哪个德国人真相信希特勒进入中立国的借口，即为了对付盟军即将开始的相似行动。但是，他曾多次保证不损害这些国家的领土完整。

甚至在德国人看来，这也是一个赤裸裸的谎言。

戈培尔的宣传机构也开始高速运转。德国官方宣布，弗赖堡被炸死二十四人。二十四小时后又宣布，死者中有十三名是正在体育场嬉戏的孩子。空袭时体育场竟会有这么多孩子？之所以制造这个戈培尔式的谎言，可能是为德国屠杀对方平民寻找借口。

今天，柏林报纸又以大字标题刊登了一篇文章，称两个低地国家因遭侵略而“毫无羞耻地”向德国提出抗议。

昨天，纳粹将所有反纳粹荷兰记者都关在恺撒霍夫旅馆。其中包括哈里·马斯迪克，他几乎不敢相信已经发生的事情。自昨天凌晨开始，荷兰纳粹报纸的女记者就坐在帝国广播公司，用荷兰语向荷兰人民发布虚假消息。她是个“嗬嗬夫人”式的人物。

凌晨4点半又做了一次播音，在纽约还是昨晚10点半。早8点，又起来工作。

柏林，5月12日

周日，睡了一小会儿。希尔将进行中午的播音。

仅仅经过两天战斗，最高司令部就声称，已经占领须德海以东的荷兰东北部，突破了荷兰境内的两道防线，同时突破了比利时沿阿尔伯特运河的防线东端。大约一年前，我曾见过那条运河，比利时人在那里大修碉堡，使其成为一座要塞。它就像一个巨大的坦克陷阱，河岸深邃陡峭。难道说比利时人没炸桥？

今天是柏林典型的周日，没有迹象表明柏林人正为事关他们千年生存的战斗而辛勤操劳。咖啡馆奉命在晚11点前关闭，而非以前的凌晨1点。这可以使人们在晚上空袭开始前回到家里，虽然现在还未遭到空袭。另外，现在还禁止跳舞。

今晚，电台警告称，如果荷兰的德国人遭到虐待，“有充分机会可对德国境内的荷兰人进行报复”。

柏林，5月13日

惊人的消息。下午5点的报纸大字标题称 :“**攻陷列日！德军地面部队突破并与鹿特丹附近空降部队建立联系！**”

毫不奇怪，德国官员告诉我，甚至最高统帅部都对德军挺进神速感到震惊。

所谓空降部队，是指伞兵们和那些在战役首日乘飞机在海牙附近海滩着陆的部队。正是这些人占领了包括鹿特丹机场在内的部分地区，尽管他们没有火炮。而荷兰作为一个富国，军队应该装备有大量火炮。德国地面部队究竟如何穿越荷兰南部并挺进至海滨，对这里所有人而言都是个谜。德军应该是机械化部队，而在荷兰那一地区，他们前进的道路上有几十条运河和河流。人们原本以为，荷兰人肯定会炸毁那些桥梁。

“**卐字旗飘扬在列日城头**。”今晚的报纸头条欢呼道。显然，突破阿尔伯特运河的德军，从西北对列日进行了迂回攻击。那里的防御最薄弱，比利时人预计主攻将来自相反方向。1914年，列日坚守了十四天。如果现在它在四天内就陷落，这对盟军而言无疑是个坏消息。

外国电台继续报道，德军伞兵降落在比利时和荷兰全境，夺取机场和城镇。在柏林我们得不到关于这个问题的任何消息。这是一种新型战争，看看它对一场持久艰苦的战争将产生何种影响倒很有趣。但前提是，这场战争将持续进行下去，而不是德军再次轻易获胜。

昨晚，法国总理雷诺宣布，在前线后方发现任何未穿制服的德军伞兵都将就地处决。今晚，威廉街告诉我们，德方已经通知盟军方面，他们每处决一名德军伞兵，德方都将处决十名法军战俘作为报复！德国人真是个令人愉快的民族。那将使我们倒退一千年。但要记住，这还只是希特勒的新式恐怖手段之一。

今天，我在美国使馆待了些时间。所有人都因听到的消息而沮丧，而且大多数人都在想：进攻开始才四天！盟国算完了。我试图回想1914年对巴黎和伦敦来说似乎是黑色的8月，当时德军横扫西线、直逼巴黎，法国政府逃往波尔多。昨晚，苔斯在电话里说，瑞士正在征召所有可服役的男子。什么时候将轮到瑞士？我要她带上孩子争取订头一班船票回国。她不同意。理由是：她还要照管日内瓦的办事处，同时不希望全家离得太远；而且现在战争已经成为现实，她希望看看战争。

柏林，5月14日

今晚的新闻使我们都有点震惊。

荷兰军队投降了！只打了五天仗！它那伟大的洪水防线出了什么问题？人们曾认为那是不可逾越的。它的五十万军队出了什么问题？

一小时前，我们从特别公报中得知，鹿特丹陷落了。德国公告声称："在德国俯冲轰炸机攻击和迫在眉睫的德国坦克攻势所造成的巨大威胁下，鹿特丹投降了，从而使自己免遭毁灭。"这是我们首次得知，鹿特丹遭到了轰炸并且一度面临被摧毁的危险。我想知道，在这场阿道夫·希特勒承诺将不会针对平民的战争中，鹿特丹的平民有多少被屠杀？难道整座城市及五十万居民都是军事目标以至于必须被摧毁？

在突破列日后，德国人今晚声称突破了那慕尔西北的比利时第二条防线。他们一定离布鲁塞尔很近了。坦克和飞机，特别是飞机，为德国人的成功做出了重要贡献。英法忽视其空军简直就是犯罪！

对于德国电台宣布新胜利的方式有些厌倦。先是中止播放的节目，随后是嘹亮的喇叭声，然后是宣读公报，最后是合唱队演唱的流行曲“我们向英国进军”。对于重大胜利，还要再加上两首国歌。

1940年5月14日，德军第一装甲师在色当附近跨过默兹河。

柏林，5月15日

今天，许多外国记者和外交官都是一副因震惊而拉长的面孔。最高统帅部声称，德军已在色当附近突破马其诺防线，并在色当和北面的那慕尔和日韦之间渡过默兹河。对任何见过树木丛生、河谷深峻的默兹河谷的人来说，德军如此迅速地通过这一地区似乎不可思议——只要西岸有任何军队防守。但作战双方都声称，在默兹河西岸正在进行激烈的坦克战。

几乎所有朋友都放弃了希望，只有我还没有。1914年8月巴黎的形势可能要更暗淡些，当时似乎没有什么东西可以阻挡德军向首都挺进。我们的军方人士提醒说，主力作战尚未开始，德军还未遭遇法军和英军主力。比利时仍有五十万军队在战斗。今天的盟军防线依然十分严密：安特卫普、鲁汶、那慕尔，然后是顺着默兹河到色当，只是德军已在几处地方渡过了这条河。

今天，不断有来自罗马的消息，说看到德国人似乎将取胜，意大利可能在本周末参战。早晨，苔斯从日内瓦打电话，告诉我这个消息。我再次催促她带着孩子离开，最终她似乎同意了。苔斯和带着两个孩子的V夫人将穿越法国前往西班牙。到里斯本后，她们可乘快帆式客机去纽约。整天都在担心这件事。如果意大利进攻法国，由日内瓦去西班牙会很不方便，即使不是完全不可能。

似乎荷兰昨天放弃抵抗的原因是，德国人对鹿特丹进行了一番狂轰滥炸，并威胁将对乌得勒支和阿姆斯特丹也采取同样行动。希特勒通过威胁使用恐怖手段或进行惩罚，以帮助其军队前进，他在使用残忍手段方面堪称大师。

例如，今晚他的最高统帅部又威胁要轰炸布鲁塞尔，除非立即停止所有部队调动。德国人声称，侦察机发现了这些情况。“如果比利时政府，”德方公告声称，“希望让布鲁塞尔免于战争的恐怖后果，那就必须立即停止城中的部队调动和堡垒建设。”

真是一场不错的战争。

柏林，5月15日

担心苔斯和孩子。如果像有些人认为的那样，意大利在一两天内参战的话，她们从那个方向逃出来的希望便落空了。今天有报道称，德国人在瑞士边境的活动日益频繁。现在纳粹军队任何时候都可能攻入瑞士。问题是法国不会让美国人经其领土逃出。他们此时不发放过境签证。然而，美国政府已经建议，瑞士境内的美国人应立即离开并前往波尔多，美国船将在那里搭救他们。我们领事馆的大部分人已经送妻子儿女带着外交护照通过法国逃了出去。我相信希特勒将轰炸并摧毁日内瓦，以发泄对国联及日内瓦所代表的一切事物的仇恨。

在昨晚德国发出威胁后，布鲁塞尔是否将遭到轰炸？P先生对德国人的意图总是十分了解。他认为，在四十八小时内希特勒将下令对巴黎和伦敦进行昼间轰炸。

在宣传部的新闻发布会上，我刚刚看了两部未经审查的纪录片。是关于德军穿越并毁灭荷比两国的片子。展示了一些反映德国炸弹和炮弹毁灭性力量的杰作。一座座城镇被夷为平地，士兵和马匹的尸体七零八落。当炸弹或炮弹爆炸时，土块和灰泥飞上了天。德国解说员欢呼道："我们就是这样给敌人带去死亡和毁灭的！"在我看来，这部影片从某种意义上可以说准确地反映了德国人。

傍晚时分，乔·哈什和我在蒂尔加滕公园散了会儿步。我们都同意如下结论：在德国人看来，使用炸药和钢铁对他人进行野蛮摧残是件愉快的事情，而且实现了日耳曼生活中的高尚目标；炸飞他的房子、妻子和孩子吧。但是让别人对德国人做同样的事？那他就是一个杀害无辜的野蛮人了。我们回想起，那部电影还将镜头闪回到弗赖堡。德国人现在声称，在那里有包括十三名儿童在内的三十五人被同盟国炸死。虽然在第一次公布此次轰炸及死亡人数后二十四小时，戈培尔才想起提及被炸死的儿童。解说员愤怒地说道："野蛮而肆无忌惮的敌人就是这样轰炸、杀死和谋害无辜的德国儿童的。"

"这是老生常谈了，"我对乔说道，"德国人总想两边便宜都占。"

如果没有蒂尔加滕公园，我该怎么熬过这场战争啊？这真是上帝赐予的美丽公园。我们聊着今天的草色显得那样深绿，谈论着彼此在国内时的割草技术，但这里却是让草自由生长，以便最后晒成干草。很奇怪，在欧洲大陆几乎没人知道割草机。今天，在公园中央小河周围的树林草丛是如此繁茂，以至于令我想起了巴比松派画作。或是莫奈所绘诺曼底长满百合花的池塘。唯一遗憾的是，池塘中没有一位身穿长裙的端庄女士，腰板笔直地坐在简陋的小船上。

在短波频道收听到罗斯福正在国会宣读特别公告。他的声音显得非常清晰。总统精神非常好，我想。他提出，我们在一年内应制造

50 000（！）架飞机并立即向同盟国交货。他说德国现在拥有20 000架飞机，同盟国只有10 000架飞机，而且德国正以更快的速度制造新飞机。对于我们这些待在德国的人而言，这都是尽人皆知的，但过去当我们报道这些事实时，便被谴责为替纳粹做宣传。罗斯福的讲话受到了欢迎，我在收听国会广播时，从未听到过如此热烈的掌声。国内民众终于从梦中惊醒，这使我感觉舒服了一些。

我们要加入这场战争，或至少是作为同盟国的供应商，还需要多长时间？如果说仍然有时间的话？德国人说我们来得太晚了。按照BBC的说法，《先驱论坛报》今天公开要求对德宣战。这使得一些美国记者今晚在晚餐时开始琢磨，如果外交关系恶化，我们这些驻德记者是否会遭驱逐。大多数人认为，我们将会被拘留。没人喜欢这种前景。

今晚，我们处于一场大战的前夜，可能是这场战争的决定性战斗。前线由安特卫普经那慕尔，到色当以南某处，长达125英里。看上去，德国人将投入全部兵力，那是非常可观的。昨天，在默兹河和代尔防线以北地区，德军在比利时的攻势似乎被阻挡住了。但这只是大规模决定性攻击前的一个停顿而已。希特勒必须赢得此次战斗，以及随后几周或几个月的所有战斗，否则他就完了。他的运气看上去不错。但是历史上伟大的决定性战斗，并非总是由幸运儿赢得。

柏林，5月17日

这是怎样的一天！令人震惊的消息！下午3点，最高统帅部发布了每日公告。要不是自波兰战役第一天开始，德国陆军在战绩方面就从未误导过我们，我几乎不敢相信自己的耳朵。它的声明往往令人难以置信，但最后却总被证明准确无误。

今天，最高统帅部声称，它的部队已在瓦夫尔以南突破了比利时的代尔防线，并夺取了那慕尔要塞的“东北防线”。更重要的是，它声称其部队已经在一百公里宽的战线上突破了马其诺防线！即由莫伯日一直延伸至色当东南的卡里尼昂。这对盟军来说实在太糟糕了。而且，看上去昨天罗斯福承诺向同盟提供的援助已经来不及发挥作用了。特别是急需的飞机，德国主要依靠优势空军才赢得了战争。除非德军立即放慢速度，并被彻底阻挡住。但是BBC承认，德国人还未被挡住。它声称，战斗继续在勒泰勒地区进行，该城位于由色当去兰斯的半道上。我们这里不知道德军已经突破到那么远的地方。今晚在广播公司，我注意到军方人士首次谈及“法国的溃败”。

我刚把公报译成英文，便于凌晨3点半进行了附加的新闻播音。随后我返回美国使馆，发现那里所有人都被事态发展搞得晕头转向。只有几个人似乎受《德意志汇报》的一篇社论鼓舞而变得乐观起来，那篇社论声称，最后的胜利还未取得，德国人民仍然面临漫长而艰难的征程。但是见鬼，这次攻势开始才不过八天。而德国人已经占领了荷兰和半个比利时，现在已经推进到由法国边境到兰斯的半道上！

对苔斯很担心。今天中午给她打电话，催促她赶快带着孩子起程，通过法国前往西班牙。现在，就是今晚，我又希望她还未成行。因为法国人要求她们先向北到巴黎，再去波尔多。在得知今天的消息后，我觉得巴黎可不是适宜旅行的地方。她可能会在那里碰到德国人。今晚，我因无法打通电话而十分气恼，这使我想到她可能已经动身去法国。我想，她最好是在瑞士小山村里躲一下。大概，希特勒还不至于去轰炸一个瑞士小山村吧。

今天，天气暖和起来，阳光灿烂。不少德国人在蒂尔加滕公园晒太阳。从他们那无动于衷、几乎是懒洋洋的表情中，你很难看出这场战争中的一场决定性战役正在进行。自从新攻势开始后，这里还没有拉响过防空警报，虽然听说鲁尔区和莱茵兰的城镇遭到了夜间轰炸。

补记——今天深夜，最高统帅部宣布，德军在今晚开进了布鲁塞尔。白天，他们突破了鲁汶南北的盟军防线。事态发展速度似乎加快了。1914年，德国人攻抵布鲁塞尔花了十六天。这次，只用了八天。

柏林，5月18日

明天去前线。终于得到了机会，可以去看看德军这只巨兽是如何行动的，竟然如此迅速地打过了比利时、荷兰和法国北部。

我在出发问题上还有些犹豫，担心离开期间可能会发生与法国战役有关的决定性事件。在那种情况下，真正重要的新闻可能会在柏林，届时我将错失良机。另外，自去年9月战争爆发后，德国人给我们安排了太多无用的旅行，而此次我们很可能根本看不到任何有价值的东西。

最后，我决定冒这个险。我们将于明早10点启程，先开车前往亚琛。一行共九人：四名美国人，三名意大利人，一名西班牙人和一名日本人。

今天，安特卫普陷落。当德军正在将比利时境内的盟军向大海方向驱赶时，在莫伯日和色当之间的马其诺防线实现突破的德军迅速向巴黎挺进。军事消息颇为灵通的《证券报》暗示，现在由东北方面威胁巴黎的德军可能不会立即夺取巴黎——正如1914年那样——而是朝西北方向的海峡港口前进，以便切断英法之间的联系。另外还暗示，第二支部队可能朝相反方向前进，以便从后方攻占东面的马其诺防线。

德国报道承认，盟军在比利时和法国都进行了顽强抵抗；但又说，盟军远非庞大的德军尤其是坦克和空军的对手。可能过不了几天，我就可以亲眼看到了。

亚琛，国际旅馆，5月19日，午夜

鲁尔区，德国工业的心脏地区。最令人惊讶的是，盟军飞机本应该，而且我们认为也能够，在几天内就将其炸个稀巴烂，但就我所看到的情况而言，英国人的夜间轰炸成效甚微。

我曾以为，对德国西部的夜间轰炸会影响到民众士气。自此次大规模攻势开始后，BBC 曾大肆吹嘘过轰炸的效果。但在整个下午乘车穿越鲁尔区的过程中，我们看到德国人特别是妇女们站在横跨大路的天桥上，朝着向比利时和法国进军的部队欢呼。

我们穿过几座鲁尔区城镇的市中心，盟军声称在近几个晚上对它们进行了猛烈轰炸。我们当然不可能看到鲁尔区所有工厂、桥梁和铁路枢纽，但我们还是看到了几个，它们都完好无损。埃森和杜伊斯堡附近有庞大的铁路、桥梁网。伦敦声称对其进行了夜间轰炸，但也都毫发未伤。科隆的几座莱茵河桥依然挺立在那里。整个鲁尔区的工厂如同往日一样在喷云吐雾。

在汉诺威以东，我们抵达前几个小时，英国轰炸机刚刚进行过夜间空袭。当地居民告诉我们，一座房子里的二十个人被炸死。在汉诺威以东十五英里，我们发现距高速公路约二百码处，有一架汉德利–佩奇式轰炸机坠毁在田野里。宪兵们告诉我们，它是被高射炮击落的。五名机组人员乘降落伞逃生。其中四人已向附近城镇的市长投降；还有一人仍在逃，农民和宪兵们正在附近田野里搜索。我们察看了这架飞机。机枪手所在后舱非常小，而且无任何装甲保护。前发动机和驾驶舱被摔得粉碎并燃起了大火。奇怪的是，后舱玻璃并未打碎。德国空军的机械师们正忙着拆掉设备和有用金属。德国人需要所有能找着的东西。数百名农民站在旁边，注视着这堆残骸。他们似乎根本不紧张。

我们整天不停地迷路。负责给这四辆车带路的司机实在愚蠢。我们的司机说：“和平时期他是出租车司机。他总是迷路，总是绕最远的路。”当我们越过草地，看到科隆大教堂的塔楼时，才发现完全走错了方向，只好原路返回。而此时我们已经位于去法兰克福的半路上，天也黑了下来。最后，天空升起一轮满月，当我们沿着树木茂盛的林荫道驶入亚琛时，感觉非常舒服。沿途是无穷无尽的行军队伍，有的乘卡车，有的步行，都在向前线赶去。他们唱着歌曲，士气高涨。

举一个德军重视细节的例子：在柏林到科隆三百英里的高速公路上，废旧农具被伪装成从任何高度看都很像高射炮的东西，每隔两百码放一个。将犁的扶杆指向空中，看上去就像一门高射炮。耙地机、耙子、手推车、播种机等所有可以想得到的旧农具，都被精心伪装成高射炮的样子，从而使沿公路飞行的盟军飞行员产生错觉，以为进行俯冲攻击无异于自杀。我注意到，在汉诺威附近英国飞机中发现的地图上，用红色标记显示密集的德国高炮阵地。这些农用机械的另一个作用是防止盟军飞机在公路上降落。在高速公路双车道中间的狭窄空地上埋设电线杆子，也是出于这个目的。

除了几架从附近汉诺威起飞的德国轰炸机以外，我们整天都没有在空中看到一架飞机，甚至当接近比利时前线时也是如此。我们经过了科隆机场。上面到处停放着飞机，机库也都完好无损，上面非常巧妙地蒙着伪装网。显然，英国人的夜间空袭不仅没能使鲁尔区瘫痪，甚至连德国机场都没能破坏。盟军似乎仍在进行着某种“虚假战争”。

我在国际旅馆的房间位于顶楼，或者不如说是在阁楼。如果英国轰炸机今晚飞来的话，住在这里实在令人不安。但现在天黑已有几个小时（凌晨1点），还没有一点空袭的迹象。

补记。凌晨3点半——英国飞机于凌晨2点50分飞来。高射炮震耳欲聋的射击声和街对面屋顶上一挺高射机枪“嗒嗒嗒”的扫射声将我惊醒。英国人正在轰炸亚琛车站，这可以从飞机发动机的声音和距我房间窗户约一百码的车站上一门高射炮不停的射击声做出判断。没有空袭警报。我们听到的第一声警报便是突如其来的高射炮轰鸣声。我跑到大厅里，想看看人们在这种场合将会干什么。他们将会作何反应？几名吓坏了的妇女穿着睡袍，疯狂地冲下楼梯，脸上满是恐惧。几个男人，可能是军官，则漫步走下来。我们那几个记者倒都纹丝不动，仍然待在屋里。虚假的勇敢？其实那几名军官也并非是出于恐惧，只是不想冒不必要的风险而已。空袭持续了二十五分钟，然后一切又安静下来。我感到非常困倦，但我们必须在5点就起床。

亚琛，5月20日，午夜

这是我一生中值得纪念的一天。看到了战争带来的破坏，看到了火炮和炸弹给房屋及其主人、小镇、城市、桥梁、车站、铁路、列车、大学、古老高贵的建筑物以及公路沿线的敌军士兵、卡车、坦克和马匹造成的破坏。

德军入侵后被烧毁的鲁汶大学图书馆。

这些景象实在是不漂亮。不，它们实在不是美丽的景象。例如鲁汶，那个古老的大学城，1914年被德国人一怒之下烧毁，随后又在美国人的帮助下重建。该城大部分化为一片瓦砾。鲁汶大学宏伟的图书馆，由数以百计的美国中学和大学捐资重建，也被彻底炸毁。我问一名德国军官，图书馆里的书怎么样了。

“烧了。”他说道。

我看着这片废墟，思考着这小小的一击，对学术、文化尤其是欧洲生活中的正派传统究竟意味着什么。在旁人看来，我一定是惊呆了。

那位军官又说道：“太糟了。很可惜。但是，我的朋友，这就是战争。正视它吧。”

我正视了。但同时也受伤了。

我在播音中将今天看到的情况做了简略叙述。（原定于凌晨4点半在科隆播音，如果能赶到那里的话。）以下是大致按照时间顺序所做的记录：

拂晓后不久，我们离开亚琛，经过荷兰的林堡省，来到马斯特里赫特。没有什么迹象表明，荷兰人在这里进行过战斗。房屋完好无损，窗户都未被打碎。偶尔能看到个把荷兰人的碉堡，像是被机枪扫射过，但也并不严重。显然，荷兰人并未试图炸毁通向马斯特里赫特的道路，以延缓德军前进的步伐。一条小溪上的桥梁被破坏。但是仅此而已。

我们在马斯特里赫特渡过了马斯河。这条河在此地很宽阔，成为一条天然防线，不过荷兰人并没怎么利用它。他们在炸毁桥梁方面显得半心半意。我看到了两座桥梁，在七八个桥拱中只炸毁了一个。显然，德军在后方拥有钢制桥拱，几个小时内便架设起来，将桥梁修复一新。当我们抵达时，德军补给纵队正轰隆隆地驶过桥梁。

早7点半——抵达阿尔伯特运河。河岸极为陡峭，高达三十英尺，比利时人用水泥进行了加固，根本不可能攀登，是一条极好的防线，特别是对坦克而言。但是，比利时人竟没有炸毁大桥。我问一名德国军官这是为什么。

“我们速度太快，他们来不及做出反应。”他说道。显然，在这里以及阿尔伯特运河上通往列日的其他桥梁，德国伞兵都是由后方冲上大桥，消灭了守军的机枪阵地，甚至还摧毁了桥头堡，并在比军引爆炸药前切断了导火索。这座运河桥梁由位于比利时一方桥头的地堡守卫，左右两侧一百码还有两座地堡。那座桥头堡一定也是用与夺取列日的埃本-埃马尔要塞同样的神秘方式占领的，即由伞兵使用了某种新式武器。

德国军官警告我们，不要进入地堡内部，因为附近仍有地雷。但是，有两人还是冒险走了进去。我立刻看出，在地堡内部曾经着过火。从这一点，我得出结论——当然也有所保留——从后方夺取地堡的伞兵一定拥有某种类似喷火枪的武器，攻击时将火焰喷入地堡内。在旁边我注意到有些新坟，比军钢盔用树枝挑着插在坟上。可能是地堡守军的尸体葬在那里。

速度也发挥了作用，达到了奇袭效果。德军机械化部队在凌晨5点越过二十英里外的德荷边境，10点便渡过运河进入比利时，途经本应重兵把守的马斯特里赫特，总共只用了五小时。

你立刻便会感到比利时与荷兰的差异。我们刚刚进入比利时，便在公路两边看到被炸得粉碎的成片房屋。显然，比利时人与荷兰人不一样。一开始他们便像狮子般战斗，与德军逐屋进行争夺。

7点45分，通厄伦镇——在这里我们首次见识到真正的毁灭性破坏。我们经过的该镇大部分地方都被炸成碎片。是施图卡俯冲轰炸机和火炮干的，一名军官解释说。火车站成了一片废墟，明显是施图卡俯冲轰炸机干的。铁轨都被炸毁，卷曲起来，歪七扭八；车厢和机车都被炸翻出轨。一个人可以，或不如说一个人怎能，想象得出居民的震惊。当他们周四晚上上床睡觉时，比利时还与包括德国在内的外部世界相安无事。到周五拂晓，德国轰炸机便将火车站和这个小镇炸成了残垣断壁，而他们入睡时还是如此安宁。小镇上是绝对的荒凉。只有两三条饿狗悲伤地在废墟里嗅来嗅去，可能是在寻找水、食物和主人。

8点10分，圣特雷登——这个小镇位于通厄伦以西约十二英里。当我们在布满残骸的街道上摸索着缓慢前进时，我歪歪扭扭地写下了几行笔记："房屋被炸得粉碎……一片废墟……比利时平民痛苦的面容……他们刚刚开始返回……妇女在哭泣……她们的男人呢？……在哪里？……这里的房屋被十分随意地摧毁了……是施图卡无意中干的？……难道不是有意的？……战争之路……到处是坦克、飞机、火炮、反坦克炮……整个早上，公路上挤满了补给纵队和赶往前线的部队……奇怪的是，迄今为止没有看到一架盟军飞机……而这些无穷无尽的部队、火炮、补给纵队，由德国边境一直延伸过来……多好的目标啊！……难民们沿着公路在漫天灰尘和炎热天气下返回家园……场面令人痛心……"

难民们沿着公路长途跋涉，老太太们用衰弱的手臂拉着小孩子，母亲们提着家庭生活用品。幸运点的人用自行车驮着自己的物品。真正的幸运儿则推着手推车。他们的面容显得震惊而恐惧，悲伤和痛苦之情凝固在其脸上，但同时又是尊严的。人们还有什么东西不能忍受！生存下去并继续前进！几个小时内，他们将回到前天还是他们家园的那片烧焦的瓦砾堆。

8点30分，特勒蒙——在这里，一名德国军官说道："进至特勒蒙花了我们五天时间。"我们从亚琛到这里大约是一百公里，也就是说德军每天前进约二十公里。这个速度倒是不慢。我注意到途中没在公路上看到一个炸弹坑。我估计，在德国人用施图卡俯冲轰炸机炸毁比利时铁路的同时，特意避免轰炸“他们的”公路和桥梁。显然，德军司令部决定在推进时不使用比利时的铁路，而只使用公路。他们的军队依靠安装汽油发动机的汽车进行机动。

途中，我们在公路上遇到一个可怕的大洞，刚好是在小镇外一条小溪附近。这个洞的直径约三十英尺，深约二十五英尺。德国军官解释说，这是法国人炸的。

“是法国爆破专家们干的，”他说道，“在有些地方，他们干得相当漂亮。但是，没能阻止住我们的坦克。坦克绕过左边你可以看见的那座工厂，撞倒围墙就好像那是手纸做的。然后，在上游约两百码的地方渡过小溪，继续追击敌人。我们只损失了一点时间。”他接着说，“即使如此，你必须承认，法国人在这里干得很漂亮。”他对法国爆破手很佩服。

在特勒蒙有更多巷战留下的痕迹。房屋墙壁被机枪子弹打成了麻脸。许多房屋被施图卡和火炮夷为平地。

9点15分，鲁汶，这座古老的大学城，1914年时被德国人在怒火中烧毁，现在这座城市的相当一部分又再次被摧毁。这是到这里后的第一印象，我的感觉就好似挨了当头一棒。一个又一个街区完全成为废墟，上面仍然冒着青烟，因为这座城市刚刚被占领两三天而已。

我们驱车穿过废墟来到大学，前往图书馆。它也是在1914年被德国人烧毁，并且由数百所美国学校捐资重建的，书籍可能也是捐赠的。

“图书馆怎样了？”我询问当地驻军指挥官，他是一名年纪挺大、脸颊胖得耷拉下来的上校，看上去不像是个缺乏同情心的家伙。

“我们一分钟就到。你们会看到的。”他说道。他沉默了一会儿。

可能他注意到我有些急不可耐。他又说道:“城里这个地区发生了激烈战斗。激烈的巷战。这座城市几次易手。我们攻进来，他们又将我们赶出去。肯定会造成破坏，我的先生。”

那么图书馆一定被摧毁了，我得出结论。一分钟内我们到了那里，将车开到图书馆前的广场上，广场上挖了几道战壕。我们爬下汽车并看到……

宏伟的图书馆大楼完全被摧毁了。废墟上仍然冒着烟。一些支撑房顶的大梁仍然在。都铎王朝式样的正墙，尽管被烟熏黑了，但仍骄傲地挺立着。不过，当我企图走近时，一名德国士兵跑过来警告我，因为墙壁随时可能会倒塌。尽管如此，我们还是走到了近处。

我对石头上刻的字颇感兴趣。我在纸片上记下了一些：**芬奇学院；罗彻斯特大学；菲利普斯学院，安多沃；伊利诺伊大学；美国女子大学联合会；宾夕法尼亚州费城公学**；等等。除了这些学校以外，还有其他为重建这座图书馆捐资的美国学校。我试图寻找那块著名的铭文，当我1925年首次来到欧洲时，这座图书馆刚刚完工，一些美国捐助者和比利时当局曾就此发生愚蠢的争执。今天看来倒是不那么愚蠢了。我没有发现它。我试图准确地回忆其原文，但实在记不清了。不过，我想意思大致是这样的:“因德国的怒火而毁灭，因美国的慷慨而重建。”

“那些书呢？”我问那位德军指挥官，我越来越感到他是个正派人。“烧了，”他说道，“可能全烧了。”

一名脸上长满疙瘩，显得十分狡诈的纳粹工人走上前来。黄色臂章表明他属于托特组织，往往跟随德军行动并负责清理废墟。他对我说:“这是英国人干的。他们离开前放了把火。非常典型，不是吗？”

我什么也没有说。但是，后来当我单独和上校在一起时，我向他提出了这个问题。他看着我，耸了耸肩，说道:“我的先生，正如我说的，在这座城市里发生了一场战斗。在街道上进行了激烈的战斗。火炮和炸弹都用上了。你看有多少房屋被摧毁。我不知道哪座房屋在这种时候会得到与众不同的待遇。也不知道这座图书馆是与其他房屋一样玉石俱焚呢，还是因为其他原因被摧毁。”

在我们离开柏林之前，曾有一位德国军官来到威廉广场并告诉我们：“先生们，我们刚刚得到来自鲁汶的消息，英国人以最无耻的方式抢劫了那座美丽的古城。”

我们在鲁汶消磨了一个早晨，在废墟附近转悠，察看一些没被摧毁的房屋，与刚返回的居民以及神父和嬷嬷们交谈。有些神父和嬷嬷在三天战斗中就躲在附近修道院的地下室里。我们没有看到或听到任何能够证明英国人抢劫的证据。公平地说，也没有任何一位德国正规军军官这么说过。

当我们早上9点15分进城时，被炸得稀烂的街道上空无一人。没有一个平民。只有一些士兵和穿着捷克军装（难道德国人连军装都不够穿吗？）的辅助部队成员。此外，就是穿着无标志工作服、戴着黄色臂章的托特组织成员。

在希特勒发动西线攻势前，鲁汶居民共有四万一千人。一周后，当纳粹军队进城时，没有一名居民还留在那里。我们无法查清有多少平民被杀。可能非常少。也可能根本没有人被杀。实际上，该城居民由于对纳粹大军的恐惧，在德国人到来之前就已逃离。他们无疑还记得上次即1914年德军来时，有两百名市民代表被抓作人质并被枪决，以报复所谓的狙击事件。

中午时分，当我们离开时，看到了第一批返回的市民。他们的脸上充满震惊和恐惧，是那样悲苦和怨怒，然而又是如此自尊！我注意到了这一点。在某种意义上，此时此刻，以自尊掩饰的痛苦，是人类最高贵乃至最美丽的表情。我们那些世故油滑的奥尔德斯·赫胥黎之流需要多看看这种表情——在废墟中的活生生的表情。

德军指挥官将我们带到大教堂和市政厅。除了一两扇窗户被打破外，几乎一切都完好无损。它们一定逃过了1914年那场火灾，因为都不是新盖的建筑物。一名德国军官对我说："施图卡比起普通轰炸机有一个优点。"

"什么优点？"我问道。

"它们炸得更为精确。看看这里的市政厅和大教堂，都幸免于难。如果是普通轰炸机攻击这座城市，很可能连它们也会被摧毁。我们的施图卡则不然。它们只炸指定的目标。"

我们鱼贯而入市政厅。首先是一个挺长的中世纪风格大厅，可能是接待室。我们立即察觉到，这里曾经当过英军司令部。在白木制作的大桌子上，放着地图、笔记本、威士忌酒瓶、啤酒瓶和带有奇怪英国商标的饼干筒。这说明，英国人离开这里并不太久。

一条走廊通向里面更小些的房间，英国军官们似乎曾在那里住过。在他们的桌子上，堆放着更多地图和法英辞典。在一张桌子上，我注意到放着一本炮兵手册。有间屋子的地板上沾满了血迹。德军指挥官透露，有两名比利时伤员在那里因失血过多而死。在各个房间绘有大幅文艺复兴时期壁画的墙壁下，凌乱地放置着英国人睡觉用的床垫。大多数床垫都血迹斑斑，似乎在最后的日子里，并不是用来睡觉，而是用来等待死亡。

当我们离开市政厅，鱼贯而出那间大接待室时，我注意到后墙上有一块巨大的铜牌，但有半块被打掉。

"**那**是怎么回事？"我问一名军官。

他随即大肆吹嘘了一番德军的荣誉感。这块铜牌纪念的是鲁汶的烈士，即1914年被德国人抓为人质并枪毙的两百名市民。正如全世界都知道的，这些市民代表之所以被枪毙，是因为比利时人冲德军士兵打冷枪。*这块铜牌描述了"德国士兵的野蛮"。为了捍卫德军的荣誉，

* 在1940年没有发生冷枪事件。

德国人便将记载“英雄烈士及野蛮德军”的那半块铜牌毁掉。而另外一半铜牌记述了1914年比利时军队在保卫祖国时的英雄事迹，德国人对此并不反对，因此将其保留下来。德国人只是反对打冷枪而已。

在火车站附近的广场废墟中，一座巨大的石质纪念碑仍然矗立在那里，尽管德国人和英国人在此战斗了三天之久。这座纪念碑也是为了纪念1914年被枪毙的那些好市民们。上面甚至罗列了他们的姓名。迄今为止，德国人还没将其炸掉。

我们在广场上停下来喘口气。脸上仍然带着恐惧和震惊的难民们，已经开始逐渐返回家园，在废墟中小心地走着。他们安静、悲苦而骄傲。虽然这会使人很伤心，但我们还是叫住了一些人，试图问他们一些问题。我们提出的一些问题，是想弄清德国人对英国人火烧鲁汶大学图书馆的指控。我们相信德国人肯定是罪魁祸首，而美国人民的反纳粹情绪将因此而进一步高涨。但因德国军官在场，他们都变得谨言慎行，什么也没跟我们说。他们什么也没看见，他们坚持说。在战斗期间他们并不在城里。他们已经逃往山区。

“我怎么可能看到什么？”一位老人抗议道，眼中闪耀着怒火，看着德国人。一位比利时神父也同样谨慎小心。“我待在修道院的地下室，”他说道，“我为我的教民们祈祷。”一位德国嬷嬷告诉我们，她和五十六名孩子是如何在女修道院里躲了三天。她清楚记得周五即5月10日清晨，炸弹开始从天而降。事先毫无警告。炸弹完全是不期而至。比利时并未宣战。比利时并未对任何人做任何事……她停了下来，注意到德国军官正盯着她。

“你是德国人，是吗？”一名军官问道。

“是。”她赶忙惶恐地说道，“当然，作为一名德国人，我很高兴这一切都已过去，而且德军到了这里。”

德军指挥官很明显是受到了鼓舞，想带我们去女修道院与更多的德国嬷嬷谈谈。但是我们估计这只是为了宣传而已，因此催促率领我们这帮人的军官继续前进。我们遂起程前往布鲁塞尔。

大约中午时分，我们沿着灰尘满天的公路驶向布鲁塞尔。突然，有人看见了斯滕奥克尔泽尔和那座中世纪城堡，奥托·冯·哈布斯堡和他母亲、前奥匈帝国皇后齐塔住在那里。我们停下车，打算看一看。这座城堡遭到了轰炸。

奥托的城堡是座古老建筑，拥有无数塔楼，轮廓有些丑陋。城堡四周是泥泞的护城河。当我们接近城堡时，发现一部分屋顶被炸飞，一座墙看上去摇摇欲坠。窗户都被震破，显然是高爆炸弹冲击波所致。走得再近一些，我们发现了两个巨大的炸弹坑，实际上与护城河联成一体，使其显得更为宽阔。显然，城堡之所以能够屹立不倒，只是由于这两枚至少500磅的炸弹都掉进了护城河，而河水和淤泥减弱了爆炸的破坏力。护城河距城堡仅六十英尺，炸弹的投掷当然可以称得上精确。显然是施图卡的杰作。

但是为何要轰炸奥托·冯·哈布斯堡的城堡？我询问一名德国军官。他也说不清楚。最后他提出："英国人无疑是将城堡作为指挥部，因此它当然得算是个军事目标。"后来我们在城堡里看了个遍，并未发现任何英国人曾经到过这里的证据。

当我们进入城堡后，很快便发现它曾被劫掠过，虽然并非十分彻底。有迹象表明，主人离去得很匆忙。在楼上卧室里，女人的衣服在地板、椅子和床上扔得到处都是，似乎那些人拿不定主意该带哪些衣服，而且既无时间也拿不动太多东西。所有衣橱里都装满了衣服和长袍，整齐地挂在衣架上。在一个男人住的房间里，书籍、运动衫、西服套装、高尔夫球杆、留声机唱片和笔记本扔得到处都是。楼下客厅十分宽敞，布置得颇富布尔乔亚情调。书籍、笔记本和瓷器在一张大桌子上杂乱无章的堆放着。一本关于昆虫的大书很明显被什么人，可能是奥托本人，仔细地翻阅过。在楼上我认为是书房的房间里，我注意到一本法文书，书名是《即将到来的战争》。我查看了他的书籍。

有些极好的法文、德文和英文书。显然他在读书方面品位很高。当然，有许多是他的大学课本，都是关于政治、经济等方面的。

我们花了半小时彻底检查这些房间。其中大多数布置得非常糟糕。洗澡间简直可以说是原始。我还记得维也纳霍夫堡宫的壮丽，哈布斯堡家族在那里统治了数百年之久。两者实在有天壤之别。我们一行中有些人顺手偷了不少纪念品，有刀剑、老式手枪和各种装饰品。我则捡了一页奥托的英语作文留作纪念，显然这是他最近访美前温习英文时所写。感觉就像个强盗。一名德国军官递给我一顶奥托的学生帽。我顺从地接了过去。有人发现了一些齐塔的名片，并且给了我一张。上面写着:“奥地利皇后及匈牙利的统治者”。我把它装进口袋，当然也得算个抢劫犯了。一条悲伤、饥饿、迷惑的小狗，在混乱不堪的房间里打着转，然后又跟着我们到汽车那里。我们将这座城堡留给了它。周围一个人也没有。

斯滕奥克尔泽尔到布鲁塞尔的公路上拥挤不堪，路右边是向西加速行驶的德国军车和牵引火炮，路左边则是冒着酷热和灰尘返回被毁城镇的络绎不绝的难民队伍。我本来还想在布鲁塞尔美美地吃上一顿午餐。这一景象使我胃口全无。

下午2点，抵达布鲁塞尔。该城幸免于难，也是比利时唯一没有遭到破坏的城市。希特勒曾威胁要摧毁布鲁塞尔，前提是如果比利时人通过该城调动部队或组织防御的话。也许迅速陷落倒使其免遭劫难。

当你驱车穿过城区时，不时会看到被零星投掷的德国炸弹炸毁的房屋。只是为了吓唬人吗？城市中央运河上的所有桥梁都被英国人炸毁了，原先起码有十几座……

这是晚春温暖的一天，街道上挤满了当地居民。与我们在其他城镇看到的一样，人们的脸上是痛苦但自尊的神情。负责我们这四辆汽车的德国军官下了车，向一位路人询问如何去我们已经订好座位的饭馆。这位先生看样子像个教授，留着胡须，戴着宽边黑帽。他给我们指明了方向，很有礼貌，也很冷淡。德国军官敬了个礼表示感谢。教授生硬地举手碰了碰帽檐。

不久，我们来到市中心，即火车东站前面。然后又粗鲁且不必要地鸣着喇叭，沿着街道加速冲到大都会旅馆前面的广场上。和平时期我常在这里漫步，度过了多少个日日夜夜……我留心观察布鲁塞尔的规矩市民，还有浓妆艳抹的妓女。大街上摆满了在德国绝对见不着的好东西，包括橘子、香蕉、奶油、咖啡和鲜肉。电影海报栏里张贴着好莱坞和巴黎最近的电影海报，广场上的咖啡屋里挤满了人。

我们在皇家饭店吃饭，我在布鲁塞尔时经常到这里。与德国军官一起到这里，我感到有些尴尬。好在领班和侍者都没认出我来，也可能是假装没认出来。这家饭馆和大都会旅馆一样都被军方征用。不过在吃饭期间，也有两三个平民进来用餐，我想可能是例外。我们吃得很好。在这里用餐的德国人主要是军官，也有不少外交部和宣传部的官员。在柏林有几年没吃到这么好的饭菜了。

我们一行人在几分钟内便将饭馆中的美国香烟买了个精光。我也买了三盒“好运”牌香烟。在德国抽了一年劣质香烟后，我实在无法抵御那种诱惑。我将把它们留在早饭时抽，一天抽一支。大多数人都是成箱地买，这使我良心上轻松了一些。我们以10法郎兑1马克的愚蠢比价付钱。午餐后，大多数人都跑出去，用现在很值钱的马克“抢劫”。他们买鞋子、衬衫、雨衣、妇女穿的丝袜，几乎看见什么买什么。一名意大利人买了咖啡、茶叶和两加仑食油，此外还买了鞋子和衣服。

F先生和我出去找一家过去经常光顾的商店。不是去买东西，而是去聊天。老板娘正在店里招待顾客。她对我还有模糊印象。她既震惊又害怕，但表现得很勇敢。她仍不理解到底发生了什么。她说道：

“事情来得太突然。我还没明白怎么回事。先是德国人进攻。然后是政府逃跑。我们都不知道发生了什么。最后是周五（今天已经是周一了），大约晚8点，德军开进了城。”她承认，德国士兵的行为还算“端正”。

“你丈夫去哪儿了？”我问道。

“我不知道。他被动员参军。他上前线了。我没听到他的消息。我只希望他还活着。”

两名德国士兵晃悠着走了进来，每人买了六盒美国香烟。在德国，他们最多只能购买十支劣质国产香烟。他们离开后，老板娘说道：

“我的铺子仍然开张。但不知还能开多久。我们的货都来自英美。还有我的孩子。从哪儿能搞到牛奶呢？我搞到够两个月喝的罐头牛奶。但喝完后又该怎么办呢……”

她停顿了一下。最后，她还是说了出来：

“说到底，事情最终会怎么样？我的意思是，你认为比利时还会跟以前一样吗？保持独立并保留我们的国王？”

“嗯，当然，如果同盟国获胜，事情会像上次大战后一样……”我们只好说道。

“如果？……但为什么他们撤得这么快？加上英国人和法国人，我们在比利时有一百多万军队。但他们还不如1914年那一点比利时军队守得时间长。我真不明白怎么回事。”

我们也不明白，随后便离开了。回到停放汽车的饭馆，我们一行中有个别人刚刚回来，拎着大包小包的“战利品”。但多数人仍没回来，于是F先生和我又到市政厅广场上散步。在午后阳光的照耀下，市政厅楼顶飘扬着纳粹“卐”字旗。尽管如此，除了一群群的德国兵外，广场看上去一切如常。我们发现了一家美国银行办事处。我们走了进去，要求见见经理。午餐前，我们曾要求德国人带我们去美国使馆，但遭到了拒绝。美国使馆人员与比利时政府一起逃跑了，他们告诉我们。我反驳道，使馆至少会留个秘书看管。不是这样，他们声称，只留下个门房。这显然是假话，但F先生和我都未挑明。要走路去的话有点太远，我们时间不够。

这家银行的两位经理似乎很高兴见到我们。其中一位在比利时遭入侵前两天才从纽约来这里。他们告诉我们，美国大使库达希和全体使馆成员都留在布鲁塞尔。但是使馆无法与外界联系。据他们所知，所有美国人都很安全。在德军进城前两天，有些美国人与一伙犹太难民曾打算趁夜逃走。但是，离首都二十英里的铁路桥遭到德机轰炸，火车不得不停车。城里有些恐慌，特别是犹太人，这也是可以理解的。这伙犹太人和几名美国人决定步行前往海边。其他人包括一位银行经理则返回布鲁塞尔。无人知晓那些逃往海边者的下落。

关于布鲁塞尔的一些零星情况：街车仍在行驶，但禁止用私车。德国人征用了大部分私车。不准打电话。电影院被关闭，但海报栏里仍然张贴着法国和美国电影广告。德军禁止人民收听外电广播。到处都贴满了告示。其中一份是市长发的，以法文和佛莱芒文印刷，要求民众在处理与德军关系时保持冷静和尊严。美国公司外面则贴着用美国使馆信笺打印的告示，内容是："此处属美国财产并得到美国政府的保护。"

午后才离开布鲁塞尔，我们的汽车上装满了大家的"战利品"。对我而言幸运的是，我们于晚上9点半便返回亚琛。我已与帝国广播公司约好，于凌晨4点半在科隆播音。

我刚刚写完播音稿。必须把宣传部和最高统帅部的新闻审查员从床上叫起来进行审查。虽然最近我很少睡觉，但丝毫不觉得困倦。我租了一辆车和司机，以便开车去科隆，约需行驶四十英里。司机坚持现在就出发，也就是凌晨1点。他说，公路上的部队会阻碍我们行车，英国轰炸机可能也会来捣乱。今晚它们还没飞过来，虽然几乎是满月。

5月21日，6点15分——播音进行得很顺利。英国轰炸机没来。

在灯火管制情况下寻找广播电台遇到了一些麻烦。最后，科隆城内与大兵一起站在门口的一位胖胖的金发女郎给我们指明了方向。在电台抽空睡了半小时，在回亚琛的路上又睡了一个半小时。也就是说，归途中一直在睡。现在下楼去吃早饭，我们将于6点半出发去前线。没时间换衣服，不过还是抽空刮了脸。

关于5月20日的脚注——在由布鲁塞尔返回亚琛的路上，我们遇到了一群英国战俘。那是在荷兰林堡省的某个地方，我想大概是在马斯特里赫特郊区。他们被赶进一家废弃工厂的大院里。我们停了下来，走过去和他们谈了谈。看着他们，令人十分伤感。战俘们总是这样，特别是在战斗刚刚结束后。一些人显然得了弹震症，一些人受了伤，所有人都筋疲力尽。但给我留下深刻印象的是他们的体质。他们全都胸脯扁平、骨瘦如柴、肩膀单薄。约有三分之一的人视力不好，并且戴着眼镜。我认为，这非常说明问题，英国在战后二十二年忽视青年的行径几乎是犯罪。德国尽管战败，而且还面临着严重的通货膨胀、失业人口达到六百万等问题，却是在野外的新鲜空气中和灿烂阳光下抚养自己的孩子。我问这些战士们，他们都来自哪里，在家里从事什么工作。战俘约有半数来自利物浦的公司，其他人则来自伦敦的公司。他们说，九个月前开始军训，当时战争刚刚开始。但正如人们所看到的，这不能弥补战后这些年来因饮食太差、缺少新鲜空气和阳光以及体育锻炼所带来的危害。就在三十码外的公路上，德国步兵正向前线开进。我不由得将他们与这些英国小伙子进行对比。这些德国兵肤色黝黑，胸肌发达，身材匀称，健壮如狮。这是一场不对等的战斗。

我知道，这些英国小伙子，也曾像男人一样勇敢地战斗。但勇敢并不决定一切，在这场机械化战争中，单靠勇敢是不够的。你必须拥有一个可以承受可怕摧残和折磨的好身体。然后，特别是在这场战争中，你必须拥有所有必需的军事装备。我就此询问了这些英国人。有六名英国战俘站在一起，与其他人拉开了一些距离。他们告诉我，在鲁汶附近投入战斗时还有一个连，现在仅剩下这么几个人。

“我们根本没有机会取胜，”其中一人说道，“我们立刻就被打垮了。特别是那些俯冲轰炸机和坦克，对我们威胁最大。”

“你们自己的轰炸机和坦克呢？”我问道。

“从来没见过。”他们异口同声地答道。

其中，有三个人都是一只眼上蒙着非常肮脏、血迹斑斑的绷带。有一个人看上去特别沮丧，站在那里痛苦地咬着牙。

“很可惜，”他的战友悄悄对我说，“他失去了一只眼睛。感觉很糟糕。”

“告诉他，没那么糟糕，”我笨拙地企图安慰他，“我自己也有一只眼睛瞎了，但你们都没注意到。”我并不指望他相信我的话。

尽管有弹震症并面临着当战俘的黑暗前景，但总体而言他们仍很乐观。一个戴着厚厚眼镜片的来自利物浦的小个子冲着我微笑。

“你知道，你是我平生见过的第一个活生生的美国人。在这种地方头一次见美国人，是不是有点滑稽？”这也引起了其他战俘的同感，我们都大笑起来。但是在内心里我感觉并不好。F先生和我将随身带的所有香烟都送给了他们，然后才走开。

亚琛，5月21日

今天，终于来到真正的前线，首次目睹了战斗场面，是在比利时西部斯海尔德河地区。这是自去年9月我在波兰格丁尼亚观看战斗后所看到的第一次实战。

驱车上前线途中，我们再次经过鲁汶城。令人吃惊的是，有这么多人已经返回。农民们运来了食品。在一条成为废墟的街道上已经建立了一个小菜市场，令我们十分惊讶。

到布鲁塞尔后开始向南走，我们沿着公路向图尔奈前进，该城仍然掌握在盟军手中。在位于滑铁卢西南数英里的蒂比兹，再次发现最近交战的痕迹。街道两边的房屋都被炸毁，到处是冒着青烟的废墟。迄今为止，我想，这场战争都是沿着公路进行的，这是两支摩托化军队之间的较量。几乎所有城镇都被全部摧毁，至少也被摧毁了一半。但是附近的田野却丝毫未遭破坏。返回家园的农民已经开始收割庄稼。

大约中午时分，我们抵达昂吉安，遂即前往赖歇瑙将军的司令部，他是第6集团军司令。指挥所位于离城不远的城堡中。在通往城堡的园林里，到处都架着高射炮。在比利时和法国乡间，随处可见这种文艺复兴风格的城堡，四周的园林和草地郁郁葱葱，非常凉爽。

我在战前曾偶尔见过几次赖歇瑙。他在阳台上欢迎我们，像往常一样皮肤黝黑，动作轻快，一只眼睛上永远夹着单片眼镜。他以一种典型的、德国式的精确和令人吃惊的坦率，相当深入地介绍了作战情况，并不时停下来回答问题。根据采访时的笔记，我为哥伦比亚广播公司写了一条简略的电讯稿。内容如下：

“尽管迄今为止德国人十分成功，赖歇瑙对我们强调说，目前的战斗还只是一次包围行动而已，决定性的战斗还未进行。

“‘那么将会在何时何地进行呢？’我问他。

“‘具体地点，’他笑着答道，‘部分将取决于敌军的行动。具体时间以及持续几天，我宁愿让未来去做回答。可能很短，也可能很长。记住，滑铁卢战役的序战持续了几天之久。而滑铁卢的决定性战斗八小时内便决出胜负。’

“赖歇瑙承认，‘如果魏刚决定顽强抵抗，德军的前进速度现在可能会减慢。我们在发起战役时充满自信。但是我们不抱幻想。我们知道，前面还有一场大战等着我们’。

“赖歇瑙说，迄今为止德军的损失相对较少，伤亡人数约相当于敌方战俘的十分之一。根据最新官方数字，战俘约有十一万人，不包括五十万投降的荷兰军队。

1940年5月，瓦尔特·冯·赖歇瑙（前排右三）在比利时前线。

“有人问，德国步兵是如何迅速渡过河流和运河的，我们看到盟军几乎炸毁了所有桥梁。

“‘大多数情况下是乘橡皮艇渡河。’他说道。”

我还简略记下了赖歇瑙所讲的其他内容：

“希特勒的确是在司令部里直接指挥德军。比利时境内被炸毁的桥梁和道路，大多数是法国爆破手干的……我曾在一天内沿着前线驱车行驶一百五十英里，却未发现一次空战。我们对于盟军根本未试图炸毁马斯河和阿尔伯特运河上的桥梁当然也感到惊讶。英国人只是在白天做过一次尝试。我们击落了十八架飞机。但是，英国人无疑企图保存其空军实力。至少我的印象是如此。”

而且我得到的印象是，这一点让他感到相当烦恼！

与赖歇瑙的谈话记录还有：

“英国陆军在比利时有两个军，大部分是机械化部队。比利时人防守北部地区；英国人防守中部和南部地区……我们遇到过一个摩洛哥师。他们作战勇敢，但缺乏耐力，坚持不了多长时间……开始几天，最艰苦的战斗发生在阿尔伯特运河一线。后来则是在代尔防线，特别是在那慕尔西北的让布卢。”

然后，双方又进行了一番问答。将军的情绪几乎可以称得上快活。他既不紧张，也不担忧，从容不迫。你可能会奇怪:“难道这些德国将军根本没有感情?”因为，毕竟他是在一场重要战役中指挥一支庞大的军队啊。沿公路再向前走几英里，有两百万人正试图杀死对方。他是其中几乎一百万人的指挥官。这位将军微笑着，得意扬扬地对我们说再见。

“我刚刚下令准许你们去前线。”他说道。他的双眼闪闪发光。“你们可能会遭到射击。但你们必须冒这个风险。我们都一样。”

他把我们交给了副官，后者请我们喝了一瓶非常好的波尔多红酒，无疑是从下面酒窖里拿的。然后便出发上前线。

不久，我们便听到远方沉闷的炮声。我们正在前往阿特的路上，我查看了地图，发现它离仍在盟军手里的里尔很近，恰好处在里尔与布鲁塞尔两地中间。现在越来越多的迹象表明，战斗就在正前方进行。红十字救护车越来越频繁地掠过我们的车队。村庄街道上飘来死马的臭气。在公路旁边的原野上，牲畜一动不动地躺在草地上，显然是被炸弹或炮弹炸死的。

接近阿特后，我们绕了点路，经过一条景色优美的乡间小路。此时，一位不久前还是威廉街官员的中尉站了起来，摆出拿破仑的姿态，站在汽车前座上，向我们大幅度地打着手势，一会儿要我们拐弯，一会儿又要我们停车。司机们都是士兵，说他在兴奋中打的那些手势毫无意义。司机们都笑个不停……但是这位中尉显然是闻到了战斗的血腥味，虽然我们离前线还有些距离。

突然，我们闻到一股刺鼻的臭气。全是由一支法军混合纵队造成的，他们遭到了德机的空袭。在狭窄的道路上，躺着一打被骄阳晒得臭气熏天的死马；还有两辆法国坦克，它们的装甲像手纸似的被穿透；另外还有被遗弃的一门150毫米榴弹炮和一门75毫米榴弹炮。几辆卡车显然是在极度匆忙中被遗弃的，四周散落着不少器具、外套、衬衫、大衣、钢盔和食品罐头，还有写给家中妻子、女友和母亲的信件。

我注意到，公路边有一些新坟。每座坟上都插着一根棍子，上面挂着顶法国钢盔。我捡起了一些信件，想着有一天可能会将它们寄出或捎给收信者，可能还会说明一下当死亡来临时，那最后的地点是什么样子。但这些信件既无信封，也无地址，甚至连姓氏都没有。上面只是潦草地写着："致我亲爱的杰奎琳"，"致我亲爱的妈妈"，等等。我粗略地看了其中一两封信。它们一定是在出发前写的。内容包括军队生活的无聊和如何在巴黎焦急地等待下一次休假。

在晚春骄阳照耀下，那些死马发出的恶臭令人无法忍受，虽然已经有人向上面喷撒了石灰。于是，我们继续前进。我们途经一个非常小的村子。五六所农舍位于一条小路与公路的交叉路口。牛在草地上吃草。猪在场院里长声尖叫。它们都饿了，农舍里空无一人。奶牛有几天没挤奶了，它们的乳房都胀痛了。

现在我们可以清楚地听见火炮射击声。我们沿着遍布灰尘的道路加速前进，经过无穷无尽的德军车队，上面装载着兵员、弹药、至关重要的汽油以及各种型号的火炮。在勒兹附近的河流（也可能是运河）上的桥梁被炸毁，但是德国工兵已经修建了一座应急桥梁，我们就从这座桥上过了河。

勒兹城里挤满了车辆和部队。整个街区的房屋都被炸成碎片。有些房屋还在冒烟。在一个漂亮的小广场，我们停车休息半小时，周围有一座教堂、一所学校和市政厅，也可能是别的什么政府机构。学校已被改作红十字会的救护站。我漫步走了过去。救护车排列在那里，等待着将伤员送下车，伤员约有七八位。甚至在处理伤员问题上，也体现着同样的、机器一般的、不受感情左右的组织性。既不激动，也不紧张。甚至伤员们似乎也在这个公事公办的巨大机器中称职地扮演着自己的角色。他们既不呻吟，也不说话，更不抱怨。

在我们等待的时候，弄到了一点吃的东西，一块黑面包上抹了一些罐装蔬菜炖鱼肉。随后，便出发上前线。在我们动身前，带队军官警告说会有危险，我们必须毫不犹豫地服从其命令。此外，还解释了如果盟军飞机到来或法军炮兵开火的话，应如何迅速扑到地上并平趴在那里。当我们前进时，一行人开始感到有点紧张。我们向北进发，与前线保持平行，然后又向回走约五英里到龙瑟，迅速穿过这座城市，再向北到斯海尔德河，两军正在那里激战。步行的步兵，这几乎是我们首次看到他们步行，沿着通往斯海尔德河的各条道路进行部署。令人惊叹的是，橡胶轮胎的150毫米重炮由拖拉机牵引，以四十英里的时速拖到一座小山边。能够如此迅速地牵引重炮，不知是不是德国的一个军事机密？最后，我们停了下来。在公路右边一座果园里，隐蔽在果树下的150毫米炮兵连正在猛烈开火。现在，我们可以清楚看到斯海尔德河谷，并能观察对面山坡上的情况。火炮射击声震耳欲聋，一秒钟后你就能看到远处山坡上炮弹爆炸冒出的白烟。一名军官解释说，他们正在炮击敌军阵线后方的道路。你可以通过炮弹的白烟，看出河谷对面曲折的道路。我们下了汽车，但立刻有人命令我们回去。有人解释说，我们太暴露了。在那里，敌军飞机或炮兵可能会击中我们。于是，我们又开车返回一段距离，然后再向西开，爬上一座比炮兵阵地更为偏西的小山，后者现在位于我们后方，炮弹从上方飞过。这是个炮兵观察所，位于山顶树林里。我们坐在山坡上，透过遮掩的林木，观察前线情况。

但是，效果很不令人满意。实际上，能看见的东西很少。你无法看清步兵或是他们正在干什么。一名军官解释说，他们正在下面沿岸一线进行战斗。盟军仍然据守着两岸，但正在撤过斯海尔德河。唯一可以看到的步兵战斗迹象，就是德军炮兵弹幕开始向前推进。然后便停住了。随后又再次开始炮击离我们更近些的地方。你可以看出对方发动了反攻，而德军必须在炮兵弹幕掩护下再次开始进攻。一位来自威廉街的老军官坚称，他可以看到步兵的行动。我拿起望远镜来，但还是看不到步兵。

从斯海尔德河对岸山坡炮弹爆炸冒出的白烟，你可以看出德国人正对敌军后方交通线进行猛烈炮击。通过望远镜，你可以看到德国人是如何沿着曲折的道路进行炮击的。过了一会儿，一大片炮弹爆炸形成的烟雾，便在远处山坡上弥漫开来。迄今为止，我们还未听说过炮兵在德军神奇的快速推进中所起的作用。施图卡的战绩吸引了我们的注意力。但是显然，德军的机械化炮兵部队能够以四十英里的时速迅速部署到挺进中的坦克部队后方，无疑也发挥了巨大作用。盟军可能根本没有想到，炮兵机动速度会这么快。在我们周围，德国人现在正以150毫米榴弹炮和105毫米榴弹炮射击。炮击声并未像我想象的那样震耳欲聋。可能已经慢慢习惯了。

一名年轻士兵走了过来，试图对我们进行宣传。他很随意地说，英国人昨晚进行了反攻，最远攻抵我们所在的这片树林，并裹胁走了当地所有平民。我们大多数人对此不感兴趣。我估计，如果英国人的确进行了反攻，并回到这里待了一个晚上，那么大多数平民很可能是出于自愿跟着英军撤退的，以避免落入德国人之手。甚至我们一行中的意大利人都讥讽地笑了。

我注意到，前线上空整个下午都盘旋着两三架德国侦察机，显然是在校正炮兵射击。它们毫无顾忌地以巡航速度在战场上空慢吞吞飞着。但盟军方面并无飞机校正其炮兵射击，他们只是向德军前沿阵地进行概略炮击而已，并未有意压制德军炮兵，实在是很奇怪。单单是缺乏炮兵校射飞机，就会使盟军处于极端不利的地位。实际上，我们整整一天也未看见过一架盟军飞机。我们曾经遇到过一两次空袭警报，但最后并无飞机露面。英法现在正为其忽视空军的犯罪行为付出代价！

伴随着火炮的不断射击，下午渐渐过去。我们附近的炮兵得到命令，需要前进至新阵地。立刻，在周围树林中，我们此前根本没有察觉的士兵和汽车已经做好了准备。士兵们扔掉了将他们几乎完美地伪装起来的树枝，并开始准备出发。我们最后看了一眼斯海尔德河谷，以及河对岸炮弹爆炸冒起的烟尘。可能，这一切对于周围的德国军官而言，都有着明确的含义。每发呼啸而去的炮弹都有着特定的任务。冲下公路的每门炮和每辆车，都将前往其指定阵地。数千门火炮进入数千个阵地。战场上的这些景象，在我看来是一片混乱，但实际上却展示了一部保养良好的战争机器是如何运作的。

我们驱车赶回布鲁塞尔。德国俯冲轰炸机掠过头顶，去做它们午后的“功课”。在布鲁塞尔，德国战斗机和轰炸机威慑性地飞越城市上空。德国人在以他们的方式震慑民众……

我们抵达亚琛时，已是午夜时分。在马斯特里赫特，德国人正等着英国轰炸机到来。在离修好的桥梁约四分之一英里处，一名士兵命令我们停车。所有灯光都必须熄灭。我们借着月光，驱车过桥。今晚几乎是满月，月色可人。再驶出四分之一英里后，一名士兵又叫我们停车，告诉我们可以打开暗光灯。效率真高！

我们一行中的大多数人对布鲁塞尔进行了第二次“抢劫”，但又担心德国人会拿走他们的战利品。他们在荷德边境仍然保留着海关关卡！还好德国人并没这么干。

时间太晚了，以至于不能播音。于是，我打算写一篇播音稿，用电话告知柏林方面，再用电报发往纽约，由那里的电台播音。我还没来得及坐下写稿子，英国轰炸机便飞临亚琛上空。这次我们并不住在阁楼，而是在顶楼下面一层。我离开自己的房间，来到一楼餐厅写播音稿。各种口径的高射炮几乎不停地射击。你不时会感到炸弹的冲击波并听到爆炸声。我们的小旅馆离车站约一百码。英国人显然试图轰炸火车站和机车场。你可以听到大型轰炸机的轰鸣声，有时也可以听到德国夜间战斗机的嗡嗡声……

凌晨1点20分，我打通了电话。由于高射炮射击声和炸弹爆炸声，我几乎无法使对方听清我的声音。

在写稿子的时候，我还记下了空袭的情况：

夜间12点20分，高射炮开火；

12点40分，空袭警报拉响；

12点45分，附近的重型高射炮突然开火；

12点50分，德国战斗机的机炮射击声；

1点左右，车站附近的轻型高射炮开火；

1点15分，空袭仍然在进行。

此次空袭持续了四个小时，直到凌晨4点才结束。给柏林打完电话，我感到有些疲倦，便上床睡觉，几乎立刻进入了梦乡。

柏林，5月24日

整整两周之前，希特勒在西线发动了闪电战。随后便发生了如下事件：荷兰被击败；比利时五分之四的领土被占领；法国军队被赶回巴黎；据信包括英法精锐部队在内的一百万盟军被包围在海峡地区。

只有当亲眼看到德军的作战行动时，你才会相信这一点。据我看到的情况，使德军变得如此出色的原因包括如下几点：

它拥有绝对的空中优势。听上去似乎令人难以置信，但在前线的整整一个白天，我都没有看到一架盟军飞机。施图卡俯冲轰炸机削弱了盟军防御阵地，使步兵可以不费太大劲就能攻占目标。同样，它们还可摧毁盟军后方联络线，轰炸挤满卡车、坦克和火炮的公路，炸毁战略性车站和铁路枢纽。另外，侦察机可以使德军指挥官清楚地了解战斗进展情况。与此相对应的是，盟军却耳目不灵，侦察机很少能飞临前线。另外，盟军轰炸机也根本未能通过昼间轰炸切断德军交通线。在前线最令人震惊的是，德军毫无阻碍地将部队、火炮和补给大规模调往前线。由于比利时人和法国人彻底破坏了铁路桥，德军指挥部决定完全依靠汽车运输。在前线一整天，当驱车以四五十英里的时速行驶时，会经过无穷无尽的机械化行军纵队。这支纵队大摇大摆地横跨比利时，几乎连续不断。而且纵队前进的速度很快，时速约三四十英里。你会奇怪，德国人到底是如何为其提供充足油料的。但是他们做到了这一点。汽油与其他所有东西一样被送上前线。每个司机都知道，缺油时可以去哪里加油。

如果盟军派出飞机的话，这些无穷无尽的行军纵队将是多么美妙的目标啊！

使这一切如此顺畅运转的是一架多么出色的机器啊。实际上，当你看到德军行动时，这是给你留下的第一印象。它是一架巨大的、非人的战争机器，冷静而高效地运转，就像美国底特律的汽车制造厂。就在前线后面，当火炮不分昼夜地进行炮击，飞机轰鸣着飞越上空，数千辆军车在尘土飞扬的道路上隆隆驶过时，军官和士兵们却都保持着冷静，不动声色。绝对没有激动，也没有紧张。一名指挥炮兵射击的军官会停下来，花半小时向你解释，他正在干什么。在关键战役中指挥庞大军队的赖歇瑙将军，会花一小时向我们这些外行解释他的专业工作。

德军士气极其高涨。我记得一个工兵连即将下到斯海尔德河边，在敌火威胁下铺设浮桥。士兵们斜靠在木料上，读着当天军队出版的日报《西线》。我从来没见过人们在投入一场部分人肯定不会生还的战斗前是这个样子。嗯，他们简直可以说是麻木不仁。

BBC的说法无异于痴人说梦。它声称，这些正向海边阿布维尔突进的德军飞行纵队，只是一些无法保住其战果的软弱无力的部队。德国人突击时动用的并不仅仅是坦克和少量机械化步兵，而是使用了全部力量。轻型和重型机械化炮兵紧紧地跟随在坦克和步兵后面。

柏林，5月25日

今晚，这里的德国军方圈内人士把话挑明了。他们说，被包围在佛兰德斯的庞大盟军注定会全军覆没。

柏林，5月26日

加来陷落了。现在，英国与大陆的联系被切断了。

柏林，5月28日

利奥波德国王抛弃了同盟国。拂晓，比利时军队放下了武器。他们与英法军队一起，被包围在佛兰德斯和阿图瓦之间，一个不断缩小的“袋形阵地”。晚上，利奥波德向德军防线派出特使，要求实现停火。德军要求无条件投降。利奥波德表示接受。这就使英法军队防线出现一个大洞。最高统帅部声称，这使他们的形势“完全无望”。今天早晨，听到雷诺总理在广播中指责利奥波德背叛了盟军。根据BBC的说法，丘吉尔表现得更为谨慎。在对下院发表的简短讲话中，他表示自己不会轻下结论。

这里的新闻界对于比利时的投降表现得兴高采烈。仅仅才过了十八天，柏林报纸提醒我们。德国人打败波兰人只花了十八天。在周末之前，他们还可能会消灭其余被包围在口袋中的盟军。据BBC说，丘吉尔警告下院，不久可能会传来坏消息。

开战后第一次，元首司令部今天连续不断地发布公告。所有公告听上去都像是希特勒口授的。他总是企图显得很大度，例如:“德意志通讯社。元首司令部，5月28日。元首命令，要像对待英勇战斗的军人那样，对待比利时国王及其军队。他们已经证明自己符合这一条件。由于国王本人没有表示出任何个人愿望，他将获得比利时的一座城堡，直到就其最终居住地做出决定。”

可是由谁做出决定呢？

纳粹宣传机器开足马力运转起来，企图证明利奥波德的行为正当而合理。德国电台告诉听众，一篇特别公告将使“全德国都充满骄傲和喜悦之情”。

“元首司令部宣布：由于对德军的毁灭性威力印象深刻，比利时国王决定结束无意义的抵抗，要求实现停火。他接受了德国方面无条件投降的要求。比利时军队今天已经放下了武器并且不再存在。此时，我们想念我们勇敢的战士……整个日耳曼民族都怀着深深的感激及无限的骄傲凝望着我们的部队……正是他们迫使敌军投降……比利时国王为了防止进一步的流血以及毫无意义地毁灭自己的国家，做出了放下武器的决定，尽管这违背了内阁多数成员的意愿。应为比利时的灾难负主要责任的正是这个内阁，它似乎到现在仍然希望继续追随其英法两国的主子。”

今晚报纸的大字标题是：“**丘吉尔和雷诺侮辱利奥波德国王！——伦敦和巴黎的懦夫下令继续在佛兰德斯的自杀行动**。”德国电台今晚声称：“利奥波德的行为符合军人和男人的标准。”

上周，我在前线看到了比利时军队所受到的可怕惩罚。看到除布鲁塞尔以外，比利时几乎全部都被德国炮兵和施图卡夷为平地。你可以同情利奥波德国王希望结束这一切的心情。但是英法方面说，他未与两国磋商便做出决定，背叛了盟军并使其陷入可怕的困境，以至于失去了从包围圈中撤退的机会。三国军队合在一起，仍然有杀出一条血路突围的可能。由于五十万精锐的比利时军队的退出，法国和英国军队的命运似乎也就确定了。

这真是一场文明的战争。今晚，戈林宣布，由于他得到法国虐待被俘德国空军人员的消息，所有被德军俘虏的法国飞行员都将立即被戴上镣铐。另外，戈林还宣布，如果他听说有一名德国飞行员被法国枪毙，他就将下令枪毙五名法国战俘。还有，如果他听说有一名“正跳伞降落的”德国飞行员被打死，他将下令枪毙五十名法国战俘。

据我们所知，盟军正在枪毙不愿投降的德国伞兵。因为正是这些士兵在很大程度上导致了荷兰的陷落，并在战线后方造成一片混乱。可能那些跳伞降落的普通德国飞行员也被误认为是令人憎恨的伞兵。然而，戈林的命令显然也是希特勒通过散播恐怖进行征服的技巧之一。B先生上周曾去鹿特丹。他说，该城尽管已经投降，但大部分地区仍被摧毁。德国人的借口是，当荷兰人投降时，施图卡已经升空，他们无法及时召回！这听上去毫不可信，因为飞机上都有无线电台，随时可与地面联系。

戈林补充道，上述五比一或五十比一的枪毙比率不会应用在英国人身上，“因为他们的行为谨慎，还不应该遭到这种报复”。

今晚，宣传部给我们放了一部伴有配音的未经剪辑的新闻片，内容是如何摧毁比利时和法国的情况。一个小镇接一个小镇，一座城市接一座城市，都冒起熊熊大火。特写镜头显示，噼啪作响的火焰吞没了房屋，从窗口蹿出来，屋顶和墙壁坍塌。而就在几天前，人们还在这里过着即使未必快乐也是十分安宁的生活。

德国解说员对于破坏的热情，似乎随着城镇一个个被烧毁而不断高涨。他的嗓音粗野而刺耳。到了影片末尾，他的配音似乎就是一阵虐待狂的大发作。“看看这些破坏，这些燃烧的房屋，”他吼道，“这就是那些反抗德国力量者的下场！”

难道说欧洲不久就将被这样一个民族所统治和主宰？被这种虐待狂？

1940年5月29日，德国士兵和收缴的比利时军队的武器装备。

柏林，5月29日

今天，一家美国大广播公司的老板（并非哥伦比亚广播公司）给帝国广播公司发电报称：**“请安排利奥波德国王做播音。”**

里尔、布鲁日、奥斯坦德都被攻占！伊普雷斯遭到猛攻！敦刻尔克遭到炮击！被包围盟军的命运已经被锁定！……今天的报纸上，不断出现令人难以置信的大字标题。今晚，似乎这场史无前例的大规模战役即将进入尾声，至少在柏林看来是如此。

今天，德国最高统帅部在其公告开始时称：“阿图瓦地区法军的命运已经确定。它在里尔以南的抵抗已经崩溃。已经被压缩到迪克斯迈德、阿尔芒蒂耶尔、布律埃、贝尔格和敦刻尔克以西地区的英军，也将在我军的向心攻击下遭到灭顶之灾。”

今晚，德军司令部又宣布，发动了快速进攻，以粉碎英军的抵抗，并攻占了伊普雷斯和凯迈尔。

实际上，德国人告诉我们，自昨天开始法军和英军便被分割包围，分别处于一个狭小的口袋中。较小一点的口袋呈四方形，每边长约12英里，位于里尔以南，即该城与杜埃之间。三个法国集团军的残部都被困在那一小块地区，今晚德军将从四面对其发动进攻。较大一些的口袋位于敦刻尔克，围绕着港口形成一个半圆形。英国人被包围在那里。

如果英法军队投降或被消灭的话——德国人声称位于两个口袋中的英法军队必将落得如此下场——那么下一步会怎样呢？自1066年后首次入侵英国吗？除非在最后一分钟发生奇迹，英国肯定将失去在大陆的基地。低地国家与英国只隔着海峡和狭窄的北海南部海域，保卫这些国家一直是英国不可更改的政策原则，但现在却都落入敌手。法国位于海峡地区的港口，过去是联系英法两盟国的纽带，但现在也全部丧失。

这里大多数人认为，希特勒现在将试图征服英国。可能会吧。我对此并不肯定。也可能他将尝试先干掉法国。

昨天，在战斗中发生了一件离奇的事情：当德国人占领卡塞尔以东的法军阵地时，他们实际上从后方一直冲到了位于法比边境的法军筑垒地区。

普鲁士的威廉亲王在西线战死，今天以军礼埋葬在波茨坦。如果1914年后德国一切顺利的话，他本来可能会成为德国皇帝。出席葬礼的有皇太子和皇太妃、马肯森元帅和许多世界大战时期的军官，都戴着他们那精巧的尖顶钢盔。前德皇送了一个花圈。

德国人又在进行心理战：今晚发布的一份官方公告称，德国将为在英国夜间空袭中被杀的每一个德国平民及被毁的每一块德国石头，对英国进行超出许多倍的报复。

柏林，5月30日

我们的阵亡将士纪念日。当一名领事打电话，提醒我约了一月之久的高尔夫球赛时，我突然想起了这个纪念日。在美国内战中有多少人被杀？

今天，一个德国人来看我。他说："这场战争将持续多少年？"考虑到最近的消息，这个问题令我感到惊讶。上周，威廉街的三位官员与我打赌，认为德国人在三周内将进入伦敦。也就是说，离现在还有两周时间。

这个德国人还提到一件同样令我担心的事情：德国人的损失以及不了解情况的民众将会受到什么影响。希特勒不允许公布伤亡名单。他说，民众将此与1914—1918年的情形做比较，当时报纸每天都公布阵亡者名单，每过几个月就公布一次全部伤亡名单。但现在没有哪个德国人了解，西线攻势到底使多少德国人丧生。他甚至不知道挪威战役中的伤亡有多少。最近一次公布伤亡数字是在波兰战役时，对于希特勒给出的数字他表示怀疑。

今天，佛兰德斯和阿图瓦地区的大战已经接近尾声。德国人取得了惊人的胜利。据德国最高统帅部称，昨天英国人付出了巨大努力，通过海路营救英国远征军残余部队。英国人派出五十艘运输船，营救敦刻尔克附近海岸的英军。德国人称，他们派出两个空军联队轰炸。号称击沉十六艘运输船和三艘军舰，这毫无疑问有些夸大；同时，还击中、击伤或炸燃了二十一艘运输船和十艘军舰，这可能更为夸张。英国人派出数以百计的战斗机保护其舰队。德国人声称，他们击落了六十八架英国飞机。英国人声称，他们击落了七十架德国飞机。

从德方报道可以看出，被包围在佛兰德斯和阿图瓦地区的三个法国集团军逐渐被消灭了。今天，德国人说他们俘虏了法国第1集团军司令普里乌将军。他们已经俘虏了另一个法国集团军司令吉罗将军，当时他刚刚接管那个集团军。法国人显然被完全包围了。英国人仍然保持着海路畅通，而且无疑正在尽可能多地撤出部队。昨天，伦敦方面声称，英国正在进行“历史上最伟大的后卫战”。但是他们进行的此类作战未免太多了些。

这里不少人都在谈论，希特勒正准备将伦敦和巴黎炸个底朝天。报纸和电台发动了一场“战役”，以使德国民众做好心理准备。今天的攻击主要针对法国。《人民观察家报》称他们已经“杂种化、黑人化而且十分堕落”，指责他们虐待被俘德国飞行员。该报还说，法国人很快将为这一切付出代价。报纸上充斥着要对这件事或那件事进行报复的言论。

今天，德国驻比利时大使在新闻发布会上发表了长篇大套的讲话，是关于法国人如何在其前往瑞士的旅途中虐待他的。正如一个德国人后来对我说的，这些德国人似乎不能理解，法国人和比利时人之所以仇恨他们，是因为德国人入侵这些国家——对比利时没有任何借口或理由——并毁灭他们的城镇，以炮击和轰炸等手段屠杀数以千计的平民。这只是德国人根本无法理解他人立场的典型特征的又一例证。对于德国飞行员遭受虐待所表现出的愤怒也是同样的情况。敌国严厉对付跳伞降落的飞行员，只是因为对方知道希特勒通过在战线后方空投伞兵的手段征服了荷兰。但德国人认为，对手就是不应该抵抗那些从空中降落下来的人。如果对手这样做了，如果对手枪毙了这些人，那么德国就将屠杀那些落入其手中的战俘。

柏林，5月31日

意大利似乎也将做出最后决定——站在德国一边参战。今天，意大利驻德大使阿尔菲耶里拜访了希特勒的司令部。

整整三周之前，希特勒将其军队投入了荷兰、比利时、卢森堡和法国，孤注一掷地企图一战消灭盟军。迄今为止，经过三周时间，他赢得了胜利。他损失的人员和物资，目前我们还不了解。在三周里，他取得了如下战绩：

1. 征服荷兰，迫使荷兰军队投降。

2. 征服比利时，迫使比利时军队投降。

3. 在蒙梅迪至敦刻尔克之间约两百英里的战线上，深深地插至马其诺防线以南地区。

4. 消灭了法国第1、第7和第9集团军，当一个德国集团军向海峡方向突破时，这三个集团军被包围。

5. 消灭了英国远征军，后者也被包围。但是，英国远征军中至少有部分人员乘船经敦刻尔克逃走。不过，作为一支军队它已不再发挥作用。它无法带走火炮、坦克和补给。

6. 获得了荷兰、比利时和法国海峡地区，可以作为入侵英国的跳板。

7. 占领了比利时和法国北部重要的煤矿和工业中心。

陆军少将埃尔温·隆美尔约于1940年5月31日在Fi 156“鹳”观测机上拍下的他的第7装甲师行军的场面。

今晚，我在播音时说道："德国人当然是很漂亮地赢了第一回合。但是，至少是目前，还没有取得击倒获胜。战斗还将继续。"

我的一些朋友认为，从盟军的处境来看，这种说法有点过于乐观。可能是这样。我也不太肯定。

德国人俘虏的第一个美国救护车司机是加里波第·希尔先生。德国人表示，将立即释放他。但是他们找不到他。

今天，布鲁塞尔的美国人告诉我，比利时只有可维持五十天的食品了。

偶然碰见了美国驻汉堡领事。他说，英国人对汉堡进行了猛烈的夜间空袭。他们试图炸毁储油罐。但这些储油罐都是空的。德国人似乎将汉堡所有高射炮都调到了前线。因此英国轰炸机能够毫无阻碍地飞临城市上空，并且飞得很低以便精确轰炸。汉堡市民骚动不安，政府不得不将一些高射炮调回。

柏林，6月1日

虽然民众对于海峡地区的巨大胜利已经不再像对这场战争中的其他胜利那样热情高涨，今天报纸的大字标题仍然竭尽所能地企图煽起人们的热情。最典型的是《证券报·正午版》：**"巴黎和伦敦空前的灾难——五个集团军被包围并消灭——英国远征军已经不复存在——法国第1、第7和第9集团军被消灭！"**

现在，在佛兰德斯地区击败盟军的大批德军已经准备执行新的任务。对德军最高统帅部而言，有两条道路可以选择。它可以越过海峡打击英国，或将法国人赶向巴黎方向，并尝试迫使法国退出战争。根据我从这里的军方圈子收集到的消息，德国司令部似乎毫无疑问已决定选择后者，并已将其大部分军队调往索姆河和埃纳河地区，法军残余都部署在这一线。现在，魏刚将军有十天时间可以沿着这条防线部署军队。他曾因感到实力不足而未由索姆向北进攻薄弱的德军防线。而如果攻击坚决的话，本是可以挽救佛兰德斯的盟军的。这一事实也使德军将领相信，可以轻松击败魏刚率领的法军，迅速突破到巴黎、诺曼底和布列塔尼地区。

我从最高统帅部的一名军官处得知，上帝终于赐予英国人一个喘息之机。敦刻尔克周围有两天大雾弥漫，使德国空军无法对正忙于撤退英军的船队进行猛烈轰炸。今天，天空再次放晴，戈林的飞机又返回敦刻尔克滩头轰炸。今晚，最高统帅部在特别公告中声称："被击败的英国远征军残部，今天逃上了停泊在敦刻尔克沿海的各种小艇、运输船和军舰。德国空军通过对英国舰船不断的攻击，特别是使用容克-87型俯冲轰炸机，粉碎了这一企图。根据目前接到的报告，包括三艘军舰和八艘运输船在内总共40 000吨的舰艇被击沉，四艘军舰和

1940年5月29日，德国容克-87施图卡轰炸机编队在敦刻尔克附近执行任务。

十四艘运输船被炸起火或受损。负责保护舰艇的四十架英国战斗机被击落。”

没有提到德国在空战中的损失，所以我估计德方的损失应该比英方多，否则戈林会提到。英国任何战斗机都可以轻松击落容克-87型俯冲轰炸机。

今天，德国人声称，英国本土舰队旗舰“纳尔逊号”战列舰被击沉，舰上1 350名舰员有700人阵亡。迄今为止，根据我所了解的情况，这条消息的唯一来源是所谓纽约美联社发布的一条电讯。但是，一名海军军官今晚坚持说这是真事。他说，这艘军舰于5月11日被击沉。

柏林，6月2日

那些敦刻尔克的英国大兵仍然像牛头犬一样在顽强战斗。德国最高统帅部承认了这一事实。

今天，德国官方公告声称："在激烈的战斗中，英国人昨天仍然固守的敦刻尔克两侧的狭长海岸被进一步缩小了。纽波特和西北方向的海岸已经落入德军之手。富纳斯以西的阿丁柯克，敦刻尔克以东6.25英里处的海维尔德，也被德军占领。”6.25英里！看来是越来越近了。

德国人再次宣称，空军取得了辉煌战绩。官方公告称："总计有四艘军舰、十一艘运输船被我们的轰炸机击沉，总吨位54 000吨。包括两艘巡洋舰、两艘轻巡洋舰、一艘防空巡洋舰、六艘驱逐舰和两艘鱼雷艇在内的十四艘军舰以及三十八艘运输船被炸伤，总吨位160 000吨。无数小艇、拖船和救生艇被炸沉……”*

---

* 这是戈林吹牛的一个典型例子。当我两个半月后访问这片海滩时，只发现了两艘货轮、两艘驱逐舰和一艘鱼雷艇的残骸。

尽管民众对于德军在佛兰德斯地区取得的大胜并无太大热情，但我还是发现不少德国人开始感到，希特勒强加到他们身上的清苦生活似乎不无道理。今天早晨，我房间里的服务生就说："可能英国人和法国人现在也开始希望少一点黄油、多一点大炮。"

尽管如此，在这个德国历史上的伟大时刻，首都柏林所呈现出的画面仍令我迷惑不解。昨晚，天黑前不久，我顺着选帝侯大街散步。大街上熙熙攘攘，人们愉快地漫步街头。在宽阔的林荫道两边的大咖啡馆里，挤满了数以千计的客人，他们喝着人造咖啡，吃着冰淇淋，平静地聊着天。我甚至还注意到，有几位打扮得很时髦的妇女。今天是个安息日，又是一个温暖灿烂的六月天，数以万计的人们，往往是全家出动，前往城市郊区的森林或湖区游玩。我还注意到，蒂尔加滕公园也挤满了游人。每个人脸上都带着那种懒洋洋的、无所事事的、逍遥自在的节日气氛。

我想，之所以会出现这种特殊情况，是因为战争还没有直接影响到柏林人的生活。他们在报纸上读到战争，甚至在电台上还可以听到大炮的轰鸣声。但仅此而已。巴黎和伦敦可能会感觉到危险。但柏林感觉不到。我能回想起的最近一次空袭警报还是在去年9月上旬。此后便再也没遇到过。

柏林，6月3日

BBC刚刚宣布，德国人今天下午轰炸了巴黎。今晚，盟军可能也会在柏林扔上几颗炸弹。

今天中午，威廉街召见了我们的临时代办唐纳德·海尔斯，并递交了一份通讯稿。在这份通讯稿中，德国政府声称，据来自可靠渠道的情报，英国秘密机构正计划炸沉三艘美国客轮。其中包括载有美国公民且正驶往纽约的“罗斯福总统号”和“曼哈顿号”，另外还有前

1940年6月3日，敦刻尔克海滩上燃烧的油罐。

往波尔多将又一批美国难民运回国内的“华盛顿号”。德国人以通讯稿的方式（一种奇怪的外交程序）通知美国政府，已经向所有德国海军指挥官下达了严格命令，指示他们不要骚扰这三艘美国客轮中的任何一艘。

通讯稿中的官方声明称：“帝国政府期待美国政府采取一切措施，以挫败英国企图策划的类似罪行。”

德国人的“理论”是，如果这些客轮被击沉，美国人将怪罪德国人。这实在是有些可疑。有什么可以保证德国人不会用鱼雷击沉这些客轮，然后再大吵大嚷地将其归罪于英国人，并声称柏林事先已经警告过华盛顿英国人会这样干？要分辨潜艇的潜望镜属于哪个国家可是难于上青天。

柏林，6月4日

佛兰德斯和阿图瓦地区的伟大战斗终于结束了。今天，德军开进了敦刻尔克，约40 000名盟军残部投降了。德国最高统帅部在官方公告中称，该战役将作为“有史以来最具毁灭性的战役”而被载入史册。根据今晚公布的数字，德军在西线攻势中的损失是：死亡10 252人，失踪8 467人，负伤42 523人，损失飞机432架。所有这些都非常奇怪。仅仅3天前，军方人士还透露说，损失情况很快就会公布，最多可能有35 000至40 000人死亡，150 000至160 000人负伤。但是，大多数德国人还是会相信公布的数字。

公告还提到了盟军的损失：包括比利时人和荷兰人在内，共有1 200 000人被俘。整整一支舰队被摧毁，包括5艘巡洋舰、7艘驱逐舰被击沉，10艘巡洋舰和24艘驱逐舰被击伤。公告还声称，德国海军未损失一艘舰艇。

巴黎声称，在昨天的空袭中，共有50人死亡、150人受伤。BBC广播称，巴黎人要求进行报复。但是，昨晚这里并无飞机来袭；今晚到现在也没有来……

我很担心苔斯和孩子。今天下午，她打来电话，说终于买到了“华盛顿号”客轮的船票，但是该船不会前往热那亚。她必须赶到波尔多上船。不过，有人建议，不要在目前法国人正处于恐慌状态时做横穿法国的旅行。她必须经过里昂附近的铁路，但本周那里已经遭到德国人两次轰炸。她宁愿选择原地不动。

柏林，6月6日

今天，根据希特勒的命令，教堂的钟声响起，所有旗帜都挂了出来，以庆祝佛兰德斯的胜利。在这里的民众中，看不出对胜利有真正的欣喜之情。没有什么真正炽烈的感情。在对军队和民众发表的夸大其词的声明中，希特勒宣布今天已在西线发动新攻势。迄今为止，还没有在这里得到任何细节情况。但是，BBC声称，此次攻势在阿布维尔至苏瓦松的两百公里战线上进行，德军主力集中于索姆河至埃纳河一线。

我在这里听说，盟军近几个晚上轰炸了慕尼黑和法兰克福。但是，柏林从未提起过敌方的这些空袭。这里的人们对战争还缺乏感受。

柏林，6月7日

德国人对于他们在索姆河的新攻势守口如瓶。最高统帅部只是简单宣称，所谓魏刚防线已被全线突破。然而，奇怪的是，没有公布任何细节，根本没有提到任何地名。今晚也没有发布专门的战争公告。难道说攻势进展得不太顺利吗？

今天，我们驻比利时的大使库达希抵达了这里。他证实了前几天我得到的消息，即比利时人拥有的食物已不足五十天之需。

昨天，我出去走了走，在格鲁内瓦尔德散了几个小时步，又去哈弗尔湖游泳。在树林里，还发现了一个干净的小饭馆，可以做出令人惊讶的美味牛排。午饭后，我又去散步、晒日光浴和游泳。

柏林，6月8日

这里仍然没有关于攻势进展情况的消息，虽然这已经是第四天了。最高统帅部只是说，攻势进展得很顺利，但是未提供任何细节，也未提到任何地名。人们几乎会想，是不是……

柏林，6月9日

今天下午，最高统帅部突然打破了沉默，发布了关于此次大规模攻势的令人震惊的消息。它声称，索姆河以南和瓦兹河地区的法军已全线溃败。它还提及，德军正在向下塞纳河地区推进，那里距索姆河已经相当远了。四天前，德军正是从索姆河发起进攻的。今晚6点，BBC也证实了这一消息。今天，魏刚也向其部队下达了坚守阵地的命令。但是听上去有些绝望的味道。

德国人还宣布:“今天早晨在法国的另一条战线上发动了新攻势。”魏刚揭开了谜底，称这条战线由兰斯延伸到阿贡内。现在，德国在一条由大海延伸到阿贡内的两百英里长的战线上进攻。在第一次世界大战中，也从未有过如此大规模的攻势！

最高统帅部还声称，德国唯一的两艘战列舰“格奈森瑙号”和“沙恩霍斯特号”已经出海，并将驰援几周前被赶出纳尔维克的德军。对于德国人的大胆无畏和出奇制胜真是甘拜下风。但英国舰队怎么会允许这两艘战列舰前往纳尔维克呢？最高统帅部声称，这两艘战列舰已经击沉了英国航空母舰“光辉号”、21 000吨的运输船“奥拉玛号”和一艘9 100吨的油轮。德国冒险精神的又一次体现，永远争取主动。盟军似乎既不愿冒险，也不愿争取主动。

从“沙恩霍斯特号”上拍到的“格奈森瑙号”主炮开火。

柏林，6月10日

意大利参战了。

当德国人站在巴黎大门口，法国看上去即将倒下那一刻，它在背后捅了法国一刀。

今晚6点，当这里的人们正开着收音机，收听德军攻击巴黎的最新消息时，播音员宣布："一小时内，领袖将对意大利人民和全世界发表讲话。所有德国电台将转播其讲话。"

一小时后果然进行了转播，一名德国电台评论员（于上周六即6月8日就被派到罗马）在威尼斯广场上描述了那里的混乱景象。

下午早些时候，我们便听到了风声。当时，我们正被召集参加将于晚7点在外交部举行的特别新闻发布会，去听里宾特洛甫发布的一个声明。下午4点半，德国人在宣传部放映了英国人拍摄的宣传片《插翅雄狮》。尽管这部片子是去年秋天拍的，但我觉得还是太糟了。傲慢而愚蠢。在晚6点的新闻发布会上，德国人又给我们放映了每周一次的新闻纪录片。又是被摧毁的城镇，人们的尸体，腐烂的马尸。有个镜头显示了燃烧的飞机残骸中一名英国飞行员被烧焦的尸体。那里的大多数德国人似乎从这些死亡和破坏的画面中得到了一种虐待狂式的满足。不过，我也知道有几个人并非如此。少数人的反应仍比较正常。

大约7点，我赶到了外交部，不久便发现自己被人流带进一个不知名的大厅。在正常情况下这里可以容纳五十人，但却足有五百人挤进来。天气很热，窗户紧闭。为给里宾特洛甫拍照，还开着炽热的弧光灯。在大厅角落里，放着一台我所听过的声音最嘈杂的收音机，正尖声播放着墨索里尼在罗马威尼斯广场上的讲话。我只听了一会儿，得知他正在宣布意大利决定站在德国一边参战。种种喧嚷吵闹、污

1940年6月10日，墨索里尼宣布意大利参战。

浊闷热的空气、吵嚷不休的摄影师、站在那里汗流浃背的大群记者，都使我无法忍受。里宾特洛甫还没来，S先生和我便挤了出去。我回到乔的房间，打开收音机，听到罗马播放的非常滑稽的领袖讲话英译稿。

同时，在意大利使馆前发生了一出喜剧。后来拉尔夫将此事告诉了我。两三千名居住在柏林的意大利法西斯分子在蒂尔加滕公园至意大利使馆的一条小街上狂吼乱叫。德国人已经在那里安装了扩音器，以便这群暴民可以听到领袖的讲话。后来，据拉尔夫说，里宾特洛甫和意大利新任大使阿尔菲耶里走到阳台上，向人群点头微笑，并发表了简短空洞的讲话。

此刻，德军已经接近巴黎。今晚对盟军而言黑暗到了极点。凌晨1点15分，罗斯福发表了广播讲话。

柏林，6月11日

昨晚，罗斯福的广播讲话效果非常清晰。他承诺将立刻向同盟国提供物资援助，同时还对墨索里尼的奸诈行径进行了谴责。这里的报纸和电台对演讲未置一词。

威廉街不断强调，美国的援助来得太晚了。一个刚刚见过希特勒的人告诉我，元首肯定法国战役将在6月15日，也就是说在四天内结束！至迟到8月15日，大不列颠将被击败！他说，希特勒表现得仿佛整个世界都跪在他脚下。有些将军尽管因军事胜利而欢欣鼓舞，但对处于如此野蛮疯狂的元首指挥下，对于未来也有些担心。

这里有消息称，法国政府已经离开巴黎。今晚，德国人已经几乎像1914年9月1日那样接近巴黎。这也促使最高统帅部今天向我们指出，德军处境较上次要好得多。第一，他们的右翼更为强大，而且继续向巴黎以西地区挺进，而在1914年它却转向巴黎以东前进。第二，已经没有多少英军仍在帮助法国作战。第三，并不存在东线，也就是说整个德军现在都可以用来对付巴黎。在1914年，有两个军被匆忙由法国撤回国内，以制止俄军在东线的挺进。现在，巴黎和伦敦正为短视的反苏政策付出怎样的代价！在慕尼黑会议之前，甚至在慕尼黑会议之后，甚至就在去年6月份，它们都还可以拉苏联共同反德。

今晚，当播完12点46分的节目后，我们坐在S先生在广播公司的房间里，突然听到纽约方面的广播称，“华盛顿号”客轮拂晓时分被一艘不明潜艇截住。当时，这艘船刚离开里斯本一天，正要前往爱尔兰的戈尔韦，船上载满了美国难民，大多数是妇女和儿童。那艘潜艇命令“华盛顿号”在10分钟内放下救生艇，然后就要将其击沉。苔斯和孩子已经订了“华盛顿号”的船票，但由于该船取消了前往热那亚的行程，她们又不能及时赶到波尔多，因此未能成行。10分钟过去后，在关键时刻，潜艇指挥官发出信号："对不起。是个误会。继续前进。"一名德国海军军官，在上次大战中也是名潜艇指挥官，当时恰好和我一起听广播。他非常生气。"一艘英国潜艇！毫无疑问！"他惊叫道，"那些英国佬什么都敢干！"当我提出那也可能是艘德国潜艇时，上尉生气地说道："不可能。一名德国艇长如果干了这样的事，会受军法审判并被枪毙。"

柏林，6月12日

事情终于水落石出，截住"华盛顿号"客轮的是一艘德国潜艇。

威廉街在保持了一天的沉默后，终于正式承认了这一点。德国人将此归罪于国务院或美国使馆。他们声称，美国使馆忘记将"华盛顿号"由里斯本前往爱尔兰一事通知德国政府。

即使政府不知道此事，但德国报纸和电台当然是知道的。它们在几天前便公布了此事。

我去美国使馆核实此事，但是他们似乎有些为难，并要求我们等待国务院的答复，这倒也合情合理。如果他们确实没有通知德国人，那就是天大的玩忽职守。

这里的官方声明还做出了一个奇怪的解释。它声称，之所以发生了"误会"，是由于德国潜艇指挥官将"华盛顿号"误认为他以前曾拦截过并命令其转向航行的一艘希腊轮船！据这份官方声明讲，当这艘美国轮船出现在水平线时，艇长以为它是不遵守命令的希腊船，因此下令拦截。

人们可能会问：(1) 希腊人是否有一艘重达24 000吨的"华盛顿号"那么大的轮船？答案是：没有。(2) 为什么德国潜艇指挥官会在确认轮船身份后，还命令乘客和水手们乘救生艇离船？(3) 如果指挥官认为这是那艘希腊船，为什么在"华盛顿号"已经打信号声明自己是美国船后，还要再等十分钟？官方声明并未解释上述疑点。在我的播音中，审查员们只允许我提及第一点。他们认为，后面的两点不够公正。

考虑到6月3日德国人那可疑的警告，当时柏林声称得知英国人打算用鱼雷击沉“华盛顿号”，我当时便深信柏林自己将下令击沉那艘船。然后，它将发起一场大规模的宣传战，指责这是英国人干的，并指出德国政府早在6月3日便警告过华盛顿将要发生的事情。我想，里宾特洛甫可能会天真地相信，借此便可毒化英美关系，并阻碍我们向英国运送援助。德国海军人士告诉我，那艘潜艇恰好是在拂晓时分拦截“华盛顿号”的。华盛顿的电讯稿说，这艘船已经晚点。那么，很有可能德国潜艇指挥官计划在天黑时击沉“华盛顿号”，以免暴露潜艇的国籍。但是“华盛顿号”直到拂晓时才抵达那里，比预计时间晚了几个小时。潜艇指挥官只是害怕有人会认出德国潜艇，所以才没有发射鱼雷。当时潜艇浮在海面上，很容易识别。

今天下午，我被吓得够呛。我正在收听3点15分的BBC广播，突然听到播音员说，昨晚日内瓦遭到轰炸，炸弹落到郊外住宅区，并且有人伤亡。有一会儿工夫，我几乎被吓呆了。郊外住宅区没有几个，而我们家就在其中之一。

我花了几个小时才打通日内瓦的紧急电话。不过，8点左右，我听到了苔斯的声音。她说，炸弹的确落在我们住的小区，震动了房子。炸弹击中了大街上我们以前曾住过的一家旅馆，炸死五六人，炸伤二十人。她们听到了两次空袭警报，她带着孩子去了地下室。我告诉她，她和孩子必须来德国，虽然我们都很讨厌这个想法。但是，现在这里最安全。她们回家的所有道路都被切断了。

《证券报·正午版》就周一晚上哥伦比亚广播公司在巴黎的告别播音大肆宣传，可能是指埃里克·塞瓦雷德。该报引用他的话作为结束语：“如果在今后的日子里，有谁从巴黎对美国进行广播，那可能已经不在法国政府控制之下了。”我估计，他是在指我。我很可能会干那份工作。但也将成为我一生中最悲惨的工作。

虽然德国最高统帅部并未提及，但真实情况是今晚德军已经来到巴黎大门口。感谢上帝，这个城市不会被摧毁。法国人很明智地宣布，巴黎为不设防城市，因此不会进行保卫战。不过，德国人是否承认其是不设防城市还存在一些问题。但是，到了午夜时分，已经很清楚他们将会承认。

巴黎的陷落，对于法国和同盟国而言，将是沉重的一击。在巴黎以东地区，德国似乎已经突向沙隆地区。

柏林，6月14日

巴黎陷落。希特勒的“卐”字旗在我如此熟悉和热爱的塞纳河畔的埃菲尔铁塔上飘扬。

今天早晨，德军进入该城。我们是在下午1点从收音机里听到的

巴黎陷落，德军在巴黎胜利游行。

消息，先是嘹亮的喇叭声响了一刻钟，号召忠实的追随者们收听新闻。新闻是最高统帅部发布的一份战争公告。内容是："由海峡一直延伸到马其诺防线上蒙梅迪的整个法军防线的彻底崩溃，使法国领导人最初保卫法国首都的意图彻底破灭。巴黎也随后宣布为一座不设防城市。胜利之军现在正准备开进巴黎。"

我在旅馆院子里吃的午饭。大多数旅客都聚集在酒吧间的收音机旁收听新闻。他们喜笑颜开地回到餐桌旁，但是并无太多的兴奋，所有人都继续吃饭。

实际上，柏林对待占领巴黎的消息，就像在这场战争中对待其他所有消息一样冷静。后来，我去哈伦湖游泳，天气很暖和，我也感到需要休息一下。湖边挤满了人，但我没有听到一个人谈论这一消息。当报童叫喊着这个消息冲进来时，在约五百名游客中，只有三人买了号外。

不过，要说占领巴黎的消息没有在许多德国人内心深处激起涟漪，那也是不准确的。这是无数德国人的梦想。它有助于消除在德国人内心深处潜藏了二十二年之久的痛苦记忆。

可怜的巴黎！我为她而哭泣。在那么多年里，巴黎就是我的家，我像爱一个女人那样爱她。今天早晨，《人民观察家报》称："巴黎是个轻浮而腐败的、民主和资本主义的城市，在那里，犹太人可以进入法庭，黑鬼可以参加沙龙。那样的巴黎将不复存在。"但是，最高统帅部承诺，其士兵的行为将"与法军士兵在莱茵兰和鲁尔区的行为截然不同，正如白天不同于黑夜一样"。

今天，最高统帅部还声称："随着巴黎的被占领，战役的第二阶段已经结束。第三阶段已经开始，那就是追击并彻底消灭敌人。"

今晚，我想走进《先驱论坛报》一个办公室的大门。自从实行灯火管制以来，这个办公室第一次关门。我的鼻子被撞得够呛，但在附近一个急救站进行了包扎，恢复得差不多时便走了出来，以便做午夜的播音。

明天，我可能将前往巴黎。我并不想走。我不想看到沉重的德国军靴踏在我热爱的街道上。

柏林，6月15日

今天出发去巴黎。

马格德堡附近，6月15日，补记

在高速公路附近的一个旅馆里过了一夜。装修得很好，非常现代化，食品也较柏林为佳。我们的汽车开出柏林才六英里，还没到波茨坦就抛了锚。为等一辆新汽车，我们待了两个小时。我担心，我们明天是赶不到巴黎了。晚10点，我们在这家旅馆的餐厅里收听新闻。凡尔登被攻占！上次大战时，德国人曾试图夺取凡尔登，付出了六十万条生命的代价。但是，此次他们夺取该地只花了一天。必须承认，法军处境危急，巴黎陷落使士气大跌。不过，人们还是忍不住要问：法国究竟怎么了？德国人还声称，他们已经突破了马其诺防线。

莫伯日，6月16日

凌晨3点起床，4点即从旅馆出发前往亚琛。在鲁尔区，见不到多少曾遭英国夜间空袭的迹象。我们于上午11点抵达亚琛。随后，又通过林堡省前往列日和那慕尔。奇怪的是，沿路没有看到多少遭到破坏的痕迹。与由亚琛去布鲁塞尔完全不同，那里沿途大部分城镇都化为废墟。整个下午，我们都沿着默兹河谷驱车前进。几乎看不到战争的迹象，真是令人惊讶。在沙勒罗瓦吃晚饭。街道上的人们面容凄惨。城里买不到面包，只提供饮用水。但是，我们在一个小酒馆里搞到了肉和沙拉。

我买了当地出版的《沙勒罗瓦杂志》。上面刊登了德国和法国的战争公告。报纸上的一项命令称，德军和比利时宪兵将在不发出警告的情况下向任何晚上开灯的窗户射击。德国战地军事管制总部发出通知，要求防止用信鸽进行破坏活动。还有由军医主管签署的命令，要求所有当地医生向军方报到。该命令声称，任何无正当理由不报到者将受到惩罚。“无论是以何种借口。”该命令结尾处写道。

莫伯日遭到了可怕的破坏。城市主体部分化为满地的碎石、扭曲的钢梁和厚厚的尘土。一名德国军官对我们讲述了战斗的经过。德国坦克试图突入城区。法国人将反坦克炮埋伏在屋子里，击毁了先头五六辆坦克。德国人不得不撤退。命令传给了后方的施图卡俯冲轰炸机。它们飞临城市上空，并以惯常的精确性完成了任务。德军指挥官说，教堂下有该城最大的防空洞。一枚炸弹刚好命中那里。结果是，

1940年6月，弗里茨·托特在被炸毁的莫伯日。

五百名平民被埋在废墟下。显然，他们被埋之处密不透风，因为在这个温暖的、星光灿烂的夜晚闻不到一丝臭味。

后来，来自德国南部的一名士兵悄悄告诉我："是的，都是那些普鲁士人摧毁了这座城市。"他作为一名普通德国士兵，对于这种破坏也是深恶痛绝。"总是可怜的老百姓倒霉。"他说道。

当地德军指挥官，一名从预备役征召的德国商人，在城里仍然屹立着的少数几幢房屋中的一幢接待了我们。他告诉我们如下情况：莫伯日的两万四千名居民中，有一万名居民已经返回，或者说安全度过了轰炸和炮击。自几天前开始，德军及德国救援人员便开始帮助解决食品问题。他们从德国运来面包。不过，这位"老小孩"说道，昨天他发现了一些麦子，并立即命令将其磨成面粉。"有一个行业，"他说，"显然任何时候也没关张，无论是在战前还是在战后。那就是当地的妓院。我最终下令将其关闭，但是有位太太来见我，而且显得非常忧虑。'像往常一样开业，不行吗？'她说。"他还透露，最高统帅部昨天命令，德占法国领土上的所有妓院都要开放。"我不得不派人去请那位太太。她听到这个消息会很高兴。"他咯咯咯地笑了起来。

我们喝了几瓶口味醇厚的红酒，吃着饼干。这位指挥官还热心地谈着自己的私事。显然，他享受着自己的工作，他不属于那种故事书上的老式的、虐待狂式的普鲁士军官。总而言之，他是个非常有人情味的家伙。看得出来，他有些思乡，希望战争不会持续太长。他觉得，不知为何，这场战争比上次大战还要糟糕，当时他就在附近地区战斗了四年之久。但是，这可能是由于这场战争正在进行，而过去的战争记忆已经模糊。此外，他还和我们谈了他的狗、他的妻子和家庭。

最终，我们与他分手。一名勤务兵带我们去住处，在一所配有格调庸俗的仿东方风格家具的房子里。不久，我们就从墙上的装饰品和四周堆放的文件中看出，这所房子属于当地一位大银行家所有。法国资产阶级的品位正处于最低潮。我在卧室里挑了一间屋子。床垫还放在老式双人床上。银行家的衣服整齐地挂在衣橱里，甚至黑色长尾礼服也在那里。你几乎可以想象得出，肥胖庄重的银行家在周日里穿着这套衣服，漫步走过街头去教堂。显然，他离开时非常仓促，甚至来不及收拾衣服。在楼下，我们注意到饭厅桌子上的早餐盘子。甚至连饭都没来得及吃完。

在城市遭轰炸前飞快逃跑，这一切对于过着舒适的布尔乔亚生活的银行家而言，不啻天塌地陷！仅仅在上个月，这所房子里的人还是阖家团圆、生活舒适并且受人尊敬的，他们耗费一生往这所房子里搜罗各种零碎。这所房子浓缩了人的一生。然后，便是“轰”的一声！又是施图卡，又是炮弹。而那个人的一生，就像房子周围的一切，都被炸成碎片。所有的家庭团圆、受人尊敬以及美好愿望，都在瞬间消失。你和妻子、孩子现在可能正沿着公路流浪，饥寒交迫，像动物或说好听点像穴居人一般渴望得到一口水喝——一个月前有谁会想到这一切！

黄昏时分，三名士兵带着我们在城市废墟里转悠。刚走进城门，就看见一个不太整洁的女人，正在一堆瓦砾上刨着。士兵们喊叫着，让她离开。现在已经到了宵禁时间。但她继续刨着。一名士兵端起步枪，走过去赶她。我们听见她喊:“上床？”意思是叫他与她一起上床。我的上帝，看来并非这里的一切都被摧毁了。士兵们笑了起来，推着这个女人让她离开。显然，她就住在附近某个地下室里，像只耗子一般。我们继续在城里四处转悠，不久便在一条小街的瓦砾堆上又看到了她。她又喊了一声“上床”，然后便跑了。我们继续向前走，在教堂废墟前停了下来。很难想象，在烧焦的砖头瓦片下，埋着五百名妇女儿童。碎砖、破瓦是如此之多，以至于她们的坟墓被严丝合缝密封起来。闻不到一点那种熟悉的、令人作呕的、甜丝丝的气味。

夜幕降临时分，回到了我们住的银行家住宅。外面，军车轰隆隆开了一整夜。在夜里，有一次我听到远处有高射炮射击声。拂晓起床，感觉还可以，遂起程前往巴黎。

巴黎，6月17日

这对我而言并不好玩。当我们驱车进入巴黎，沿着熟悉的街道前进时，我感到胃里一阵疼痛，而且后悔自己不该来。看到巴黎时，与我同车的德国人都很兴奋。

我们大约于中午时分进城。这是个可爱的六月天，是巴黎在这个季节常有的那种天气。如果是和平时期的话，人们会去隆尚的赛马场，或是罗兰加洛斯的网球场，或是沿着林荫道悠闲地散步，或待在咖啡馆凉爽的露天咖啡座。

首先令我震惊的是：街道上几乎空无一人，商店全部关门，百叶窗拉得紧紧的。给你的感觉是一片空旷。从勒布尔歇机场方向进城，这不禁令我充满感情地回忆，当年林德伯格驾机着陆的那天晚上，我就是从那里开始一路狂奔到巴黎写新闻稿的。我们沿着拉法耶特大道前进，德军汽车和摩托车在大道上飞驰，按得喇叭震天响。但是，人行道上却一个人也没有。大道两边是我非常熟悉的咖啡馆，桌子都收了起来，窗帘紧闭。老板、侍者和顾客都踪影全无。我们这两辆车吼叫着冲过拉法耶特大道，每过一个街口都拼命摁喇叭，直到我叫司机不要再摁。

那里，在街角上，是《佩蒂杂志》大楼。1925年我首次来巴黎，就在那里为《芝加哥论坛报》工作。街道对面是三门咖啡馆，我曾在那里消磨过多少愉快的时光啊！那时，巴黎对我而言美丽而奇妙，这里就是我的家！

我们向左拐，沿着贝尔蒂耶大道向大林荫道驶去。我注意到，“小富人”餐馆已经关闭。林荫道上几乎空无一人，只有一些德军士兵在游荡，盯着几家没拉上百叶窗的商店橱窗看。现在到了歌剧院广场。我这辈子头一次没在这里碰到交通堵塞，没看到法国警察冲着那些乱七八糟堵在一起的汽车毫无意义地喊话。歌剧院的正面堆垒着沙袋。和平咖啡馆似乎刚刚重新开张。孤零零的一个侍者正将桌椅搬出来。露天咖啡座上的德国士兵正在摆放桌椅。随后，我们拐弯到了马德莱娜教堂，那里正面也堆垒着沙袋，然后又驶过王宫大道。我注意到，拉茹和韦伯旅馆都已关闭。现在，呈现在我们眼前的是非常熟悉的景象。协和广场、塞纳河和摄政王宫，在后者上方飘扬着一面巨大的“卐”字旗，远处是荣军院金色的圆顶。经过海军部大楼，旁边有一辆庞大的德国坦克警卫，我们的车驶进了协和广场。我们停在克里龙旅馆门前，现在这里是德军司令部。陪同我们的军官进去询问住处。我顺便拜访了隔壁的美国使馆，令德国军官十分不满。我认识的布利特、默菲等人都出去吃午饭了。我给布利特留了张条子。

我们在斯克里布旅馆订到了房间，和平时期我常住在那里。令我惊喜的是，德马雷·贝斯和瓦尔特·科尔正在大厅里。当几乎所有同行都离开巴黎时，他们仍待在这里。他们来到我的房间，我们聊了聊。瓦尔特似乎比以往更加紧张，但仍然是那么招人喜欢。德马雷还是一副不动声色的样子。他和多萝西住在圆形广场的爱丽舍公园旅馆。在巴黎陷落前一天，旅馆老板气喘吁吁地跑去找他们，并恳求他们赶快逃跑。无论如何，他是要逃跑并关闭旅馆的。他们劝他，将这家旅馆交给他们照管！……我询问了一些朋友们的情况。他们大多已经离开巴黎。

德马雷说，巴黎的恐慌真是难以言状。所有人都失去了理智。政府没有发挥任何领导作用。民众被告知应该逃跑，城里五百万人中至少有三百万人落荒而逃，连行李都没带，步行去南方。似乎巴黎人确实相信，德国人将强奸妇女并杀死男人。他们听说了一些关于德国人占领城市后情形的奇谈怪论。因此，至少是在目前，那些仍然待在巴

1940年6月，纳粹旗帜飘扬在巴黎上空。

黎的人，对于德军极为得体的言谈举止益发感到困惑不解。

市民们对他们的政府感到非常失望。据我所知，法国政府在最后的日子里完全垮了。它甚至忘记及时通知民众，巴黎将是个不设防的城市。法国警察和消防队留了下来。看到那些不带手枪的法国警察指挥交通和四处巡逻，实在令人颇感惊讶，因为大街上几乎全是德国军车。我有一种感觉，即我们在巴黎看到的一切，实际上标志着法国社会的彻底崩溃，包括军队、政府和民众士气的崩溃。这种崩溃是全面的，几乎令人难以置信。

巴黎，6月18日

贝当元帅要求停战！已经被事态发展惊呆了的巴黎人，几乎不敢相信自己的耳朵。我们这些人也不例外。法国军队必须认输是明摆着的。但是，我们大多数人都认为，法军将会像荷军和比军一样投降，而政府则会像雷诺吹嘘的那样出走非洲。依靠海军和非洲军团，法国在那里还可以抵挡相当长时期。

巴黎居民通过广播喇叭得知了关于贝当的消息，德国人在城里几乎每个广场上都安装了广播设备。当消息传来时，我正在协和广场上与一群法国男女站在一起。他们几乎被惊呆了。在克里龙旅馆前（签订对德和约时伍德罗·威尔逊曾在这里住过），汽车不断开来并卸下戴着金色肩章的军官。到处是夹鼻单片眼镜、叮当作响的靴跟和敬礼。就在那个全欧洲都无与伦比的广场上，你可以看到马德莱娜教堂、卢浮宫、远处塞纳河边的圣母院、摄政王宫、埋葬拿破仑的荣军院金色圆顶，还有飘扬着一面巨大“卐”字旗的埃菲尔铁塔。此外，还可以看到爱丽舍宫和凯旋门。协和广场上的人们并未注意克里龙旅馆德军司令部前的骚动。他们先是盯着地上，然后相互看着。他们说道：“贝当要投降！这意味着什么？谁能解释一下？为什么？”看上去无人愿意回答这个问题。

今晚的巴黎是古怪的，而且对我而言，几乎有些认不出来。晚9点，即天黑前一小时，开始实行宵禁。仍然强制实行灯火管制。今晚，街道上漆黑一片，空无一人。巴黎那艳丽的灯光、笑声、音乐和大街上的女人呢？那都是在什么时候？而眼前这一切又都意味着什么？

今天，我注意到德军和市民之间的一些友好表示。大多数士兵似乎是奥地利人，非常有礼貌，其中不少人会说法语。大多数德国军人的举止就像天真的游客，这对巴黎人来说倒是个愉快的发现。看上去有些滑稽，但几乎每个德国兵都带着一部相机。我今天看到数以千计的德国兵，在巴黎圣母院、凯旋门和荣军院拍照。数以千计的德国兵整天都聚集在无名烈士墓前，那里拱门下的火炬依然在燃烧。他们摘下军帽，露出满头的金发，行注目礼。

昨天，有两种报纸开始在巴黎发行，一种是《胜利报》(生活中常有这种颇具讽刺意味的东西)，一种是《晨祷报》。昨天，我在美国使馆看到了《晨祷报》的出版商布埃诺-瓦里拉。有人告诉我，他急于取悦德国人，并希望自己的报纸一开头便占据有利位置。该报已经开始攻击英国，将法国的困境归咎于英国！《胜利报》则是由一个思想奇怪的人经营的，他敦促巴黎人不要再说“德国佬”了。昨天，该报的社论在结尾时高呼:“巴黎万岁！法国万岁！”

昨天，德军搬进了贝斯的旅馆，但他们勇敢地坚守在自己住的楼层。

巴黎，6月19日

停战协定将在贡比涅森林签订！就在福煦元帅那辆专列车厢里，正是这节车厢曾见证1918年11月11日贡比涅森林停战协定的签署。

法国人现在还不知道此事。德国人对此保密。但是，今天由于某人的疏忽，我得知了此事。

下午4点半，军方突然带我去贡比涅森林。这是个误会。他们不应该如此。但有关命令被人搞混了，在他们搞清楚之前，我已经到了那里。昨天，希特勒和墨索里尼在慕尼黑举行了会晤，以起草对法国的停战条款。乘车出发时，我想起昨天曾半开玩笑地问过一名德国外交部官员，是否希特勒会如传言的那样坚持在贡比涅森林签署停战协定。他不喜欢我提出的问题，冷冰冰地答道："当然不。"

当我们晚6点抵达时，德军工兵正发狂般地拆除博物馆墙壁，曾举行过1918年停战签字仪式的福煦元帅专列车厢就保存在那里。博物馆是由加利福尼亚帕萨德纳的阿瑟·亨利·弗莱明捐赠的。在我们离开前，工兵们已用风钻将墙壁拆除，并将车厢从屋子里拖了出来。

纳粹官员告诉我，计划将这节车厢安置在1918年11月11日凌晨5点它所在的贡比涅森林中的一小块空地上。然后，就让法国人在这里签署**这次的**停战协定……我们与几名德国军官和官员讨论了如何对此事进行现场播音报道。这将是一次引人入胜的播音，但对美国人而言也具有悲剧性。几名上校领着我参观了签署停战协定的车厢。桌上标有人名的卡片显示了1918年那次历史性会议中每位与会者的位置。

入夜时分返回巴黎，我们在贡比涅和圣利斯之间林木葱郁、曲曲折折的山间公路上停车。一小支法军纵队在公路上曾遭到轰炸。在四分之一英里范围内，散布着约二十座匆匆挖就的坟墓。埋得很浅的死马仍然散发出难闻的气味。一门75毫米榴弹炮与其他东西一起被弃置道旁，那些毯子、外套、鞋子、肥皂、步枪和弹药，一看就是在极度慌张中丢弃的。我看了看这门火炮的生产日期。1918！法国人竟然用第一次世界大战时的火炮，守卫这条通往首都的最重要道路！

对我而言，希特勒究竟如何轻而易举地赢得这场战争仍然是个谜。我承认，法国人在城镇中进行了战斗。但城镇里不可能容纳数以百万计的部队进行战斗。没有那么大空间。但是，他们并未在野外进行战斗，正如所有其他战争那样。主要公路两边二十码以外的土地都完好无损，并未受到士兵们的踩踏或数以万计机动车辆的碾压。我并不否认，法国人曾在许多地方英勇战斗。毫无疑问，他们做到了那一点。但是与上次战争不同的是，没有进行有组织的、精心筹划的抵抗。据我所看到的情况，法国人任由德国人在一场新式战争中扮演了主宰者的角色。这场战争主要是沿着大路进行，而不是沿着横越田野的防线进行的。在公路上，德国人在所有方面都占有优势：在坦克和飞机方面占有绝对优势，而这是进行公路战斗的主要武器。昨晚，一名奥地利士兵告诉我，战斗简单得令人难以置信。他们在坦克伴随下，沿着公路推进，后方有火炮支援。他们很少遇到顽强抵抗。偶尔会有一些法军士兵从散兵坑和哨所里向他们开火。但拥有厚重装甲的德军坦克往往不予理睬，只管沿着公路推进。后面乘坐卡车、携带轻炮的步兵负责消灭这些碉堡和机枪阵地。有时候，如果抵抗比较顽强的话，他们会打电话、发电报或信号，呼唤后方的炮兵支援。如果重型火炮仍然不能消灭敌人，再下命令给后方的施图卡俯冲轰炸机，而这一般都能奏效。他说，战斗就是这样，一天又一天地进行。

我经常问自己：法国人是否进行了认真抵抗？为何主要公路未被炸毁？为何众多战略性桥梁纹丝未动？沿途不时会有一个坦克障碍物，但只是一些对坦克根本构不成真正威胁的圆木、石头或砖瓦而已。这些并非真正的坦克陷阱，无法跟瑞士人建造的数以千计的坦克陷阱相提并论。

这是一场沿着大路进行的机械化战争，法国看上去并未对此做好准备。甚至法国就根本没有理解，更别说做好应对这种战争的准备了。这简直令人难以置信。

昨晚，格莱泽·冯·霍斯特瑙将军用另一种方式谈到了这个问题。他是一名无耻地背叛了许士尼格的奥地利人，现在被希特勒任命为这场战争的官方战史负责人之一。他认为，德国人是在军事史上一个十分罕见的时机，打了盟军一个措手不及。可能在几周、几个月或几年的时间里，进攻性武器要优越于防御性武器。他解释说，这一不可思议的战役可能只会发生在1940年夏季。如果拖延到明年，盟军将拥有足够的防御性武器，包括反坦克炮、高射炮和战斗机，便可以对付德军的进攻性武器。他估计，那时就可能会出现1914年至1918年的僵持局面，当时进攻和防御的力量刚好持平。

还有一件事值得一提，那就是我不认为双方的损失十分惨重。你看不到有多少坟墓。

巴黎，6月20日

昨天，南下奥尔良和布卢瓦的人告诉了我一件可怕的事情。沿着公路，他们看到约有二十万难民，包括穷人和富人在内的各个阶层，躺在公路两侧或森林边缘，忍受着饥饿。没有食品，没有住处，什么都没有。

他们只是在德军到来前逃离巴黎等地的数百万难民中的一小部分。他们沿着公路逃跑，因恐惧而哭泣，背上扛着或用自行车、婴儿车推着自己的东西，孩子则扛在肩头。不久，公路上便拥挤不堪，因为军队也要使用公路。不久，德国飞机开始对公路进行轰炸。不久，到处都是死伤的人群。没有食品，没有饮水，没有房子，没有帮助。布利特估计，在巴黎和波尔多之间约有七百万难民。除非立即采取措施，否则所有人都面临着饥饿。德军提供了少量援助，但数量不多。它自己所需的食品尚需由德国运来。红十字会正竭尽全力援救，但还远远不够。

这真是一场人道主义灾难，甚至连中国都未曾经历过。（而当一场洪水、饥荒或战争夺去一百万中国人的生命时，有多少法国人或其他欧洲人为此而同情呢？）

与布利特一起在其寓所共进午餐。他仍然没从震惊中恢复过来。虽然希特勒、里宾特洛甫和戈培尔几乎像恨罗斯福一样恨他，但他说德军对他非常礼貌。纳粹迫使三家美国新闻机构的三名代表保证不去见布利特，甚至也不能给美国使馆打电话。他们严格遵守了这项保证，不过弗雷德·奥克斯纳还是很勇敢地给使馆打了个电话以示敬意。尽管纳粹施加了压力，但我觉得自己还是可以像一名自由美国公民那样行事，并愉快地接受了大使的邀请，我俩相识已有多年。午餐时，谈得最多的客人是亨利-海耶先生*，他是参议员和凡尔赛市长，是少数仍坚守岗位的政治家之一。在午餐中聊天时，我发现他像痛恨德国人一样痛恨英国人。我看不出他将法国的陷落归咎于哪一方更多一些，他对双方都气急败坏地进行了攻击。他处于异常亢奋的状态中。昨天，他说道，一名德国青年军官闯进他在凡尔赛的市长办公室，粗暴地命令他将这名军官的汽车修好。如果不在一小时内将车修好，这个德国人说道，亨利-海耶先生就将被逮捕。对于这位参议员兼市长先生而言，这实在太过分了。

“先生，你是在对一位法国参议员和凡尔赛市长说话，”他告诉这个德国人，“我会立即将你的行为报告你在巴黎的上司。”

于是，尽管汽油供应紧张，他还是开车前往巴黎以兑现他的承诺。“哦，这些德国佬！”他不住地嘟囔着。我必须承认，我们在吃饭时提到这个词的频率相当高。

巴黎，6月21日

今天，就在贡比涅森林那块林间空地上——1918年11月11日凌

* 后来被贝当元帅任命为法国驻华盛顿大使。

晨5点在这里签署的停战协定结束了世界大战，阿道夫·希特勒向法国递交了他的停战条款。为使德国的报复更为彻底，德国和法国全权代表的会晤被安排在福煦元帅的专列车厢里，二十二年前福煦就是在那里向德国提出了停战条款。甚至还使用了这辆已破旧不堪的老车厢上的同一张桌子。透过窗户，我们可以看到，希特勒的座位正是福煦主持上次停战仪式时的那个位置。

法国和法国人算是丢尽了脸面。然而，在停战条款前言中，希特勒却告诉法国人，他选择贡比涅并非出于复仇，只是为了纠正一个过去的错误而已。从法国代表的态度来看，我感觉他们并未感到有何差别。

德国的停战条款我们还不得而知。序言中说其基本原则是：(1) 防止战斗再次爆发；(2) 向德国提供全面保证，以使其能够继续对英国作战；(3) 为和平创立基础，其原则是纠正以武力强加于德国的不公正行为。第三点似乎就是说：为1918年的失败复仇。

今晚早些时候，全国广播公司的凯克尔和哥伦比亚广播公司的我，对今天那令人惊奇的场面进行了半小时的联合广播。我想，这是一次不错的播音。

停战谈判于下午3点15分开始。当希特勒带着德国全权代表出场时，六月温暖的阳光照耀在高大的榆树和松树上，树木繁茂的林荫道上浓荫匝地。他在法国人建立的阿尔萨斯-洛林纪念碑前下了车，这座碑耸立在一条林荫道的尽头，距二十二年前停放签署停战协定那节车厢的空地约两百码。

我注意到，阿尔萨斯-洛林纪念碑用德国军旗覆盖着，你无法看到上面雕刻的图案，也无法读到其铭文。但是几年前我曾见过这块碑，一柄代表同盟国的巨剑，剑尖刺中了一只巨大的、受伤的鹰，后者代表德皇时期的德意志帝国。下面以法文镌刻着铭文：**“献给英雄的法国士兵……国家与正义的保卫者……阿尔萨斯-洛林光荣的解放者。”**

通过望远镜，我看到元首停住了脚步，睥睨着那座纪念碑，瞅着中间印有巨大“卐”字的帝国旗帜。然后，他向我们缓步走来，走向林间那一小块空地。我观察着他的脸。庄严肃穆，然而却充溢着仇恨。正如他轻快的脚步一样，他的表情中还有着一丝胜利的征服者的神色，以及对整个世界的蔑视。在他的神情中，还有一些东西很难描述，一种讥讽嘲弄之情和出席这一命运大逆转所带来的内心喜悦之情，正是他本人造成了这一逆转。

现在，他走到了林间那一小块空地上。他停下来，缓缓地环顾四周。在他身后的人群中，有德国的另一位全权代表，即手握元帅权杖的戈林。他穿着空军的天蓝色制服。所有德国人都穿制服，希特勒穿一件双排扣灰色制服，左胸口袋处佩戴铁十字勋章。紧挨戈林的是两位德国陆军首脑，即最高统帅部长官凯特尔将军和德国陆军总司令布劳希奇将军。两人都将近六十岁，但看上去年轻得多，特别是凯特尔。他的军帽微微歪向一边，显得精干利落。

此外，还有德国海军元帅埃里希·冯·雷德尔，穿蓝色海军制服。希特勒随从中有两人不是军人：他的外交部长约阿希姆·冯·里宾特洛甫，穿着外交部的野战灰色制服；还有他的副手鲁道夫·赫斯，穿着纳粹党的灰色制服。

现在是下午3点18分。希特勒本人的元首旗在空地中央一根小旗竿上升起。

空地中央还有一大块花岗岩石碑，高出地面约三英尺。希特勒带着随从慢慢走了过去，缓步上前，读着上面刻着的铭文。上面写着：**“1918年11月11日，在这里埋葬着日耳曼帝国罪恶的傲慢……被它试图奴役的自由人民所击败。”**

希特勒读了这段铭文，随后戈林也读了它。他们都读了一遍，就在六月的阳光下和寂静中站在那里。我仔细观察希特勒的面部表情。我离他仅五十码远，通过望远镜看时，就好像他站在我面前。我曾在他生命中的许多重要时刻看到过那张脸。但是今天！它燃烧着讥讽、愤怒、仇恨、复仇和胜利。他离开这座纪念碑，并试图使这个姿态也充满刻骨的轻蔑。他回头瞥视了一眼，充满了蔑视和愤怒——你会感到，他之所以如此，是因为无法用普鲁士高筒军靴，将那些可恶的、挑衅性的字眼一扫而光。他缓缓地环顾四周。现在，当他的目光与我们相遇时，你可以体会到他心中那深深的仇恨。但是，其中也有胜利的神色——报复性的、胜利的仇恨。突然，似乎表情还不足以充分表达他的感情，他用自己的整个身体完美地表达了他的情绪。他迅速将双手搭在臀部，耸起双肩，叉开两腿。这真是一个绝妙的表示轻蔑的姿态，表现了对这个地点及其由于见证了日耳曼帝国的屈辱而在22年中所代表的一切事物的刻骨仇恨。

最后，希特勒带着他那帮人走向另一块稍小些的花岗岩石碑，位于旁边约五十码远的地方。这里是1918年停战谈判期间，即11月8日至11日，停放德国全权代表们所乘列车车厢的地方。希特勒只是瞥视了上面的铭文一眼，上面写着："德国全权代表。"我注意到，这块石碑放置在两条锈迹斑斑的铁轨中间，这也是二十二年前停放那辆德国列车车厢的地方。空地另一侧的边缘竖立着一尊高大的白石雕刻的福煦元帅雕像，正如1918年11月11日清晨他步出签署停战协定的那辆车厢时的样子。希特勒的目光一扫而过，看上去仿佛视而不见。

现在是下午3点23分，德国人向签署停战协定的车厢走去。有那么一小会儿，他们在车厢外的阳光下聊天。随后，希特勒走进车厢，其他人鱼贯而入。我们可以透过车厢窗户清楚地看见里面的情形。希特勒坐在1918年签署停战协定时福煦元帅的座位。其他人坐在他周围。希特勒桌子对面的四张椅子仍然空无一人。法国人还没有露面。但我们并没等太长时间。刚到3点半，他们便从一辆汽车上下来。他们是从波尔多飞到附近的机场的。他们也看了一眼阿尔萨斯-洛林纪念碑，但也只是飞快地一瞥。随后，他们便在三名德国军官护送下走过林荫道。现在，当他们走进那块空地时，我们便可以清楚地看到他们。

1940年6月21日，希特勒和德国军官们在贡比涅森林。

安齐热上将穿着一件发白的卡其布制服，空军上将贝尔热和海军中将勒·卢克都穿着深蓝色制服，随后还有穿着一套极其肥大制服的法国驻波兰大使诺埃尔先生。德军仪仗队由空地一直延伸到列车车厢门口，当法国人经过时“啪”的立正，但并未举枪致敬。

这是法国历史上的黯淡时刻。法国代表们的两眼都直视前方。他们的表情庄重而严肃。他们简直就是悲剧性自尊的化身。

他们僵直地走向车厢，两名德国军官在那里迎接。一个是负责军需的蒂佩尔斯基希中将，一个是元首司令部指挥官托马斯上校。德国人敬礼。法国人回礼。整个气氛，正如欧洲人所谓是“得体的”。相互敬礼，但并不握手。

现在，我们将视线透过灰蒙蒙的车窗进入那辆老旧车厢的内部。当法国人走进客厅时，希特勒和其他德国领导人站了起来。希特勒行了纳粹礼，举起了手臂。里宾特洛甫和赫斯也行了同样的礼。我看不到诺埃尔先生，因此也不知道他是否行礼。

根据我们从窗外看到的情况，希特勒没有跟法国人，也没有跟其他人说一个字。他向旁边的凯特尔将军点了点头。我们看到，凯特尔将军理了一下手中的文件。然后，他便开始宣读德国停战条款前言。法国人坐在那里，面部表情像大理石一般严峻，非常专注地听着。希特勒和戈林都看着绿毡桌面。

宣读前言花了没几分钟。我们不久就发现，希特勒并不想停留太长时间，不愿再听一遍停战条款。3点40分至42分左右，也就是法国人抵达十二分钟后，我们看到希特勒站了起来，僵硬地行了个礼，然后便走出客厅，后面跟着戈林、布劳希奇、雷德尔、赫斯和里宾特洛甫。法国人如同石像一般，仍然坐在铺着绿毡的桌前。凯特尔将军留下来陪他们。他开始宣读停战协定的详细条件。

希特勒和他的助手们沿着林荫道，走向阿尔萨斯-洛林纪念碑，他们的汽车在那里等候。当他们经过仪仗队时，德国乐队奏起了两支国歌——《德意志高于一切》和《霍斯特·威塞尔之歌》。在这个仪式上，希特勒在其流星般闪亮的一生中达到了一个新的顶点，德国人

1940年6月22日，威廉·夏伊勒在法国贡比涅森林报道法国投降。

也为1918年的战败报了一箭之仇，但仅仅持续了一刻钟而已。

巴黎，6月22日，午夜

今天极度疲劳，以至于拿不动笔。下面是我播音的内容：

“停战协定已经签署。法国和德国之间的停战协定于德国夏令时下午6点50分签署。也就是说，在一小时二十五分钟之前……就是在这里，即停放在贡比涅森林中央的、1918年11月11日签署停战协定时曾使用过的那节老式车厢中签署……现在，虽然法德两国已签署了停战协定，但该协定尚未生效。我们得到消息称，法国代表已乘专机前往意大利。当专机抵达那里后，意大利人将提出对法国停战的条件……一旦法意两国签署协定，消息将传给德国人。他们将立即通知波尔多的法国政府。到那时，也就是六小时后，战斗将停止，枪炮将沉寂，飞机将降落，血腥的战争将结束。也就是说，以德国和意大利为一方，以法国为另一方的战争将结束。与英国的战争当然还将继续进行……

“停战谈判进行之迅速超乎所有人的预料。这里和波尔多的法国人打了很多电话和电报。这场战争中的一个小小奇迹是，竟然还有一条电话线穿过仍在战斗的双方前线通往波尔多。

“实际上，昨天深夜，德法两国成功建立了电话联系，使贡比涅的全权代表能够和波尔多的法国政府进行联系。几分钟前，我听到了他们首次联系时的对话录音。这将是历史上很有趣的一段录音，只不过意义可能不那么重大而已。

“德国人将电话线一直拉到了卢瓦尔河的图尔。在那里，德军工兵将一根电线拉过了一座桥，令人惊奇地、几乎是奇迹般地与法国电话中心取得了联系，随后又接通了波尔多。我们可以听到贡比涅的德国话务员说：‘你好，波尔多法国政府！’他同时使用法语和德语呼叫。

当他用法语呼叫时，在法方看来一定相当离奇：‘这里是贡比涅的德军司令部，呼叫波尔多的法国政府。’这条电话线路通话效果非常好，我们可以清晰地听到波尔多话务员的声音。这条电话线路随后交给了法国政府，供其与这里的法方代表使用。

“为结束战争而进行的谈判从昨天晚上一直持续到今天白天。有时，法国代表会从他们的帐篷中返回车厢，继续与凯特尔将军会谈。昨晚午夜时分，停战谈判中断。虽然为法国代表在帐篷里配备了行军床，但他们还是要求德国人开车送其到五十英里以外的巴黎过夜。他们现在一定会觉得巴黎变得很古怪。

“今天早晨，法国代表返回了贡比涅。10点左右，我们看见他们鱼贯而入福煦元帅的专列车厢。他们在里面待了一个小时，随后凯特尔将军也抵达此地。透过窗户，我们可以看到他们正在谈话并浏览文件。下午1点半，暂时休会，法国人最后一次与波尔多法国政府进行了联系。

“随后便迎来了最重要的时刻。下午6点50分，车厢中的先生们开始在德国人提出的停战条件上签字。凯特尔将军代表德国签字，安齐热将军代表法国签字。

“在很短的时间内，一切就都结束了。”

我结束了自己的播音，以便让凯克尔做播音。我知道，德国人在签署停战协定的车厢里暗藏了麦克风。我在树林里找到了广播车。无人干预，于是我就在那里偷听。当时刚好是签署停战协定前一刻。我听见安齐热将军的声音，紧张而颤抖。我用法语准确地记录下他的话。他说得很慢，一字一句地，似乎很费劲。他说：“我宣布，法国政府已经命令我在停战条款上签字。我希望宣读一份个人声明。由于军事上的失败，法国被迫停止站在同盟国一方进行战斗，法国眼看着极为苛刻的条件被强加于自己。法国有权期望在未来谈判中，德国能够表现出适当的精神，使两个伟大邻国能够和平地生活和工作。”

随后，我听到了钢笔签字的沙沙声，法国人压低嗓门的说话声。后来，有人告诉我透过窗户所看到的情景，勒·卢克海军中将在签署文件时勉强才忍住了泪水。然后便听到凯特尔将军低沉的嗓音：“我要求德国和法国代表团的所有成员起立，向勇敢的德国和法国士兵们致以他们应得的敬意。让我们全体起立，向那些为他们的祖国流血负伤和为他们的国家战死的人致敬。”他们起立默哀，持续了一分钟。

当我停止播音后，一个雨点砸在额头上。透过树林，可以看到公路上难民们缓慢疲惫地鱼贯而行。有的是靠虚弱无力的腿脚步行，有的是靠自行车，有的是靠手推车，只有少数乘汽车。难民的行列无穷无尽。他们精疲力竭、晕头转向，走得腿脚生疼。他们还不知道已经签署了停战协定，现在战斗很快就将结束。

我走到那片空地上。天空一片阴霾，大雨倏忽将至。一队德国工兵正卖劲地喊着，开始推动那辆签署停战协定的车厢。

“要去哪儿？”我问道。

“去柏林。”他们答道。

巴黎，6月23日

似乎我们昨天的报道是条独家新闻。我们在世界上头一个宣布停战协定已经签署，更不用说还对其进行了详细的描述。有些帮助我们做播音的人倒了霉。直到今早瓦尔特·科尔打电话时，我还不知道抢得了独家新闻。昨晚，他收听了一些美国电台的报道。他说，有两三个小时之久，我们是唯一报道这条新闻的电台。他还说道，我们公司的一些评论员似乎有些忐忑不安，因为随着时间一分钟一分钟地流逝，没有一家新闻机构证实我们的报道。他们可能是在想1918年11月7日美联社错误地提前报道签署停战协定的例子。

一周以来，我头一次睡了个好觉，感觉好了些。中午，在和平咖啡馆与乔·哈什和瓦尔特共进早餐，有奶油咖啡和奶油蛋卷。阳光照在露台上，令人感到温暖舒适。下午1点，我们沿着大街走到菲利普饭店，在那里吃了一顿美味的午餐。这也是到巴黎后第一顿像样的饭菜。

然后，乔和我进行了一次简短的“怀旧之旅”。由于没有汽车、公交车和出租车，只好步行。我们沿着大街走过旺多姆广场，不由得想起了拿破仑。继续向前走过杜伊勒里宫。看到周围的许多孩子，使我感觉好了些。他们正在玩跷跷板，旋转木马上也坐满了孩子，但一名怒气冲冲的警察不知为何关了它。是企图向德国人献媚吗？

这是个美好的六月天，我们站在那里赞美着由杜伊勒里宫延伸到爱丽舍宫的美景，远处隐约可望到凯旋门。这一定是我第一百万次的赞美！景色像从前一样美好。然后，再穿过卢浮宫，过了塞纳河。如同往常一样，钓鱼人坐在河岸上持竿垂钓。我想：“恐怕即使到了巴黎的末日，时间的尽头……人们也仍然会在塞纳河上钓鱼。”我停了下来，如同以往一样，看看经过这么多年后，我是否能亲眼看到有人真的钓到一条鱼。但是，虽然他们不断地收竿，却还是没见钓到一条鱼。我从来没见过有人在塞纳河里钓到鱼。

然后，沿着塞纳河走到巴黎圣母院。中门处的沙袋已经搬走。我们停下来观看。教堂里的光线过于强烈，因为原先的玫瑰窗和教堂两侧的窗户都没有了。但是，当我们从塞纳河上游走近它时，充分体现了哥特式建筑壮观特点的教堂正面仍然是超凡绝伦的。我们转到教堂后面。支撑中殿上部飞拱的优雅线条令人赞叹！

随后，我便充当乔的向导。先是带他去附近巴黎最古老的穷人圣朱利安教堂，然后沿着小街走过杜卡沃旅馆，我年轻时曾在此住过一些日子。我领他看离此不远的一所妓院，跟街对面的警察局就隔一条十八英尺宽的马路。显然妓女们都逃跑了，与其他守法公民们一样。

然后，又走过已经关门的克鲁尼饭店，在蒙田雕像前停留片刻，上面刻着他的名言，即巴黎是“法国的荣耀”。我们在索邦大学旁边的巴扎酒馆喝了杯啤酒，1925年我来巴黎头一年时曾在这里消磨过多少个夜晚啊。接着，由于这是一次彻底的、毫无顾忌的“怀旧之旅”，我们又走到了圣米歇尔大街，然后沿着莫尔捷大道走到里斯本旅馆，我首次来巴黎时在那里住了两年。里斯本旅馆看上去还是像以前那样破旧荒芜。但从标志牌上看，旅馆增修了一个浴室。当我住在那里时，还没有这种文明的迹象。

随后，又沿着圣米歇尔大街去伟人祠，接着又走过卢森堡公园。这里像往常一样挤满了孩子，再次令我心情愉快起来。在公园中央的水池周围，竖立着法国王后们的雕像。孩子们在水池中玩着船模，公园旁边就是王宫，一位漂亮姑娘坐在某位王后的雕像下面。当我们的眼睛从美女身上移开后，我注意到那位王后似乎是1100年左右在位的。

然后又去了蒙帕纳斯大街，在罗桐德咖啡馆的马路边喝了点开胃酒，街对面的多姆咖啡馆如同往常一样到处是行为古怪的人。在我们前面的一张大桌子上，坐满了中年法国资产阶级妇女，显然已从震惊中恢复过来，因为她们已经开始对那些小姑娘与德国士兵调情的方式表示愤怒了。

随后开始往回走。在圣日耳曼德佩区（那坚实的塔楼今天似乎比以往更令人舒心）对面的马戈特咖啡馆喝了一杯，然后又走过波拿巴路那充满文化气息的书店、艺术品商店，经过了我和苔斯在1934年曾住过的房子。再次走过塞纳河桥，乔提出想到王宫花园散步，于是我们去了那里。公园里与以前一样平和宁静，只是德国飞机在头顶轰鸣而过。

随后回到我们住的旅馆，里面到处是德国士兵。在外面的大街上，大队德军炮车隆隆驶过。

柏林，6月26日

由巴黎返回。我们早晨7点出发，驱车穿过“战场”，更准确地说是这场战争中发生过战斗的被毁城镇，再前往布鲁塞尔。德国军官和官员们说，他们想在返回祖国前再美美地大吃一顿，于是我带他们去了皇家饭店。我们吃了许多开胃小吃、牛排、堆成小山的蔬菜、新鲜草莓和奶油，还喝了两瓶非常好的玛尔戈城堡红酒。

在去布鲁塞尔的路上，我们经过贡比涅、努瓦永、瓦朗谢纳和蒙斯，这些城镇都被炸得很惨。但除了城镇外，我在其他地方很少看到激烈战斗的遗迹。随处可见盟军遗弃的坦克和卡车，但道路沿途并未发现法军顽强抵抗的迹象。城镇里的法国人和比利时人似乎还有些发蒙，但正如人们可能会预料到的，他们似乎并无太多怨恨。与其他地方一样，他们对德军极为彬彬有礼。

德国驻布鲁塞尔的一名武官陪同我们一直到鲁汶，其原因很快就清楚了。到鲁汶后，我们直接开到被烧毁的图书馆废墟。当我们走出汽车时，“恰好”有一位神父骑车前来欢迎。原来，他似乎与德国使馆这位官员关系甚笃。他俩随后就讲述了几周前在同一地点宣传部官员曾向我讲过的故事。简单地说，就是英军在撤退前放火烧了鲁汶大学图书馆。

我承认，有些疑点令我感到迷惑不解。附近的建筑物，有些离图书馆仅五十码，没有遭到任何破坏，甚至窗户也完好无损。德国人和比利时神父不断指出这一点，以作为德国炸弹不可能击中这座图书馆的证据。另一方面，我注意到仍然耸立着的塔楼上有两处不大的弹洞，而且如果投掷的是燃烧弹，就不会影响到周围建筑物。当然了，如果投下许多枚燃烧弹，有些可能会偏离目标，点燃附近的房屋。

这位神父声称自己是图书馆管理员，并解释说那些堪称无价之宝的手抄本保存在地下室的防火地窖里。他说，英国人在地下室放了火，而且最先点燃的就是那些防火地窖。他和德国人不断强调，从烧焦的废墟、房梁等来看，大火是从地下室烧起来的。但是，我觉得事情并不那么简单。

夕阳西下时分，汽车开到了德国边境附近。我们避开了马斯特里赫特—亚琛公路，因为德国驻布鲁塞尔使馆告诉我们一行中的德国人，那里的帝国海关官员将对我们进行严格检查。由于法国人被强迫接受20法郎兑换1马克的强盗般的兑换比率，我们的两辆汽车装满了用马克购买的大量战利品。德国军官和官员们对巴黎进行了抢劫式的购买，包括套装、手袋、丝袜、香水和内衣等。我们开车在周围转悠了几个小时，试图找到一处比较僻静的海关哨所。我们越接近边境，德国人就越紧张。最高统帅部的一名军官，也是我认识的最有教养的德国人之一，不断向我解释，如果被人当场发现他身穿军装还带着这么多战利品，那他的处境将会相当糟糕。他说，他的同事们已经因此备遭抨击而声名狼藉，以至于希特勒本人在几天前不得不明确下令，要求海关警卫没收回国官兵身上携带的一切战利品。最后，我建议，如果事情露馅，我可替他承担责任。也就是说，跟海关官员解释，那些战利品都是我的。

傍晚时分，列日以东的小河谷里绿意盎然，异常凉爽，而且除了一座被毁村庄和一座被炸毁的通往亚琛的铁路桥外，几乎找不到任何战争的痕迹。最后，我们抵达了德国边境。我们的司机是个士兵，他在巴黎也买了不少东西。此刻他变得如此紧张，以至于差点撞死那位海关官员。但陪同我们的最高统帅部军官说话自信而流利，我们最终得以带着“赃物”安然过关。

抵达亚琛时，恰好赶上开往柏林的夜班车。由于疲劳缺觉且又累又冷，我一头栽倒在自己的上铺，立刻便进入梦乡。此时大约是晚10点。大约11点半的时候，我被狂暴的汽笛尖啸声惊醒。从声音上看，我可以断定是在一个火车站。后来得知是在杜伊斯堡站。汽笛声还未停止，列车便猛然发动起来，加速是如此迅猛，以至于我担心会在弯道处翻车。现在我已经完全清醒，但并无丝毫惧意。这绝对是实话。除了列车奔驰之声，我还可听到英国轰炸机低飞的声音。随后，飞机俯冲得更低，显然企图轰炸列车。次日清晨，凯克尔说从车窗里看到了轰炸机。显然，英国人认为我们的列车不过是条小鱼（这倒是没错），最后放弃了攻击。英国飞机的声音渐渐消失。随后，司机也将车速减慢到正常速度。我倒头继续呼呼大睡。

柏林，6月27日

总结：

有些问题暂时存疑。现在不可能知道全部情况。无论如何，你并未看到全部情况。另外，还有其他不少与此类似的原因。

但是从我在比利时和法国所看到的情况，与两国境内的德国人和法国人以及与沿路的法国、比利时和英国战俘交谈的内容来看，结论似乎是很清楚的，那就是：

法国没有战斗。

即使法国进行了战斗，那能够证明这一点的根据也很少。不仅是我一个人，我的几个朋友也由德国边境沿着主要公路驱车到巴黎并返回。我们都没有看到发生过激烈战斗的迹象。

法国的田野没有遭到破坏。没有在一条绵延不断的战线上发生过战斗。德军是沿着公路发动进攻的。甚至在公路上也没有迹象表明，法国人除了骚扰敌军以外，还采取过更大规模的军事行动。而这种骚扰性的行动也仅限于城镇和乡村。但是，仅仅是骚扰和迟滞行动而已。没有试图在一条战线上停下来，并发动有组织的进攻。

既然德国人选择在道路上进行这场战争，为什么法国人不阻止他们？对于炮兵而言，道路是理想的目标。然而，我还没看到法国北部有一码道路毁于炮火。在驱车前往巴黎的途中，经过了德军发动第二次攻势的地区。一名错过了此次战役的最高统帅部军官不停地唠叨，说他不能理解这场战役，在那座控制这条道路的高地上，茂密的森林为炮兵提供了绝好的掩护，法国人一定知道可以在那里部署几门火炮。只要少量几门炮，就可以完全控制这条道路，他反复不停地絮叨。当他研究地形时，还差点叫我们停车。但是在那些林木茂密的高地上并无火炮，在道路上及四周也未发现弹坑。庞大的德军几乎是不发一弹便通过了此地。

法国人炸毁了许多桥梁。但是，他们也保留了许多具有战略意义的桥梁，特别是在默兹河上。这条河因其河谷深峻、林木茂密而成为一条天然的、难以逾越的防线。不止一个法国士兵在与我交谈时认为，这里面有卑鄙的阴谋。

我在法国没有见到一处公路埋设了地雷，在比利时也只见过两三处埋了地雷，但仅此而已。法国人在城镇和乡村里匆忙设置了反坦克障碍，往往是用石头和破烂堆积而成的。但是，德国人仅花几分钟时间便可将其清除。而地雷爆炸造成的巨大弹坑是无法在几分钟内便填平的。

巴黎的D. B.先生从法国那一边对战争进行了观察。他总结说，法军从上到下都存在着阴谋，上层有法西斯分子，下层有共产党员。从德国和法国方面，我也听到过不少相关故事，比如共产党员如何接到党下达的“不要战斗、不要……”的命令。

许多法国战俘说道，他们从未看到过发生战斗。当一场战斗似乎迫在眉睫时，便传来撤退的命令。也正是这种在战斗开始前，或至少是战斗尚未决出胜负时不断下达的撤退命令，瓦解了比利时军队的抵抗。

德国人则告诉我，在一次坦克交战中，他们遭到了一大群法国坦克的攻击，当时弹药已经用完。德军指挥官命令撤退。德国坦克向后方撤退了一些距离，法国人只是非常谨慎地跟踪而至。德国人接到命令向后转，假装要发动一次进攻，同时用自动手枪等一切可用的武器开火，并做出复杂的机动动作。他们这样做了，而法国人看到大批坦克突然冲向自己时扭头便逃。其实，这些德国坦克根本没有弹药。

我在贡比涅曾与之交谈过的一名德国军官说："法国坦克在某些方面要优越于我们的坦克。它们拥有更厚重的装甲。有些时候，可能会持续几小时，法国坦克部队能够英勇地战斗。但不久，我们就会清楚地感觉到他们有些心不在焉。当我们了解到这一点并据此采取行动后，战斗很快便会结束。"一个月前，我会将此类言谈归之于纳粹宣传。但现在我相信了。

另外一个谜团是：当德军在莫伯日至色当一线突破法比边境后，他们声称德国几乎是不发一弹便顺利穿越了法国北部。当他们抵达大海时，布洛涅和加来主要由英军防守。整个法国军队似乎瘫痪了，无法采取最起码的行动，哪怕是最微小的反突击行动。

是的，德国人拥有空中优势。没错，英国不愿提供他们有能力也应该提供的空中力量。然而甚至这些也无法解释法国的失败。从所见到的情况来看，空军在这场战争中的威力被人们夸大了。人们可以读到关于对道路上的盟军纵队的大规模空中攻击。但是你在道路上看不到什么证据。根本没有炸弹坑。当然，德国人的办法是先用机枪扫射道路上的部队，当他们都分散到路边时再投弹轰炸。这样便避免了破坏道路，可以供德军随后使用。但是此类迹象也很少。在道路两边或附近田野里，时不时会看到一个炸弹坑，但绝不足以摧毁一支军队。德国空军的致命攻击发生在敦刻尔克，英国人在那里顽强阻击德军达十天之久。

那么，从总体上看，虽然法国在个别地点勇敢地甚至顽强地进行了战斗，但当德国人首次突破后法军很快就瘫痪了。随后，几乎未经一战，法军便全面崩溃。首先，法国人像吸了毒一般失去了战斗意志，即使他们的领土遭到了最为痛恨的敌人的入侵。其次，在最高统帅部和高级战地指挥官中间存在着阴谋或罪恶的玩忽职守。在大批部队中，法国左派宣传取得了胜利。他们的口号是："绝不战斗。"从来没有发生过这么多部队背叛祖国的行为。

另外两点考虑：

第一，盟军和德军指挥官的素质。仅仅几周前，英帝国总参谋长埃德蒙·艾恩赛德将军还在伦敦对美国记者们吹嘘他拥有的巨大优势，因为在法国的几名英国将军在第一次世界大战时都担任过师级指挥官。而德国将军都比他们年轻，而且在上次战争中从未指挥过超过一个连的部队。埃德蒙爵士认为，他手下老将军们拥有的世界大战经验最后将决定一切。

这是个一文不值的牛皮，而且考虑到已经发生的事情，毫无疑问艾恩赛德将军现在已经开始后悔了。的确，大多数德军指挥官与我们所见到的法国将军们相比要年轻得多。后者给人们留下的印象是一些文质彬彬、聪明机智但体弱多病的老人，他们二十年前便不再思考新鲜事物，十年前便不再进行体育锻炼。德国将军们则恰恰相反。德军拥有不止一名年仅三十多岁的将军，大多数德国将军都是四十多岁，只有少数几名最高级将领是五十多岁。他们拥有年轻人的特点，勇猛、大胆、想象力丰富、具有主动精神以及充沛的体力。冯·赖歇瑙将军在波兰战役中是整整一个集团军的司令，同时也是第一个渡过维斯杜拉河的德国军人。他竟然是自己游过去的！率领数百名伞兵在鹿特丹降落的也是一名将军，与那些中尉和士兵们共患难，而且还负了重伤。在德军所有的大规模坦克攻势中，负责指挥的将军们全都身先士卒。他们并非安全地坐在战线后方十英里的掩体里通过电台来指挥。他们就在战斗最激烈的地方，在能够亲眼看到战斗如何进行的地方，坐在自己的坦克里，通过电台和信号进行指挥。

而且如同年轻人一样，这些年轻将军们在需要采取创新手段时毫不犹豫，可以采取违反常规的行动，愿意进行冒险。

盟军，特别是法军，指挥的最大问题是，老年人完全占据了统治地位，他们犯下了致命的错误，即认为这场战争将按照与上次战争相同的规则进行。他们僵化的军事思想还停留在1914年至1918年的阶段，其思维模式始终没有打破。我想，这可能有助于解释，为何面对德国人发动的新型战争时，法国人无法自我调整并进行反击。

倒不是说这些老迈的将军必须在一夜之间适应战争的革命性变革。西线战役的一个问题就是，盟国指挥官们似乎根本就不愿从波兰战役中吸取教训。因为德军在波兰已经将他们在低地国家和法国使用的战术公之于众了。使用伞兵和施图卡轰炸机切断敌军后方联络，使用装甲师沿着主要公路对敌军防线进行快速、集中的突破，随后向纵深发展，最后像巨大的铁钳一样包围敌军，避免正面进攻，不给敌军沿着固定战线组织正面防御的机会，在敌军还未来得及组织防御之前便深入其纵深。从波兰战役结束到西线攻势开始，八个月的时间过去了，然而几乎没有证据表明英法两国的将军们利用这段宝贵的时间组织新的防御体系，以适应他们在波兰看到的德军战术。可能，他们低估了波兰军队进行的战斗。可能，他们认为波军只是一群乌合之众。而当新式战法面对的是法军这样的一流军队，而且还隐蔽在马其诺防线之后，势必会碰个头破血流。如果马其诺防线真的由色当延伸至大海，这种想法可能会被证明是正确的。但是，正如盟军十分了解，德军也十分清楚的，马其诺防线只延伸到色当以东数英里的地方。

第二个问题是德国军队令人惊讶的高昂士气。人们除非看到战斗中的德军，否则很难理解这支军队与1914年德皇投入比利时和法国的那支军队之间的差别。我还记得去年圣诞节在基尔时发现，德国海军中出现了一种全新的精神。这种精神扎根于军官和士兵之间的同志情谊。德国陆军也同样如此。这种现象很难解释清楚。老式的普鲁士正步走、叮叮当当的磕碰靴跟敬礼、士兵回答军官问话时要答“是”等形式主义都还保留着。但是，军官和士兵之间的巨大鸿沟在这场战争中不见了。出现了一种类似平等主义的东西。当我第一天与前线部队接触时便感受到了这一点。德国军官不再代表，或至少不是有意识地代表，某一阶级或等级。而且士兵阶层切身感受到了这一切。他们感到自己就像一个大家庭的成员。甚至敬礼也有了新的含义。德国士兵相互敬礼，这就使这一动作更像同志式的相互致敬，而非单纯是对上级军官的认同。在咖啡馆、饭馆和餐车上，不再执勤的军官和士兵坐在同一张饭桌上，平等地进行交谈。这在上次战争中是不可想象的，在西方国家军队中可能也是不寻常的，其中也包括我们美国军队。在战场上，军官和士兵往往吃同一个厨房做出的饭菜。在贡比涅森林，我曾与一位年轻的上尉共进午餐，他与士兵们一起从一辆机动餐车上打饭。我记得在巴黎见过一位上校，他在歌剧院林荫道上的一家巴斯克风味小饭馆请十几名士兵吃了一顿精美的午餐。吃完饭以后，他以一种慈父的细心，为他们制订了一份参观巴黎景点的计划。这些普通士兵对上校的尊敬几乎无法形容。然而，这并非是因为他的军衔，而是因为他本人。希特勒曾亲自给德国军官拟定了一份详细的指令，要求他们关心手下士兵们的个人问题。前线德军效率最高的机构是邮政部，负责将家里的信件和邮包送到士兵手中，无论他们在什么地方。同时，也负责尽可能快地将士兵的信件和邮包送到其家中。在过去几天里，几乎所有德国士兵都曾使用免费军邮系统，将丝袜和香水寄回家中。

德军士气如此高昂的另外一个原因是，他们明白是自己而不是后方的平民得到国家所能提供的最好待遇。他们的伙食和服装都是最好的。在冬天，德国的家庭可能无法供暖，但军营里却不成问题。从事无风险工作的平民可能见不着橘子、咖啡和新鲜蔬菜，但是部队里却每天都见得到。去年圣诞节，士兵们纷纷往家里寄食品包裹，而不是相反。希特勒有一次说道，作为上次大战时的一名下士，他将使新式德军中的士兵从他本人的教训中受益。至少是在这件事上，他似乎遵守了自己的诺言。

柏林，6月28日

谈谈一些违禁的话题，如果盖世太保或军事情报局发现这些笔记的话，一定会毙了我。我将它们藏在旅馆房间里，但甚至是一名缺乏经验的侦探也会轻易找到。

我对德军在比利时和法国滥用红十字标志的做法感到震惊。

有一天，我们在离巴黎四十英里的地方停车，在一座大型军用汽油站准备加油。约有四五十辆军用油料车停放在一座果园的树下。其中几辆刷着巨大的红十字标志。运送桶装汽油的普通帆布顶卡车，如果在两侧和顶篷涂上红十字标志，很容易被认为是红十字救护车。一名德国军官显然察觉到，我发现了这一无耻地滥用红十字标志的行为。他急忙命令我们上车，将我们赶走。

这大概也可以解释，为何德国空军不尊重盟军方面标有红十字标志的车辆及设施。戈林可能以为盟军会采取与德方相同的花招。这还可以解释有些前往敦刻尔克采访的记者告诉我的情况。在那里，最令他们震惊的是码头上排成长列的、被烧成焦炭的英法军队救护车。显然，他们正要将伤员搬运上船，但施图卡俯冲轰炸机恰好飞来，用高爆炸弹和燃烧弹进行了轰炸。被烧焦的伤员尸体仍然躺在救护车里。记者们认为，德国飞行员不可能没有注意到涂在救护车顶部的巨大红十字标志。

我还注意到，在比利时和法国，有不少德军参谋乘坐标有红十字的汽车跑来跑去。

今天是《凡尔赛和约》签署二十一周年。它所创造的世界似乎正在做天鹅最后的鸣唱，因为德军今天攻抵西班牙边境，苏军则开进比萨拉比亚和布科维纳。上周，我在巴黎得到确切消息，说希特勒计划进一步羞辱法国，即在《凡尔赛和约》二十一周年纪念日，在凡尔赛宫举行胜利阅兵。他将在镜厅（签署《凡尔赛和约》的地方）发表演说，正式宣布废除该和约。由于某些原因，这一计划后被取消。我听说，胜利阅兵将在柏林举行。

今天，德国官方对苏联从罗马尼亚夺取比萨拉比亚和布科维纳的评论是："罗马尼亚选择了合理的解决方式。"

今天，柏林报界以三行标题报道威尔基获得提名的消息。报纸上提到他时，称其为"最高领袖"威尔基。

有一两个美国新闻机构的代表就我们电台独家报道贡比涅签署停战协定一事向宣传部新闻负责人波默尔博士提出了强烈抗议。他向他们发誓，并没有允许我使用德国发射台，我一定是通过"某家法国电台"将播音发送出去的。实际上，我们使用了德国的发射台，就位于柏林城外的措森，波默尔博士无疑也知道这一点。

无论如何，在我们的两次停战协定播音问题上，德国人在技术方面的工作的确出类拔萃。凭借超人的努力，陆军通信工程师们在几天内便将无线电电缆由布鲁塞尔拉到贡比涅森林。在此次战役初期，他们便将比利时首都与科隆（帝国无线电电缆网络最近的终端）联系在一起。在贡比涅的头一天，拥有一条无线电电缆而不仅仅是一条高架电话线的必要性便显现出来。当凯克尔和我的播音传到纽约时，我们从反馈中得知声音清晰得像铜铃；而美国报纸记者通过高架电话线只是将其稿子传到柏林而已，而且还抱怨即使喊破嗓子也很难让柏林方面明白其意思。

有了一条由布鲁塞尔到科隆再到措森的电缆线，我们的困难便解决了九成。德国广播公司为我们提供了麦克风，他们将其安装在距签署停战协定的车厢不到五十码的地方，而且还配有装在卡车上的扩音器。我们所需要的就是这些。另外，帝国广播公司在柏林还安排了一个人通过短波频道不断呼叫纽约方面，通知他们何时开始播音。保罗·怀特在第一天曾发电报说，他们只能在我们开始播音前一分钟收到信号，这使他们几乎来不及暂停正在播放的节目并切换到我们的频道。

我们的独家新闻，同所有独家新闻一样，大部分应归功于诸多幸运因素凑到了一起。首先，我们直到第二天才知道，关于签署停战协定的官方公报在向柏林报界公布前，必须得到希特勒的批准。因为希特勒当时并不在现场，这就需要几个小时的时间。我们原先估计，当公报于下午6点50分（签署停战协定的时刻）由贡比涅通过紧急电报发回柏林后，德意志通讯社立即便会发表。我们直到8点15分才开始播音，整整晚了1小时25分钟。

实际上，我们被迫推迟了四十五分钟，因为帝国广播公司很自然要先使用那条电缆，以便将自己的德语广播发送回柏林。对我们而言幸运的是，这次德语广播没有立即播出，而是在柏林做了录音，并等待最高统帅部批准。对我们而言幸运的是，这一过程花了几个小时。

在谈判前一天，最高统帅部强迫我们也要经过同样的程序。那就是说，我们必须将我们对谈判首日的描述，先播送给柏林方面，由他们进行录音，再由军方进行审查。只有在柏林得到军方首肯之后，我们才可直接向纽约播音。但在第二天，我利用停战协定签署后德国人兴高采烈的机会，使用突然袭击的手段，取消了录音程序并直接向纽约播音。能做到这一点，也是由于得到三位德国人的合作，包括帝国广播公司负责人哈达莫夫斯基、短波部主任迪特里希和德国最高统帅部的某位上校。按规定我们不能这样做。后来，上面提到的三位先生发誓说，他们并不知道我们已经开始播音。关键点是，我趁他们兴高采烈之机，让其下达了一个非常重要的命令。只需在柏林一间控制室里扳下一个开关，便足以使我们直接对纽约播音了。当希特勒、最高统帅部和戈培尔博士得知，在柏林正式公布签署停战协定前几个小时、德国电台将消息告知其本国人民之前，我们就已经向美国人民就签署停战协定一事做了描述翔实的三十分钟播音。他们勃然大怒。我的三位德国朋友面临着军事审判甚至更糟糕的命运，在此事最终平息之前的一些日子里饱受煎熬。

奇怪的是，在这个国家里，只有德国军方明白美国电台作为新闻传播者和分析者在国内的地位。戈培尔博士和他的外国新闻司司长波默尔博士一直不明白这一点，只是在军方的坚持下，凯克尔和我才被带到贡比涅。波默尔极端轻视电台的作用，实际上还在签署停战协定的那天早晨匆忙将洛克纳、哈斯和奥克斯纳等三位美报记者用飞机由贡比涅送往柏林，以便使他们能从德国首都抢先搞到新闻。正如事态发展所表明的，这是个战略性错误，以至于在签署停战协定当天，贡比涅没有一名报社记者。

有两位美国报社记者经常对纳粹抱怨让我去前线，因为电台报道迅速的特点使他们处于不利地位。他们必须通过电话或电报等较为缓慢的手段才能将其稿子发出。我曾试图消除这一愚蠢的竞争，并同意推迟我的正常播音，直到他们的稿子发到纽约。由于全国广播公司和哥伦比亚广播公司与所有新闻机构都有合作关系，因此电台也不会有被报纸抢了独家新闻之虞。而且无论如何，我觉得我们的工作虽然存在差异，但也存在互补关系。在这里的美国报社和电台记者之间，不应存在愚蠢的竞争。

日内瓦，7月4日

在这里休息一周时间。比利时和法国那死马和死兵的气味，似乎已是很遥远的另一世界的东西。我带着艾莲首次去游泳，令人骄傲的是，她才两岁半。游泳时她那惊喜的尖叫声，在她入睡前苔斯朗读童话的温柔声音，都再次成为现实，而且都是那么美好。

这里所有人都在谈论着“新欧洲”，这是个会使大多数人都感到哆嗦的话题。瑞士人口动员的百分比在世界上比任何国家都高，现在已经部分解除动员。他们认为自己面临的局势相当无望，被获胜的极权国家所包围，从此必须为运进食品和其他补给品而乞求方便。没有人会对他们将从独裁者那里得到的待遇抱有幻想。报纸上充斥着如下建议：准备过苦日子吧。永别了，高标准的生活水平。永别了，个人自由。永别了，体面的公共生活。

可能瑞士人也没能理解独裁者为他们准备了些什么。现在法国已经彻底崩溃，德国和意大利对瑞士形成了包围，以武力进行自卫毫无希望可言。

从码头上望去，勃朗峰十分壮丽，在午后阳光的照耀下，山顶的积雪一片粉红。随后，去领事家参加了国庆节庆祝活动。这是个位于乡间的不错的家，非常恬静，奶牛在周围的草地上吃草。和人们聊了很长时间。

人们正在谈论昨天英国人的行动，他们在奥兰港击沉了三艘法国战列舰，以免其落入德国人之手。法国人已经堕落到令人难以想象的地步，竟然说要断绝与英国的关系。法国人说，他们相信希特勒不会使用法国舰队对付英国的承诺。真是可怜。然而，巨大的悲痛在法国弥漫，政府间的友好谅解已经死亡。

我们在湖边吃晚饭，在阿尔卑斯山麓一侧，在一株枝叶茂密的老栗树的遮盖下，树枝一直延伸到湖面上。汝拉山的群峰比我过去任何时候看到的都更蓝，一种深蓝灰色。它们看上去孤独而骄傲，现在已经被德国人占领。我离开了人群，走到栏杆旁，凝视着夕阳下山的景色。汝拉山难以名状的深蓝色也融入了日内瓦湖，后者像一块玻璃一般优雅地坐落在绿色的群山和森林中。湖对岸的灯光已经开始闪闪烁烁。

日内瓦，7月5日

国联秘书长阿维诺尔显然在想，他大概可以在希特勒的欧洲合众国中谋到一席之地。昨天，他开除了所有英国秘书，并将他们送上一辆前往法国的汽车。在那里，德国人或法国人可能会逮捕他们。

今晚，在夕阳照耀下，白色大理石的国联大厦在树木掩映下显得光彩夺目，看上去十分高贵，而国联在许多人的脑海中也代表着高贵的希望。但是国联却没有尽力实现它。今晚它只是一个空壳，这座大厦、这个机构及其希望都已死去。

柏林，7月8日

明天法国将废除民主制，并加入极权国家的行列中去，而仅仅几周前它还被认为是欧洲大陆的最后一个民主堡垒。希特勒挑选赖伐尔在法国替自己干“脏活”，臭名昭著的奥托·阿贝茨则充当主要中间人。赖伐尔将召集法国内阁和参议院开会，让他们投票自己取消自己，并将全部权力交给贝当元帅，赖伐尔则在背后作为希特勒的傀儡进行操纵。纳粹分子们高兴了。

今天，签署停战协定的那节车厢被运抵柏林。

柏林，7月9日

纳粹分子仍然在笑。外交部机关报《德国外事报》今天对维希政府解散法国议会做了如下评论：“法国前政权改变成极权主义形式的政府，并不会对这场战争的政治清算产生任何影响。事实上，德国并不认为法德之间的账已经算清。今后，两国将以一种历史的、现实主义的态度解决这些问题……不仅是在凡尔赛会议以来二十年的基础上，而是将更久远以前的历史事实都考虑在内。”

今晚，阿尔弗雷德·罗森贝格在新闻发布会上告诉我们，瑞典也将与其他斯堪的纳维亚国家一样，处于帝国仁慈的保护下。出席会议的戈培尔和里宾特洛甫的代表飞快地跑出去，将罗森贝格的冒失言辞报告其主子。当他们返回时，讲话啰唆的罗森贝格还未讲完。他们递条子给主持会议的波默尔博士。罗森贝格刚坐下来，波默尔便跳了起来并激动地宣布，罗森贝格的讲话仅代表他个人的观点，并不代表德国政府。

柏林，7月10日

汉斯来看我。他刚从法国—西班牙边境的伊伦开车到柏林。他说，无法理解昨天在凡尔登看到的景象。那里的房子没有一所受损。在上次大战时则恰好相反，当时凡尔登没有一所房子完好无损，但它始终未曾沦陷。从这一点，你就可以看出1914—1918年与1940年的差别。

柏林，7月（未标明日期）

拉尔夫·巴恩斯是《先驱论坛报》的记者，同时也是我的老朋友之一。在大规模攻势发动前，他刚由伦敦来到这里，今天却被要求离开柏林。与他一起离开的还有罗素·希尔，拉尔夫和我的助手。他们之所以被驱逐，是因为拉尔夫在一篇文章中声称，苏德关系现在不像过去那样友好了。威廉街对此非常敏感，但我认为真正原因在于，纳粹仇恨《先驱论坛报》的编辑方针，以及坚持向这里派遣无所畏惧且有个性的记者。它是唯一这样做的纽约报社。虽然罗素与这篇文章并无瓜葛，但纳粹无法原谅他拒不屈膝投降的骨气，于是借此机会将他一并清除。今天下午，拉尔夫和我在蒂尔加滕公园做了最后一次散

1940年7月，希特勒在制订入侵英国的海狮计划。

步，他自然很郁闷，并不十分理解他的走只能证明，他比我们这些被允许留下来的人更为正直而已。*

柏林，7月15日

德国报纸今天通知其读者，德军“各个军种现在已经准备进攻英国。进攻日期将由元首本人决定”。有人听说，最高统帅部对此并不热心，但希特勒坚持这样做。

柏林，7月17日

三百名党卫军成员开始在柏林学习斯瓦希里语。斯瓦希里语是东非德国前殖民地使用的语言。

---

* 不到四个月后，他乘坐一架英国轰炸机参与执行对阿尔巴尼亚意大利军队防线的空袭行动，在返航途中牺牲。

柏林，7月18日

今天是德军自1871年以来首次在勃兰登堡门举行胜利阅兵式。受阅部队是由柏林人组成的一个师。商店和工厂接到命令停业，全城的人都出来欢呼胜利。再没有什么东西能够像一次精彩的阅兵式那样使（总体来说天真而单纯的）柏林人感到喜悦的了。而且再没有什么能够比在下午离开沉闷的工作和阴暗的房间更好了。我在阅兵广场上混杂在人群中。一种节日的气氛笼罩着整个城市。聚集在这里的人群与尚武无关。他们只是想出来享受一下而已。看看他们，我怀疑其中是否有人理解欧洲正在发生的一切，他们中间可能没有几个人理解他们的快乐，这些正步行进部队的胜利阅兵，是建筑在被这些部队和民众的领袖们奴役的数以百万计的别国人民的巨大悲剧上的。我敢打赌，考虑过这个问题的人恐怕不到千分之一。天气有些闷热，广场上有几十名妇女晕倒。一个效率很高的红十字小分队，用担架将她们从人行道上抬到附近的急救站。

德军官兵皮肤黝黑，表情坚毅，正步行进如机器一般。一名军官的战马很明显不适应胜利阅兵的场面，闹了个小笑话。这匹马疯狂地乱踢，倒退着闯进了检阅席，差点儿踢着戈培尔。

上次德军在战争结束后通过勃兰登堡门，还是在1918年12月16日那个寒冷的冬日。那是普鲁士近卫军返回的日子。记忆总是短暂的。

我们听说，希特勒明天将在帝国国会演讲。但是，德方威胁说，如果我们在对美国广播时提到此事，就会被驱逐出境。希姆莱担心英国轰炸机会来。有人猜测，是否可能会像9月1日那个灰蒙蒙的清晨一样，宣布发动新的闪电战（这次是对英国），或是提出和平倡议。我的旅馆里住满了专程参加此次“演出”的将军们。

1940年7月18日，德军在勃兰登堡门下举行的阅兵式。

柏林，7月19日

并非要发动对英国的闪电战。至少现在不是。今晚，在帝国国会，希特勒“提出”要实现和平。他说，他看不到任何将这场战争继续进行下去的理由。但这当然是希特勒作为征服者独霸欧洲大陆的和平。看完帝国国会中的疯狂表演，这是迄今为止我所看过的最有趣的表演，我想知道英国将会做出什么反应。对德国人而言，结果不言而喻。作为处心积虑鼓动他们与英国作战的一种计策，这的确是极端高明的一招。因为德国人民现在会说:“希特勒向英国提出实现和平，而且不附带任何条件。他说他看不到任何继续将这场战争进行下去的理由。如果战争继续进行，那就是英国的过错。”

我有些好奇，想知道英国人如何作答。我刚刚为准备播音而赶到广播公司后，就打开收音机收听BBC的德语广播。英国人已经做了回答！他们严词拒绝了希特勒的和平提议。我越想就越不觉得奇怪。让英国与成为欧洲大陆绝对主宰的德国讲和是绝不可能的。另外，英国人一定有理由相信他们能够成功保卫自己的岛屿并最终打倒希特勒。因为希特勒已给了他们一条方便的脱身之路，并且可以至少保住一些利益。仅仅一年半之前，我亲眼看到当时的英国政府拼命想抓住这根稻草。BBC的拒绝非常干脆。播音员对希特勒的每个提议都进行了讥讽嘲弄。屋子里的最高统帅部军官和各部门官员都不敢相信自己的耳朵。其中一个冲我喊道:“你知道到底是怎么回事？你能明白这些英国傻瓜吗？现在竟然拒绝和平？”我咕哝了两声没说话。“他们疯了。”他说道。

希特勒非常雄辩地提出了和平倡议，至少对于德国人是如此。他说:“在这个时刻，我觉得出于良知再次诉诸理性和常识是我的职责。我看不到这场战争有任何继续进行下去的理由。”

没有掌声，没有欢呼声，也没有皮靴跺地板的声音。一片安静。但气氛紧张。因为德国人内心深处现在也渴望和平。希特勒在宁静中继续说:“我对战争将带来的牺牲感到悲伤。我希望避免牺牲，也是为了我国人民。”

今晚，我们在帝国国会看到的希特勒是位征服者（他自己也清楚这一点），同时还是位极为出色的演员，是操纵德国人民头脑的大师，他如此超群地将征服者的绝对自信与谦卑的美德混合在一起，而后者总是能够得到大众的拥护，尤其是当他们知道此人身居高位时。今晚，他的嗓音有些低沉；他很少像往常一样大喊大叫；他一次也没有歇斯底里地大叫，就像我在这个讲坛上常常见到的那样。他的演讲风格已经臻于完美。在帝国国会开会期间，我常常坐在克罗尔歌剧院顶楼看着这个人演讲，我认为他是名了不起的超级演员，如同许多优秀演说家一样。我常常钦佩他运用双手的技巧，略有些女人气而且极具艺术性。今晚，他将自己的双手运用得非常漂亮，似乎他的双手、身体的晃动与他的言辞和嗓音一样，在自我表达方面发挥着同等的作用。我还注意到他运用表情、眼神和扭头以示讽刺的天赋，后者他在今晚的演讲中运用得较多，特别是在他提到丘吉尔先生时。

我还再次注意到，他能够在说谎时面色如常。可能，有些谎话在他看来并非谎话，因为他狂热地相信自己所说的每一个字，正如他对过去二十二年的错误总结和他不断重复的德国在上次大战中是被出卖而非真正战败一样。但是，今晚他也能以绝对的真诚说道，英国近几周的夜间空袭并未造成任何军事破坏。人们不禁想知道，当他在讲如此离奇的谎话时，脑子里究竟在想什么。首次看他演讲的乔·哈什印象极为深刻。他说，几乎无法使自己的眼光离开希特勒的双手。他觉得，这双手表现得真是太棒了。

我从未在一间屋子里见过这么多金光灿烂的将军。他们聚集在一起，胸前的铁十字勋章和其他装饰品闪闪发光，占据了一层楼厅的三分之一。这场表演部分是为他们安排的。演讲在中途突然暂停，希特勒又变成了拿破仑，小手轻挥（在这种场合也就是行纳粹礼）便创造出十二位陆军元帅。由于戈林已经是元帅了，因此便为他特设了一个荣誉职位——帝国元帅。戈林看上去很有趣。胖乎乎的他坐在议长座位上，举止就像圣诞节早晨一个把弄玩具的小孩儿。只不过他的玩具除了卡琳庄园阁楼里的电动火车以外，还恰好包括施图卡俯冲轰炸机这样的杀人利器！在希特勒演讲期间，戈林都靠在桌子上咬着铅笔，写着字迹大而潦草的讲话稿，以便在希特勒演讲完后发言。他咬着自己的铅笔，皱着眉头写着，就像一个下课前要交作文的小学生。但他同时还竖起一只耳朵听元首的讲话，在合适的时候会放下铅笔开心地鼓掌，脸上满是赞许的微笑，嘴巴能咧到耳朵根。有两个重要时刻，他的反应就像大孩子一样快乐自然。当希特勒任命两名空军将军为元

1940年7月19日，希特勒接见几位新晋元帅，从左至右为：埃哈德·米尔希、胡戈·施佩勒、阿道夫·希特勒、赫尔曼·戈林、阿尔贝特·凯塞林。

帅时，他满面笑容就像一位骄傲的兄长，向楼厅里的两位将军颔首微笑，表达自己的赞许和快乐，并且像高康大一样大模大样地鼓掌，将他的大爪子指向新元帅们，就像指着主持人正在介绍的拳击手一样。高潮时刻终于降临，希特勒任命他为帝国元帅。希特勒转过身来，将一个装有帝国元帅勋章的盒子递给他。戈林接过盒子，他的孩子气的骄傲和满足简直有点令人感动，虽然他是个老牌杀手。不过，他还是忍不住偷偷向上瞟了一眼，看看人们的反应。然后他就又回去咬铅笔和写讲话稿去了。我觉得他之所以广受欢迎（在国内仅次于希特勒），就是因为在类似场合，他表现得非常有人情味，完全像个大块头、好心眼的孩子。但也正是这个“大孩子”，在1934年6月将数百人送到了行刑队面前。

齐亚诺伯爵专程从罗马赶来，以显示轴心国对希特勒所提和平倡议的赞同。他在当晚的表现就像个小丑。他穿着灰黑两色的法西斯民兵制服，坐在外交官包厢第一排。当希特勒喘气的时候，他经常会像玩具盒里的小兵一样突然跳起来，行法西斯举手礼。他手里拿着一份演讲稿，但可能是意大利文本，所以他没能跟上希特勒的演讲词。在没有丝毫先兆的情况下，他会突然跳起来，伸出臂膀行纳粹礼。人们不能不注意到齐亚诺的高度紧张。他的下颚不断蠕动，但并非是在嚼口香糖。

在我看来，除了那些坐在主会场像木头机器人一样的议员们以外，大会上最令人可怜的人物便是德军总参谋长哈尔德将军。大多数人认为他是德军的大脑，正是他制订了波兰战役和西线攻势的最终计划，并以令人瞠目的方式将其实现。但是，他从来不对希特勒卑躬屈膝。有不少消息说，他在一些场合非常尖锐地批评这位了不起的大人物。其结果就是，希特勒对他非常敌视。无论如何，他今晚未被任命为元帅，只是提升了一级。波兰战役结束后，希特勒在颁奖时也忽略了他，但是军方是如此不满以至于希特勒不得不采取补救措施。今晚，我看见了他那充满睿智的面容，在热烈祝贺那些年轻将军们超越他升为元帅时，似乎也在掩饰着疲惫和悲哀。

主管新闻事务的使馆官员亚历山大·柯克也在那里。纳粹将他安排在后排座位，与一些小人物坐在一起，但他似乎并不在乎。他整晚都坐在那里，表情就像斯芬克斯一样捉摸不定，只是当一些巴尔干国家的外交官探身行奴隶式的敬礼时，脸上才冒出一丝讥讽的微笑。吉斯林，一个长着猪眼睛的小个子，缩在头排包厢角落里的一个座位上，贪婪地注视着这令人惊奇的场景。

柏林，7月20日

英国官方没有对希特勒的“和平倡议”做出反应。今晚，戈培尔让新闻界含蓄地向德国人民透露，英国佬不会做出什么反应。与我交谈过的德国人都完全不能理解。他们希望和平。他们不希望再过一个像去年那样的冬天。他们对英国并无反感，尽管有那么多挑衅性的宣传（就像经常吃的药一样，其效力也会逐渐减弱）。他们认为自己的实力正处于顶峰。他们认为自己也能够将英国打败，如果双方最终开战的话。但是他们宁愿要和平。

罗斯福在芝加哥获得担任第三届总统的竞选提名。这对希特勒而言是个打击，威廉街今天对这一点毫不掩饰。戈培尔命令柏林报界对此不加评论，但是又允许德意志通讯社驻华盛顿记者发表了一条短讯，声称罗斯福获得竞选提名时所使用的手段，“遭到了所有目击者的激烈谴责”。

现在，希特勒希望罗斯福在竞选中被威尔基击败。其原因就是希特勒害怕罗斯福。他刚刚开始理解，罗斯福对大不列颠的支持，是英国拒绝接受他规划的和平的主要原因。正如《法兰克福日报》主编鲁道夫·克切尔所说（已被允许于明天见报）：“罗斯福是英国对这场战争仍然怀抱幻想的‘父亲’。罗斯福的卑鄙手段可能使美国人民无法容忍，可能他不会再次当选总统，也可能他即使当选也仍将坚持其政党的不干涉政策。但同样清楚的是，虽然他可能不会以其舰队或陆军进行干涉，但他必将以演讲和阴谋进行干涉，并将强大的宣传机器交给英国人支配。”

柏林，7月21日

荷兰开始感觉到纳粹压迫的滋味了。我们听说发生了大规模的逮捕事件。

柏林，7月22日

希特勒送给墨索里尼一件生日礼物。那是一列防空装甲列车。

哈利法克斯勋爵在电台上宣读了英国对于希特勒“和平倡议”的答复。英国坚定地说“不”。当我在广播公司听播音时想，对美国而言这篇演说挺糟糕。他听上去虔诚得可怕。他向上帝祈求得过多。我记得他在印度时就是一个非常虔信宗教的人。但是，迄今为止上帝对希特勒可是够好的……

柏林，7月23日

正如今晚报纸所说，骰子似乎已经掷下。哈利法克斯勋爵的演讲在政府圈子内部引起了震动。在中午的新闻发布会上，纳粹分子很愤怒。新闻发言人咆哮道：“哈利法克斯勋爵拒绝了元首的和平倡议。先生们，将会有一场战争。”

今天早晨，鼓动人民对英作战的新闻战开始大张旗鼓地展开。柏林所有报纸的头条标题都是：**“丘吉尔的答复——怯懦地屠杀手无寸铁的民众！”**

文章的内容是说，希特勒在帝国国会提出“和平倡议”，英国人却以不断加强的夜间空袭作为回答，而且针对的是手无寸铁的妇女儿童。以前从未公开的英国轰炸范围被突然曝光。遭轰炸的城市包括不来梅、汉堡、帕德博恩（那里有一座大型坦克厂）、哈根和波鸿，所有这些城市都有大量军事目标。但是根据戈培尔的谎言，只有妇女和儿童被炸死。不过，德国人民恐怕还是会相信这些谎话。英国拒绝接受和平令他们十分沮丧。现在，他们将希望寄托于在秋季便迅速取得胜利，以便能够避免再过一个战时冬季。

柏林，7月25日

今天，我们初次领教了希特勒打算怎样搞垮法国。一个叫魏尔的德国人被任命为特别总督，负责管理法国布列塔尼地区的五个县。另外还成立了一个布列塔尼“民族委员会”，以便宣布一个新的布列塔尼民族国家的成立。

今天，阿尔萨斯的法语标志被撤掉，代之以德语标志。

从瓦尔特·冯克博士那里，我们还初次领略了希特勒“新秩序”的丰采。冯克博士是帝国银行行长和经济部长，在我们今晚的新闻发布会上亮相。冯克是个眼光闪烁、令人捉摸不定的小个子，人们说他饮酒过度，但他并不缺少智慧和幽默，他相当坦率地承认，“新秩序”的目的就是使德国更为富裕。他说道：“它必须最大限度地在经济上保证德国的安全，并提供尽可能多的消费商品。这就是欧洲新经济的目的。”后来，新闻审查员将这段话从我的播音稿中删除。

冯克还说，欧洲新货币将放弃金本位制，而以现在毫无价值的帝国马克取而代之。他声称，黄金作为国际支付手段，其重要性也将大幅度降低。因此，美国拥有的巨额黄金储备将丧失大部分价值。他继续说，帝国银行将成为欧洲新体系的票据交换所。换句话说，美国要想与欧洲国家进行任何交易都必须通过柏林。“否则，我们将直接与南美国家交易，或者干脆不做任何交易。”他喊道。这是德国人在损害他人利益基础上建立有利于己方标准的又一个例子。

德国经济部长瓦尔特·冯克。

当我们向冯克提出，沙赫特也为“新秩序”制订了一个计划时，他对沙赫特（他取代了此人在帝国银行和经济部的位置）的仇恨终于暴露出来。“我没听说过这件事。”他断然说道。想了一下，他又说：“哦，我的确在外国报纸上看到过，但我对报纸上的东西总是半信半疑。”然后又严肃地说道：“元首委托**我**为‘新秩序’制订经济计划。”

柏林，7月28日

更多关于“新秩序”的消息。阿尔弗雷德·皮奇博士，帝国经济委员会的主席，声称“新秩序”下的欧洲大陆将拥有3.2亿人口，领土面积150万平方英里。每年将生产1.6亿吨土豆和1.2亿吨谷物，在食品方面将实现自给自足。皮奇博士还承认了大多数纳粹不愿承认的事实。他说，希特勒统治的欧洲大陆在原材料方面还远未达到自给自足。例如，只能生产少量羊毛，完全不生产棉花。他说，在目前这个阶段，希特勒统治下的欧洲大陆每年需进口总值15亿美元的原料。

今天，希姆莱宣布，一名波兰农工因为与一名德国妇女睡觉而被绞死。种族混杂是绝对不允许的。

今天，又有一名美国记者被驱逐。这位记者是《芝加哥论坛报》的考彭宁上尉，据说他是麦考密克上校的心腹。昨天，他由瑞士抵达柏林，发表了一条关于德国向英国提出的和平协议条款的消息，他认为这项协议已经通过瑞典发往伦敦。宣传部试图将这篇文章算到《芝加哥论坛报》常驻记者西格里德·舒尔茨的头上。由于她的独立性以及对内幕情况的熟悉，他们早就想将她赶走，但最终还是决定只驱逐上尉。

柏林，7月31日

今天的新闻片播放了德军工兵炸毁贡比涅法国停战纪念碑的情景。他们炸毁了所有纪念碑，只留下福煦元帅的雕像。上个月在巴黎，一名德国军官邀请我去贡比涅观看爆破行动。但当我对德国人竟如此野蛮而表示惊讶时，他又收回了邀请。

今晚，我在广播中说，德国人民此刻当然从荷兰和丹麦运来的大量蔬菜、鸡蛋和咸肉中得到了好处。新闻审查员说，我不能涉及这一话题。

柏林，8月1日

今天，戈培尔让德国电台歪曲性地引用了国防部长史汀生的一段话。史汀生称："英国将在短期内被征服，英国舰队将转而为敌人所控制。”这是一场新宣传战的一部分，试图使德国人民相信，甚至连美国都放弃了挽救英国的希望。

每个人都急切地想知道，对英国的入侵将于何时开始。我与威廉街的纳粹官员打了两个赌。一个人认为，“卐”字旗将于8月15日飘扬在特拉法尔加广场。另外一个人则认为，会是9月7日。这名纳粹说，据戈林的得力助手米尔希将军透露，后一个日期是最后期限。

柏林，8月3日

英国驻比大使兰斯洛特·奥利丰特爵士作为战俘，被关押在柏林与波茨坦之间的盖世太保训练营，现在成了棘手问题。有天晚上空袭时，纳粹要将战俘撤出牢房。但兰斯洛特说，如果他在英国人轰炸时逃到地下室，那他就该死了。党卫军卫兵于是强行将他带到地下室。兰斯洛特爵士大喊大叫，以至于此事最终闹到希特勒那里。元首决定，在英国人轰炸时，他可以待在自己想待的地方，但他必须签署一份文件以免除德方责任。

昨天中午，外交部召开的新闻发布会极其热闹。官方新闻发言人像往常一样沉闷单调地讲着，同一大街上的总理府和航空部屋顶的高射炮突然全部开火。讲话戛然而止。正当所有在场者都准备逃跑寻找掩蔽的时候，射击又停止了。似乎是一架德国教练机在未发适当信号的情况下就飞进了柏林上空的禁飞区。

柏林，8月4日

昨天，我飞往汉堡，乘坐的是一架极为破旧的运输机，德军曾用它将俘获的马匹从巴黎运往柏林。没有座位，我们就坐在地板上，颠簸得非常厉害。德方打电话邀请我和其他两人飞往汉堡，在那里我们可以看任何想看的东西。他们说，英国人刚刚宣布，皇家空军的轰炸已将汉堡化为“齑粉”。

当我赶到机场后，发现共有二十名记者收到邀请。而当我们抵达汉堡后，我很快便发现德国人无意展示我想看的“任何”东西。在启程前两小时，我曾研究汉堡地图并列出一个名单，包括储油罐、飞机制造厂、造船厂和秘密机场。我们在导游带领下转了几个小时，向我们展示的地点包括被英国炸弹摧毁了一半的癫痫病诊所。随后，我把名单交给了负责此次观光的德国人。

“当然，”他们回答，“我们将带你们参观所有地点。”

于是，他们将我们赶进一辆公共汽车，以三十五英里的时速穿过码头。码头当然没化为“齑粉”，但我也无法看清是否有地方挨了炸弹。后来，我们爬上三百英尺高的圣米迦勒钟楼顶，从那里可以看到港口全景。不过，我必须承认，即使在望远镜的帮助下，我也看不到任何东西。储油罐太远了，以至于无法进行详细观察。但是近处的码头和布洛姆-福斯造船厂似乎毫发无伤。在易北河中，有两艘小船被炸沉，龙骨隐约可见。不久，天就黑了，我们又赶回机场。

返回柏林途中，我坐在剧烈颠簸的机舱地板上深思着，心情十分沮丧。尽管德国人并未如其承诺的那样让我看自己想看的所有东西，但从所看到的情况可以清楚地断定，汉堡只遭到微不足道的破坏。我曾预料，经过两个月几乎毫无间歇的夜间轰炸，皇家空军应该取得更大战果。港口虽然无疑挨了几颗炸弹，但并未真正受到影响。港口中两座最重要的桥梁未伤一根毫毛，最近的一颗炸弹落在两百码以外。德国两艘大型客轮“不来梅号”和“欧罗巴号”停泊在远处，很明显也未受损。港口中的几列运兵车正在卸载兵员，我估计属于入侵英国的部队。有人说，他们将乘坐那两艘大型客轮。

关键问题是，鹿特丹市中心约一平方英里的地区在施图卡俯冲轰炸机发动的一次半小时轰炸中就被彻底摧毁。那么为何皇家空军不能在两个月的轰炸中彻底摧毁汉堡港口设施和布洛姆-福斯造船厂呢？正是这个造船厂在紧张地建造舰艇，特别是潜艇。重要目标大多集中于易北河中的两个小岛，如果晚上由大海方向溯河而上，你不可能看不到这两个目标。此外，更令人沮丧的是，英国宣传可能也夸大了对德国其他目标的空袭效果。

与我交谈的汉堡人对空袭的抱怨，主要不是由于所造成的破坏，而是搅得他们睡不好觉。

今天下午在公园散步，天气暖和，阳光灿烂。有几群人围在一堆，看着别人喂松鼠。甚至休假士兵也在那里观看。正是这些喂松鼠的人，在挪威一直打到纳尔维克，在荷兰、比利时和法国一直打到海边。

柏林，8月5日

尽管大家都说将在随后几天内发动对英国的入侵，但这里的军方人士告诉我，在进行任何派遣部队登陆的尝试前，德国空军还有许多任务必须完成。昨天，戈林在署名“阿米尼乌斯”（他的名字赫尔曼的拉丁文写法）的文章中也说了同样的话。他解释称，空军的首要任务是彻底夺取制空权，方法是摧毁敌方的飞机、机场、修理厂、油库和高炮阵地。在完成这项任务后，他说，空军在第二阶段就可将主要精力用于支援地面部队作战。这就是德国在波兰和西线的战略。

我的问题是：为什么德国空军还不对英国发动较大规模攻势？难道是因为希特勒仍然希望迫使丘吉尔接受和平？或是因为陆军将领们仍然不愿意尝试入侵？或是因为皇家空军过于强大以至于德国空军不愿冒险一搏？

法国的煤矿已经再次开工。它们没有像1914年那样被法国人破坏。报纸上的照片显示，法国矿工正在煤矿上卸煤。一名德国士兵头戴钢盔，手持上刺刀的步枪，站立在一旁。当法国还未战败时，莫斯科控制的法共和工会要求工人们不工作、不战斗。现在，他们必须在德国刺刀的威胁下工作。

今晚，希特勒在总理府召开了最高统帅部大型会议。我的内线注意到，凯特尔、冯·布劳希奇、约德尔、戈林、雷德尔及其他军方要员都参加了会议。他们将就入侵英国做出决定。新闻审查员不让我们提及此事。

柏林，8月8日

今天，威廉街告诉我们，德国不愿为德军占领区内发生的食品短缺承担任何责任。德国人希望美国将为占领区内的人民提供食品。他们希望胡佛能够负责此事。

柏林，8月10日

今天，外交部正式宣布，忠于戴高乐的法国水手如果被抓获，将毫不留情地被当作海盗处理。

柏林，8月11日

几天来，工人们一直忙于在我的旅馆外面的阅兵广场上搭建新看台。今天，他们进行了粉刷并安装了两个巨大的金色雄鹰。在看台两边，他们还竖起两座巨大的铁十字勋章模型。现在，纳粹党内部称，希特勒对于战争结局已经如此肯定，不是征服英国便是与英国达成和平协议，他已经下令在月底前建好看台，以备在勃兰登堡门举行盛大阅兵式之用。

今天早晨，冯克在柯尼斯堡热情地赞扬了林德伯格所说的一句话："如果富人变得更富而穷人变得更穷，那就必须做些什么了。"

"那正是我前些时候所说的。"冯克说道。

补记——今天在英国海岸发生了战争以来最大规模的空战。德国发布的英方损失数字整夜都在不断增加。一开始，德国空军声称，英机被击落73架，德机损失14架；然后是79架比14架；最后到午夜时变成89架比17架。实际上，当我将下午和晚上德方零星公布的数字加在一起时，英机损失多达111架。德国空军撒谎速度如此之快，以至于自己公布的前后数字都不相符。

柏林，8月13日

今天是德国对英国发动大规模空袭的第三天。昨天，德国空军公布的战果是71比17。今晚的战果是69比13。伦敦方面每天公布的战果统计数字几乎刚好是倒过来。我怀疑伦敦的数字更真实一些。明天，我将与其他几名记者一同飞往海峡地区。我们不知道自己被送到那里，是去看希特勒发动入侵英国的行动，还是仅仅观看一下空中打击。

在柏林和根特之间的一架德国运输机上，8月14日

昨晚，我们遇上了一次空袭，已经有相当长时间未发生此类事件了。空袭发生于凌晨2点，当时我播完音刚回来。苔斯已经到柏林几天了，我们两人等着看高射炮火形成的焰火表演，但是什么也没有。

我们于凌晨4点50分在施塔肯起飞，在五百英尺高的空中低空飞行，以便德国高射炮手能够轻易识别。他们打下了太多自己人的飞

机……现在安特卫普位于北面，飞行员正在驾机降落。

……一个倒霉的时刻。两架战斗机从云层中飞出，并向我们俯冲，我们以为它们可能是喷火式战斗机。有一天，它们击落了一架由巴黎飞往布鲁塞尔的飞机，乘客中有一名将军。幸好，它们是梅塞施米特式战斗机，随后便转弯飞走了。现在，我们的飞行员试图找到机场跑道。这并非易事，因为此处跑道做了伪装。

根特，比利时，8月14日

这个机场的伪装值得注意。我从空中注意到，它看上去就像其他任何地方一样，道路不规则地穿过它，仿佛一块农田。地面上的每架军用飞机都拥有用草垫制成并种上青草的机棚。周围堆上沙袋，以防止飞机遭炸弹碎片破坏。这些机棚构筑得如此巧妙，以至于我怀疑从一千英尺高处根本就看不出来。这个机场并不大，但德国人正

比利时根特附近的军用机场航拍图。

在疯狂进行扩建。成群的比利时工人忙于拆毁周围的建筑，都是当地士绅的别墅。这恰好也是比利时人被迫帮助德国人作战以对付老盟友英国的一个例子。我注意到，德国人隐藏飞机的一个巧妙办法是在离机场一段距离上建造停机区。由机场延伸出的狭长小路通向这些停机区。在这些停机区的两侧，停放着成排的飞机，掩蔽于树下。从空中看，很难发现这些停机区，你可能猛烈轰炸机场，但飞机却都毫发无伤。

我对根特怀有带点浪漫气息的兴趣。因为我记得小学历史课本上说，1812年圣诞节前夕，在这里签署了和平协定，从而结束了英美之间的战争。圣诞节前夕的一个佛莱芒小镇会是一个颇具诗情画意的地方，如果我们相信早期佛莱芒画家的话。正是在这里，美国和英国的代表团悠闲地达成协议，以结束一场双方都不希望的战争。空气中弥漫着圣诞节的气息，白雪飘飞在狭窄、弯曲的街道上，运河里是滑冰的人，到处是开心的饮酒和盛宴。圣诞节前夕是达成和平的一个合适时刻。但是，没有无线电，没有横跨大西洋的电缆，美国在三个月后才得知和平的消息。与此同时，杰克逊还在新奥尔良战斗。

我们坐在一位糖商别墅华丽俗气的客厅里，德国飞行员接管了这里。我们等待车辆送我们去“前线”。人们忘记了事先预订车辆。来自宣传部的弗罗利克博士，我们管他叫“呆子”，是个身材胖大、行动笨拙、思维缓慢、性格温良的德国人，拥有哈佛大学学位和一位美国妻子，人们永远无法让他做出一项决定。我们等着，而德国飞行员们则从糖商的酒窖里取酒喝。汽车总也不来，因此我们就坐了一辆公共汽车去看根特城。根特不如我想象得那样浪漫。它是一座灰色的、凄凉的低地工业城市。街上有许多德国士兵，用他们的马克纸币将商店里的存货买了个精光。我们停下来，与一位当地店主交谈。他说，这些士兵行为举止相当好，但却通过购买商品抢光了这个城市。当现货卖光后，根本无法及时上货补充。

奥斯坦德，比利时，8月14日

我们的汽车最终在晚7点到了，我们乘车前往奥斯坦德，路上经过布鲁日，这是座童话般的城市。恰好整整十五年前，我在这里度过了在欧洲大陆的头一个夜晚。进入奥斯坦德后，我睁大眼睛寻找将运送德国入侵军到英国的驳船和轮船，但是我们只发现了很少几艘。港口里一艘都没有，只在城后运河里有几艘。德国人为我们选择了一家名为皮卡迪利的旅馆。

补记。8月15日，清晨6点——坐了一整夜。德国人上床睡觉后，旅馆主人夫妇和极其漂亮、黑发黑眼、年方17岁的女儿拿出一些好酒，我们边喝边聊了一整夜。当地一些比利时人也加入进来，弗雷德·奥克斯纳、迪克·鲍耶和我，与他们好好谈了谈。令人感动的是，比利时人一直希望英国轰炸机过来。只要皇家空军能够消灭德国人，他们似乎并不在乎伤着自己。一名比利时妇女（她的悲伤非常合我的意）解释说，大部分被摧毁的奥斯坦德所受的破坏，主要是由德军炮火造成的。在英国人已离开该城很久之后，德国人仍然不断开炮。天亮前不久，我们沿着海滩散了会儿步。薄薄的雾气使月光显得朦朦胧胧，甚至使海岸一带的房屋废墟也笼罩上了一层美丽的色彩。海水的味道和海浪的冲击使你感到十分愉快。比利时人不断咒骂，英国人怎么还不过来。

加来，8月15日，中午

沿着海岸前行，德国人所采取的**防御**措施令我震惊。一条由战壕、散兵坑、机枪阵地和大批兵员构成的阵地，沿着距水线约一百码的沙丘一直延伸至敦刻尔克。此外，还有大量高射炮，在后方约四分之一英里处还有数不清的炮兵阵地。我以前从未想过英国人发动任何进攻的可能性。我们在沿海任何地区都没看到德国人准备入侵的迹象。并无大量部队、坦克和驳船的集结活动。但他们当然可能就在那里，只是我们看不到而已。

距敦刻尔克大约十英里左右，我们突然闻到一股令人恶心的、甜甜的、死人死马的气味。很明显，人们还没抽出时间打捞运河中的无数死尸。敦刻尔克本身已经清理干净，而那些两个月前到过此地的人几乎认不出这个港口。哨兵不许我们进入港口周围的市区，可能是担心我们了解到入侵英国部队的情况。在敦刻尔克市内及周边地区，到处都堆积着英国远征军留下的卡车和战争物资。德国机械师正在工作，试图修复一些卡车。还有人正在拆卸橡胶轮胎，德国人从未见过这种质地的轮胎。在城里，法国平民排成长队，在救济站前领取一勺食物。令人奇怪的是，这个城市在遭到如此可怕的轰炸和炮击后，竟然还有平民生存下来。我们都低估了人类的忍耐能力。

我们前往二十五万英军撤退时使用的海滩。在听过德国人吹嘘他们击沉了无数运输船和其他舰艇后，我惊奇地发现在二十英里长的海岸附近只看到两艘货船残骸。除此以外，还有两艘驱逐舰残骸，其中一艘我估计早在敦刻尔克撤退前很久便已被炸沉。此外，还有一艘鱼雷艇，总共只有五艘小型舰船。我们在柏林时，某日曾被告知德国空军击沉了五十艘舰船。由于这里的水很浅，即使舰艇沉没在距岸很远的地方也可看到。不过，当一颗炸弹直接命中一艘舰艇时，基本上就可以确保将其摧毁。离我们最近的一艘驱逐舰离岸约两百码，在舰桥正前方挨了一颗炸弹。这艘船被炸开一个约二十英尺宽的口子，一直延伸到水线。

补记——我们在加来吃午饭时，听到第一波次德国轰炸机轰鸣着飞往英国。它们飞得如此之高，以至于很难看见，至少也有一万两千英尺高。我数了一下，共有二十三架轰炸机，在上方还有一群梅塞施米特式战斗机。天空十分晴朗。对飞行员而言将是个好天。下午3点左右，我们乘车出发，沿海岸前往格里内角。经过港口时，我注意到这里也未集结大量轮船、驳船，甚至连小型鱼雷艇也没有。只有三艘鱼雷艇停泊在码头上。难道德国人声称要入侵英国是在虚张声势？我们沿着海岸公路驶出城外。现在德国飞机呼啸着掠过头顶，那边是一个中队的二十七架轰炸机，这边是五十架梅塞施米特式战斗机前去会合。它们都掉头向多佛方向的大海飞去，飞得非常高。不久，情况就很明确了，英国人不想出来迎击，或至少不愿飞出这么远。我们遥望海峡彼岸，企图发现英国战斗机。但是，没有发现一架喷火式战斗机。

我们沿海岸加速驶往格里内角，先是格特鲁德·埃德勒，后来是一个胖胖的埃及人和其他人经常在那里扎营，那时的世界还对青年男女横渡海峡很感兴趣。那个时代似乎已经十分遥远！现在，空中充斥着轰炸机、战斗机和巨大的轰鸣声，全都是德国飞机。一群海因克尔式轰炸机从多佛方向踉跄而来。我们尚未看到一架施图卡俯冲轰炸机。有三四架轰炸机似乎受了重伤，几乎完全失去控制，好不容易才挣扎着降落在一处峭壁上。单发的梅塞施米特-109、双发的梅塞施米特-110型战斗机以三百五十英里的时速飞来飞去，就像一群紧张的母鸡在保护小鸡。它们在空中盘旋，直到所有轰炸机都安全降落，然后再爬高并飞往英国。我们停车观看。我们中的一名军官发誓说，一架海因克尔式轰炸机被一架喷火式战斗机击中，而这架英国战斗机则被击落。但这纯属想象，因为他看到的并不比我们多。整个下午都在不断地发生类似事情。我们继续开车前进。农民们坐在收割机上，收获成熟了的褐色小麦。我们激动地伸长脖子，观看空中那些杀人机器。农民们则不予理睬，甚至头也不抬。他们的眼中只有麦子。你可能会想，到底哪些人更文明些？我们经过一门正朝多佛开炮的巨型铁路炮。它用伪装网进行了巧妙伪装，德国人在上面系着一束束的麦子。海岸沿线到处是成群的法国劳工，在德国人监督下工作，建筑炮台等设施。最后，我们沿着通往格里内角的公路，朝大海方向前进。这里有许多新炮台和探照灯，全都进行了完善的伪装。德国人在伪装方面似乎比盟军投入了更多精力！士兵们正忙着为格里内角的防御工事进行伪装，法国人完整无损地遗弃了防御工事，他们从未想过伪装。成群的工人正从附近草地上挖草皮，然后铺在炮台和哨所周围的砂石地上。伪装效果相当不错，原先的白色砂石地在绿色草地背景上很容易暴露。

在格里内角峭壁边缘的草地上，我们悠闲地度过了余下的午后时光。德国轰炸机和战斗机不断轰鸣着飞往多佛。通过望远镜，你可以清楚地望见多佛的峭壁，有时甚至可以看到英国人保护港口的气球。我注意到，德国轰炸机往往是在一万五千英尺高空排好队形飞往英国，但返回时飞得很低且队形混乱，有时甚至是单机返回。我们很

位于法国加来海岸格里内角的一门德国380毫米海岸炮。

想看到一场空中格斗，或喷火式战斗机编队突然扑向返航的德国轰炸机。但这些希望最终都落空了。整个下午，我们都没有看到一架英国战斗机。今天，德国人在海峡上空掌握了绝对优势。靠近海岸处有德国巡逻艇，大多数是小型鱼雷艇。如果英国飞机冒险出击，击沉它们可说是易如反掌。海面平缓如镜，机翼上涂着红十字的德国水上飞机不断起降。它们的工作是营救在海峡上空被击落的空勤人员。下午6点左右，我们看到六十架海因克尔式和容克-88型轰炸机，在一百架梅塞施米特式战斗机保护下，经我们上方向多佛飞去。不到三四分钟，我们就清楚地听到多佛周围的英国高射炮向它们开火。从沉闷的炮声判断，英国人拥有一定数量的重型高射炮。此外，还传来更沉闷的轰鸣声，我们中间的一名军官认为这是炸弹爆炸的声音。不到一小时，同一批轰炸机返航。我们发现，原先六十架轰炸机只回来了十八架。难道英国人击落了其他轰炸机？这很难断定。因为我们知道，德国人命令飞机各自返回原先出发时的机场。很明显，这样做的原因是为了确保德国飞行员不知道其确切损失。

鲍耶和我一直希望能够看到一些喷火式战斗机出场。但是，现在太阳已经偏西。海面一片平静。天空也安静下来。下午在峭壁上倒像是举行了一次田园风味的野餐，而不是在空战前线度过了一天。与我们在比利时和法国北部看到的同样不对等的战斗。没有一架英国战斗机飞来，也没有投下一颗炸弹。那个小个子日本人钻到炮兵阵地里，拍了几张照片，直到一名哨兵抓住了他。其余的人懒洋洋地从草地上站起来，站在峭壁边将石头投入大海。是该返回加来吃晚饭的时候了。我们中的一名军官从炮兵阵地上跑下来，兴奋地说今天下午在法国海岸共击落了三架喷火式战斗机。这实在令人惊奇。我们要求去看看。

在回去的路上，他们让我们看的第一架喷火式战斗机已经被击落了相当长时间，以至于德国机械师有时间将劳斯莱斯发动机和仪表板拆掉。这架飞机已经生锈。我们指出了这一点。带队军官提出，可以带我们去看另一架。它位于回加来途中一个小村子的海滩上。发动机和仪表板仍然原封不动，但是附近高炮阵地上的一位年轻中尉将我带到一边，偷偷告诉我一个有趣的消息。他说，这架喷火式战斗机是在几周前被击落的，他在下午刚刚趁落潮才成功将它拖上岸。当带队军官要去看第三架喷火式战斗机时，我们都说饿了并提议返回加来。

补记——在这些比利时和法国沿海城镇中，最令我无法忘怀的是那些比利时人和法国人每天晚上都热切祈祷英国轰炸机飞来的样子，尽管当他们的祈祷应验时往往就意味着死亡，他们仍然为杀死自己的炸弹而欢呼。现在是凌晨3点，今晚11点半当我们听到英国炸弹在港口区的第一声爆炸后，德国高射炮便一直以最高射速开火。幸运的是，英国人似乎是瞄准了港口，并未将炸弹投到我们所住的城区，因此没什么好担心的。没有空袭警报。高射炮的射击声和炸弹的爆炸声是你进行判断的唯一标志。没有人去地下室。当德国人跑光后，我们和法国旅馆主人、他的家人以及两名侍者一起坐在后屋，为每一颗英国炸弹的爆炸而举杯庆祝。现在上床睡觉，我担心这个屋里有臭虫。

加来，8月16日

的确是有臭虫。吃早饭时，所有人都在不停地挠痒，并抱怨说没睡好觉。你可以对整夜的轰炸置之不理，却无法承受跳蚤和臭虫的不停攻击。我们匆匆吃了早饭，于8点半出发前往布洛涅。

布洛涅，8月16日

德国人隐蔽临时机场的技术实在高超！在由加来到布洛涅途中，我们至少经过了三个机场。他们并非如我想象的在草坪上建立机场，而是在麦地里。麦秸堆仍然留在地里，只留下狭窄跑道供飞机起飞和降落之用。所有飞机都隐蔽在由绳网制成的机棚下，上面系着一束束的麦子。如同根特一样，每座机棚的两侧和后边都有沙袋保护。在一大块麦田里，至少有一百座这种小机棚。修理厂和抽油泵也都安置在同样的伪装网下。我在根特看到的“袋状”机场体系在这里也得到了应用。飞机降落后，沿着一条小道驶入机场旁边不远处的一个袋形阵地。这里的飞机或是隐蔽于伪装网下，或是藏在一片树林里。

带队军官和官员都很小心地不让我们与任何返航飞行员交谈。但我还是与两天来操控海岸炮的海军和陆军人员进行了交谈，令我吃惊的是他们都认为这场战争即将在几周内结束。今天早晨，一名在布朗内角（位于加来到格里内角途中）负责指挥一门重炮的海军上尉，带我去看他在山坡上挖掘的小型掩体。这个掩体的确非常舒适。他在两堵墙之间挂了一张吊床，一张小桌上摆满了德文书籍和杂志。他来自汉堡附近地区，长着小麦色的金发，胡子刮得干干净净，是个非常聪明的小伙子。昨天我就对他很有好感。

“你在这儿搞了个不错的小窝，”我说，“只是……”

“只是什么？”他笑道。

“哦，我知道诺曼底的冬天，从10月底直到4月份这里都非常冷，几乎每天都会下雨。你的掩体现在是不错，但冬天就不会那么舒服了。”

他满脸迷惘地看着我。

“我根本就不想在这里过冬。”他非常严肃地说，“这场战争到那时早已结束。我想，你是在开玩笑，对吧？”

“不，我不是开玩笑。”我说，他的绝对肯定态度使我有些吃惊。“上尉，你是说你认为入侵行动和征服英国在圣诞节前就可以完成吗？”

“我在今年圣诞节时要回家和亲人团聚。”他说。

我们在布洛涅吃了午餐，食物相当精美，还有一瓶非常好的1929年酿造的玛尔戈城堡红酒。吃完饭，我们一伙便上街用马克纸币进行了一番小规模的“抢劫”。在一个香水铺子里，一名年轻的法国女售货员从我的口音中听出是美国人，便和我进行了一番交谈。她说，德国人将城里的丝袜、内衣、肥皂、香水、咖啡、茶叶、巧克力、烟草和白兰地都抢购一空。但她最关心的还是食物。“今年冬天我们还能有足够的食物吗？”她问道。

下午4点左右，我们开始返回布鲁塞尔，往内地方向开了一段距离，经过圣奥梅尔、里尔和图尔奈。

布鲁塞尔，8月16日

今天下午，在一些地方的道路两侧，我们看见伪装网下似乎有驳船和平底船，上面装载着火炮和坦克。但是，要入侵英国，这些装备显然还不够。然而，我们中间的两三名德国军官不断强调所看到的那些东西，并且暗示还有许多舰船，只不过未曾看到而已。但我对此持怀疑态度。我想，德国人希望我们就迫在眉睫的入侵行动发表一些恐吓英国的文章。

补记。凌晨2点——现在上床睡觉，德国高射炮仍然在对英国轰炸机射击。自午夜时分便开始听到炮声。既没有听到，也没有感觉到有任何炸弹落地。估计英国人是冲着德国机场去的。

布鲁塞尔，8月17日

对今天未能回柏林有些恼怒。在这些被占领城市中感到压抑。而且德国人不允许我在这里播音。

我出去拜访X太太，她是一名出生于俄国的比利时妇女，与我相识已有十二年。她刚刚经历了一场可怕的折磨，但从言谈中你丝毫觉察不到。当德国人接近布鲁塞尔时，她开车带着两个孩子逃跑。在敦刻尔克附近，她被夹在盟军和德军之间。她藏身于一座农舍，连续几天都处于噩梦般的、不间断的轰炸和炮击下。幸运的是，房子里的食品倒很充足，他们还不至于挨饿。她说，孩子们表现得很勇敢。当战斗结束后，她简单地说道，在谷仓里发现了足够的汽油，便回到了布鲁塞尔。银行关门了，她没有钱。但是德军征用了她的汽车，支付了几千法郎现钞，使她可以购买食品。

她说，最担心的是丈夫皮埃尔，但甚至这件事的结局也比预料得要好。虽然是参加过上次战争的老兵而且是一名国会议员，但在战争第一天他便志愿参军出去打仗。此后便杳无音信，直到上周她才得到丈夫被俘的消息。

“他还活着，”她温和地说，“我是幸运的。我们都可能轻易被打死。但是我们还都活着。还有孩子们。我是幸运的。”

她听说，皮埃尔被抓到汉堡附近的土豆农场劳动。

“但是，希特勒一个月前就宣布释放了所有比利时战俘。”我说道。

德国占领期间，布鲁塞尔居民在排队购买食品。

“人必须有耐心。”她说，“他还活着。他在一座农场。他不会挨饿。我能等待。”

过去几天，我与比利时人和法国人的交谈中最令人鼓舞的是，他们都将最后的希望寄托在英国坚持抗战上。因为现在他们都明白，如果希特勒获胜，他们便注定将成为被奴役的民族。尽管纳粹对任何被抓住偷听敌台的人都处以严刑，他们仍然都将收音机调到收听伦敦广播的频道上，他们的希望随着BBC播出的新闻而起落。他们都绝望地问我：“英国人能顶住吗？他们有机会吗？美国会援助吗？”被占领地区的报纸被迫只刊登德国的宣传性文章，经常使他们陷入极度沮丧之中，因为戈培尔每天都向他们讲述最荒诞无稽的谎言。

在海峡地区，德国人不让我们与德国飞行员交谈。但是，今天下午当鲍耶和我懒洋洋地坐在咖啡馆的露天咖啡座时，却和一名年轻的德国空军军官进行了一番交谈。

他说，他是一名梅塞施米特式战斗机飞行员，参加了前两天对伦敦的大规模攻击。那么我们所看到由加来出发的飞机是前往伦敦的了。他看上去不像是喜欢吹嘘的年轻人，就像我曾经遇到过的一些飞行员。

他平静地说：“你知道，我们要干掉皇家空军还需要两周时间。在两周内，英国人将不再有任何飞机。开始时，也就是大约十天前，他们给我们造成了许多麻烦。但是，这周他们的抵抗越来越弱。比如昨天，我在空中几乎没有看到几架英国战斗机。总共可能有十架，我们很快就将其全部击落。在大多数时间里，我们飞往目标，然后再回来，没有任何阻碍。先生们，英国人已经被打垮了。我已经计划去南美做飞机生意。这是一场愉快的战争。”

我们问道，他觉得英国战斗机怎么样。

“喷火式战斗机与我们的梅塞施米特式战斗机一样好，”他说，

“飓风式战斗机要差一点，而不屈式战斗机就相当糟糕了。”

他站起来，解释说必须去医院看望一个昨天受伤并被送到这里做手术的战友。迪克·鲍耶和我对此印象深刻并感到十分沮丧。迪克刚刚来到这里，而且对德国人还不是非常了解。

“我将就他说的情况写篇文章，”迪克说道，“他似乎是绝对真诚的。”

“他是真诚的。但我们还是等等再说。你知道，飞行员们总是有些华而不实。”

补记——午夜时分，迪克、弗雷德·奥克斯纳和我正在亚特兰蒂斯酒吧喝睡前酒，突然外面响起一声沉闷的爆炸声。

“一颗炸弹，就在附近。”比利时酒吧侍者认为。

我们走了出去，但什么也没看到。当迪克过些时候回来时，他说炸弹摧毁了邻近街区的一所房子，炸死了其中所有人。在远处机场方向，我们可以听到高射炮射击的轰鸣声。

在一架德军运输机上，布鲁塞尔—柏林，8月18日

布鲁塞尔的晨报很有意思。比利时报纸上关于我们昨晚听到的爆炸事件的标题是：“英国人对布鲁塞尔人犯下的卑鄙罪行！”是德国人让比利时报纸刊登这样的标题的。但更令我感兴趣的是在德文《布鲁塞尔日报》上刊登的最高统帅部公报。据它报道，在周五的不列颠空战中，英国损失83架飞机，德国损失31架。而我们那位真诚的梅塞施米特式战斗机的小飞行员却告诉我们说，在周五几乎没有看到英国飞机，皇家空军也几乎没有进行抵抗。

在布鲁塞尔机场，我注意到我们绕了个大圈才被送到跑道上，这样我们就可以避开主机库。但是我们的飞机还未准备好，而且十几名德军军官正在吵架，以确定哪两个人可以搭乘我们的飞机返回柏

林。我趁此混乱之机走到主机库旁。有两座机库刚遭到轰炸，在后面堆放着大堆的德国飞机残骸。也就是说，英国人的攻击并不完全是徒劳的。

在这里记下我所看到的昨天贴满布鲁塞尔全城的一张布告："在布鲁塞尔附近的萨凡特海姆村，发生了一起破坏事件。我已下令拘捕50名人质。另外，将在晚8点后实行宵禁，直到公告取消。所有电影院和其他娱乐场所都将关闭，直到颁布新公告。"

这张告示由德军司令官签署。这是个好消息。它表明比利时正在进行抵抗。现在是中午，飞机已进入柏林上空。

柏林，8月20日

昨晚，空袭警报再次响起，这是这一周以来第二次。不过，自一年前开战以来，空袭警报不过才响了六次。与德国北部和西部城市不同，柏林人还未经历过战争带来的任何不便，哪怕是最轻微的。

警报在播音开始前四十五秒响起。我正与一名德国播音员一起坐在演播室。后来我注意到他拿着我的广播稿在对照，以防止我欺骗德国人，不照稿子念。我们听到了警报声，但是觉得没有任何理由中止播音工作。一名惊恐的英国小伙子——他是名职员，只有17岁，是一名前BBC官员的儿子，与母亲一起做了叛徒并为纳粹工作——敲着演播室的窗户并喊道："空袭警报！"很幸运，和我在一起的德国人并未被吓坏，并示意他走开。于是，我们开始播音。后来，我对控制室里的骚乱感到有些吃惊，因为比利时和法国民众可以经受整夜轰炸而安之若素。后来才发现，骚乱的部分原因是播送西班牙新闻的播音员在警报刚响时便跑到防空洞，而我的播音一结束就轮到他了。当我从演播室回到电台办公室时，办公室一名小服务员（晚上便是地位显赫的防空管理员）试图将我轰到地下室，但我拒绝了。我们听着阳台上高射炮射击的声音，看着探照灯光。不过，探照灯并不能发现不断向北郊工厂区飞去的英国飞机。

柏林，8月24日

现在，德国人承认荷兰存在严重的破坏行动了。那里的德军司令官克里斯蒂安森将军警告，如果破坏活动继续进行，将对荷兰人处以集体罚款并拘押人质。从这位将军对荷兰人“未能报告敌军飞行员降落到荷兰领土”进行警告一事，使我们可以对破坏活动的性质进行判断。他还说：“掩护敌军士兵的荷兰居民将受到严厉惩罚，甚至处以死刑。”这似乎证实了我得到的一些秘密消息，即英国人在夜晚用降落伞空投特工。

德国人否认他们正在从被占领区掠取食物。但是，我在荷兰报纸上看到一则德国政府的官方声明，意思是说从5月15日到7月31日，共有1.5亿磅粮食和新鲜蔬菜从荷兰运往帝国。

这周发放了新布票。德国政府给每人发了150分布票，而非去年的100分布票，不过这是一个典型的纳粹骗局。你得到了更多布票，但每件衣物的价格也随之上涨。以前你花60分布票就可以买到的衣物，现在你必须付80分布票，如此等等。一件大衣会花掉你这150分布票中的120分。1分布票实际上相当于给你16克重的布料，一张布票相当于每年得到约5磅重的布料。

外交部拒绝了美国提出的要求，即安全引导美国轮船进入战区以撤离16岁以下儿童。

柏林，8月26日

昨晚，我们遭到了开战以来第一次大规模空袭。警报于12点20

分响起，凌晨3点23分才解除。英国轰炸机首次直接飞越城区并且投下了炸弹。高射炮火之密集堪称空前。形成一幅壮观而恐怖的景象。但奇怪的是毫无作用。没有一架飞机被击落。甚至没有一架飞机被探照灯发现，这些探照灯在夜空中忽前忽后地晃动，疯狂地扫来扫去。

柏林人震惊了。他们没想到会发生这种事情。战争开始时，戈林曾向他们保证绝不会发生此类事件。他吹嘘说，敌方飞机不可能突破首都的外层和内层防空圈。柏林人是天真而纯朴的人民。他们相信了他。于是今天他们的幻想破灭得就更厉害。你可以从他们的脸上看出来。更糟糕的是，戈林在三天前曾告诉过老百姓，当警报响起时他们不必去地下室，等听到附近的高射炮声响起时再去也不迟。其实，他是暗示这种情况永远不会发生。这就使得民众相信英国轰炸机可能会突进郊区，但永远无法飞到市区。随后，就是昨晚全市的高射炮突然一起开火，你可以听到英国发动机就在头顶上轰鸣。从所有报道来看，当时住在这座城市中的500万市民极度混乱而恐惧地冲向各自的地下室。

当警报声响起时，我正在广播公司写播音稿，高射炮几乎立刻就开火了。奇怪的是，就在几分钟之前，我还与宣传部的新闻审查员就柏林是否可能遭到轰炸进行过一番争论。伦敦刚被轰炸过。很自然，我说，英国人会企图报复。他笑了。这不可能，他说。在柏林周围部署的高射炮太多了。

我发现很难集中精力写稿。广播公司附近的高射炮火特别密集，每当高炮开火或炸弹爆炸时，我屋子的窗户就被震得哗哗响。更糟糕的是，那些穿着消防服的防空管理员们，在大楼里窜来窜去，命令所有人去掩蔽所。广播公司里的防空管理员，大部分是搬运工和办公室听差。很快，他们就显示出自己能够充分利用这临时性的权威。不过，大多数正在工作的德国人都毫不迟疑地奔向地下室。

我计划于凌晨1点播音。正如我前面解释过的，要到演播室就必

1940年8月，遭到大规模空袭之后的柏林。

须离开编写稿子并进行审查的大楼，冲过两百码长、一片漆黑的空地才能到安置麦克风的棚屋。当我在1点差5分跨出大楼时，保护电台的轻型高射炮开始疯狂射击。此时，我听到一种较轻微但不祥的声音。它就像一阵冰雹落在铁皮屋顶上的声音。这是高射炮弹碎片从高空落下的声音。在我一生中，头一次希望自己有一顶钢盔。我对德国钢盔总是有些反感，认为它是野蛮的日耳曼力量的象征。在前线我曾经拒绝戴钢盔。现在我觉得自己真的可以克服这种偏见。我在楼门口的掩体后面犹豫着。再过两三分钟，我的播音就要开始了。我做了一次冲刺，顺着道路盲目而恐惧地奔跑，踉踉跄跄地跑下阳台处的木头台阶。西格里德将她的手电给了我。我打开手电。楼门口处的一名警卫吼叫着，命令关掉手电。当他喊叫时，我撞上了棚屋的一角，趴倒在沙地上。炮弹片掉在周围的声音刺激我爬了起来。最后一个冲刺，终于到达演播室。

"你疯了。"一名站在门洞里躲避弹片的党卫军警卫嘀咕道，"你的通行证在哪儿？"

"一分钟内我就要播音。"我喘着粗气说道。

"我不管。你的通行证在哪儿？"

我最后还是找着了通行证。在演播室小屋里，工程师要求我几乎是贴着麦克风播音。他没说为什么，但原因显而易见。我说话时离麦克风越近，"外头的"杂音就会越少。但是我希望能让美国人听到高射炮声。新闻审查员只准我用一句话提及此次空袭，即简单提一下正在遭受空袭。

实际上，在我播音时高射炮声极其不幸地沉寂下来。只是在远处，通过演播室大门，我可以听到微弱的轰鸣声。显然，在美国国内听到的炮声要比我在演播室听到的还清楚。因为几分钟之后，当我随便打开收音机收听短波频道上我们公司的其他节目时，听到埃尔莫·戴维斯在纽约说，在我播音时的高射炮射击声和炸弹爆炸声非常真实。这使我非常高兴，但我注意到那些听到戴维斯先生评论的德国官员眉头紧锁。

西格里德为联合广播公司所做的播音于半小时后开始，她勇敢地面对似乎比先前更密集的弹片，尽管我们几个人都试图劝阻她不要去演播室。就这样，她在试图躲避一阵弹片“雨”时摔倒，腿上划开了一道可怕的伤口。她忍着剧痛，坚持进行播音。但是运气没有站在她一边。几分钟前在哥伦比亚广播公司和全国广播公司做节目时还正常运转的发射台突然停机，她的播音未能发回美国。

天快亮时，我们从阳台上看到了整个场面。天空阴云密布，德国探照灯徒劳地试图寻找英国轰炸机。探照灯光柱会闪耀几秒钟，在天空中发狂地搜寻，然后又关闭。英国轰炸机在城市心脏上空随心所欲地飞行，从发动机轰鸣声判断它们飞得相当低。德国高射炮疯狂地开炮，完全是根据声音判断飞机位置。一个炮兵连接一个炮兵连，根据发动机的声音，盲目地向空中射击。根据开火的情况，可以很容易地看出轰炸机飞越城市的航路。大部分声音来自北面，那里也是军工厂所在地。

今天，轰炸成为柏林人聊天的话题。特别有意思的是，看到戈培尔只允许当地报纸发表一则六行的公告，大意是敌军轰炸机飞越首都，在郊区两处投下几枚燃烧弹，烧毁了花园里的一座小木屋。对于我们都清楚听见了的高爆炸弹则未置一词。也没有一个字是关于柏林三条大街的情况，今天已经用绳子将这些地方圈了起来，以防止好奇者看到炸弹会给楼房造成怎样的破坏。看看柏林人对当局试图减少此次空袭影响做法的反应倒是很有趣。这也是他们首次能够将实际发生的情况与戈培尔博士所报道的内容进行比较。昨晚，英国人还投下了一些传单，告诉德国民众："希特勒发动的战争将继续进行，持续的时间将与希特勒相同。"这是绝妙的宣传词，但不幸的是投下的数量并不多，只有少数人能够找得到传单。

柏林，8月29日

昨晚，英国轰炸机再次大规模出动，首次在帝国首都炸死德国人。官方数字是，在柏林有十人死亡、二十九人受伤。在由科特布斯街通向滕珀尔霍夫机场的地方，以及距戈尔利策车站不远的地方，有两颗100磅炸弹掉到大街上，炸掉了站在家门口的一名防空管理员的双腿，炸死了愚蠢地站在门洞里观看“焰火表演”的四名男子和两名妇女。

我想，对柏林市民影响最大的倒不是这些伤亡数字，而是英国飞机能够毫无困难地突入柏林市中心这一事实。战争第一次进入了他们的家庭。如果英国人继续进行空袭，将对此地民众的士气产生巨大影响。

戈培尔今天突然改变了他的战术。在首次大规模空袭后，他的命令是在新闻报道中尽量缩小此事的影响。今天，他命令报纸就英国飞机攻击手无寸铁的柏林妇孺的“野蛮暴行”大喊大叫。人们必须记住，这里的人民还不知道德国空军对伦敦进行屠杀式轰炸的事实。今天的报纸头条标题千篇一律：“**英国的怯懦攻击**。”这位小个子博士让报纸向人民灌输，德国飞机只攻击英国的军事目标，而这些“英国海盗”根据“丘吉尔本人的命令”，只攻击非军事性目标。毫无疑问，德国人民将再次被谎言所欺骗。一份报纸的歇斯底里达到了相当高的水平：它声称皇家空军受命“屠杀所有柏林人”。

根据这几夜看到的情况，显然没有什么防御手段可以有效对付夜间轰炸机，戈林肯定也知道这一点。无论是周日还是昨天晚上，柏林的防空部队（可能是世界上最好的）没能用探照灯发现一架英国飞机，更不必说击落了。官方公报犹犹豫豫地不敢告诉当地民众，说昨晚在城市上空击落了飞机，因为可能有成千上万的人看到并未击落任何飞机。今天，他们宣布，一架轰炸机在**前往**柏林的途中被击落，另一架在从柏林**返航**的途中被击落。

昨晚，我在电台碰到了一点麻烦事。首先，新闻审查员宣布，当空袭正在进行时，我们绝不能提及。而伦敦的爱德·莫罗不仅能够提到空袭，还可以对其进行描述。其次，我与德国电台官员吵了一架。当我做完播音后，他们命令我去地下室。我试图解释，我是作为一名战争记者而到这里的，他们命令我去地下室就是剥夺了我履行职责的权利。我们相互间说了一些相当尖刻的话。我注意到，除了那位非常勇敢的女秘书外，“嗬嗬勋爵”是警报响起后唯一不冲进防空洞的人。一年来我总是回避他，但后来想想结识一下这位叛国者可能倒不坏。在空袭中他表现得很勇敢。

柏林，8月31日

因为得流感，休息了一下。在昨晚轰炸开始前护士小姐进来时，我问道：“今晚英国人会来吗？”

“肯定会来。”她叹息道，一副听天由命的样子。她所有的信心，五百万柏林人对首都不会遭到空袭的信心都丢得一干二净。

“为什么他们要这样干？”她问道。

“因为你们轰炸了伦敦。”我说道。

“是的，但是我们攻击的是军事目标，而英国人却轰炸我们的房子。”她简直就是戈培尔宣传有效性的活广告。

“可能你们也轰炸了他们的房子。”我说道。

“我们的报纸说没有。”她争辩道。她说德国人民希望和平。“为什么英国人不接受元首的提议？”她很想知道答案。这名妇女出身于一个工人家庭。她的丈夫是名工人，可能还是一名前共产党员或社会党人。然而，她仍然成为官方宣传的一名彻头彻尾的受害者。

昨晚，英国人给了德国人一顿胖揍，甚至德国官方也承认损失要远超过以前。一位德国朋友路过时告诉我，西门子公司的大型工厂也遭到轰炸。今晚，《证券报》的大字标题是：“**柏林上空的英国海盗**。”

我拒绝了宣传部的提议，即在空袭结束后每天早晨带我和其他记者进行一次参观。我知道，德国军方无意向我们展示任何被击中的军事目标。要进行一次真正的参观，就要乘车在广阔的柏林市区逛上几个小时。

柏林，9月1日

昨晚，警报响起时我正在洗澡，因此没有听见。当高射炮开始轰鸣时，我才知道空袭。我流感还未好，昏昏沉沉睡了过去，但在夜里还是被旅馆近旁两枚炸弹的爆炸和震动所惊醒。

今天，最高统帅部发布的官方消息称，昨晚首都高射炮群的优异表现“阻止”了英国飞机投掷炸弹，因此只是市区以外地区遭到了轰炸。

这有点奇怪，因为今天蒂尔加滕公园地区用绳子圈了起来，而且晚报上也承认昨晚空袭后在公园里发现了几个“弹坑”。今晚，我踉踉跄跄地前往广播公司去做开战周年广播。军事新闻审查员，一个非常正派的家伙，对于德方关于此次空袭自相矛盾的报道感到困惑不解。

“给我的指令是，你不能与最高统帅部的通告相反。”他说道。

“但是德国报纸就与其相反，”我争辩道，“我听到炸弹掉到公园里爆炸，而且柏林报纸也承认的确有些炸弹掉到那里。”

他是个不错的好伙计，最后还是让我播报了与最高统帅部通告相反的消息。

英国飞机持续一周夜间轰炸的主要效果是使这里人民的幻想普遍破灭，并在他们的头脑中播下了怀疑的种子。今天，有人告诉我：“我再也不相信他们说的话了。如果他们在德国其他地方遭受空袭的问题上也像这样撒谎，那么那里的形势一定相当糟糕。”

实际上，英国的轰炸并非特别严重。英国人使用的轰炸机太少，每晚约十五至二十架；而且由于距离过远，无法携带足够重量的炸弹。轰炸效果主要是精神上的，而且英国人如果聪明的话，他们就应该每晚都发动空袭。今晚在我播音前，又开始了一轮空袭，不过这只是一场“轰炸秀”而已。

一年前的今天，开始了对波兰的大“反攻”。在这一年中，德国军队获得的胜利，甚至在这个拥有辉煌军事成就的、侵略性的、军国主义的国家历史上也是前所未有的。然而，战争并未结束或者说取得彻底胜利。如果要我做出任何判断的话，民众的思想今天正集中在这个问题上。他们渴望和平。而且他们希望在冬季之前获得和平。

柏林，9月2日

今天，我得知那些排除定时炸弹的德国人，大部分都是来自集中营的囚犯。当局向他们承诺，如果能够闯过这一关，就可以将其释放。实际上，这对他们而言也可能是更轻松的选择。与盖世太保的折磨相比，甚至死亡也是不错的解脱。而且，定时炸弹不炸的机会总是存在的。现在已经证明，一些掉在公园里的炸弹是定时炸弹。

现在，新闻审查员已经有很长时间禁止在播音时使用“纳粹”一词了。他们说，这个词在美语中的发音不好听。必须说“民族社会党人”或干脆避免提到，正如我所做的一样。在提到斯堪的纳维亚、西线以及计划中的英国战役时，“侵略”一词也成为禁忌。

我对德国人公布的空战损失数字（很明显并不真实）进行了研究，发现德国空军的损失总是相当于英方的四分之一左右。这个比例一定对航空部有关官员有着神秘的吸引力。

柏林，9月4—5日，凌晨3点

今天下午，希特勒在这里发表了一次奇怪的演说，是在冬季救济运动的开幕式上。与大众汽车一样，冬季救济也是纳粹政权的丑闻之一，虽然一百万个德国人中也未必有一人明白这一点。德国工人每月要以分期付款形式，为便宜的大众汽车支付数百万马克现金，虽然那些人们以为会制造汽车的工厂实际上只生产军火。很明显，在一个没有失业的国家中，没有多少冬季救济工作需要去做。然而，纳粹每年冬季都要以此为借口，从人民身上压榨出几亿马克。这笔钱实际上大部分用于生产军火或作为纳粹党基金。

希特勒今天的露面一直保密到最后一刻，宣传部匆匆忙忙地将记者们从下午的新闻发布会带到体育馆。英国轰炸机白天不可能过来，希姆莱到底有什么可怕的？难道他害怕发生“偶然事件”？

这次会议是希特勒利用其人民轻信的一个绝好例证。例如，他告诉他们，当德国空军白天攻击英国的时候，怯懦的皇家空军只敢在夜里来。他并不解释为什么会这样。德国人能够白天进攻英国，是因为德国空军基地距英国只有二十五英里，他们可以用战斗机来保护轰炸机；而德国离英国太远了，以至于英国战斗机无法保护轰炸机。

希特勒以颇为好玩的伪善风格说道：“我等了三个月，没有对英国夜间轰炸做出回应，希望他们能够停止胡闹。但丘吉尔先生却误认为这是虚弱的表现。你们会明白的，因为我们现在每夜都将做出回答。如果英国空军一夜投下2 000、3 000或4 000公斤炸弹，那我们将在一夜投下15万、23万、30万或40万公斤炸弹。”

此时他不得不停下来，因为主要由德国女护士和社会工作者组成的观众发出了歇斯底里的欢呼声。

“当他们宣布，”希特勒接着说道，“将加强对我们城市的攻击时，我们就会把**他们的**城市从地球上抹掉。”此时，年轻护士和社会工作者们完全失控，精神失常般疯狂鼓掌。当她们恢复平静后，他说道：

“我们将制止这些空中海盗的小把戏，愿上帝帮助我们。”听到这里，德国青年妇女们都蹦了起来，胸脯激动得上下起伏，尖声高喊着表示赞成。

“那个时刻将会到来，”希特勒继续说，“届时我们中间有一个将要垮掉，但那绝不会是民族社会主义的德国。”此时，这些发狂的女孩子们高昂着头，疯狂而喜悦地齐声高喊：“绝不！绝不！”

虽然今晚大部分时间都很阴沉且饱含着仇恨，希特勒仍不时表现出幽默和风趣，听众们感到非常有趣。他说道：“在英国，他们充满了好奇，并不断地问道：‘为何他还不来？’安静。安静。他就要来！他就要来！”这个人将他声音里的每一盎司幽默和讥讽都榨了出来。这篇演说并不直接在广播中播放，而是做了录音并在两小时后播出。

1940年9月4日，希特勒在柏林体育馆发表关于冬季救济运动的演说后离开会场。

补记——今晚英国轰炸机再次光临，于午夜前十五分钟准时抵达，这也是他们通常到达的时间。鉴于探照灯很少发现敌机，柏林民众开始私下嘀咕，说英国飞机涂有隐形涂料。今晚，英国轰炸机每两小时便飞越城市一次。高炮疯狂开火，但是毫无效果。另外，又有一颗炸弹掉到蒂尔加滕公园，炸死了一名警察。

柏林，9月5日

直到现在仍然很生气，因为德国电台官员拒绝让我参观夜间空袭情况。当我在广播公司时，英国轰炸机每晚都会来。播音时如发生空袭，我们也不能提及。今晚，当我正准备播音时，发现帝国广播公司安装了唇式麦克风。为使你的声音能被听清，必须将嘴唇贴在上面播音。但是外面的高射炮声不会被记录下来。这也是他们安装这种设备的原因。不过他们将其安装在广播大楼里，我们也就不必冒着如雨的弹片去楼外找麦克风了。

美国将用五十艘驱逐舰与英国交换美国东海岸附近的海空基地。德国人称，这样做违背了中立原则，但他们不会就此采取行动，甚至连抗议也未提出。他们希望，孤立主义者和林德伯格们将使美国置身战争之外，因此避免采取任何可能损害这些人的行动。

柏林，9月7日

昨晚，我们遭到了开战以来最大规模也是最有效的轰炸。德国人近几天又调来几个高炮连，昨晚他们进行了疯狂的炮击，但却一架飞机也没击落。

英国人昨晚瞄得倒是挺准。当凌晨3点我从帝国广播公司返回后不久，柏林中部偏北一些的天空被两团巨大的火球照亮。较大的一团火焰是在莱特尔火车站的货仓。位于舒森道夫大街的火车站也被击中。有人告诉我，一座橡胶厂被炸起火。

尽管如此，最高统帅部今天仍在公告中宣称："昨晚敌军再次攻击了德国首都，由于不分青红皂白地向市中心非军事目标投弹，导致一些人员和财产损失。作为报复，德国空军也开始以强大机群轰炸伦敦。"

这里根本没有提及，德国民众也不会知道，德国人在伦敦市中心投掷炸弹已有两周之久！今天，新闻审查员警告我，播音时不要提及此事。显然我还拥有一些德国听众，他们可从将播音传往纽约的德国短波发射台收听到我的报道。由于是德国短波发射台，因此不存在违法问题。

1940年9月7日，德国道尼尔Do 17轰炸机飞临伦敦上空。

最高统帅部的声明很明显是希特勒本人写的，他常常亲自过问官方战争公告的撰写。实际上，这是故意撒谎，即只是在英国人**首先**轰炸柏林后，德国人才决定轰炸伦敦。德国人民将会上当受骗，正如相信告诉他们的几乎所有谎言一样。在现代史上，还从来没有哪个伟大民族，像在纳粹统治下的德国人这样，被肆无忌惮地误导和厚颜无耻地欺骗。虽然自从报纸和电台出现后，从理论上说民众可以了解世界动态。

于是，最高统帅部（所有守法德国公民都深信其所言皆为真理）今晚发布特别公告称，作为对英国空袭柏林的报复，伦敦今天也将**首次**遭到大规模轰炸。而关于此次轰炸的结果，公告称，“一团巨大的浓烟今晚由伦敦市中心一直蔓延到泰晤士河口”。

为使美国电台听众能够体会一下德国人民现在所受的宣传，当然我不能明确指出这一点，播音时我念了从今天的《证券报》上摘录的一段话：“当德国空军只攻击纯军事目标时，英国报纸和电台也都承认这一事实，英国皇家空军却只知道不断攻击德国的非军事目标。一个典型例子就是昨晚对柏林中部的罪恶攻击。在此次攻击中，只击中了出租公寓。没有一个是军事目标。”

德国民众根本不知道（纳粹报纸电台都小心地避免提及），仅8月份就有一千余名英国平民在德国空军对英国“军事目标”的攻击中丧生。

还有另一种形式的谎言：关于昨晚柏林遭炸，官方声明称，头两波次英国轰炸机被首都防空系统赶了回去，只有第三波次少数几架飞机溜了进来。现在，所有柏林人都知道，昨晚警报响起时，就已听到英国飞机飞临首都上空。英国飞机是来了几个波次，每次都可听到发动机的嗡嗡声。然而，我担心大多数人都会相信官方声明。

昨晚的《证券报》未免太过分，竟然告诉那些不知情的读者，德国境内所有军事目标都被高炮可靠保护着，以至于英国飞机不可能轰炸它们。因此英国人就去轰炸未得到保护的平民住宅。有多少德国人会问，为什么柏林周围集结了世界上最密集的高炮群，但却连一架飞机都没击落过？

就个人而言，我对新闻审查强加的限制已经有些厌倦，甚至不能在播音时提到一点关于空中战争的真实情况。我几乎无法再忍受。

柏林，9月8日

所有周日晨报都是同样的大字标题:“**对伦敦的大规模报复性空袭。**”

柏林，9月9日

今天，纳粹对我耍了个典型的诡计。三位新闻审查员就我下午2点的播音稿进行了冗长的争论，他们指责这篇稿子在对伦敦“报复性”轰炸方面持讽刺态度，这点倒是没错。当他们最后同意时，我已经来不及播音。五分钟播音时间已经过去。

无法对此提出抗议，因为新闻审查员有权扣发不喜欢的稿件，正如当他们将播音稿改得面目全非时，我也有权不播音一样。但是今晚我从纽约的保罗·怀特那里得知（从特殊线路发来的电报），德国广播公司短波部主任今天给他发电报，对我未在下午2点播音一事进行解释。电报的内容是:“抱歉夏伊勒先生今天迟到未能播音。”

前两天晚上，英国轰炸机都未能前来。官方对德国民众的解释是：英国飞机在这两个晚上都试图潜入柏林，但被赶了回去。我听说，无论什么时候英国人决定不轰炸柏林，戈培尔就会命令新闻界告诉民众，英国飞机企图轰炸，但被英勇的首都防空部队赶走了。

现在，只要英国飞机一进入德国上空，大多数德国电台就会匆忙中断节目，以免充当英国飞行员的无线电导航台。今晚，德国电台宣称，近半个月以来，节目数量“出于军事目的”大大减少，而且还将继续减少。“在这个特殊时期，想来不需对此多做解释。”

柏林，9月10日

昨晚，英军进行了一次小规模空袭，只有几间房子被炸毁。《地方启事报》称："英王陛下的飞行员，给了要光荣地像男人那样交战的法律以重重一击。"

今天，宣传部向我们展示了英国的"秘密武器"。一种新式燃烧弹，看上去像名片，约两英寸见方，用赛璐珞制成。两片赛璐珞粘在一起，中间夹着一片磷。英国人将潮湿的燃烧弹投掷下来。经过几分钟日晒，或在晴天干爽空气中放置十分钟，这些燃烧弹就会变干并起火，能持续燃烧两三分钟。实际上，是爱尔兰共和军首先使用了这种武器。他们将燃烧弹扔进邮箱，破坏英国的邮政系统。德国人承认，这些燃烧弹已在麦田、草地和森林中引发了几场火灾。自8月起，英国人开始投掷燃烧弹，可能希望烧毁大片麦田。不幸的是，今年8月非常潮湿，仅少量燃烧弹能起作用。

柏林，9月11日

昨晚遭到目前为止最猛烈的轰炸。德国报纸几乎发了疯。《证券报》称我们昨晚的空中来客为"野蛮人"，该报的大字标题是：**"英国人在柏林上空犯下的罪。"**据纳粹们说，只有五人被炸死。但英国人首次投下大量燃烧弹，引发了几场小火灾。三枚燃烧弹落在阿德隆饭店院子里，五枚燃烧弹落在隔壁使馆花园里，六枚燃烧弹落在使馆后面戈培尔博士家花园里。位于阿德隆饭店和使馆之间的军火部长办公室也被击中。燃烧弹都被迅速扑灭，未造成任何破坏。实际上，英国人瞄准的是波茨坦车站，但运气不佳。英国轰炸机进入的路径几乎完全正确，投下的头一批燃烧弹击中了帝国国会，其余的燃烧弹呈直线掉落在由帝国国会到波茨坦车站沿途的地方，包括勃兰登堡门、使馆及其花园。但是，最后几枚燃烧弹掉落的地点距车站还有约三百码。

今天，BBC声称炸中了波茨坦车站，这当然是假的。几名德国人听了BBC广播后跟我说，他们对英国广播不够准确而感到有些失望。关键问题是，英国人在广播中对柏林市民说，一个大车站被炸起火，实际上却毫发未损。宣传伎俩实在拙劣。

昨晚，我几乎送了命。在解除空袭警报后，我以时速五十英里的速度开车回家，突然车子碰上破砖烂石被迫刹车，停下来时离一个新炸弹坑仅二十码远。这个弹坑位于东西轴线大道上，距勃兰登堡门约一百五十码。实行灯火管制时，你根本无法看到它，防空管理员也尚未发现。那枚炸弹的一块弹片穿空而过，飞行了两百码远，飞进美国大使馆，打碎了唐纳德·海尔斯办公室窗户的两层玻璃，飞越他的办公桌，扎进墙上约四英寸深。唐纳德本来昨晚要值夜班，当时应该是坐在桌子前，但不知为何临时代办柯克让他回家，自己值了夜班。

柏林，9月12日

离开柏林去日内瓦待几天，以便可以用电话与纽约方面谈些事情，而不必担心被纳粹窃听。德国人希望我的助手哈特里希离开，对此我表示反对。

有传言说，计划于9月15日对英国发动大规模进攻，届时将是满月，海峡潮水也正适宜。但无论如何，我都要冒险进行这次旅行。

日内瓦，9月16日

从边境对面的法国传来消息称，德国人进行了一次尝试，企图在英国登陆，但已被击退且损失惨重。对这一消息必须持谨慎态度。

与约翰·威南特共进午餐，他是国际劳工组织负责人，正勇敢地努力使该机构及其所代表的一切不至因战争打击而消亡。关于近十年美国和欧洲的社会力量及变化，以及战争影响下酝酿的事态发展，他要比我所认识的所有美国公众人物都知道得更全面。我们谈论了如果英国获胜，如果1919年的错误不会重犯的话，今后需要完成的工作。他就重建表达了自己的观点，解释了如何用和平经济取代战争经济，同时避免上次战争后的经济失调、大批失业、通货紧缩和经济萧条。就我个人而言，眼光还没有如此远大。我无法考虑打败希特勒以外的事。要实现这个目标是如此艰巨和重要，以至于其他事情似乎都是次要的，虽然有人考虑得更长远些不是坏事。

威南特十分可爱，身材消瘦，是位举止笨拙的、林肯式的人物。他是不错的政治家和行政官，多次当选新罕布什尔州州长。我想，如果罗斯福能够连任第三届总统的话，他将是在1944年接替罗斯福的合适人选。

柏林，9月18日

昨晚，列车在由巴塞尔快要抵达法兰克福时，搬运工突然喊道："空袭警报！"远处传来高炮射击声，但我们却安然无恙。我们按时抵达波茨坦车站，我发现车站并未被击中，尽管BBC的宣传恰好相反。我注意到，有几名负轻伤的士兵（大部分是空军），从加挂在我们列车上的一节车厢里走出来。从绷带上看，他们负的是烧伤。我还注意到一列前所未见的超长救护列车。这列火车由车站向外延伸了足有半英里，直到兰德韦尔运河上的大桥。勤务兵们正在擦洗列车，伤员们早已卸载一空，可能是在夜间。德国人往往在天黑后卸载伤员列车，以免民众不必要地被这场壮丽战争中的阴暗面所惊扰。我感到奇怪，这么多伤员究竟是从哪里来的，因为西线军队早在三个月前便已停战。因为搬运工很少，必须等上一会儿，便与一个铁路工人聊了起来。他说，救护列车上的大多数人都是烧伤。

难道说我在日内瓦听到的消息竟然是真的？那里有消息说，德国人不是试图以相当规模的登陆部队袭击英国海岸，就是正在法国沿海对舰艇和驳船进行演练，但遭到了英国人的一顿痛打。由法国传到瑞士的消息是，许多德国驳船和舰艇都被摧毁，相当数量的德军被淹死。而且，英国人还使用了一种无线电制导鱼雷，据说是瑞士人的发明，可以将燃烧的汽油泼洒在水面上，从而烧毁驳船。今早在车站看到的那些烧伤病号似乎就是证据。

今晚，里宾特洛甫突然前往罗马。许多人都在猜测其原因。我的解释是：他是去告诉墨索里尼，今年秋天不会试图入侵英国了。这将使领袖陷入窘境，因为他已对埃及发动了攻势，并向沙漠中推进了一百多英里，攻抵西迪巴拉尼。但是，意大利人的这番努力，最初似乎只是为了分散注意力，以便德国入侵英国。现在看上去，虽然我仍认为希特勒可能试图进攻英国，似乎战争在今年冬天将转移到地中海地区，轴心国将试图通过夺取埃及、苏伊士运河和巴勒斯坦，给英国以致命一击。拿破仑曾这样干过，但那一击并未将英帝国击垮。拿破仑也曾计划进攻英国，就在希特勒正在集结舰艇和驳船的地方集结船只，不过从未敢于发动攻击。但是，轴心国如果现在夺取苏伊士运河的话，就可能打垮英帝国。佛朗哥的手下塞拉诺·苏涅尔之所以来柏林，就是因为希特勒希望或者佛朗哥夺取直布罗陀，或者德军借道法国、西班牙攻占直布罗陀。我还发现，这里有许多关于德意打算瓜分非洲的议论，说是如果佛朗哥参与的话，西班牙也将分得一大杯羹。

自从我离开后，这里只遭到过一次空袭，五百万柏林人民已经补足了睡眠，重新变得轻松自信。他们真以为英国飞机无法渗透进来。丘吉尔没有派更多飞机轰炸柏林实在失策。每晚只要半打飞机便足够了。也就是说，就足以迫使柏林人在深夜里躲进地下室，从而剥夺他们的睡眠。当英国轰炸机几乎每晚都拜访我们时，公众士气明显下降。我听许多人抱怨说，兵工厂工人甚至政府职员的效率下降，就是因为缺乏睡眠和精神紧张。英国人没有足够飞机摧毁柏林，但他们每晚只需派几架前来骚扰，就可摧毁这个国家最重要的人口聚居区的士气。难道说英国人希望通过放过柏林的办法，来促使德国人放弃对伦敦的恐怖轰炸？这是个非常愚蠢的想法。

柏林，9月19日

我从每月三十七加仑的配给汽油中省出了一点，今天下午便驱车与乔·哈什和埃德·哈特里希去西门子施塔特，看看轰炸是否给德国最重要军工厂之一的西门子电子厂造成了破坏。我还想了解一下工人们的情绪如何。我们开车慢慢环绕工厂一周，没发现任何遭受破坏的迹象。值完下午班后的数千工人正走出工厂，似乎吃得不错而且非常满足。有些看上去挺宽裕，出来后还叼起了香烟。德国人曾告诉我，英国轰炸机前两周几乎每晚都来，在度过不眠之夜后又工作10小时，所造成的紧张已开始影响到工人。但今天他们看上去健康得令人讨厌。

我们的发现多少令人沮丧，但在驱车返回城里时，又注意到一大群人聚集在铁路桥上。我们以为发生了车祸。却发现人们静静注视着一长列红十字列车卸载伤员。这非常有意思。只是在去年9月的两周时间以及今年春天的一个月里，看到过有这么多的救护列车开到柏林。今天早晨，一名外交官告诉我，昨天他们公使馆在夏洛滕堡车站发现两列大型救护列车正在卸载伤员。据我所知，近两天共有四列大型救护列车抵达柏林。

今天，德国媒体对英国的愤怒态度达到了开战以来的顶点。根据德国人的说法，英国人昨晚轰炸了德国西部伯特利收养智力缺损儿童的波德尔施韦格医院，炸死九名儿童，十二名儿童受伤。

同一批报纸现已开始高兴地记录对伦敦市中心的“报复性”攻击。为显示“报复”成功，它们还引用了英方数字，证明德国炸弹炸死了上千名平民，其中包括数以百计的儿童。今天，它们却义愤填膺地谴责英国对德国采取的同样行动。今晚，部分报纸的大字标题如下：《晚报》：“**英国人在夜晚对二十一名德国儿童犯下的罪行——这一血腥事件呼唤复仇。**”《德意志汇报》：“**在贝策尔对儿童的谋杀；令人作呕的罪行。**”《证券报·正午版》：“**卑鄙的暗杀不是战争，温斯顿·丘吉尔先生！——谋杀犯的英伦三岛将为罪恶的轰炸付出代价。**”

报纸社论也是同一副腔调。《证券报》写道：“按照丘吉尔的命令，他们就是想谋杀……英格兰已经表现出它只是一只渴望谋杀的野兽，德国的宝剑将不只为德国人民的利益，而且也为整个文明世界的利益而宰了它……英国宣传仇恨使徒们的虐待狂式威胁，将会随着他们城市的毁灭而烟消云散。”

这份报纸在同一篇社论中还指出，伦敦西区仓库和地铁站是如何被德国炸弹击中的。

《外交报》（由外交部编撰）今晚以教宗般的语气写道：“事实上，德国是以干净的武器和骑士的风度进行战争的。”而伦敦现在几乎每晚都遭到不分青红皂白地轰炸，英国战斗机防御已成功阻止了德国空军的昼间轰炸。

人们必须记住，这里的报纸并不反映公众观点。这种歇斯底里般的愤慨都是按照上级命令伪造的。毫无疑问，这样做的真实原因是为了使德国人民觉得，德国空军在伦敦所干的勾当是合法的。

对我们播音的新闻审查变得越来越难以忍受。今晚，我与纳粹新闻审查员大吵一通。他不让我朗读上面引用的报纸标题。他说，这将使美国产生“错误印象”。他说，我是在讽刺，甚至在挑选报纸标题时也是如此。

柏林，9月20日

今天又遇到一个体现纳粹伪善的典型事例。我在今天的几份播音稿上，都提到了德国报纸电台充分利用了一份来自纽约的报道，即英国新闻审查员决定禁止在伦敦的外国播音员提及正在进行的空袭。德国宣传部立即兴奋地跳了起来，通过短波电台和外国新闻机构，试图告诉全世界，从此美国将不可能再收到由伦敦发出的可靠消息了。我顺便指出，不久前纳粹也对我们实行了同样的新闻审查制度。我的新闻审查员根本不允许我涉及那些话题。

我扪心自问，我为什么还要待在这里。在战争头八个月，新闻审查还是相当合理的，至少要比塞瓦雷德和格兰丁在巴黎需要忍受的好一些。但是自从战争变得日益可怕且严峻之后，也就是从入侵斯堪的纳维亚半岛开始，这里的新闻审查也变得越来越糟糕。近几个月以来，我试图通过耍小聪明来蒙混过关，正如塞瓦雷德等人一样。为指出一个事实或政府的谎言，可以通过语调或声音的变化，可以将停顿的时间再延长一些，可以使用美国俚语。因为大多数德国人是在英国学习的英语，很难完全理解美式英语。我往往通过一个字、一个短语、一句话和一个段落，或结合运用这些手段以表达事实真相，总之我是用尽了一切可能利用的手段。但是，纳粹还是占据了上风。近一段时间，我的两位新闻审查官都是宣传部派来的绅士，他们对美式英语的理解至少与我一样好。其中一位是莱辛教授，他长期在美国一所大学执教；另外一位是克劳斯先生，他是华尔街一家银行长达20年的合作伙伴。我无法经常性地愚弄他们。就个人而言，他们都是有教养且聪明的德国人，正如埃里希·昆斯蒂上尉一样。他以前是奥地利广播公司节目总监，现在是我的军事新闻审查官。但他们必须按命令行事。外交部和宣传部不断收到来自美国的报告，不仅来自驻华盛顿大使馆，也来自他们组织良好且遍布美国的情报网。他们说，我正在犯罪并企图蒙混过关，必须对我采取措施。库尔特·赛尔博士是纳粹党派驻华盛顿的官员，他的职责之一就是向柏林报告我们发回的报道，已经几次就我的播音性质做了不利的报告。除非我能够进行比较准确的报道，否则我毫无兴趣继续留在此地。在我播音时有一个年轻人负责调控信号，即在发射台上不断呼叫纽约，直到开始播音。同时，他还负责监督我是否按稿子上经过审查的内容播音。今晚，我首次注意到，他在我朗读的播音稿副本上标出记号，在每个音节下很滑稽地画一小道，就像我们上学时标出诗歌的节律一样。我估计，他是企图记下哪个词我用重音来强调，哪个词我用了不必要的讥讽语调。这一发现是如此有趣，以至于我在播音时停下来看了看他。

柏林，9月21日

今天，X先生来到我在阿德隆饭店的房间，当我们拆掉了电话线并确定无人通过与隔壁房间相连的门缝窃听后，他跟我说了一件不可思议的事情。他说，盖世太保现在正有计划地清除帝国境内精神不健全的人。纳粹将此称作“安乐死”。他说，波德尔施韦格牧师（在贝策尔开了一家专门收养神经有问题的孩子的大医院）几天前被下令逮捕，因为他拒绝将一些病情比较严重的孩子交给秘密警察。此后不久，他的医院便遭到轰炸。据说是“英国人”干的。必须对此事进行调查。

柏林，9月22日

我们得知，希姆莱已不经审讯便绞死了至少一名波兰人，罪名是与德国妇女发生性关系。我们还得知，至少有六名德国妇女因与波兰战俘或农工有染而被判处长期监禁。几名德国人告诉我，在地方城镇显眼的地方张贴着告示，警告德国人不要与波兰劳工发生任何关系，并应严厉对待他们。上周，柏林每个家庭都收到“海外德国人联盟”驻当地办事处散发的传单，警告人们不要同现在在德国作为劳工或战俘的波兰人友好交往。以下是从这份传单中摘录的几段话：

“德国人民，永远不要忘记，正是波兰人的残暴促使元首使用武力来保护日耳曼人！……波兰人对他们德国主人的奴态只不过是在掩饰其狡诈；他们友好的行为背后是谎言……记住，无论如何，在德国人和波兰人之间不可能有共同点！要小心，不要因共同的宗教信仰而发生关系！……每个波兰人与人相遇时都会说‘赞美耶稣基督’，我们的农民可能会将他们当作一个正派的家伙并答道：‘直到永远，阿门！’

“德国人！波兰人永远不能成为你的同志！他在农场或工厂中的地位，要低于所有德国同事。保持公正，正如德国人一贯做的那样，但永远不要忘记你是主宰种族的一名成员！”

我注意到，目前在德国做工的波兰人被迫在胳膊上戴着臂章，或在外套前面绣着一个徽章，是在黄底上标着一个大大的紫色字母P。在波兰德占区，犹太人也戴着相同的徽章，只不过标的是字母J。

补记——里宾特洛甫由罗马返回，报纸上暗示这场战争的“最后阶段”已经确定。《法兰克福日报》编辑鲁道夫·克切尔由罗马报道称，军事形势对轴心国来说是如此乐观，以至于里宾特洛甫和领袖将大部分时间都花费在设计欧洲和非洲“新秩序”方面。这可能会使德国人民感觉好一些，但是与我交谈过的大多数德国人首次开始对入侵英国还不开始而感到纳闷。他们仍然对战争将在圣诞节前结束充满信心。但是，就在半月前，他们还肯定战争将在冬季来临前结束，而这离我们已经不到一个月。我与纳粹官员、记者们就“卐”字旗何时能飘扬在特拉法尔加广场打了赌并全都赢了，将从他们那里得到足够我喝一个冬天的香槟酒。今天，我向其中一些人提议再打个小赌，让他们能够赢回一些香槟。但他们对此毫无兴趣，而且也不愿再赌。

今天，在罗马的德国记者报道称，意大利对希腊十分不满，英国人侵犯了希腊领海的中立权，正如他们过去对挪威的所作所为。这听上去很糟糕。我估计希腊将是下一个被侵略对象。

柏林，9月23日

在“缺席”一周之后，英国轰炸机昨晚再次光临，并使柏林人深夜在地下室里待了两小时二十分钟。这对多数民众而言是个小小的震动，因为整整一周他们都被告知英国轰炸机几次想突破防御，都被防空系统赶了回去。当地报纸再次对“英国罪犯”昨晚的轰炸表示愤怒。《晚报》的通栏大字标题是：**“海盗们夜间再次行动”**。同一份报纸的社论称：“温斯顿·丘吉尔昨天再次命令英国飞行员将炸弹投到德国平民身上，因此也就继续着对德国男人、妇女和儿童的谋杀。”《证券报》声称：“昨晚，丘吉尔继续对德国平民发动罪恶的攻击。坦率地说，丘吉尔属于那种其愚蠢野蛮已

1940年9月，被英国空军轰炸后的柏林。

无可救药的罪犯。”

这些胡言乱语当然是戈培尔命令德国新闻界刊登的。但我认为，它也的确反映出德国人不能像英国人那样忍受夜间轰炸。如果英国人更敏感些的话，他们应该能够明白这一点。我估计，皇家空军的战略，是集中力量轰炸德国军工厂和补给站。但是，虽然毫无疑问他们击中了一些有价值的目标，比如将煤合成为汽油的卢那工厂。他们击中了该厂，但未能迫其停产。可以肯定的是，他们未能成功地使德国军工企业瘫痪，而且也没有炸毁多少仓库。他们必须做的是，迫使德国人夜里待在潮湿、寒冷的地下室，使他们无法入睡，使他们神经衰弱。纳粹为发动总体战而进行勒紧裤腰带的战争动员已有7年之久，德国人的神经已经相当脆弱了。

昨晚，一位德国老朋友突然来看我。他目前在德国空军，近三周来一直在飞往伦敦的夜间轰炸机上执勤，是一名机组成员。他跟我讲了一些十分有趣的细节。

1. 伦敦面积之大给他留下了深刻印象。他说，他们已经轰炸伦敦达三周之久，但令他惊奇的是还有那么多地方完整无损！他说，他们在起飞前经常被告知，可以很轻易地发现伦敦城，因为足有一平方英里的城区在熊熊燃烧。但当他们赶到那里时，并未发现大面积火海，只看到一些零星火苗。

2. 他说，当他们接近伦敦时，一般在15 000到16 000英尺高度，然后俯冲至10 000英尺高度投弹。不过，在这么高的空中根本无法精确轰炸。他还说，考虑到空中气球的障碍，他们不敢飞到7 000英尺以下的空域。伦敦上空的高射炮火“相当猛烈”。

3. 他说，德国夜间轰炸机机组成员已经非常疲劳。他们是超负荷运转。德国空军原指望，可以像摧毁波、荷、比、法空军那样，在昼间战斗中摧毁皇家空军，因此忽视了训练足够的夜间飞行人员。他透露说，现在的夜间机组成员每周要飞四个晚上。与戈培尔博士的宣传机器拼命向人民灌输的不同，他们声称英国飞行员不是懦夫就是野兽。我的朋友相当坦率地说，德国飞行员对他们的英国对手怀有高度敬意，原因就是其高超技术和勇敢精神。他说，德国飞行员对一位英国战斗机飞行员特别感兴趣。这个人嘴里斜叼着烟卷，呼啸着驾机冲过来格斗。德国飞行员们发誓，如果此人在德占区被击落，他们会把他藏起来，不作为战俘上交。

4. 他证实，英国飞机在夜间对法、比海岸地区进行了狂轰滥炸。他们经常在夜间突然俯冲下去，趁德国飞机起飞或降落时用机枪扫射轰炸机基地。

5. 他声称，戈林的确飞临了伦敦上空。该消息是由这里的外国新闻处提供的，但不允许德国报纸刊登，使我们有些怀疑。

6. 他说，英国人建立了一些假机场，并在上面摆些木制飞机，但德国人现已识别出了大部分。

7. 他证实，德国轰炸机在执行完轰炸任务后，往往是返回各自不同的基地，很少返回原先起飞的机场。他说，轰炸机是从广泛分布在法、比、荷的机场起飞的，但总是按照一张严格的时间表，以免在黑暗中相撞。由伦敦返回的精确路线事先就已规定好，以免进入战区的飞机与离开战区的飞机相撞。他还对上周日德国在昼间攻击中遭到惨败做了有趣的解释。按照英国人的说法，共有185架德国飞机被击落，其中大部分是轰炸机。他说，德国人的时间表搞错了，负责保护轰炸机的德国战斗机赶到了英国海岸外某个事先安排好的会合地点，但在那里没有看到一架轰炸机。在等候了二十五分钟之后，战斗机的燃油快要耗尽，不得不返航。轰炸机最终飞越北海并抵达会合地点，但已没有战斗机保护它们了，英国战斗机随后便将它们一扫而光。

8. 他说，德国夜间轰炸机是以七架为一中队飞往英国执行任务的。他还坚持说，每个德国空军基地都上报准确的损失数字，如果说有人篡改数字，那不是指挥部就是柏林方面干的。

他承认，德国空军目前并未在英国上空取得空中优势，虽然当我5周前在海峡地区时，德国人声称这最多只需半个月。

事实上，半个月前德国人就放弃了大规模昼间轰炸，转而改为大规模夜间轰炸。这本身就是承认了失败。

柏林，9月24日

昨晚，英国飞机真的到柏林上空狂轰滥炸了一通。英国人的轰炸很猛烈，也很准确，整整持续了四个小时。他们击中了城市北部一些重要工厂，包括一座大型汽油厂和位于施特廷纳和莱特尔车站以北的一座铁路工厂。

但是，我们不能播发这个消息。政府声称，没有任何军事目标遭到破坏。宣传部也突然对昨晚的破坏变得非常敏感，警告所有记者必须按照军方口径进行报道。戈培尔的宣传部甚至取消了空袭后例行性的乘车参观活动，理由是需要看的地方太多而时间又不够。

德国报纸和电台从来没像今天这样就空袭厚颜无耻地扯谎。甚至从感觉迟钝的柏林人言谈中也可看出，他们对本国报纸的谎话非常不满。官方报道的内容是："尽管遭遇猛烈的高射炮火，但昨晚仍有几架英国轰炸机侥幸飞抵柏林北郊和东郊，投下了一些炸弹。这些炸弹的位置远离任何军事或工业目标，进一步证明了英国飞行员有意攻击居民区。军事目标没有遭到任何破坏。"

甚至最高统帅部（许多德国人仍然相信其可靠性）也在每日战报中重复了这个谎言。今天，北郊数以十万计乘火车上下班的居民中途必须下三次车，并由公共汽车转运过主要铁路线上三段被英国炸弹炸毁的铁轨。当他们看到德国报纸上的说法时，一定多少感到有些奇怪。

英国人有两次差点就炸中由东向西穿越柏林市中心的高架铁路。

在两个地方，炸弹差几码就炸中铁轨，只炸毁了邻近房屋。这条铁路不仅承载了郊区电力机车的通行，而且有大量客车也经过这里。它是城区最重要的铁路线。昨晚，被炸毁的建筑物残骸阻碍了交通，但今天铁路线又再次恢复运营。

塞拉诺·苏涅尔，佛朗哥的姻兄和内务部长，在参观西线战场后已经返回，刚好赶上初次体验英国轰炸。这可能会有好处。我们这些记者们经常会想象，当苏涅尔返回马德里时，目前正受到德意强大压力要其跳上轴心国贼船的佛朗哥，会问他关于英国轰炸柏林的情况，而苏涅尔会答道："什么轰炸？我没看到任何轰炸。我在柏林待了十天。英国人甚至一次也没有来。英国人完了，大元帅，现在是西班牙参加轴心国并分一杯羹的时候了。"

昨晚当轰炸开始时，戈培尔和大多数纳粹名人们都在阿德隆饭店陪苏涅尔共进晚餐。甜点还没来得及上，宴会便不得不突然结束，所有来宾都去了阿德隆饭店理发馆旁边宽敞的防空洞。凌晨4点，当我从电台返回时，他们才刚刚离开。

我得知齐亚诺周四到这里来了。柏林和罗马正在做交易，以便在今冬结束非洲战事，并瓜分这块黑暗大陆。但是，他们首先必须确保西班牙参战，并敦促佛朗哥夺取直布罗陀，或默许德国夺取它。

今晚，柏林很高兴，因为法国人已向企图攻占达喀尔的戴高乐和英国人开了火。法国人实际上一枪未发就将印度支那交给了日本人，而且每天都在一声不吭地向轴心国做新的让步。

昨晚的轰炸使我想起柏林最好的防空掩体属于阿道夫·希特勒。专家们估计，他根本不可能被炸死在里面。这个掩体非常深，有钢铁结构和大量钢筋混凝土保护，内部配有通风、照明设备，还有一个电影放映室和一个作战室。即使英国炸弹将总理府炸成碎片，将防空掩体的所有地面出口都夷为平地，元首及其随从只要走过数百码长的一条隧道，便可安然回到地面上来。希特勒的地下室还配备了宽敞的卧室，这是一个非常重要的考虑，但在设计大多数掩体时常常被忽略。缺乏睡眠对德国民众的伤害要远远超过英国人的炸弹。

如果说希特勒拥有柏林最好的防空掩体的话，犹太人的便是最差的。在许多情况下，他们根本就没有。只要条件许可，犹太人就会拥有自己的特殊防空洞，往往是与大地下室相邻的一个小地下室，“雅利安人”则聚集在大地下室。但是大多数柏林地下室只有一个房间。这是属于“雅利安人”的。犹太人只能在一楼藏身。如果炸弹击中房顶，这里还相当安全，因为多半不会穿透到一楼。但目前的经验证明，如果炸弹掉到外面街道上的话，那里就是整个建筑物里最危险的地方。犹太人藏身之处承受的爆炸冲击波最厉害。就在犹太人待的门洞里，会飞进大量炸弹破片。

柏林，9月25日

波默尔博士，宣传部外国新闻司司长，是一个典型的纳粹分子。但他很聪明，见多识广，去过许多地方，特别熟悉美国。他屡屡为我们“不识抬举”而感到气恼，因为纳粹经常会给外国记者一些小恩小惠，如额外的食品等。如果说，要赢得一名记者的心必须通过他的胃的话，那么戈培尔博士当然算是为此而煞费苦心。首先，他将我们划为“重体力劳动者”，这意味着可以得到双份的肉、面包和奶油。每个周四，在新闻发布会结束后，我们都可以排队领一张半个月的额外食品卡。另外，戈培尔博士不但允许我们，而且实际上还鼓励我们，以黑市美元比价每周从丹麦购买一个包裹的食品。最后这一点实在是救命稻草。它使我每周可以有四五次在早餐时吃到咸肉和鸡蛋。平时我早餐不吃咸肉和鸡蛋，但在目前战时配给短缺的情况下，我发现这两样东西可以使你支撑一整天。在西线战役开始前，我还从荷兰搞到了足够我喝六个月的咖啡。一句话，我们这些记者几乎不受战时配给制度的影响。我们有足够的食品。而德国人关照我们，让我们拥有足够的食品，并非因为他们喜欢我们。这只是因为他们认为，如果我们干活时吃得饱的话，可能会对德国更客气一些。毕竟，我们记者也是人。

另外，宣传部和外交部之间存在着争斗关系，它们为谁能给外国记者建立最好的晚餐俱乐部而展开激烈竞争。里宾特洛甫在选帝侯大街的外国记者俱乐部，要比戈培尔在莱比锡广场的外国记者俱乐部奢华得多。但是，我听说博士刚拨了数百万马克，用于改建他的俱乐部，以便比里宾特洛甫的俱乐部更华丽。我每周都会在外国记者俱乐部吃两顿晚餐，它的位置对我而言十分方便，而且能够吃上一顿真牛排和喝上一杯真咖啡的诱惑力也相当大。另外，在那里还可以和纳粹官员们逗逗乐，了解一下他们脑子里的想法。自从德国肆无忌惮地入侵荷兰和比利时之后，我就再没去过那里。我实在没胃口在吃晚饭时还和纳粹待在一起。

虽说我们吃得很好，但并不等于说德国人民也吃得不错。不过国外关于这里的人民在挨饿的说法有些过于夸张。他们没有挨饿。经过一年封锁，他们仍然能够得到充足的面包、土豆和卷心菜，足以坚持很长时间。成年人每周可以得到一磅肉和四分之一磅奶油。美国人很难忍受这种食品。但是，德国人的身体在近百年里已经习惯于吃大量的土豆、卷心菜和面包，似乎感觉还非常好。配给肉和脂肪的数量，虽然远远少于他们习惯的数量，但也足以使其保持相对健康。

水果极为紧缺，去年冬天严寒也对德国水果收成造成了毁灭性打击。去年冬天我们根本见不到橘子或香蕉，而今年冬天可能也见不到。对丹麦和荷兰的占领，暂时有助于充实蔬菜和奶制品的库存。但是德国人无力向这些国家提供饲料，很快便会造成食品短缺。毫无疑问，德国人在斯堪的纳维亚半岛国家、荷兰、比利时和法国掠夺了所有可掠夺的食物。虽然他们的确付了钱，但却是用对他们而言根本算不了

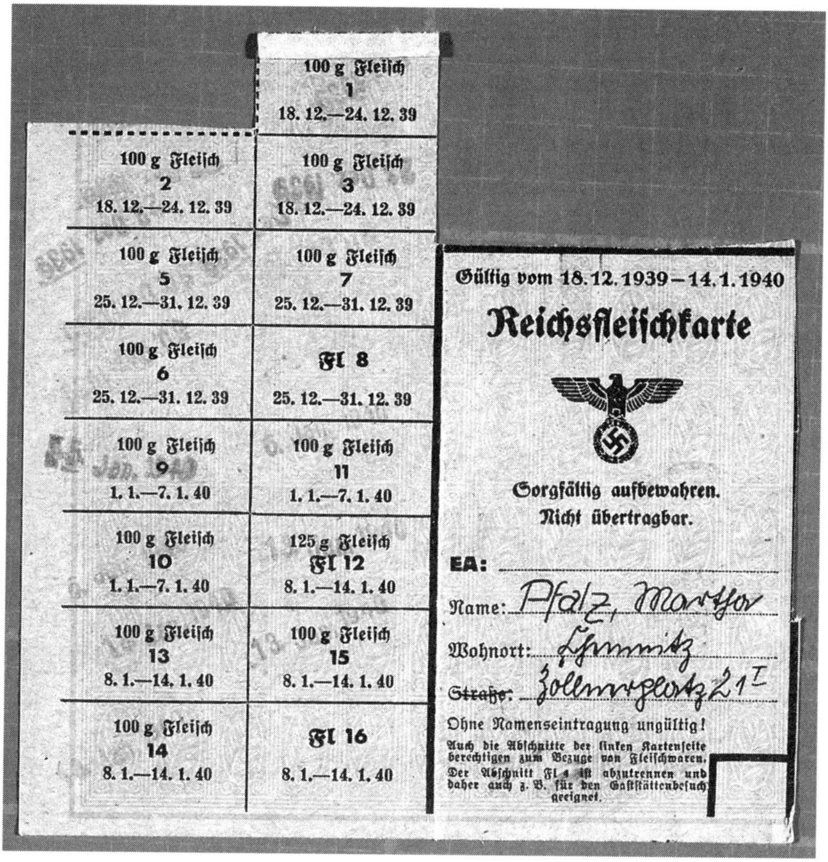

德国1939年至1940年发行的粮票。

什么的马克纸币。在这里只有赫伯特·胡佛的代表才会对此提出质疑。

关键问题在于，英国人在两三年内不可能通过对德国人实行饥饿战术来赢得战争。希特勒对于非德国人是不会多愁善感的，他会确保被占领区的上亿人民饿死在德国人之前。这一点毫无疑问。

柏林，9月26日

昨晚，我们遭到了持续时间最长的一次空袭，从晚上11点一直延续到今天凌晨4点。如果你需在七八点钟上班的话，正如数以十万计的人们需要做的那样，你只能睡一小会儿。英国人应该每天晚上都这样干。造成破坏的大小无关紧要。昨晚的破坏就并不大。但是心理影响十分巨大。

没人料到英国人来得这样早，成千上万的人们被堵在地铁里、火车站上和公共汽车、电车里。他们匆忙赶到最近的公共防空洞，并在那里度过大半夜。昨晚英国轰炸机提前到达（理论上它们在天黑后两小时即晚10点左右到达）的第一个后果便是，今天所有的剧院都宣布将在下午6点开演，而非7点半或8点。教育部也发出通知，如果空袭延长到后半夜，小学将在次日上午关闭，以便让孩子们补足睡眠。

不能在播音时提及一次正在进行的空袭使我怒火中烧。昨晚，在我进行播音时，负责保护广播公司的高射炮射击声震耳欲聋，以至于我根本听不到自己的声音。我们现在被迫在夜间使用的唇式麦克风可以防止高射炮的声音与我的播音一同传到美国，这实在是个遗憾。昨晚还注意到，没有让人在下面的演播室与纽约方面保持联系，以便在我开始播音前将发射台调整到相应频道并保持五分钟。取而代之的是，帝国广播公司以超大音量播放了乐队演奏的乐曲。这可以掩盖高射炮的声音。

《证券报·正午版》在记述昨晚的空袭时说："历史上最大的战争贩子，温斯顿·丘吉尔，昨晚再次向柏林派出了他的杀手……"

凌晨1点，当我做完播音后，纳粹防空管理员立即强迫我去防空洞。我试图阅读卡尔·克罗的杰作《四万万顾客》，但是光线太差了。我感到极度无聊。最后，"嗬嗬勋爵"及其妻子建议我们偷偷溜出去。我们避开了警卫，发现了一条不常用的地下通道，便在那里喝了一升"嗬嗬夫人"带来的杜松子酒。"嗬嗬勋爵"喝起酒来跟其他男人一个样，而且如果你克服了对这个叛国者的最初反感，你会发现他是个很风趣甚至很聪明的家伙。当一瓶酒喝光后，我们更不想回防空洞了。"嗬嗬勋爵"发现了一个秘密楼梯，我们便顺着楼梯来到他的房间，打开了百叶窗，观看外面的“焰火表演”。在城市南区，高射炮正在轰鸣，炮火映红了天际。

在黑暗的屋子里，我跟这个人进行了一番长谈。“嗬嗬勋爵”的真实姓名是威廉·乔伊斯，德国人叫他弗罗利希（德文意为“充满喜悦”），他否认自己是个叛国者。他说自己已经放弃英国国籍并成为一名德国公民，与数千名放弃公民权成为“苏联同志”的英美人，或那些1848年后放弃德国国籍逃往美国的德国人没什么不同。这个解释并不能使我满意，但对他自己而言是足够了。他不断说“我们”这个词，于是我问他是在指什么人。

“当然是我们德国人。”他断然答道。

他身材魁梧，身高5英尺9英寸，长着一对爱尔兰人的眼睛，两眼闪闪发亮。脸上有刀疤，但并非是在德国大学中决斗所致，而是在英国城镇街道上参加法西斯分子斗殴时留下的。他的德语说得相当好。我觉得他有双重人格，使他落得这么一个臭名昭著的下场。他极度仇恨犹太人，同时也极度仇恨资产阶级。这两种仇恨成为他成年后行动的主要动机。如果不是对犹太人歇斯底里般的仇恨，他可能会轻易地变成一名成功的共产党鼓动家。看上去似乎有些奇怪，

威廉·乔伊斯，绰号“嗬嗬勋爵”，出生于美国的英国人，第二次世界大战期间负责纳粹德国对英国的广播，1946年因叛国罪被处死，他也是英国历史上最后一名因该罪执行死刑的犯人。

他认为纳粹运动是无产阶级的运动，将使全世界摆脱“富豪资本家们的”枷锁。他将自己视为工人阶级的一名解放战士。

“嗬嗬勋爵”的同事，杰克·特雷沃，是名英国演员。他也为戈培尔博士做反英广播，但对无产阶级毫无兴趣。他对犹太人怀有刻骨的仇恨。去年冬天，常常可以看到他在风雪呼啸的天气里，站在雪地里对着党卫军卫兵大喊大叫，宣传消灭全部犹太人的紧迫性。卫兵们无疑对犹太人并无特别的热爱，但他们唯一想到的问题是，在这个可恶的冬夜还需要站多长时间岗。卫兵们不断在雪地里跺着冻僵的双脚，使头部避开刺骨的寒风，不停嘟囔着：“是，是，是，是。”他们可能会纳闷，英国人怎么会是这样的怪物。

我送给乔伊斯一本偷偷带进德国的英文书《嗬嗬勋爵生平》，他则将自己的书回赠我。从我们的谈话以及刚在柏林出版的他写的小册子《英格兰的黄昏》，可以将他的故事大体拼凑起来。主要内容如下：

他于1906年生于纽约，父母是爱尔兰人。按照他的说法，他的父母由于“效忠英国王室”，失去了他们在爱尔兰的所有财产。他在伦敦大学学习文学、历史和心理学，并于1923年即希特勒发动倒霉的啤酒馆政变那一年，参加了英国法西斯党。他说，此后他以当家教为生。1933年，他加入了奥斯瓦尔德·莫斯利爵士的英国法西斯联盟，并成为主要发言人和撰稿人之一。他担任莫斯利的宣传部长达3年之久。他声称，自己于1937年离开莫斯利是“因为组织事务方面的问题”。他与前社会党国会议员约翰·贝克特合作，建立了民族社会主义者联盟，但是，没几个月贝克特便脱离了该组织，因为他认为乔伊斯的方法“太极端”。

关于这些日子，乔伊斯写道：“我们遵循民族社会主义的原则来生活……我们都非常贫穷，知道民主国家中自由的恐怖之处。我们的一名同志因失业十八个月和饥饿而被逼疯。我与真正的朋友们共同生活了几个月，他们都热爱英格兰，但却不能从祖国那里得到足够的食物。”

在战争前一年，他两次被捕，罪名是侵犯人身及扰乱秩序。随后，战争的阴云到来了。

“对我而言，”他写道，“决定并不难做出。到8月25日早晨，在我看来已经很清楚，历史上最大的一次斗争将要爆发。待在英格兰并继续为和平而努力，可能会是非常有价值的一条路。但是，我有一种传统的或不如说是遗传下来的偏见……即英国将走向战争。出于良心上的考虑，我觉得如果自己不能为它而战的话，就必须永远抛弃它。”

他这样做了。8月25日，他和妻子（“在离开时她甚至不能对父母说句再见”）起程前往德国，以参加他所谓的“解放世界的神圣斗争”。

任何人在看到希特勒冷血地践踏欧洲的自由人民后，如果仍将此视为解放世界的神圣斗争，其精神状况也就不言而喻了。“嗬嗬勋爵”的书是纳粹关于英国的胡言乱语的大杂烩，只不过穿插点缀了一些众所周知的反映英国阴暗面的情况。

“嗬嗬勋爵”说话时鼻音太重，以至于开始时宣传部官员认为，他完全不适于播音工作。一名曾在英国学习的纳粹电台工程师头一个觉得他可能会干好，于是决定让他试一试。在电台里，这个长着铁拳疤脸的年轻法西斯暴徒的嗓音，听上去就像我们在舞台上熟悉的老派没落英格兰贵族的声音。去年冬天，爱德·莫罗告诉我，调查显示当“嗬嗬勋爵”播音时，至少有一半英国电台听众在收听。但是，那时英国正因“虚假战争”而厌倦，并且发现战争和乔伊斯都很有意思。我想，他本人也明白自己已经失去了对英国民众的影响力。最近，他对戈培尔命令播出的一些愚蠢新闻也感到恼怒。

在这里，还有第三个英国叛国者值得一提。他就是贝里·斯图亚特，以前是西福斯高地联队的一名上尉，几年前因向外国泄露军事机密而被判处监禁，关押在伦敦塔里。那个引诱他堕落的姑娘是个德国妖女，获释后他便追随她来到德国。开始时，他做些播音工作，但他那苏格兰人的强项性格令宣传部和帝国广播公司无计可施。他现已不再播音，而是为外交部当翻译。

既然谈到了这个话题，我不妨提一下在德国电台为纳粹做宣传的三名美国人。

艾奥瓦州滑铁卢的弗雷德·卡尔滕巴赫可能是这些人中品质最好的一个，确实狂热信奉民族社会主义，并不断因与纳粹党雇佣文人们的意见分歧而发生争吵。他是名不错的电台播音员。我避免与这三个人碰面，且只见过卡尔滕巴赫一次。那是在贡比涅森林，他在那里与纳粹电台官员们发生了周期性的争执。他们下令禁止将他从巴黎带到贡比涅，但是他搭上一些军官们的汽车偷偷赶去，几乎是“破门而入”，闯进了停战仪式现场。他不断被军方逮捕并驱逐出场地，但每次又都跑了回来。大多数纳粹分子发现，对于他们而言，他有点“太美国了”。但是，卡尔滕巴赫会为纳粹主义而牺牲。

第二个美国播音员是个叫爱德华·利奥波德·德拉尼的家伙，来这里时用的名字是E. D.瓦德。他是个失意的演员，在美国时常为筑路公司工作。他对犹太人怀有病态的仇恨，但在其他方面则很温和，完全按照纳粹的粗暴宣传方式播音，从来不提任何问题。

第三个人是康斯坦司·德雷塞尔小姐，她多年以前曾在费城当过记者。我发现，纳粹雇用她，主要是因为她是柏林城里唯一肯将自己的美国口音卖给他们的人。奇怪的是，她不断骚扰我，要求我帮她找个工作。战争开始时，一家美国广播网曾雇用过她，但她几乎立刻便被解聘了。

为进行其他语种的播音，纳粹还雇用了巴尔干人、荷兰人、斯堪的纳维亚人、西班牙人、阿拉伯人和印度人。每过一段时间，就会有人被发现“不可靠”。有一次，一名南斯拉夫播音员在开始播音时说道："女士们、先生们，今晚你们将要听到的、来自柏林的广播都是胡说八道、一堆谎话，如果你还有理智的话，最好调到别的频道。"他没能再说下去，因为在城市另一端的宣传部还有"监督员"坐在那里监听。最后一次看到此人是党卫军卫兵押送他去监狱。

昨晚，在纳粹驻奥斯陆专员兼大区区长特博文的一篇广播讲话中，挪威人民被粗暴地告知他们将要面临的苛刻待遇。这位大区区长宣布：(1) 挪威王室已经不再具有政治重要性，而且将永远不能返回挪威。(2) 对于流亡国外的内加德斯沃尔德政府也是如此。(3) 鉴此任何有利于王室或流亡政府的行为都将被禁止。(4) 根据希特勒的一项法令，一个专员会议将承担政府的职责。(5) 旧政党将立即解散。(6) 任何出于政治目的的结社活动都将被禁止。

于是，挪威国内一切体面的、民主的事物都被摧毁，至少是在目前。而且，德国清楚地表明，它非常不适合统治其他民族。有那么一个短时期，当帝国刚刚夺取挪威的时候（荷兰的情况也是如此），德国可能会成功赢得当地民众的好感，因为后者觉得武装反抗希特勒压倒优势的军事力量已经毫无希望。现在，在所有被占领国家，德国统治者都遭到了切齿痛恨。正派的挪威人或荷兰人根本不愿与他们发生任何联系。

这位大区区长的广播讲话是德国人不够圆滑老练的一个典型例证。他告诉挪威人民，他徒劳地试图与旧政党谈判，但它们要求分享权力并"无视"他的警告；于是他只好取缔它们。在结尾处，他告诉挪威人，现在已经很清楚，对于挪威而言，吉斯林运动是唯一可行的一条道路，这个党也将是德国人允许存在的唯一政党。因此，他实际上是在告诉挪威人，那个遭到99.5%的挪威人唾弃的可怜的小叛国者不仅是正确的，而且今后在关于他们祖国未来的问题上将拥有唯一的发言权——如果说挪威人能够拥有发言权的话。

用不着太高深的学问，你就可以断定，德国对被占领区人民实行的暴力统治根本不会维持很长时间。因为尽管实行了全面的军事和警察管制（德国人承认这一点），德国人也不能永远统治仇恨并憎恶他们的其他欧洲国家人民。因此，希特勒的“新秩序”在欧洲还没有建立，便注定要失败。当然，纳粹从未研究过欧洲历史，只是被一种原始日耳曼部落不计后果的征服冲动所引导，认为他们在建立欧洲“新秩序”的道路上进展顺利。在这个“新秩序”中，德国将占据主宰地位，并永远为德国谋取最大利益。他们的长远计划，不仅是使欧洲人民永远解除武装，以便不能反抗他们的日耳曼主人，而且将使他们在经济上依赖德国，以至于没有柏林的恩赐便无法生存。此后，被奴役土地上的重工业和高科技将集中于德国。被奴役的人民将生产原料以供应工厂，同时也生产粮食供养日耳曼统治者。他们大部分将变成农业或采矿团体，正如今天巴尔干国家为西欧扮演的角色一样。他们将完全彻底地依赖于德国。

当然，如果英国坚持抵抗并最终获胜的话，欧洲被奴役的人民将会得救。甚至即使获得战争的胜利，德国重新规划欧洲的企图也会失败。在混迹德国多年之后，我深信德国人无法统治欧洲。他们缺乏中庸精神，当处于统治地位时存在虐待狂倾向，生来就缺乏理解其他民族想法的能力。他们本能地认为，两个民族之间的关系只能建立在主奴基础上，而不可能建立在互不干预的平等基础上。德国人的这些性格，使得他们和他们的国家都不适于充当欧洲领袖，尽管他们很想当。可以肯定，无论他们怎样努力，从长远角度来看，最终都会失败。

明天，齐亚诺将由罗马抵达这里。大多数人认为，此行是为了宣布西班牙将站在轴心国一边参战。果真如此的话，苏涅尔到这里就是为了出席相关仪式。

柏林，9月27日

希特勒和墨索里尼再次让人大吃一惊。

今天下午1点，在德国总理府，日本、德国和意大利签署了一个针对美国的军事同盟协议。我认为齐亚诺到这里来是为了宣布西班牙参战真是大错特错。苏涅尔甚至没有出席今天由欧亚法西斯分子上演的这出戏剧性表演。

直到今早我才醒悟过来，还看到学生们排队前往威廉街欢迎，手里挥舞着日本国旗。由于我在下午2点需要播音，而下午1点因有“一件重要事情要宣布”还得去总理府，我便让哈特里希负责此次采访。我在广播公司从收音机里收听广播。

协议的核心是第三条款。内容是：“德国、意大利和日本承诺，一

1940年9月27日，德、意、日三国在柏林签署《德意日三国同盟条约》，桌前从左至右分别是日本驻德大使来栖三郎、意大利外长齐亚诺、德国元首希特勒。

旦缔约三方之一遭到目前还没有卷入欧洲战争或中日冲突的某大国攻击，就将以全部政治、经济和军事手段相互援助。”

有两个大国目前尚未卷入这两场战争：苏联和美国。但是第三条款并未提到苏联。第五条款提到了苏联。第五条款的内容是：“德国、意大利和日本确定上述条款将不以任何方式影响到目前存在于缔约三方与苏维埃俄国的政治关系。”

苏联被排除在外。那就只剩下美国了。今晚，在纳粹党圈子里，根本没有试图掩盖这一显而易见的事实。不过正如预料到的，新闻审查官试图阻止我明说，我不得不绞尽脑汁，才得以在播音时将这个信息传递到大洋彼岸。虽然直率地说纳粹党内部并未掩盖该同盟针对美国可能更为诚实和准确，但我在开始时不得不含糊其词以便把水搅浑：“今晚，这里的消息人士并不企图掩盖事实真相，即今天在柏林签署的军事同盟条约……**是考虑到了一个大国**。那个国家就是美国。”随后，为了证实这个观点，我不得不求助于对条约文本含糊不清的分析以及德国人对此问题的解释。新闻审查官在说了几句表示不满的话之后，最终还是批准了我的播音稿。

现在，作为军事同盟的发起者，希特勒为何要如此匆忙地拼凑这个同盟呢？我的看法是这样的：里宾特洛甫半个月前曾匆忙赶到罗马，通知墨索里尼对英国的登陆战不能按计划进行。而就在几天前，希特勒在体育馆的演说中，还向德国人民承诺说将立即发动。墨索里尼已经发动了对埃及的入侵，以配合对英国的攻击，分散英帝国的力量，但今年秋天不会再采取进一步行动。我们知道，里宾特洛甫在罗马待的时间比原计划要长。毫无疑问，领袖对于希特勒放弃对英国发动全面进攻十分不安，他本来对这一进攻将结束战争十分有信心。意大利之所以参战，就是因为它以为战争即将结束。轴心国现在该如何行动？答案显而易见，即将整个冬季用于进攻英帝国的心脏部位，那就是埃及。征服那个国家，夺取苏伊士运河，然后占领巴勒斯坦、伊拉克，从而掌握急需的石油，可能还会继续沿幼发拉底河顺流而下，夺取波斯产油区，或至少是它位于波斯湾北面的出口基地。德国可以提供数以千计的飞机和坦克，还有集结起来原本打算用于进攻英国的完整装甲师。如果必要，南斯拉夫和希腊也将被占领。意大利将永久占有达尔马提亚，而希腊南部则将被用来作为德国飞机攻击埃及和英国地中海舰队的跳板。

为确保此次战役迅速取得全面胜利，必须敦促西班牙参战并使其立即夺取直布罗陀，从而摧毁英国在西地中海的战略基地。塞拉诺·苏涅尔，佛朗哥的姻兄、内务部长和长枪党领袖，目前正在柏林。他个人似乎表示支持。只是佛朗哥，那个“忘恩负义的家伙”，仍然犹豫不决。佛朗哥显然在想，英国人还没有被打败，而且……

仍然还存在其他因素，那就是美国。

直到最近，柏林还没过多考虑这个因素。去年秋天，戈林曾对我们嘲笑过美国对同盟国的援助会在这场战争中扮演重要角色的可能性。在整个夏季，当德军横扫西欧的时候，柏林对于在秋季之前结束战争仍然信心十足，因此明年春季才会真正发挥作用的美国援助也就与德国无关了。直到最近，这里似乎仍然坚持这一观点。但近两三周以来，入侵英国的计划出了问题。该计划可能取消也可能不取消，但取消的可能性是存在的。无论如何，近来柏林开始明白英国在今年秋季可能不会被彻底击败，到明年春季可能仍然在坚持战斗，而届时美国可以援助英国，特别是提供飞机，这将使德国人感到局势日趋严峻。必须对美国采取一些措施。什么措施呢？一些可以恐吓美国并使美国的孤立主义者们再次叫嚷战争危险的措施。

在日本，几周以前，以近卫亲王为首的新政府上台执政，并宣称要在东亚建立“新生活”和“新秩序”。这位亲王是个德国人可以与之打交道的人。施塔默尔先生是里宾特洛甫的一个心腹，往往是做英国绥靖主义者的工作，此次则被派往日本探听虚实。随后，便是成立军事同盟，以恐吓美国并使其置身于战争之外。如果要我对美国人的性格做评判的话，国内除了惠勒、奈和林德伯格之徒而外，不会有任何人被这个举动吓倒。效果将会与希特勒和里宾特洛甫等人预料的完全相反。在错误判断盎格鲁-撒克逊人的性格方面，他们倒是从未失手。

另外，三国同盟可以让轴心国特别是德国大吹大擂一番，从而转移民众注意力，忽略入侵英国的承诺没有实现，以及战争在冬季来临前不会结束的事实。尽管自仲夏以来，每个德国人都满怀信心地认为战争将在一两个月内结束。

今天的宣传活动相当可怕，将所有其他消息都挤出了头版。德国人民被告知，这个协定具有震惊世界的重要意义，并最终将很快带来“世界和平”。按照在场的哈特里希所描述，签字仪式是按照典型的轴心国所擅长的戏剧性方式进行的。首先，是事件本身就很出人意料。其次，是浮华的场面。当里宾特洛甫、齐亚诺和日本大使大岛浩（一个有些不知所措的小个子）步入总理府庆祝会场时，弧光灯突然打开，以使这个场面被载入历史。色彩鲜艳的各式军装布满整个会场。意大利和日本使馆全体成员都出席了此次仪式。没有其他国家外交官出席。苏联大使收到了邀请，但却答称中午他将出城。这三人坐在一张镀金桌子旁。里宾特洛甫站了起来，示意他的一个奴才施密特博士朗读协约文本。然后，他们在上面签字，摄像机镜头挪开。随后，便是高潮时刻，至少纳粹分子会这么想。人们可以听到，在一扇巨大房门上响起三下敲击声。大厅里紧张而肃静。那些日本人几乎屏住了呼吸。房门缓慢地打开，希特勒从里面阔步走出。里宾特洛甫突然蹦起来，庄严地向他通报，协定已经签字。这位伟大的可汗赞许地点了点头，但并不屑于开口说话。他非常庄重地坐在桌子中央的座位上，而两位外交部长和日本大使则手忙脚乱地找椅子。当他们终于安顿好后，又一个接一个地蹦起来，发表事先准备好的讲话，由电台向全世界广播。

另外：该协约的第一条款声称，日本承认德国和意大利在创造欧洲新秩序中的领导权。第二条款称："德国和意大利承认日本在大东亚地区建立新秩序的领导权。"

只要英国海军还能将它们隔离开，双方就不可能相互提供最起码的经济或军事援助。日本能够从中得到什么还不清楚，因为如果我们与日本作战的话，无论是德国还是意大利都无法伤及美国，除非先打败英国海军。而如果我们卷入与德国和意大利的战争，日本也必须对我们宣战，虽然从它自己的利益考虑不应该这样做。然而，届时日本无疑会为忘掉这项协定而找到随便什么借口。

有一件事情是清楚的：如果希特勒认为战争将在冬季之前结束，他是不会公布三国协定的。根本就没必要。

柏林，9月30日

昨晚，空袭警报持续了两个小时，但我们什么都没听到。显然英国人是在轰炸勃兰登堡，位于首都西面。虽然英国轰炸的破坏几乎可以忽略不计，但我听说政府已经下令将14岁以下儿童撤出柏林。农业部长达雷今天声称，冬季食品储备已经就绪。他估计，土豆收成约为六千万吨。谷物收成要比去年减少两百万吨，但仍能满足需要。整个冬季的肉类、脂肪和面包配给数量，将保持原样不变。

柏林，10月3日

有人向我透露，希特勒和墨索里尼突然决定明天在布伦纳山口举行会晤。如同往常一样，希特勒已秘密离开柏林。我们不允许报道此事，因为他的行踪被视作军事机密。虽然这位大人物已经离开，但希姆莱仍然让元首的旗帜飘扬在总理府上空，以免引起人们注意。我设法在今晚的播音结尾处加了一句话，称明天预计将发生“会引起人们特别兴趣的新闻事件”。

柏林，10月4日

会晤于今天中午前不久在布伦纳山口举行。官方公告没有透露任何会谈内容，只是提到凯特尔出席了会晤。外交部警告我们不要胡乱猜测。

我想，可以合理地推论，即两个轴心国之间一定是出现了根本性分歧，以至于希特勒认为有必要亲自与领袖会面。因为在上个月，里宾特洛甫已经去过罗马，齐亚诺也来过这里，因此在名义上的外交政策制定者之间并不缺乏联系。此间最合理的推测是，墨索里尼对德国显然已放弃于秋季入侵英国感到不满，因为这使他对埃及沙漠的攻势显得有些愚蠢。他的军队现已深入沙漠七十五英里到一百英里，必须通过公路运输所需全部用水。显然，里宾特洛甫未能安抚住意大利

1940年10月4日，希特勒与墨索里尼在布伦纳山口会晤。

人，于是就需要希特勒亲自出马。不过，认为今天的会谈完全是消极的看法，恐怕也只是想当然。显然，两人还对未来的战争计划进行了仔细审查，并可能决定要“腰斩”英帝国以真正解决该问题，即向埃及和苏伊士运河发动攻势。德国可能会同意在巴尔干地区建立军事基地，以协助这一攻势。这里议论最多的一个德国计划，是通过土耳其向近东发动攻击。

柏林，10月5日

今天，德国报纸关于布伦纳山口会晤的报道读起来很有意思。它们以大块篇幅疯狂赞颂此次会晤的世界意义，但在解释原因方面却拿不出任何东西给读者看。它们什么信息都没有透露。但在当前极权主义的气氛下，任何文字都失去了意义，只要受操纵的报纸那么说，任何东西都可以变成真实的。今天，我得到一份可信的报告，称布伦纳会晤气氛相当紧张，墨索里尼多次气势汹汹地吼叫。这里的意大利人也提出了一个说法，很可能是编造的，但很能说明德意友善的真实状况。他们说，昨天领袖问元首，为何放弃入侵英国的计划。希特勒答不上来，于是便提出了自己的问题，以避免正面回答：

“领袖，为什么你打不下马耳他那么小的地方？对此我非常不满。”

据这里的意大利人说，墨索里尼鼻子都气歪了。他答道：“元首，不要忘记马耳他也是个海岛。”

德国对英国发动的伟大空中攻势今天已经是第五周。由于英国还不承认已经战败，把德国人气得够呛。他们几乎无法克制内心的怒火，因为丘吉尔使其人民仍然保持胜利的希望，而不是像迄今为止希特勒所有的敌人那样俯首称臣。德国人无法理解一个拥有性格和勇气的民族。

柏林，10月7日

一条典型的纳粹假新闻。报纸引用尼克博克（被德国人称作“美国国际骗子”）的话，称其在里斯本告诉葡萄牙记者说，他逃离伦敦的原因是因为根本无法在那里继续生活下去。我了解尼克，我知道这纯属捏造。

柏林，10月8日

与希腊大使兰加贝夫妇共进午餐。他们的女儿埃尔米娜也在场，我们过去常见她与玛尔塔·多德在一起，她肤色较黑，具有一种巴尔干人的美。大使显得闷闷不乐，他已经收拾好所有值钱的东西，担心意大利人随时可能会入侵。他还抱有一线希望，指望希特勒会拯救希腊，因为按照他的说法，元首“对光辉的雅典十分崇拜”。

虽然我直到凌晨2点差一刻才开始播音，但我必须在晚上10点就赶到广播公司，因为从理论上说英国轰炸机那时就可能飞临柏林。当它们到来时，德国人禁止一切车辆通行，甚至不允许你在街道上步行。那意味着，如果警报响起时我在别处，当晚的播音就得放弃。昨晚10点钟时，我正在帮助希斯组织一个晚会，欢送使馆二秘布彻·列维里奇回国。我非常想待下去。所有在场的人都肯定英国人不会来了。然而，我还是离开了，但因实行灯火管制，在维滕贝格广场以南的什么地方迷了路。最后，我终于找到了方向，驾驶我的福特车，在漆黑的暗夜中开往广播公司。我刚刚停好车，防空警报便尖叫起来。我还没来得及跑进大楼，高射炮弹碎片便像暴雨一般落在四周。英国人的攻击一直持续到凌晨4点，而且是迄今为止最猛烈的一次。莱特尔和施特廷纳车站以北的铁路再次被炸毁。我认识的一名德国女孩由于差二十英尺没有赶上一班郊区列车而保住了性命。十五分钟后，她坐上了第二辆列车，但车开得不那么快。前一辆列车被一枚英国炸弹准确击中并炸成了碎片，十五名乘客丧生！

德国报纸不停地宣称，德国空军对英国的攻击，是对昨晚我们所受轰炸的报复。民众对这个说法已经感到作呕。德国人已经作呕了很多次。城里流传着一个故事，说普通柏林人在买10个芬尼的晚报时，会对报童说："给我10个芬尼的报复。"此外，有意思的是，现在很少有人买晚报。在傍晚交通高峰时搭乘地铁或公共汽车，你会发现十个德国人里也找不到一个在读报。我想，尽管反应迟钝且颇能忍受，柏林人也开始明白，他们的报纸提供不了多少新闻。而且经过宣传部的粉饰加工，能够看到的新闻早已面目全非。电台新闻也好不了多少，最近我注意到，不止一个德国人听两分钟后便会关掉收音机，并且还使用了柏林人那颇富表现力的惊叹词："哦，Quatsch！"这个词要比"哦，胡说！"更具感情色彩。准确翻译过来，应该是"垃圾"的意思。

1940年10月13日，柏林人在清理轰炸后的废墟。

柏林，10月15日

我已就个人问题基本拿定主意。近一段时间，我不断从军方内部得到消息，说希特勒正准备进入西班牙以夺取直布罗陀，而不管无能的佛朗哥喜欢与否。这将切断我在日内瓦的家庭的最后一条逃生之路。现在由欧洲去美国的唯一道路，是由瑞士、未被占领的法国、西班牙到葡萄牙首都里斯本，那是欧洲大陆唯一可以乘坐轮船或飞机前往纽约的港口。如果形势进一步恶化，我总是可以通过苏联和西伯利亚逃走，但是这种冒险不适合两岁的孩子。今年冬天，为了显示其有权惩罚顽强的、民主的瑞士，德国人拒绝给瑞士运去用于房屋取暖的少量煤炭。出于同样卑鄙的理由，德国人只允许瑞士进口极少量的食品。今年冬天，瑞士的生活将非常艰苦。虽然苔斯宁愿留下来，但她最终还是同意月底回国。

随后，我也将于12月回国。我觉得自己在这里已经发挥不了什么作用。直到最近，尽管存在新闻审查制度，我认为自己还可以在德国从事报道真相的工作。但是，要做到这一点日益困难，现在已经变得几乎不可能。新指示要求军事和政治新闻审查官禁止我播出任何可能使纳粹德国给美国留下不良印象的消息。另外，按照关于报道空袭的新禁令规定，或者你描述一幅完全虚假的画面，或者你干脆完全不提此事。我往往选择后者，但是它在虚假程度上实际上与前者不相上下。简单地说，你无法再如实报道战争或德国的状况。你不能称纳粹为“纳粹”，也不能称侵略为“侵略”。你只能广播官方公报，而那些都是谎言，而且任何机器人都可以干。甚至比较聪明和正派的新闻审查官私下里也问我，为什么还要留在这里。我对于待在这种环境里没有任何兴趣。由于我对纳粹主义所代表事物的深刻的、炽烈的仇恨，在这里工作和生活对我而言绝非乐事。但是，只要还有工作可干，那些就都是次要的。个人的生命在欧洲已经不算什么，自从战争爆发后我就已经将其置之度外。但是现在已经没有需要做的工作。至少在这里是没有了。

苏黎世，10月18日

真是令人愉快的事情，每当你离开德国的那一刻总会感到解脱。今天下午，由柏林向南飞。到慕尼黑后，我们转乘一架由瑞士飞行员驾驶的道格拉斯式飞机前往苏黎世。在整个飞行过程中，左侧是宏伟的阿尔卑斯山不断变幻着的景色，山尖和山脊上已经覆盖着厚厚的白雪。当太阳开始落山时，白雪变成粉红色，景象非常壮丽。飞离慕尼黑半小时后，两架德国战斗机对我们进行了追击，这帮痞子飞行员把我们当成了练习俯冲攻击的靶子。有三四次，他们对着我们俯冲下来，几乎碰着客机的机翼。我吓出了一身冷汗，但对此毫无办法。他们有降落伞，而我们没有。

不久，大片厚厚的云彩遮盖了我们客机下方的田野，我开始担心，如何能穿过云层降落在苏黎世机场，特别是周围都是高山。最后，我们一头扎进了云海。我们很快便迷失了方向，因为在盘旋五分钟后，飞行员便再次驾机爬升到云层上方，并向慕尼黑方面飞回。然后再次扎进云层，这次扎得更深，突然周围一片黑暗。我们可能在德国紧急降落的想法令我感到非常压抑。因为就在几分钟前，我才感到因离开帝国而产生的自由感。现在，我们正在以更大角度做俯冲。飞行员发出信号，要求乘客系好安全带。我紧紧抓住座位。随后，透过黑暗，看到了机场的红色防雾灯、熟悉的屋顶和城市里闪烁的灯光。这不会是实行灯火管制的德国，而只能是苏黎世。不到一分钟，我们便降落到了坚实的地面上。飞行员在雾气中做了一次标准的盲目着陆。

我坐在车站里，等待着前往日内瓦的列车。道尔红酒味道醇美，自由的瑞士人熙熙攘攘地走过大厅，内心感到一种解脱。然而，又对下周就必须告别日内瓦感到沮丧，心里明白我们试图营造的另一个家也要拆散了。

日内瓦，10月23日

今天拂晓，苔斯和艾莲乘坐一辆瑞士公共汽车起程。这辆车将艰苦地行驶两天两夜，穿过未被占领的法国到巴塞罗那，再从那里乘列车经马德里到里斯本，最后在里斯本乘船回国。现在，还没有穿越法国的列车，乘坐公共汽车是唯一选择。而且我猜测我们算是幸运的，因为这里有上千名难民等着搭乘这两辆每周往返一次西班牙的汽车。她俩只能带一点行李，我们必须将这里的物品存放相当长时间。今天，美国捷运公司不愿派出汽车，因为有消息称比利牛斯山区的洪水冲垮了法西边境公路。但是，我们这个汽车公司声称大概能够通过，我也心存同想。苔斯带着供她和孩子吃的食品及水，因为路上在法国境内搞不到吃喝。当汽车启动时，孩子既兴奋又快乐。我也很高兴她太小，没有注意或感觉到那满满一车人的悲剧。其中大多数是德国犹太人，他们紧张不安到了歇斯底里的地步，因为害怕法国人可能会将他们抓走并交到希姆莱手中受折磨，或西班牙人可能会不让他们过境。*如果他们能够抵达里斯本就会得到安全，但里斯本太遥远了。

贝蒂·萨根特告诉我，罗伯特·戴尔已经在美国去世。那是一位代表着自由主义英语新闻学的伟大老人，他对正义、体面、和平、民主、生命、有意义的谈话、美味的食品、香醇的美酒和美丽女人的爱好，在我认识的人中无与伦比。我将永远怀念他。

---

* 他们大多数在西班牙边境被赶了回来。

伯尔尼，10月24日

今天下午，与乔·哈什一起从日内瓦返回，这是一次令人悲哀、沮丧的旅行。我心情沉重地透过列车窗户凝视着瑞士、日内瓦湖、山脉、勃朗峰、绿色的群山和大理石建造的国联大厦，而这一切都将要毁灭。

慕尼黑，10月25日

在一片浓雾中盲目着陆。由于能见度太差，有关部门不允许我们继续飞往柏林。我坐上了晚班列车。今晚，这里所有的饭馆、咖啡馆和啤酒馆，都挤满了精力充沛的巴伐利亚人。我注意到，他们见面时都不再喊“希特勒万岁”。

柏林，10月27日

埃德·哈特里希几天内就要回国，我也将于12月初离开德国。哈里·弗兰纳瑞将从圣路易斯来接替我。

柏林，10月28日

今天，我们看到了一个法西斯独裁政权封锁新闻的典型例子，其目的无非是防止民众受到影响。今天早晨，意大利军队开进了希腊。同时，希特勒突然抵达佛罗伦萨，就法西斯这一最新侵略行动会见墨索里尼。柏林报纸用大字标题报道此次佛罗伦萨会晤，但却只字不提意大利入侵希腊。我的内线报告说，戈培尔要求给他两天时间，以便

1940年10月28日，意大利军队在希腊山区行军。

做些准备使德国公众接受这一消息。

自从苔斯离开日内瓦后，就没有收到她的消息。鉴于目前法国未被占领区的混乱状况，任何事情都可能发生。

柏林，10月29日

在意大利无理入侵希腊后二十四小时，德国人民仍然被其统治者剥夺了对这条消息的知情权。在晨报和午报上只字未提此事。但戈培尔正为公布这一消息进行认真准备。今天早晨，他让报纸刊登了意大利致希腊政府的粗暴无礼的最后通牒全文。它几乎完全照搬了德国人致丹麦、挪威，以及后来致荷兰、比利时政府的最后通牒。但德国公众可能会纳闷，最后通牒于昨天早晨到期后究竟发生了什么。

补记——下午的报纸终于以意大利当天战争公报的形式，将入侵希腊的消息奉献给德国民众。仅此而已。但在本地报纸上还刊登了令人作呕的社论，谴责希腊不理解“新秩序”，并与英国合谋反对意大利。德国编辑们正在怎样的道德粪坑中畅游，这从他们今天的表现就可看出。虽然已经忍受了几年，但我还是被气得要死。今天的报纸上依然是戈培尔惯常的假货。例如，有篇报道声称，希腊人傲慢得不屑于答复最后通牒，虽然事实上他们做了答复。他们只不过表示拒绝而已。

这里的民众对于轴心国这一最新强盗行径当然并无热情。德国军方人士对意大利人一贯持轻蔑态度。他们告诉我，对于墨索里尼的军团而言，希腊将是一块难啃的骨头。山区地形不利于机械化部队作战，而希腊人拥有欧洲最好的山炮部队。德国人还告诉我，希腊总理梅塔克萨斯将军和许多希腊军官都曾在波茨坦受训。

柏林，10月31日

有消息称，希特勒从法国匆忙赶到佛罗伦萨，是为了制止墨索里尼进攻希腊。他在那里还会见了佛朗哥和贝当，据纳粹党内人士说，法国元帅给元首留下了深刻印象，而佛朗哥则相反。他晚到四个小时，当见到墨索里尼时，事情已经无可挽回。事实上，希特勒认为，他可以兵不血刃地获得巴尔干。他不想在那里开战是出于两个原因：第一，这将使本来就不够的运输系统更加紧张，现在急需这些车辆将食品和原料由巴尔干运往德国；第二，这使他不得不将军队部署得更为分散，目前在西线必须防守一条由纳尔维克到昂代的长达一千英里的防线，在东线还有与苏联的漫长边境线，在那里他部署了少到极点的三十五个师和一个空军联队。据称，希特勒对他的轴心国小伙计的轻举妄动十分恼怒。

鉴于冬季即将来临，显然德国现在不会再尝试在今年秋天入侵英国。为何不打算入侵？希特勒的战略意图发生了什么变化？为何不立即夺取最后的胜利并实现辉煌的和平？我们知道，在6月初他感到夏末将肯定获得胜利。他是如此肯定，以至于军队和全体德国人民都产生了同样的信心。他和他们都对此深信不疑。不是搭建了看台并粉刷一新，装饰了闪亮的“卐”字、鹰徽和银黑两色的铁十字，准备在勃兰登堡门举行盛大的胜利阅兵吗？原本在8月初便准备好了。

那么到底是什么地方出了问题？

我们目前还不知道全部答案。但可以勾勒出大致情况。

首先，希特勒有些迟疑不决，而其犹豫可能会被证明是个巨大的错误，正如1914年德国最高统帅部在巴黎郊外犹豫不决一样，标志着这场战争中的转折点。这一点我们可能还都尚未理解。当然，现在这么说也可能为时尚早。法军在6月18日实际上就已被击败，当时贝当要求实现停战。许多关注德军进攻法国的人士曾预料，希特勒将趁热打铁，趁着他和他的卓越军事机器还笼罩在不可战胜的神秘光环中，立即转而攻击英国。希特勒知道，英国已因刚刚遭到的巨大打击而踉踉跄跄。他们失去了盟友法国。他们刚刚迎接那些失去斗志的大陆远征军的残部回国，他们那些价值昂贵的、无法及时补充的武器装备，都被遗弃在敦刻尔克海滩。他们缺乏一支庞大的、有组织的、装备良好的陆军。他们的海岸防御十分可怜。他们强大的海军在英吉利海峡狭窄的海域无法施展力量，戈林的轰炸机和梅塞施米特式战斗机以沿海机场为基地，现在已经掌握了制空权。

这就是6月21日当希特勒昂首阔步走进贡比涅森林空地，对法国宣布苛刻停战条件时的局势。现在我回想起（虽然当时这些事实并未给我留下什么印象）在贡比涅那里，德国军方似乎并不急于解决英国问题。在事件发生很久以后的今天，将在贡比涅和巴黎的零星谈话串联起来，我想希特勒可能发下话来，虽然必须迅速全面做好入侵英国的准备，但该行动绝非必要。丘吉尔将会接受这个小个子奥地利人正在深思熟虑的和平协议。那将是纳粹的和平，最终将大不列颠排除出欧洲大陆；它可能只是一个停战协定，一个喘息之机，使德国可在大陆巩固其压倒优势的力量，让英国最后将不战而降于纳粹征服者。但它对丘吉尔来说也将是一个挽回颜面的和平。而且他将接受它。我相信希特勒真的认为丘吉尔会接受。而且他的这种想法也耽搁并放松了为组建一支毁灭性入侵军所需进行的准备工作，包括建造和集结驳船、平底船、舰艇以及上千种其他装备。

补记。1941年——这一喘息时机也可能用来与俄国算账。一些柏林的观察家在6月底便确信，希特勒是真心急于同英国缔结和约，当然是按照他自己的条件，以便能够转而对付苏联。后者长期以来一直是他的目标。他们相信，希特勒认为英国肯定会理解这一点。张伯伦的政策不正是鼓励德国军事机器向东攻击苏联吗？在6月底和7月头三周，一个个德国师被从法国召回，并匆忙运到德国人习惯于称呼的“俄国前线”，这些事实似乎正说明了这一点。但这种观点无论如何还无法证实。希特勒相信，苏联是虚弱的。苏联可以等一等。重要的问题是解决大不列颠问题。然而他的头脑似乎充满了令人困惑的矛盾。他非常清醒地意识到，只要英国还控制着海洋，并拥有一支实力不断增长的空军，德国就难以长期保持对欧洲大陆的霸权，更不用说在非洲的立足点了。但希特勒一定知道，虽然英国在法国和低地国家被打得落花流水、晕头转向，但永远都不会接受剥夺其制海权或遏制其空军实力增长的和平协议。然而这也是他可以向英国提出的唯一的和平条件。然而，证据似乎是充分的，他相信丘吉尔宁愿接受这种和平，也不愿面对一次德国入侵。

可能希特勒期望丘吉尔首先求和。难道英国人不明白他们已经被打败了吗？希特勒可以耐心等待，直到英国人那荒唐的头脑明白这一点。

他等了一个月。6月美好的最后一周以及7月的头三周他都在等待。在柏林，我们听到柏林、伦敦和斯德哥尔摩已经接触并正在讨论和平的谣言，但并无任何证据，而且可能也根本无法证实。

7月19日，希特勒在帝国国会发表演讲。他公开向英国呼吁和平，不过并未提及条件。但他将会议的大部分时间都用于将有功将领提升为陆军元帅，似乎战争事实上已经胜利结束，这表明他仍然确信丘吉尔必将求和。

德国空军在北海和海峡地区建立基地已有一个多月，但德国飞机被禁止对英国领土发动真正的攻击。希特勒下令禁止这样做。

我想，英国对希特勒的“和平倡议”所做出的迅速而决绝的反应可能让他吃了一惊。他没料到会遭到迅速而明确的拒绝。我想，他的犹豫不决一直持续到7月底，即他最终将此拒绝作为丘吉尔的最后答复之前十二天。此时，宝贵的一个半月大部分已经浪费掉。

有理由相信，最高统帅部的大部分将军，特别是陆军总司令冯·布劳希奇将军、总参谋长哈尔德将军，对于派遣一支地面部队入侵英国能否成功持怀疑态度。而且他们知道，7月底英国人已从5、6月份所受打击中缓过劲来。另外，海军的问题也令他们感到为难。而且据可靠来源反映，尽管戈林向他们保证可在半个月内消灭皇家空军，正如他在3天内摧毁了波兰空军一样，他们似乎在这方面仍然有些疑虑。这些怀疑最后都得到证实。

整个7月，德国人都在法国、比利时和荷兰沿海的运河、河流和港口里集结驳船和平底船，并在不来梅、汉堡、基尔和丹麦、挪威的各个港口里集结船只。在德国西部新修高速公路上常常可以看到，甚至远在多瑙河的汽油发动机驳船都被装上拖车，运往西部海岸。整个帝国境内的工场和汽车修理厂都在制造小型装甲自动推进平底船，可在平静海面上将一辆坦克、一门重炮或一个步兵连运过海峡，但在风浪大时则不行。8月16日，在加来和布洛涅附近，我看到了其中一些船。

8月5日夜，正如在这本日记其他地方提到过的，希特勒在总理府与主要军事顾问举行了一次长时间会议。出席会议的有戈林、海军上将冯·雷德尔、布劳希奇、凯特尔和约德尔将军。后者是希特勒本人的参谋部负责人，自从西线攻势开始后，在军队中拥有巨大影响。似乎希特勒在此次会议上做出了决定，只要情况允许便立即尝试入侵，并与三军指挥官一起审查了最后计划。

这些计划是什么呢？可能我们永远无法知道。但从泄露的蛛丝马迹看，我想可以勾画出所定战略的大致轮廓。这个战略谨慎而传统。8月13日左右，将对英国空军发起大规模空中攻势。皇家空军将于9月1日被全部消灭。随后，在掌握海峡上空制空权、防止英国海军集结、消灭英国防御炮兵后，入侵行动即可开始。部队主力将乘驳船、平底船和小船渡过海峡。其他船只将在飞机保护下，由不来梅、汉堡和挪威各港口出发在苏格兰登陆，但这只是次要行动并将视英国海军在该海域的行动而定。另外一支由布雷斯特港出发的小型远征船队将占领爱尔兰。当然，还会采取大规模空降行动，以瓦解英国和爱尔兰后方士气。

除非皇家空军被消灭，否则陆军将不会行动。只有在该任务完成后，整个入侵计划才会展开。戈林承诺，将加速实现这一目标。但与以前的许多德国人相似，他对英国人的性格和战略都做出了完全错误的估计。我想，现在已经很清楚，戈林的信心是建筑在一个非常简单的计算上。他拥有四倍于英国的飞机。无论英国飞机和飞行员素质有多么好（他对这两者都怀有敬意），只要以数量占优势的飞机发动进攻，即使损失的飞机和敌人一样多，最后仍会拥有一支实力可观的空军，而英国人则将一无所有。而且如你发动进攻时的飞机多于敌人的话，那么你的损失一般不太可能与对方一样多。

戈林和所有其他德国人未能理解的是，英国人准备眼看着他们的城市被轰炸、摧毁，也不愿冒险出动全部飞机进行大规模空战以保卫城市。对于英国人而言，这只是常识而已，而且也是能够拯救他们的唯一战术。但对德国军人的头脑而言，这却是不可思议的事情。我相信，主要由于德国人这一典型的判断失误，使得他们不得不放弃今年入侵英国的计划。

要消灭英国空军，戈林必须使它们升空作战。但是尽管他进行了尝试，却从未成功。当8月中旬我在海峡地区时，他一天最多派出过一千架飞机引诱英国飞机升空。英国人将大部分飞机用作预备队。其后果则是有那么一段时间，他们的城市损失惨重。但是皇家空军毫发无损。只要皇家空军仍然存在，集结在海岸地区的德国地面部队就不会行动。

这里的许多德国人问道，为什么德国空军不能将皇家空军摧毁在地面？波兰、荷兰、比利时和法国空军，不都大部分是被德国人在其还未升空作战之前就将其炸毁？德国空军自己的回答毫无疑问是真实的。德国飞行员告诉我，英国人只是简单地将飞机分散部署在上千个相隔很远的机场。世界上没有哪个国家的空军，能够在遭到顽强抵抗的情况下，将足够数量的英国飞机驱赶出来并将其消灭。

戈林的失败还有一方面不太为我们这些在柏林的人所知晓。有一个月的时间，从8月中旬到9月中旬，他试图摧毁英国防御体系的“空中臂膀”。这一企图打算通过昼间攻击来实现，因为你不可能在夜间摧毁一个国家的空军。但到了9月第三周，大规模昼间空袭停止了。我注意到自己在9月23日的播音稿中写道：“通过浏览德国报道，现在似乎已很清楚，与一个月前不同，德国对英国的大规模空袭行动，现在是发生在夜晚，而不是在白天。今天，最高统帅部称昼间飞行为‘威力搜索’；晚间空袭为‘报复性攻击’。”军事新闻审查员不喜欢这段话，只是当我将其改为德国空军的大规模攻击“最近大多是在夜间”后，才允许我播出。这句话是拙劣的英语，但并不妨碍主要意思的表达。

粗略想一下，似乎我们的看法存在矛盾。因为一方面我们认为，英国人任何时候都宁愿看到他们的城市遭轰炸，也不愿冒险派太多飞机升空以驱逐德国飞机；但另一方面，在短短一个月内，皇家空军显然击落了相当数量的德国飞机，以至于戈林不得不放弃壮观的昼间攻击。而且这个矛盾显然也困扰着这里大多数中立国家的空军武官，他们与我们这些人一样，都只看到德国那方面的情况。

也可能这根本就不矛盾。从德国飞行员告诉我的情况分析，我想真实情况应该是：一方面，英国人从不冒险派出少量战斗机；另一方面，他们每天都会派出足够数量战斗机，去摧毁大量德国轰炸机，以至于超出了戈林的承受能力。因为他往往派出大规模轰炸机编队，主要是想引诱英国战斗机升空，以便让梅塞施米特式战斗机消灭英国战斗机部队，而不仅仅是轰炸城市而已。在这里，英国人的空战战术发挥了重要作用。德国人告诉我，英国战斗机中队收到严格命令，只要有可能就避免与德国战斗机缠斗。相反，他们得到指示要直扑轰炸机，尽量击落这些笨重的飞机，并在德国战斗机赶来前溜走。这些战术使得许多德国梅塞施米特式战斗机飞行员抱怨，英国喷火式战斗机和飓风式战斗机飞行员都是懦夫，无论何时看到一架德国战斗机，他们便会逃跑。我估计，现在这些德国飞行员应该明白了，这些英国人并非胆怯而是精明，知道他们在数量上处于劣势，而德国人的目标就是摧毁他们的全部战斗机。当最后一架英国战斗机被摧毁时，战争也就输掉了。他们追逐轰炸机，轻而易举地击落它们，却避开梅塞施米特式战斗机。毕竟，梅塞施米特式战斗机并未携载可以摧毁英国的炸弹。在8月下旬和9月初，在三天时间里，英国战斗机击落了约175架至200架德国飞机，其中大部分是轰炸机，并可能击伤了90至100架。

这些打击使得德国空军一时间有些晕头转向，虽然他们拥有数量优势，但也不能无限期承受这种损失，因为英国人的损失只相当于上述数字的三分之一甚至四分之一，虽然可以肯定其中大部分是战斗机。

另外还有一个因素。由于大多数空战发生在英国上空，被击落英国飞机上的飞行员约有一半得救。他们可以跳出机舱并乘降落伞安全着陆。但是每当德国飞机被击落，其飞行员虽然可能会利用降落伞保住性命，但对德国空军而言在战争期间是无法再次使用他们了。如果是轰炸机，这意味着每有一架被击落，就将损失四名受过高级训练的人员。

因此，当9月的上半月过去后，德国人仍然未能摧毁英国空军，也就未能夺取英国上空的制空权。而纳粹大军依然等待着，在布洛涅和加来的峭壁后、在沿海一带运河里空耗时间。英国人也没让他们闲着。在晚上，正如我在这本日记中对亲身经历的描述，英国轰炸机在晚上会飞过来，对驳船集结的港口、运河和海滩进行猛烈轰炸。对这场战争中的这段小插曲，德国最高统帅部一直保持绝对沉默。持续不断的英国空袭造成的人员物资损失到底有多大也不得而知。在这方面我得不到任何权威消息。但从我亲眼看到的轰炸及德国飞行员告诉我的情况来看，我想很可能德军根本无法在布洛涅、加来、敦刻尔克、奥斯坦德或海滩上集结足够驳船或轮船，以运送大量部队入侵英国。甚至是否真正试图这样做都存在疑问。

那个由法国传出的消息，即在9月中旬左右，曾经尝试对英国发动一场全面入侵，但被英国人击退，根据我们在这里了解的情况，这个说法似乎缺乏根据。首先，英国人此时的士气实在说不上很高，如果确实挫败了德国入侵英国的企图，他们当然会将这个消息公布。公布这个消息，不仅将对英国公众和欧洲人民产生电击般的效果，而且对从美国争取援助将具有不可估量的价值。有人告诉我，华盛顿在8月份几乎要放弃英国，而且非常担心英国海军落入希特勒手中，从而使美国东部沿海陷入危险处境。另外，英国人可以毫无困难地用短波广播或散发传单的方式，让德国人民知道希特勒征服英国的赌博已经失败。对德国的心理影响将极为巨大。

根据我们这里所能了解的情况，实际情况可能是德国人曾在9月初尝试进行大规模入侵演习。他们将驳船和小艇驶入海里后，天气突然变得恶劣起来，英国海军轻型舰艇和飞机恰好碰到，便将一些驳船击中起火，造成相当数量的伤亡。装满烧伤病人的救护列车异常多的现象，大概也可证实这一说法，虽然我们还无其他可靠证据。

可能英国人已经就此问题发布了消息，这就使得这段对入侵企图为何从未实施的记录显得有些多余。我记下这些只是对我们在柏林获得的消息做一总结，当然这些消息是远远不够的。只有德国将要获胜或已经获胜时，才可能将内情公之于众。例如，有将近一年的时间，他们没有提到潜艇损失情况。

柏林，11月5日

如果一切顺利的话，我将在一个月后离开这里，乘飞机前往纽约。先乘汉莎航空公司班机由这里前往里斯本，再乘坐快帆式客机飞往纽约。仅仅离开这里的前景，就足以使你感到心里像卸下个大包袱。我感到欣喜若狂。这将是十六年里我首次在家过圣诞节，过去我往往是在夏秋时节回家小住几天。今晚去听爱乐交响乐团演奏。是三台钢琴和管弦乐队演奏的巴赫的协奏曲，指挥是富特文格勒，威廉·坎普等著名钢琴家演奏，水平确实非常高。回来后拉了拉自己的手风琴。在爱乐交响乐团和巴赫之后这实在是有些亵渎！但是住在隔壁的一个嗓子沙哑的男人对我的努力并不理解，并不断敲打墙壁，直到我带着手风琴躲进洗澡间。他可能是那些莱茵兰工厂主中的一员，跑到这里来补觉，因为皇家空军几乎每晚都会拜访德国西部。旅馆里住满了这种人，他们显得非常怪僻。

柏林，11月6日

1940年的罗斯福竞选徽章。

罗斯福第三次当选总统！这对希特勒、里宾特洛甫和整个纳粹政权而言，都是一记响亮的耳光。因为尽管威尔基在承诺努力促使英国获胜方面更甚于总统，但纳粹还是热切希望共和党候选人获胜。纳粹要人私下里对此并不隐瞒，虽然戈培尔命令新闻界不要提此次选举，以免民主党会借此声称纳粹支持威尔基。

上周，至少有三名威廉街的官员兴奋地给我打电话，询问盖洛普民意调查是否可信。他们说，刚刚收到一封来自华盛顿的电报，声称民意调查显示威尔基拥有50%的机会。这个消息使他们高兴到极点。

因为罗斯福是战争爆发后民主国家出现的少数真正领袖之一（想想法国和丘吉尔执政前的英国），而且也因为他能够变得很强硬，希特勒对他总怀有一种特殊的敬意，甚至还有一些畏惧。希特勒非常敬佩强硬的斯大林。希特勒的成功，部分应归功于达拉第和张伯伦等平庸领袖决定着民主国家的命运。有人告诉我自从放弃今年秋季入侵英国的计划后，希特勒越来越将罗斯福视为他夺取世界霸权（甚至也是其取得欧洲胜利）道路上最强大的敌人。毫无疑问，他和他的手下都对总统连任失败抱有极大期望。纳粹的打算是，即使威尔基当选后转变成柏林更危险的敌人，在华盛顿也会经过两个月左右过渡期，在此期间将不会向同盟国提供任何援助。他们估计，在政治和国际事务上缺乏经验的威尔基确定自己的政策前，还会有几个月的不确定期。这只会对纳粹德国有利。

但是，现在纳粹将在今后四年再次面对罗斯福。希特勒曾对一些人说过，在世界上除了温斯顿·丘吉尔之外，就是此人应对英国坚持抵抗负最大责任。毫不奇怪，当罗斯福当选成为定局后，今晚在威廉街将会有更多拉长的面孔。

柏林，11月8日

我们听说，今晚英国人对慕尼黑进行了猛烈轰炸。今天是啤酒馆政变周年纪念日，因此今夜轰炸适得其时。政变是1923年11月8日在慕尼黑贝格勃劳凯勒啤酒馆发动的，所有周年纪念活动都在那里举行。一年前的今晚，当希特勒等**所有**纳粹领导人都离开后，一枚炸弹爆炸了，只炸死了一些小人物。今晚，希特勒不会再冒险让希姆莱在他身边安置一枚炸弹了。他在另一个卢文布劳啤酒馆发表了演说。如同英国人开始轰炸德国后他的所有演说一样，希特勒在天黑前便开始讲话，以便在皇家空军轰炸机抵达前结束。他今天的讲话给美国广播公司带来一个问题。无论是哥伦比亚广播公司还是全国广播公司，都没有被允许在其广播网络上播放讲话录音。今天下午，帝国广播公司给我打电话，要哥伦比亚广播公司转播希特勒的讲话，我对于演说发表的时间（晚8点）有些怀疑。我认为希特勒不敢讲到那么晚，因为现在天黑得很早，从理论上讲英国轰炸机晚9点即可飞抵慕尼黑。于是我问道，他们给我的是否是讲话录音。帝国广播公司一位高级官员不愿回答我的问题。他说，这是军事秘密。

他还说道："你也不能打电报给你们纽约的公司，说你怀疑它是个录音。如果你要打电报，只能说我们提供了一份希特勒的讲话录音给美国。"

我有办法迅速与纽约的保罗·怀特进行联系，而不必依赖德国的商业电台服务，后者会先将我的电文交给新闻审查员。实际上，今晚也不需要联系。我还没来得及与纽约联系，就传来消息说今晚希特勒的广播讲话已经取消。他的讲话将于明天播出。英国人的轰炸阻止了此次广播。夜里晚些时候，我听说德国人始终知道给我的是晚8点播放的讲话录音，因为希特勒是在下午5点发表的讲话。必须继续与纽约方面谈谈这件事。

最近，我饶有兴趣地发现，在几个与我打交道的德国官员办公桌上，有一些我与纽约办事处之间的来往电报副本。我当然早就知道他们可以看到我的所有电报，而且从向纽约发送一些愚蠢信息中获得了无穷乐趣，比如指名道姓地批评某些官员，或捏造可让他们瞎猜的事情。幸运的是，保罗·怀特也很幽默，并对我做了适宜的答复。

柏林，11月9日

记录几个这些天来在德国人中流传的笑话：

柏林防空总指挥最近建议民众早点上床睡觉，以便在轰炸开始前抓紧时间睡两三个小时。有些人接受了建议，大多数人没有。柏林人说，那些接受建议的人在空袭警报后来到地下室，并对他们的邻居们说“早上好”。这意味着他们已经睡过了。其他人到达后说：“晚上好！”这意味着他们尚未睡觉。少数人抵达后说：“希特勒万岁！”这意味着他们还没睡醒。

另外一个笑话：希特勒、戈林和戈培尔乘坐的飞机坠毁了。三个人全死了。谁得救了？

答案：德国人民。

一个科隆人给我讲了个据说真实的故事。他说，现在街上可以看到那么多种不同的军装，人们简直无法记住它们。一名英国飞行军官在科隆附近跳伞，在星期天下午走到城里自首。他预计街上的警察或士兵会立即逮捕他。但是相反，他们看到他后马上立正敬礼。他身上带了10马克，我的朋友说，正如所有在德国上空执行任务的英国飞行员那样，于是决定去电影院碰碰运气。他要买一张2马克的票。售票员找给他9马克，并礼貌的解释说穿军装的只需半价。最后，电影看完后，他在科隆大街上转了半夜才找到一个警察局并自首。他告诉警察，一名全副武装的英国军官要使自己在一座德国城市市中心被逮捕真是太难了。警察不相信他的话，但还是传讯了电影院售票员以便核实。

“今晚你是不是卖给这个人一张电影票？”他们问她。

“当然，”她清脆地答道，“半价票，就像所有穿军装的人一样。”随后，在看到他军装上的缩写RAF* 后，她又骄傲地说：“我不是每天都能接待一位帝国劳工领袖†。我知道RAF什么意思。”

莫洛托夫将要来柏林。自从1939年8月里宾特洛甫飞往莫斯科签署协定，从而将这个星球上的两大死敌联系在一起之后，我们便听说这位布尔什维克的二号人物将进行回访，距今已有一年多时间。夏天时我曾听说，许多旧红旗被掸去灰尘并集中起来送到总理府，以备莫洛托夫来访之用。但那次访问由于一个原因未能成行，因为莫斯科方面坚持要派一个团的格伯乌便衣，而希姆莱只同意他们派一个连。随后，希特勒和里宾特洛甫使尽浑身解数施加压力，以迫使斯大林在美国大选前派遣莫洛托夫访问这里。出于某些原因，他们认为如果大肆宣扬的话，这将吓住美国民众，并导致罗斯福失败。斯大林显然明白这一点，并且婉言谢绝了。但今晚是正式决定。莫洛托夫将于下周来访。访问的时机仍然不错。它将有助于破坏罗斯福的选举活动，德国民众模糊地明白那对希特勒不是什么好消息，对于因意大利在希腊毫

---

* 皇家空军缩写。——译注

† 德文缩写也是RAF。——译注

无进展而受损的轴心国声望而言也是如此。

柏林，11月11日

停战日，不知为什么，现在看来倒像是个绝妙的讽刺。德国新闻界没有提到此事。在比利时和法国，德国军方禁止举行庆祝活动。这里还严禁播放罗斯福的停战日演说。希特勒说的每句话我们都会在全美国播放，但罗斯福的讲话德国人却一个字也听不到。这是民主的一个弱点，我想，不过也有人认为这正是民主力量之所在。

今晚，我去看了哈拉德·克鲁兹堡的舞蹈。他现在有些显老，也不那么灵巧、优雅了，不过跳得仍然非常好。舞厅里挤满了人。

柏林，11月12日

今天天色阴沉，下着毛毛细雨，莫洛托夫抵达柏林，欢迎仪式极其正规刻板。随后，驱车沿着菩提树下大街到苏联大使馆，在我看来他长得像个外省中学校长。但是能在克里姆林宫你死我活的激烈竞争中生存下来，他一定身怀绝技。德国人狡猾地说，要让莫斯科实现俄国人的古老梦想，即拥有博斯普鲁斯海峡和达达尼尔海峡，而他们则攫取巴尔干半岛其余地区，包括罗马尼亚、南斯拉夫和保加利亚。如果意大利人能够夺取希腊的话，现在看上去有些可疑，他们当然可以得到它。

今天，当我去美国使馆从存放在那里的储备里取一听咖啡时，却发现足够我半年之用的储备品都不见了。就这么丢了。如果我不是很快就要离开，这真是一个沉重打击。自从在德国很难再买到咖啡后，它便在人们生活中扮演了一个奇怪的重要角色。烟草的情况也一样。有时大使馆会送我一些，但多数情况下我抽德国烟草。最近，这种烟草抽起来有些臭味。

1940年11月12日，希特勒会见苏联外交人民委员莫洛托夫。

柏林，11月14日

我们以为昨晚，当里宾特洛甫和戈林用正式国宴招待莫洛托夫时，英国轰炸机可能会过来。威廉街对此感到非常紧张，因为他们不希望陪着地位显赫的俄国客人逃进防空洞。不过，英国轰炸机今晚倒是来了。晚上快9点的时候，也是来得最早的一次。当时，莫洛托夫作为东道主，正在苏联大使馆招待德国人。我们听说，莫洛托夫拒绝去防空洞，而是站在一扇熄了灯的窗户前，欣赏这场“焰火表演”。英国人小心翼翼地避免将炸弹投在附近。

根据德国电台和《华沙日报》报道，胡佛先生派到这里的美国代表，就弗兰克博士（身材矮小、性格强硬的纳粹驻波兰大区区长）就职一周年向其表示祝贺。他为弗兰克对波兰人民所做的一切表示祝贺！

我得到的消息是，如果弗兰克博士和他手下的纳粹打手实现其目标的话，波兰民族将会不复存在。他们当然不可能将波兰人杀光，但会将波兰人全部变为奴隶。

柏林，11月（未标日期）

在X先生位于达勒姆区的家中，吃了一顿美味晚餐并度过了一个美好夜晚。两位德国名人也在场，其中一位是纳粹高官。他们整夜不停地说着关于领导人的笑话，特别是关于戈培尔，他们看上去都很厌恶他。大约晚10点左右，英国轰炸机飞来了。我们都到阳台上看“焰火表演”，那种场面相当壮观。突然，空中传来当炸弹掉到你附近前会听到的尖啸声。我们全都自动冲过敞开的屋门，跑进一间漆黑的卧室，趴在地板上，摞成了一堆。爆炸震撼了整幢房屋，但破片并未击中我们。多么可惜，英国人只有这么几架飞机可以轰炸柏林。今晚的英国轰炸机不超过十二架。目前为止，它们造成的破坏相对较小。

柏林，11月20日

今天是赎罪日，是德国清教徒的一个节日。由于情绪低沉，我去夏洛滕堡宫参加烛光音乐会，欣赏了弦乐四重奏团演奏的气质高贵的巴赫作品。如果我能及时办好所有必备文件，12月5日我便可乘坐飞机，飞往里斯本。在离开之前，出境签证必须得到外交部、警察、秘密警察等一系列部门批准。而要得到西班牙和葡萄牙签证，也证明不是一件容易事。哈里·弗兰纳瑞已由圣路易斯前来接替我。

柏林，11月23日

今晚，在外交官G先生家，吃了一顿非常精美的晚餐，而且聊得也很投机。8点45分左右，管家突然把我叫去接电话。广播公司的一个女孩说，英国轰炸机离柏林还有十分钟路程，如果我今晚想播音的话最好快点。我冲进自己的汽车。一名事先已经收到通知的防空管理员试图阻止我开车，但我驾车从他身边冲了过去。我对实行灯火管制后这个街区的街道不很熟悉，在高速行驶时有两次差点掉进兰德韦尔运河。当警报响起时，我已经到了克尼，离广播公司还有约两英里。是否按照法律停下来、熄灯、泊车并进防空洞？那意味着放弃播音。更好的是继续待在餐桌旁，享受一个晚上，放松一下。但我从未因空袭而错过一次播音。我决定违反一次法律。我让罩上盖子的车灯继续亮着，然后踩下油门。沿着皇帝大道，一个又一个警察蹦了出来，挥舞着小红灯。我以五十英里的时速掠过他们。这真是件愚蠢的事情，因为有几次我都差点撞上停在黑暗中的汽车，它们都按照法律规定熄灭了车灯。你不可能看到这些车。我没撞到它们几乎是个奇迹。但在离广播公司只有三个街区的时候，我估计自己的好运气已经快到头了，于是停下车，在警察还没来得及将我抓进公共防空洞前，飞奔进了电台。

我在纳粹党圈子里听说，尤利乌斯·施特莱彻，那位法兰克尼亚的虐待狂、迫害犹太人的沙皇和臭名昭著的反犹周报《冲锋队员报》总编，已经根据希特勒的命令被逮捕。无论是在党内还是在党外，都不会有人为他流泪，因为他几乎遭到所有人的痛恨。我仍然记得他在纽伦堡街头招摇过市，他是那里的绝对统治者，挥舞着那根从不离手的马鞭。据纳粹党内人士说，他之所以被捕是因为调查了他的经济问题。如果希特勒多操点心的话，他大可以再多做些调查。他应该查查那些“小事情”，看看为何那么多纳粹党官员获得了大量国家财产和城堡。

柏林，11月25日

我终于搞清楚了那些“安乐死”的底细。*这是个邪恶事件。

---

* 参看9月21日的日记。

盖世太保，在德国政府知道并认可的情况下，正有计划地杀死帝国境内精神有缺陷的人口。到底有多少人已被处决，可能只有希姆莱和少数纳粹党头目清楚。一位保守且可信赖的德国人告诉我，他估计死亡人数为十万。我想这个数字有些过高。但可以肯定不少于数千人，而且人数每天都在增长。

纳粹这种特殊做法的起源，还要追溯到夏天法国沦陷的时候，当时某些激进纳粹分子将这个想法灌输给希特勒。开始时，是计划让元首发布一项法律，授权处死那些被发现精神不健全的人。但最终又决定，此事如泄露出去可能招来误解，并使希特勒陷于尴尬境地。最后，希特勒直接给秘密警察和卫生部门写了封信，授权其在证明某些人因无法治愈的精神或神经病而备受折磨时，可以进行“安乐死”。菲利浦·鲍赫勒，总理府国务秘书，据说在提出这一解决方案的过程中，在希特勒和纳粹极端分子之间充当了中间人角色。

此时伯特利（日记前面提到过）进入了这个故事。弗里德里希·冯·波德尔施韦格博士是清教牧师，但在德国西部得到了天主教徒和清教徒的一致爱戴。在伯特利，正如我在前面提到过的，他建立了一个专门收留精神不健全儿童的精神病院。德国人告诉我，那是同类机构中的典范，在整个文明世界都享有盛名。似乎是在夏末时节，冯·波德尔施韦格牧师接到命令，要求将一些病情最严重的病人交给政府。显然他听到了风声，知道等待他们的将是什么命运。他拒绝了要求。但政府坚持其要求。冯·波德尔施韦格牧师急忙赶到柏林提出抗议。他与柏林一位著名外科大夫取得了联系，后者是希特勒的私人朋友。这位外科大夫不敢相信此事，赶忙前往总理府。元首表示，他也无能为力。随后，两人便去找司法部长弗朗茨·古尔特纳。古尔特纳似乎对此更感困惑，因为屠杀行动并无任何成文法律根据，而只是直接执行而已。然而，他还是同意就此事向希特勒申诉。

冯·波德尔施韦格牧师回到伯特利。当地总督命令他交出一些病人。他再次表示拒绝。柏林随即命令逮捕他。这次总督提出了抗议。这位牧师是该州最受欢迎的人物。在战争期间逮捕他将会引发一大堆不必要的麻烦。他本人不想逮捕牧师。让盖世太保负这个责任吧，他是绝不会负这个责任的。这恰好是9月18日之前。随后伯特利精神病院便遭到轰炸。现在我明白了为何有人会质问到底是谁投下的炸弹。

最近，我在各地的几名眼线打电话给我，要我注意地方报纸上刊登的十分特别的死亡通知。在德国所有阶层中都存在一种习俗，即当一个人死亡时，都会在报纸上刊登一小条付费广告，内容包括死亡日期及原因、死者年龄、埋葬时间及地点。但是，在这些死亡通知之间存在一种奇怪的联系，即死亡地点总是下述三个地点之一：(1)格拉夫内克，这是门兴根附近一座孤零零的城堡，位于斯图加特东南约六十英里；(2)哈特海姆，位于多瑙河上林茨附近；(3)索嫩施泰因公共医疗及护理学院，位于德累斯顿附近的皮尔纳。

现在，这就是德国人告诉我的作为实施“安乐死”总部的三个地方。

我还得知，当那些不幸遇难者的亲属收到骨灰时（他们从来未见过遗体），还会收到一封秘密警察措辞严厉的警告信，要求他们不要寻求解释，也不要“传播虚假谣言”。于是，这些死亡通知就要比通常情况下具有更多含义。我在这里将记下一些比较典型的，出于显而易见的目的，将隐瞒其姓名、日期和地点。

《莱比锡最新新闻》，10月26日：“**约翰·迪特里希，1914—1918年在前线服役，多次获军功章，生于1881年6月1日，逝于1940年9月23日。经过几周的半信半疑，我收到了这个令人难以置信的消息，他在沃尔滕堡的格拉夫内克突然死亡并在那里火化。**”

同样刊登在10月份的同一份报纸上：“**经过几周的半信半疑，我可爱的儿子汉斯于9月17日突然死于皮尔纳，葬礼将于10月10日举行。**”

另外还有：“**我们收到了令人难以置信的消息，我们最可爱的儿子，工程师鲁道夫·穆勒，突然意外死于多瑙河上林茨附近，并在那里火化。**”

另外一个：“**在尸体已经火化后，我们从格拉夫内克收到了令人悲哀的消息，我们可爱的儿子和兄弟，奥斯卡·里德，突然死亡。骨灰安葬仪式将在X公墓由其亲属私下举行。**”

还有：“**在几周焦急的半信半疑之后，我们于9月18日收到了令人震惊的消息，我们可爱的玛丽安娜已因流感而于9月15日在皮尔纳去世。火化就在那里举行。现在骨灰盒已收到，葬礼将于私下在家乡土地上举行。**”

这最后一个死亡通知签署的日期是10月5日，表明有关部门耽搁了三周时间才将骨灰交还亲属。我得知，在上个月头两周的莱比锡报纸上共登出了二十四条类似广告。

在这些死亡通知中，倒数第二个通知的表述方式令我震惊：在尸体已经火化后，我们收到了突然死亡的令人悲哀的消息……同时，头两条死亡通知的用语也令我震惊：“在几周的半信半疑**后**”传来了“突然死亡的消息”；还使用了诸如“令人难以置信的消息”等字眼。

毫不奇怪，对于习惯于从经过严格审查的报纸的字里行间看出问题的德国人而言，这些死亡通知听上去十分可疑。在“几周的将信将疑”后突然死亡难道正常吗？为何先将死者火化然后才通知其亲属？为何将死者全部火化？为何不像通常所做的那样将遗体运回家乡？

几天前，我看到死者家属们收到的格式信函。内容如下：

“我们遗憾地通知您，您的××，最近按照部的命令转移到我们医院，意外地因××于××死亡。非常不幸，我们所有的医疗手段都未奏效。

“从他所患病的严重性与不可治愈性的角度来看，他的死亡使其免除了终生不断转院的奔波之苦，倒可不妨视作一种解脱。

"由于这里存在传染的危险，我们按照警察的命令不得不将死者立即火化。"

即使对于最易受骗的德国人而言，这也很难说是一封安慰信。在收到这封信后，有些人专程赶到格拉夫内克那座孤独的城堡，似乎是想讨个说法。他们发现城堡由身穿黑色制服的党卫军守卫，禁止外人入内。在通往那块孤岛的道路上新刷上了警告的字眼："禁入！传染病危险！"附近惊恐的农民告诉他们，党卫军突然接管了城堡，并在附近设下警戒线。他们说，曾看见不少卡车轰隆隆地开进城堡，但只是在夜间。他们说，格拉夫内克以前从未被当作医院。

我还得知，其他一些亲属还找到林茨附近哈特海姆的医院，要求了解详情。他们被告知不要再这样干，而且如果乱说的话，将受到严厉惩罚。其中一些人显然是鼓足勇气并刊登了这些死亡通知，无疑希望引起公众对这些屠杀事件的关注。我听说，盖世太保现已禁止刊登此类通知，正如希特勒在挪威损失了大量海军舰艇后，禁止被淹死的水兵亲属刊登死亡通知一样。

德国人X先生昨天告诉我，亲属们都拥到私人病院和政府机构，将精神病人领回家。他说，盖世太保甚至将只是暂时精神失常或得了普通精神病的病人也处死了。

我对于进行这些屠杀的动机仍然不甚清楚。德国人自己提出了三种可能：

一、执行这一计划是为了节省食物。

二、屠杀这些人是为了试验新型毒气和死光。

三、只不过是纳粹极端分子将其优生学、社会学理论付诸实施而已。

第一个动机无疑有些愚蠢，因为十万人的死亡不会为拥有八千万人口的国家节省多少食物。此外，德国并没出现严重食物短缺。第二个动机存在一定可能性，虽然我仍存有疑虑。在屠杀这些不幸者时可能会使用毒气，但即使这样，实验依旧是偶然性的。我曾与之交谈的许多德国人认为，可能使用了会使躯体变形的新型毒气，这也是被害者遗体都被火化的原因。但是，我得不到可靠证据。

第三个动机在我看来似乎最有可能。多年来，一批激进纳粹社会学家一直在推动帝国通过法律，以便在全国范围内清除精神不健全者。他们说，其他国家许多社会学家也支持这种做法。可能的确如此。寄给亲属们的格式信函第二段清楚地带有这种社会学思想的印记："从他所患病的严重性与不可治愈性的角度来看，他的死亡使其免除了终生不断转院的奔波之苦，倒可不妨视作一种解脱。"

有些人还提出了第四个动机。他们说，纳粹估计每三或四个病人就需要一个健康德国人照顾他们。这就使数千名健康德国人无法从事更为有用的职业。纳粹分子还认为，在战争持续进行并导致大量伤亡的情况下，如果将精神病人全部杀光，将会有更多医院床位供伤员使用。

这是一个带有纳粹风格的肮脏事件。*

柏林，11月27日

弗兰纳瑞虽刚刚抵达，就必须前往巴黎。纳粹要求我们保密，并声称下周将在那里揭秘一个重大事件。如果可能的话，我们必须提前赶到那里，做好技术方面的安排。但是无论如何，我将要在12月5日离开这个城市。听到许多关于荷兰抵抗活动日益加剧的消息。不少德国军警在漆黑的夜晚被扔进荷兰密如蛛网的运河，德国人对被杀者数量之多感到非常恼怒。X先生告诉我一个有趣的故事。他说，英国情

---

* 1940年12月6日，梵蒂冈对这种"安乐死"进行了谴责。针对政府下令屠杀那些没有犯下死罪，但被断定因体质或精神原因而无益于社会或国家的人是否非法的问题，宗教法庭的神圣会议认为，"这种屠杀违背了自然的和神圣的法律"。值得怀疑的是，即使德国的大量天主教徒知道了罗马的这个声明（这几乎不可能），他们是否能够明白这指的是什么意思。德国只有少数人知道"安乐死"事件。

报系统在荷兰干得很有成效。在这场战争中，双方都建造了一些假机场，并在上面摆放一些木制飞机。X先生说，德国人最近在阿姆斯特丹附近建成一个非常大的假机场。他们在机场上摆放了一百多架木头假飞机，等候英国轰炸机前来轰炸。第二天早晨，英国人的确来了。他们投掷了许多炸弹。这些炸弹也是木头的。

柏林，12月1日

今天是周日，不用做午间播音，在我离开前就一些事情写上几句总结性的话。

一年半的封锁使德国感到很困难，但既没使德国人民处于饥饿边缘，也没严重影响纳粹战争机器。这个国家的人民仍然吃得相当好。饮食当然说不上特别好，美国人恐怕很难靠它生存，但德国人在19世纪已习惯于大量的土豆、卷心菜和面包，现在吃着这些食品仍然觉得不错。他们缺乏的只是足够的肉、脂肪、奶油和水果。目前，每周一磅肉和四分之一磅奶油或人造黄油的配给，虽然不如和平年代他们习惯的那样多，但在未来相当长一段时间内，这可能足以使他们保持身体健康。富含维生素的水果十分短缺。去年冬天的严寒对德国的水果收成具有毁灭性影响。目前，苹果是市场上唯一能够见到的水果，并且是留给孩子、病人和孕妇们吃的。去年冬天，我们从未见过橘子、香蕉，今年冬天也没见过。同时，向部队和儿童发放了质量低劣的维生素片。德国人民的确没有咖啡、茶叶、巧克力和水果。他们每周只能吃一个鸡蛋，还有极少的肉类和脂肪。但是，其他必要食品他们几乎都能吃到，而且在可以预见的将来也不会挨饿。

如果战争长期化，衣服问题也将日趋严重。德国必须进口其所需的全部棉花和几乎全部羊毛，现在的服装配给制度完全建立在如下基础上，即全体德国人民都必须依靠现在身上穿着的以及衣柜里的衣服，直到战争结束和封锁解除。纺织品的短缺不仅平民感受得到，军队也同样能感受到，今年冬天很难为全体部队发放足够的大衣。希特勒不得不让他的劳动服务营的人员穿上偷来的捷克制服。由数十万人组成的所谓托特组织承担着一般由我们的军队劳动营所干的工作，根本没有制服可以发放给其成员。当夏季我看到他们时，他们都穿着破旧的平民服装。德国人正拼命努力通过研制人造织物解决原料短缺问题，特别是企图用植物纤维素制造原料。但是，我不认为目前能用木头研制的产品解决八千万人的衣服问题。

关于进行战争所必需的原料，形势是这样的：德国人拥有充足的铁。从南斯拉夫和法国可以搞到足够的铝土矿，能够提供生产大量飞机所需的铝。铜和锡严重短缺，但从巴尔干半岛和苏联可能搞到足够的铜和锡，从而摆脱绝望的处境。

关于石油，主管石油事务的舍尔将军声称，他根本不担心。当然，即使他担心，他也不会承认。但是必须注意下述事实：

1. 德国空军绝对不需要进口石油。所有德国设计和制造的飞机发动机都使用合成汽油，那是德国用国产煤炭制造的，目前年产约四百万吨，足够德国空军之需。英国人可以通过轰炸将煤炭转变为汽油的炼油厂来威胁燃料供应。他们也正试图这样做。他们击中了莱比锡附近的卢那大型炼油厂和位于施德丁的另一个炼油厂。但他们的攻击实在软弱无力，无法使炼油厂停产，甚至不能严重影响其产量。

2. 德国现在实际上获得了罗马尼亚油田生产的全部石油，至少在纸面上每年还可从苏联购买一百万吨，虽然我怀疑开战后苏联人是否真会交付这么多。

3. 当战争开始时，德国手头还拥有大量石油储备，攻占挪威、荷兰和比利时也获得了一大笔飞来横财。

4. 平民对石油的消费几乎减到零。已不允许私家车和运货卡车行驶。同时还禁止用汽油取暖。

我估计，至少两年内，德国仍拥有或能够搞到足够的石油，以满足军事需要。

关于英国对德国发动的空袭，它们的作用迄今为止仍主要是心理上的，可以让已经厌倦战争的平民切身感受到战争，消磨他们已经衰减的斗志，并且剥夺他们的睡眠。经过六个月的空袭，炸弹所造成的实际物质破坏总体上说并不很大。当然，我们也不知道具体情况如何。可能只有希特勒、戈林和最高统帅部知道，但他们是不会说的。不过我想我们的看法还是公正的。总体上说，鲁尔区遭到的破坏最大，那是德国重工业集中的地区。如果该地区确实被空袭摧毁，那么德国将无力再继续作战。但是，迄今为止，鲁尔区只不过像“被针扎了几下”而已。我担心真实情况是，皇家空军的攻击并未严重影响德国军工生产。对鲁尔区最严重的影响可能并非对工厂或运输体系的实质影响，而在于其他方面。具体是两方面：第一，由于工人们被迫在掩体里消磨了晚上的部分时间，数以百万计的工作小时被浪费。第二，由于缺乏睡眠，工人们的工作效率下降。

除了鲁尔区外，汉堡和不来梅等德国港口，还有威廉港和基尔港等海军基地，遭到的轰炸最为猛烈。但是，它们并未被完全摧毁。毫无疑问，英国人炸得最凶的还是德国占领的海峡诸港口。皇家空军在轰炸这些港口时需要飞的航程最短，因此可以携带更大、更多的炸弹。奥斯坦德、敦刻尔克、加来和布洛涅的码头所剩无几。

空袭对柏林的破坏相对较小。我估计，一个首次到柏林的人，即使在商业区和住宅区走上几个小时，可能也看不到一座被破坏的建筑。大约只有不超过五百幢建筑被击中，而且由于英国人使用的是小型炸弹，这些房屋大多数在一个月内便整修一新并重新入住。英国人的攻击主要集中在城郊工厂。其中一些工厂当然曾被击中，但据我所知，除了两三座小工厂外，没有一座工厂严重受损。位于柏林西北郊的大型西门子电子工厂曾被击中，有个别机械厂或仓库被炸。但毫无疑问，该厂军品产量下降幅度在任何一天都不会超过5%。最近，当我驱车围着该厂转圈的时候，厂子里面机器轰鸣，从外面根本看不出遭到了任何破坏。

近六周以来，出于某些原因，英国人空袭柏林次数急剧下降。这是个重大失误。因为当英国轰炸机几乎每晚都来的时候，这个联系全德国的神经中枢的士气便显著降低。我确信，德国人根本无法承受德国空军对伦敦所进行的那种轰炸。必须承认，目前英国人还无法对德国采取类似行动；但是，他们当然可以每周有五六晚都派少量轰炸机过来，迫使柏林人待在地下室里。这对士气的影响十分巨大。

为什么皇家空军没给德国造成更大破坏？因为英国人用于攻击的飞机太少，携带的炸弹重量也太轻。对于轰炸柏林的英国轰炸机数量，中立国空军武官们的估计存在差异，但最可信的观点是每夜不超过三十架，一般在十五架左右。在气象条件良好的夜晚，轰炸德国的英国飞机总数，大约在六十架到八十架之间。

英国轰炸机载弹量太少，是因为皇家空军飞机必须飞行很长距离，不得不携带大量汽油等油料。轰炸柏林时，它们来回航程约为1 100英里。美国制造的“飞行堡垒”可以装载更多炸弹飞往柏林并安全返回英国。但迄今为止，我们还未听说或见过这种轰炸机。因此，英国飞行员（他们当然是世界上最勇敢的人）在柏林上空只有很少时间用于发现目标。可能不超过十五分钟。德国空军人员说，有些英国轰炸机往往因缺乏燃料而无法返回，不得不迫降在北海。

德国拥有多少飞机？我不知道。我怀疑世界上知道此事的人不会超过二十名。但是，我了解一些德国飞机生产的情况。目前，德国每月生产1 500架到1 600架飞机。德国最大生产能力为月产3 000架。那意味着，如果拥有所有必需的材料，并命令所有相关工厂开足马力，每天二十四小时、每周七天连轴转，戈林可以使产量达到这个水平。顺便提一句，自从战争开始后，德国没有扩建一平方英尺的飞机厂。目前，戈林、米尔希和乌德特正拼命寻找一种新式战斗机，以便对新型喷火式战斗机和英国从美国订购的空中眼镜蛇式战斗机形成绝对优势。

经过一年半的总体战，德国人的士气仍然相当高。还是让我们承认这一事实吧。民众对战争并不热情。从来就没有热心过。经历过纳粹备战所带来的八年艰苦生活后，民众既疲惫又厌倦。他们渴望和平。对于和平并未如同承诺的那样于秋天到来，他们感到不满、抑郁、幻想破灭。然而，当战争进入了第二个漫长、黑暗的冬季时，公众的士气还是相当高。如何解释这一反常现象呢？必须记住三件事：

第一，德国人渴望了上千年的政治统一梦想终于实现。希特勒实现了它，而哈布斯堡王朝、霍亨索伦王朝和俾斯麦都未能做到这一点。在这个国家以外，很少有人能够理解这种统一是如何将日耳曼民族团结在一起，给予人民自信心以及历史使命感，并使他们忘却个人对纳粹政权、领导人及其野蛮行径的反感的。同样，随着陆军和空军的重建，以及以世界上前所未有的规模、用极权主义的方式对工业、商业和农业进行重组，使德国人感受到了自己的强大。对于大多数德国人而言，强大本身就是目的，因为在他们的生命历程中，变得强大就是一切。这实际上是北方大森林中早期日耳曼异教徒那原始的部落本能的再现。对于他们而言，粗野的暴力不仅是生活的手段，而且本身就是目的。在唤醒日耳曼人内心深处的这种“鲜血与土地”的原始种族本能方面，纳粹要比现代史上他们的所有先驱都更为成功。这也表明，基督教和西方文明对于日耳曼人生活和文化的影响仍然只是肤浅的。

第二，士气高涨还因为德国人民感到，他们在今年夏天为1918年的可怕失败报了仇，通过一系列的军事胜利终于为德国争取到了“阳光下的位置”。今天统治欧洲，明天就可能统治世界。德国人的性格是，或者统治别人，或者被别人统治。他不理解在这个地球上人与人之间还存在其他类型的关系。对西方世界产生了一定影响的希腊中庸之道，对德国人而言完全不可理解。另外，大量的工人、农民、小商人以及大工业家都很清楚，如果希特勒的“新秩序”取得成功（他们现在对此很有信心），那将意味着在这个世界上他们将获得更多的奶与蜜。至于获得这一切需要其他民族（捷克人、波兰人、斯堪的纳维亚人和法国人）付出代价，德国人根本不予理会。在这一问题上，他根本不会有任何道德顾虑。

第三，促使德国人民全力支持一场他们并不热心而且宁愿明天就结束的战争的主要原因是，他们越来越害怕失败将带来的后果。缓慢地但却是不断地，他们开始理解自征服奥地利以来，他们脚蹬皮靴的军队和盖世太保们在欧洲播下的仇恨种子有多么可怕。他们开始明白，无论有多少德国人不喜欢纳粹政府，与它共同取得胜利总比德国再次失败好一些。如果这次德国真的失败，届时《凡尔赛和约》也会显得甜蜜而合理，被毁灭的将不仅仅是德意志国家，而且还将包括日耳曼民族。最近，不止一个德国人向我袒露了他们的畏惧心理。如果德国失败，他们担心会看到满怀仇恨的欧洲人民——他们曾经被粗暴地奴役，他们的城市被无情地摧毁，华沙、鹿特丹和伦敦等地的妇孺被冷血地屠戮——将结成愤怒的复仇大军，闯进他们美丽而整洁的家园，将其夷为平地。即使有人在屠杀中幸存，也必将饿死在这块完全荒芜的土地上。

不，这些德国人民，尽管被欧洲现代史上最寡廉鲜耻的统治者所压迫和欺骗，仍将在这场战争中走上一段非常漫长的道路。只有当某一天，他们突然明白根本无法获胜，再加上同盟国提供放弃抵抗并不意味着毁灭的保证，才会使他们在战争一方完全被摧毁之前改变立场。

我们这些人曾经如此切近地观察德国局势，亲眼看到纳粹军靴蹂躏欧洲，亲耳听到希特勒歇斯底里的长篇攻击性演说，以至于发现自己很难从历史的角度来看待这些事件。我推测，促使德国走上这样一条肆无忌惮征服之路的原因，绝非像表面事实那样简单，即一小撮不讲原则的粗野暴徒攫取了这块土地的控制权，腐蚀了整个民族，并驱使其走上了现在的道路。当然这些也非常重要。但我认为，还存在着更深层次的根本性原因。不过，我也非常怀疑，如果没有希特勒这个人的话，事态仍然会发展到目前这个样子。

一个根本性原因是德国人民奇怪而矛盾的性格。我们国内许多自由主义者喜欢说，纳粹主义对德国人民而言是一种很不自然的统治和生活方式，只是有一些狂热的、上次大战遗留下来的老古董们违背他们的意愿并将之强加于他们身上。但实际情况可能并非如此。的确，纳粹党从未在德国的自由选举中获得过多数票，虽然其得票接近半数。但在过去几年中，纳粹政权所表达的是德国人内心最深处的一些东西，在这方面它的确代表了其所统治的人民。德国人作为一个民族缺乏一种平衡性，而希腊人、罗马人、法国人、英国人和美国人则都具备这一点。他们不断受到内心矛盾的折磨，往往感到无常、不满和沮丧，从而由一个极端走到另一个极端。魏玛共和国在自由民主方面是如此极端，以至于德国人根本无法使其正常运作。而现在他们又转变到极端的暴政，就是因为民主和自由主义迫使他们作为个体来生活，像自由人一样思考和做出决定，而在混乱的20世纪，这对他们而言实在是不堪承受之重。几乎是充满喜悦地，也有些受虐狂的意味，他们转而支持极权主义。后者使其摆脱了个人做决定、选择和思考的负担，并允许他们获得对德国人而言堪称奢侈的权利：让其他人去做决定和冒风险，作为回报他们将高兴地表示服从。普通德国人渴望安全。他喜欢生活在一成不变的轨道中。如果他的统治者能够保证这一点，至少是在目前这个发展阶段，他宁愿放弃独立和自由。

德国人具有双重性格。作为个人，他会在周日清晨把自己的配给面包喂给蒂尔加滕公园的松鼠吃。他可以是一个和蔼且体谅的人。但作为日耳曼大军中的一分子，他又可以迫害犹太人，在集中营里折磨和谋杀同胞，通过轰炸和炮击屠杀妇女和儿童，在毫无理由的情况下入侵其他民族的领土，杀死所有敢于抵抗者，奴役被征服民族。

必须注意，希特勒对血腥征服的狂热，在德国绝非仅限于他个人。扩张的冲动，对土地和空间（即所谓生存空间）的渴望，长期以来就潜伏在人民内心深处。德国一些最好的思想家在其作品中表达了这种感情。费希特、黑格尔、尼采和特赖奇克在19世纪曾以此点燃德国人民的激情之火。但是在我们这个世纪也并不缺乏继承者，虽然这些人可能在德国之外默默无闻。卡尔·豪斯霍弗的书不断从印刷机中涌出，絮絮不休地向德国人的耳朵灌输如下格言，即如果他们的国家要变得伟大而且长盛不衰，就必须拥有更多的生存空间。他写的《权力和土地》《今日世界政治》等书不仅对纳粹领导人，而且对广大民众都产生了深刻影响。汉斯·格林写的《没有空间的人民》也是如此。尽管这部小说长达千页，仍在这个国家售出近五十万册。另外，还有穆勒·范登布鲁克的《第三帝国》，是在希特勒建立第三帝国前十一年所写。

所有这些作品都强调德国根据历史和自然法则，有权获得足够空间以完成其使命。这些空间必须从别的民族那里夺取，大多属于斯拉夫人。这些民族早已定居在那里，当时德国人还只是些强悍的蛮族。但对德国人而言，这些都无关紧要。几乎所有德国人都怀有一个基本信念，即如果德国人想要的话，欧洲那些所谓“劣等种族”对于他们耕种并赖以生存的一小块土地，或者辛辛苦苦建立的城镇都不拥有绝对权利。正是这种信念对欧洲现状的形成要负部分责任。

正是阿道夫·希特勒这个邪恶的天才唤醒了这种基本信念并使其成为现实。现在，正是这个非凡而可怕的人，使德国很有可能实现这个梦想。开始是德国，然后是世界，都严重低估了他。这是个可怕的错误，开始是德国，现在是世界，已经开始明白这一点。今天，对于绝大部分德国人而言，他已经成为德国历史上最伟大的统治者。他甚至在死前就已成为一个神话、一个传说，几乎就是上帝，具有日本人赋予其天皇的那种神性。对于许多德国人而言，他是遥远的、不真实的、几乎是超人类的。在他们看来，他是一贯正确、绝对可靠的。他们就像历史上许多民族称呼其各自的神那样说："他总是正确的。"

尽管有许多相反的报道流传国外，但他确实是今天德国唯一的和绝对的主宰，不能容忍任何人的干预，很少咨询也几乎从不理会那些胆战心惊的副手们的建议。他周围的人都很忠诚，也很害怕，没有一个是他的朋友。他没有朋友，而且自从1934年大清洗后，他的追随者中没有一个还敢用亲切的"你"来称呼他。戈林、戈培尔、赫斯以及其他所有人都只称呼他："我的元首。"他过着孤独的、受到严密保护的生活，而且自从战争开始后他所在的地点便由希姆莱负责严格对公众和外界保密。

现在他很少与主要助手们共进晚餐，宁愿更为轻松地与早年"斗争"年代的纳粹党亲信们待在一起。这些人包括威廉·布鲁克纳，他的副官；赫斯，他的首位私人秘书，也是这个世界上他完全信任的人之一；马克斯·阿曼，世界大战时他的军士长，现在被他任命为利润丰厚的埃耶出版社的负责人。*纳粹世界中真正的大人物，戈林、戈培尔、里宾特洛甫、莱伊和军方领袖，一般是在白天约见希特勒，或是在晚上吃完晚饭后，那时他往往会邀请他们在私人放映厅看电影。希特勒酷爱看电影，包括好莱坞的电影。他最喜欢的两部电影是《一夜风流》和《飘》。

赫尔曼·戈林绝对是德国的第二号人物，也是在希特勒死后唯一

---

* 阿曼还是帝国新闻协会的主席，实际上统治着德国的新闻报纸。通过埃耶出版社及控股公司，阿曼还在经济上控制了德国大部分重要报纸。

能够维持当前政权的纳粹分子。这个肥胖的、挂满勋章的帝国元帅，在民众中享有的声望仅次于希特勒。原因则恰恰相反。希特勒是遥远的、传奇的、模糊的和神秘的人物，戈林则是一个不太正经的、朴实的、欲望强烈的、有血有肉的人。德国人喜欢他，是因为他们能够理解他。他有着普通人的缺点和品德，民众对这两方面都很欣赏。他像孩子一样喜欢军装和勋章。他们也喜欢。他热爱美食美酒，饭量堪比高康大。他们也是。他喜欢炫耀宫殿、大理石客厅、宽敞的宴会厅、华丽的服装和穿制服的用人。他们也喜欢这些。尽管戈培尔竭力在民众中煽动对其竞争对手的不满，但他们对戈林这种稀奇古怪的、中世纪式的、开销高昂的生活方式并未显示出丝毫的嫉妒。可能，如果有机会的话，他们自己也很想过上这种生活。

希特勒副手中再没有其他人拥有能够维持纳粹统治的声望、力量和能力了。

希特勒总是希望他的被保护人赫斯能够成为其继承人，在遗嘱中将赫斯排在戈林之后。但是，赫斯缺少领袖所需的力量、雄心、动力和远见。戈培尔一般是作为第三号人物，但自从战争开始后便有些失势，部分是因为他被军方和秘密警察挤到了一边，部分是因为在关键时刻他把宣传工作搞砸了。例如，在“施佩伯爵号”袖珍战列舰自沉前一天，他却命令报纸、电台庆祝胜利。

戈培尔作为德国第三号人物的地位已经被海因里希·希姆莱所取代。这是个态度温和的小个子，看上去像个与世无争的乡村教师，但是他的无情、粗暴和组织才能已经使其在第三帝国内部占据了一个显要职位。他之所以重要，是因为他将盖世太保变成了一个可以监视国内生活各个角落的强大组织，为希特勒和政治家们提供了监视军队动向的“眼睛”。希姆莱是希特勒副手中唯一对所有德国和被占领区公民拥有生杀大权的人，很少有哪一天他会不运用一下这种权势。你每天都能在报纸背面发现一些小小的告示：“党卫军领袖希姆莱宣布，汉斯·施密特，德国人（或拉迪斯拉夫·库托夫斯基，波兰人），因拒捕而被击毙。”

在希特勒周围还有两位“大人物”，约阿希姆·冯·里宾特洛甫和罗伯特·莱伊博士。里宾特洛甫，一个虚荣而自负的家伙，无论是纳粹党还是公众都不喜欢他，但由于在慕尼黑猜中了英法意图而得到元首的信任。而戈林则猜错了，导致其地位暂时有些下降。事实上，1939年9月里宾特洛甫猜错了，当时他向希特勒保证英国不会开战，但不知为何并未影响他在总理府的地位。最近，希特勒将其称为“第二个俾斯麦”，虽然像戈林这些讨厌里宾特洛甫的人对此并不理解。

罗伯特·莱伊博士负责纳粹党组织和德国劳工组织，是个态度强硬、喜欢叫嚷、经常酗酒、十分能干的行政官员，狂热忠诚于他的主子。

这些人，包括戈林、希姆莱、赫斯、里宾特洛甫和莱伊，构成了希特勒周围的“五巨头”。他们被召来商议事情。除戈林以外，其他人在提出建议时都非常小心且有些拘谨。在任何时候，都是由希特勒做出决定。

在这个等级体制中，还有一些地位稍低的官员。其中一些是被赋予重要工作的纳粹头目，另外一些则是因为希特勒认为他们是能干的技术专家而占据了一定地位。最重要的有：瓦尔特·达雷，一位能干且富有进取心的农业部长；伯恩哈德·鲁斯特，他作为教育部长颠覆了德国教育制度，并使学校教育水平下降；威廉·弗里克，一名职业公务员，他获得内务部长的职位，是因为背叛了巴伐利亚州政府，他曾是其中一名终身官员；瓦尔特·冯克博士，他在赶走沙赫特博士后成为帝国银行行长和经济部长；托特博士，一位非常出色且富于想象的工程师，他为希特勒建造了宏伟的高速公路网和“西墙”防线。

阿尔弗雷德·罗森贝格是希特勒早年的精神导师，一度也是纳粹党内要员之一，但现在已经完全出局，无论是在国内还是党内都无足轻重。他太爱好幻想，完全不切实际，在纳粹党内的丛林式斗争中惨败给那些更为粗野的纳粹要员。自从1939年8月纳粹与莫斯科结盟后，就很少再听到罗森贝格的声音，当时只有他一人对此事表示反对。为了安抚他，希特勒给了他一个非常响亮的头衔：负责监督民族社会主义运动的元首特派专员。他还继续担任希特勒的《人民观察家报》的编辑，虽然他对报纸的出版政策并无多少发言权。

尤利乌斯·施特莱彻一度是这个国家中的一股邪恶力量，他的马鞭曾经使整个法兰克尼亚都感到恐怖。正如前面所提到的，由于经济上不干净，他已经退出政治舞台。

如果说政治决定由希特勒做出的话，应该注意的是，在军队事务上也由他来定调子。冯·布劳希奇将军，这位能干但并不卓越的陆军总司令，偶尔会大声说出自己的不同意见，但并不经常。凯特尔只不过是希特勒与总参谋部之间的联络官而已。总参谋长哈尔德将军可能是军队中最有头脑的人，但希特勒却根本不信任他。在组织大规模战役方面，希特勒只愿意进行由他本人亲自确定战略战术的探讨。冯·赖歇瑙将军本人亲口告诉我这是实情，但我仍然有些怀疑。但无论如何，在下次打击的地点和时间问题上，毫无疑问是由希特勒做出决定的。他的主要军事顾问是阿尔弗雷德·约德尔将军，希特勒本人的军事参谋部负责人，在军队中影响非常大，但在德国公众中则默默无闻。

在这些散漫做出的结论中，还有最后一个问题需要解决：希特勒是否正考虑与美国作战？我曾就这个问题与许多德国人进行过长时间的争论，而且这里的不少美国人也就此进行过长期而认真的思索。我深信他的确在考虑对美作战，如果他在欧洲和非洲获胜，最终必将发动对美战争，除非我们准备放弃自己的生活方式，并使自己在他的极权主义体系中扮演一个驯服的角色。

对希特勒而言，在这个小小的世界上，没有足够容纳两种生活、政府和商业体系的空间。*出于这一原因，我想他也会进攻苏联，甚至可能在解决美国问题之前。

这不仅仅是极权主义和民主生活方式之间冲突的问题，同时也是希望统治全世界的泛日耳曼帝国主义与地球上大多数其他国家希望保持自由独立之间的冲突。

只要英国坚持抵抗，希特勒德国就永远无法统治欧洲大陆；同样，只要美国仍然无所畏惧地挡在路上，希特勒德国也永远无法成为世界主宰。这是两种力量之间长期的、根本性的冲突。这种冲突，就像两个快速地、无情地飞越天穹的星球一样，迟早要撞到一起。

事实上，这场冲突的到来，可能要比国内所有美国人想象得还要快。有一天，在与最高统帅部一名军官讨论这个问题时，他的话多少使我有些震惊。他说道："你认为罗斯福可以选择对美英最为有利的时机参战。但你有没有想过希特勒，一位选择时机的大师，可能也在选择与美国开战的时机，他认为对自己最为有利的时机？"

我必须承认从未想过这一点。

据我所知，希特勒和最高统帅部不会考虑在今后几个月采取相关行动。他们仍然认为，可在美援产生效果之前，迫使英国屈膝投降。他们现在议论，最晚将在明年仲夏时节赢得战争胜利。但高层官员中有少数人认为，如果希特勒对美宣战（迄今为止他还从未宣过任何战），他可以获得决定性的好处。第一，这将成为广泛潜伏在美国国内的数千名特务发动大规模破坏活动的信号，这不仅将打击美国民众的士气，也将使运往英国的物资大幅减少。第二，如果真的宣战，他们认为，我们的陆军，特别是海军，出于对日本可能采取行动的防范

---

* 他在1940年12月10日的演讲中公开承认这一点。他对极权世界和民主世界进行了对比，并且说道："我们永远不可能与那个世界和解。……其中一个世界必须被粉碎……这是两个世界，而且我相信其中一个必将被消灭。"

（根据三国协定它必须对美作战），将把所有战争物资都保留在国内，而这些补给原本可能运往英国。第三，他们相信，这将使美国内部摩擦进一步加剧，孤立主义者将指责罗斯福应为事态负责，正如他们指责他应为三国协定负责一样。这第三点显然是错误的，因为德国对美宣战将在十秒钟内摧毁美国国内的孤立主义情绪。

林德伯格及其朋友们嘲笑德国可能会进攻美国的想法。德国人则欢迎他们的嘲笑，并希望更多美国人也加入嘲笑者的行列中去，正如他们曾鼓励林德伯格在英国的朋友们嘲笑德国会进攻英国的想法一样。

德国究竟会如何进攻美国呢？我并无关于德国军事计划的权威资料。但是，我听说德国人提出了如下几种可能性：

如果他们得到全部或部分英国舰队，或者有时间在欧洲造船厂（其总体造船能力要远远超过我们）建造一支足够强大的海军，他们可能会试图摧毁我们位于大西洋的那部分舰队，其他美国舰队则被日本牵制于太平洋。完成这一任务后，他们就可将一支陆军和空军分阶段运过北大西洋，开始时以冰岛为基地，随后是格陵兰，然后是拉布拉多群岛，紧接着是纽芬兰岛，最后顺着大西洋沿岸南下。当基地逐渐西移后，庞大的空军也可逐步深入，开始朝美国接近，随后进入美国境内。这听上去有点像天方夜谭，但在目前阶段我们并无足够的空军抵御这一行动。

大多数德国人对于横渡南大西洋更有信心。他们认为德国将拥有法国的达喀尔港，再以此为跳板到南美洲。他们也认为美国舰队主力将在太平洋作战。从达喀尔到巴西的距离，要比从汉普顿罗兹到巴西近得多。以这个非洲港口为基地的德国舰队能够在巴西领海作战。而且这片水域距离美国太远，以至于美国舰队无法发挥作用。由达喀尔出发的运输船队，要比由美国出发的运输船队更快抵达巴西。由巴西、阿根廷境内数十万德国人组成的第五纵队，将使这些国家试图组织的防线陷入瘫痪。这些德国人认为，这样便可轻松夺取南美洲。而一旦到了南美洲，这场战斗就算获胜了。

柏林，12月2日

只剩下3天了。

柏林，12月3日

一连串的告别酒会，虽然我只想尽快躲开，但却做不到。在这些酒会上发生了一件趣事。一位显得比大多数人都更正派的外交官，喝得显然有点多。他对我说，早就想让我看一样东西。于是，他取出了一张秘密警察身份证！我必须承认自己从未怀疑过他，尽管清楚他的一些同事是秘密警察。

外交部仍然扣留着我的护照和出境签证，这使我很担心。今晚，在柏林做了最后一次播音，我担心自己可能有些紧张。

在我开始播音前，弗兰纳瑞从巴黎打来电话。他因一个重大新闻而兴奋不已，他说后天将会在那里公之于众。显然有德国官员站在他身后，因为无法使他透露半点即将发生的事情。这里的谣言是，希特勒将向法国提出一种半永久性的和平解决方案，让赖伐尔在维希政府掌权，使贝当仅充当一个傀儡领袖。作为回报，法国将加入轴心国，共同对英作战。

柏林，12月4日

拿到了我的护照并得到了离开德国的官方许可。现在除了收拾行装便无事可干了。瓦利·杜尔同我一样也渴望离开，今天已经走了。他是乘飞机走的，但天气十分糟糕，德国人先用火车将他送到斯图加特。过去三周已经有三架大型客机坠毁，我的一个好朋友因乘坐其中一架而丧生。希望我的运气会好一些。我必须将所有书籍和大部分衣物留在此地，因为飞机上可携行李十分有限。爱德·莫罗承诺将在里斯本与我会合。这是我在灯火管制中的最后一夜。今晚过后，便是灯光……还有文明！

在飞机上，柏林—斯图加特，12月5日

今天早晨，当我离开阿德隆饭店前往滕珀尔霍夫机场时，天色依然很黑而且刮起了大风雪。我们能否起飞仍然存在问题，但在几分钟之前也就是9点30分，我们终于起飞了。我不喜欢在这种天气飞行……

补记。德累斯顿机场——我们刚刚死里逃生。我们已经飞过去斯图加特的三分之二航程，所乘三十二座大型容克式飞机突然开始结冰。透过窗户，我可以看到机翼和右侧两台发动机正在结冰。空中小姐虽勇敢地试图掩饰紧张情绪，但她还是表现出了惧意。而当一架飞机上的空中小姐害怕时，我也会害怕。一名汉莎航空公司官员坐在我对面，额头上汗如雨下。他看上去非常担心。发动机上脱落的冰块打在机舱侧壁，发出令人恐惧的爆裂声。飞行员几乎不能控制飞机，试图爬升，但机身上的冰层太重。最后，他向回飞并进行俯冲，由2 500米滑降到1 000米，相当于由8 200英尺降到3 200英尺。

“无法再低了，否则我们会撞到山上。”那位汉莎航空公司官员对我解释。

“那，那……”我嗫嚅道。

“无法使用无线电，因为有暴风雪干扰。”他继续说道。

“可能我们能降落到什么地方。”我提出。

“不能在这附近，”他说道，“地面能见度为零。”

“那，那……”我仍然不知所措。

飞机起伏不定，忽上忽下。不久，从高度计上看，我发现飞机已降到1 000米以下。冰层重量实在太大。剩下十五分钟几乎有一个时代那么漫长。随后，透过雾雪，我们朝着一条公路俯冲下去。这是一条双车道高速公路。我们在50英尺的高度，沿着高速公路飞行，但有时当我们遇到一阵大雪或一片浓雾时，暂时盲飞的飞行员便将飞机拉起，以防擦撞树木或山头。最后，11点半左右，我们在一座机场降落。原来这里是德累斯顿，离斯图加特同离柏林一样远，甚至可能还更远。当两脚踩到地面时，那种感觉太好了。两名飞行员走出座舱，看上去都直发颤。在这里吃午饭时，我听到一名飞行员告诉机场负责人，他是拼了命才使飞机没坠毁。奇怪的是：我们刚刚走进餐厅，午间新闻便开始播报。头一条新闻就告诉我们，一架美国飞机在芝加哥机场附近坠毁，有数人死亡。这真是倒霉的一天，我想。

在飞机上，斯图加特—里昂—马赛—巴塞罗那，12月6日

有点儿头疼……昨晚因离开德国而感到兴奋异常，在飞机上九死一生脱了险，又在斯图加特的顶尖酒吧里坐了坐。……美国驻斯德哥尔摩公使馆顾问哈勒特·约翰逊突然在飞机上露了面。他说，自飞机从斯图加特起飞后，自己就睡了一个小时；这是他第一次坐飞机，我们刚才在云层里盲飞；等等。我们在里昂加了油。德国空军控制着这个机场，虽然这里并非法国被占领区。在机场一侧堆放着大量拆散的法国军用飞机；在另一侧则排列着上百架崭新的法国飞机，其中有些法国人从未用过……一个长着乌鸦脸的德国外交官看着那堆报废飞机，讥笑道：“法国美人！我们已经打败她！至少三百年不会翻身！”……接近巴塞罗那时，我们掠过了海岸，突然从右侧看到那可爱的西班牙小村庄——洛雷特·德·马尔，在午后阳光照耀下和绿色

群山映衬下，那里的房子白得耀眼。仿佛已经十分遥远……

补记。巴塞罗那——法西斯主义给这里带来混乱和饥饿，这不再是那个我熟悉的、快乐无忧的巴塞罗那。在格拉西亚大道、朗布拉大街和加泰罗尼亚广场上，人们静静走着，面容憔悴、饥饿而悲苦。在里茨旅馆，我遇见了两位朋友。我是坐着一辆农家大车才从机场来到这里的，因为汽车没油。

“上帝，这里发生了什么？”我问道，“我知道内战后果很糟糕。但是这也太……”

“没有食品，”他们答道，“没有组织。监狱里塞满了人，都快溢出来了。如果我们告诉你那里肮脏、拥挤和饥饿的情况，你可能都不会相信。没有人真正吃得饱。我们只是勉强活着。”

在机场，我们整个下午都被西班牙官员耗在一间小屋里，虽然我们只有几个人。他们也好像陷于瘫痪状态，缺乏最起码的组织。在场负责的警官足有一周没洗过手。他最关注的就是我们的钱。我们在他面前将银币、纸币和旅行支票数了一遍又一遍。最后，当夜幕降临后，他终于同意放行。

在我们抵达后一小时左右，瓦利乘坐一架德国飞机由斯图加特赶来。他离开德国的经过足可以编成故事。他预订的那架由柏林到斯图加特的飞机停飞，他只能乘火车前往，损失了一天时间。这也使他的出境签证在他还没有离开德国领土前便已过期。开始时，斯图加特的官员不愿承担发放新签证的责任。他必须为此返回柏林。那就意味着他必须一切从头开始！等待一张新出境签证，等待西班牙和葡萄牙的新签证，等上几个月以买到一张由柏林飞往里斯本的机票，再等待更多时间以买到一张由里斯本到美国的机票或船票。他似乎看到返回美国已经无限期推迟，可能要等到战争结束。在最后一刻，秘密警察终于允许他登机离开。

埃斯托里亚，里斯本附近，12月7日

终于看到里斯本、光明、自由和精神正常的人了！在由巴塞罗那到马德里的途中，我们顶着时速一百英里的阵风飞行。由于缺乏燃油，驾驶这架缓慢老旧的容克-52型运输机的飞行员有一阵甚至想飞回去，但他最终还是设法渡过了难关。我们上下颠簸着飞过了群山，大多数情况下飞机离山顶只有几十英尺。气穴是如此糟糕，以至于有两名乘客撞到机舱顶部，其中一人晕了过去。

马德里机场的混乱甚至比巴塞罗那还要糟糕。佛朗哥的官员们疯了似的转着圈圈。有关部门决定，由于阵风的缘故，任何飞机都不能起飞。随后，他们又决定开往里斯本的三架班机中的一架可以起飞。他们告诉我可以走，随后又告诉我不能走，然后又告诉我必须搭乘下午4点的列车，然后又说列车已经开车。与此同时，大声叫嚷着的官员和乘客像磨盘一样围着这个地方打转转。附近有一个饭馆，但是没有食物。最后，他们召集前往里斯本的飞机乘客。只有一群西班牙官员和德国外交官被允许登机。我询问我的行李放在哪里。没有人知道它们在哪里。随后，一名官员过来揪住我，并拉着我走向一架飞机。我甚至没有机会问一下我的行李，或者这架飞机要去哪里。一分钟不到，我们就起飞了，飞越了西特大学的废墟，然后沿着塔霍河谷飞行，黄昏时便看到了里斯本。在机场，葡萄牙官员把我扣留了两个小时，因为我无法出示去纽约的机票，但最后他们还是让我走了。里斯本的旅馆住满了人，根本没有房间，城里的难民已经人满为患。但我还是在这里找到了一间屋子。今晚，喝着当地的葡萄酒，吃了一顿美餐，在城里随意走了会儿，看一看灯火辉煌的夜景，现在准备上床睡觉，感到沉重的心理负担在慢慢消失。爱德·莫罗明天由伦敦抵达，我们将会有一次了不起的重逢。

埃斯托里亚，12月8日

无法入睡。突然牙痛起来了，这是我生平头一回，现在我得为自己的疏忽付出代价。不过，在德国对此也无计可施，那里由于缺少黄金和其他金属，牙医不得不用锡合金补牙。南方的阳光非常灿烂，清晨我在城里的花园里散步，高兴地发现还有这么多种鲜花仍在开放。然后，沿着海滩一路走去，壮观的蓝色巨浪由海里涌来，在洒满阳光的沙滩上愤怒地撞成碎沫。这种宁静、平和，以及大海有节奏的絮语声，实在令人感到震撼。我无法适应这些，我需要进行一番调整才消受得了，而一个早晨是无法做到的。于是，我逃走了，叫了一辆出租车，赶到里斯本等待爱德的飞机到达。航空公司的英国人疑心重重，不愿告诉我来自伦敦的飞机几点到达或是否到达，显然是害怕这些消息会通过某种神奇的方式传到德国人耳中，并导致飞机被击落。我一直等到天黑才返回埃斯托里亚。

补记——爱德最终抵达了，真是太棒了。从晚上10点我们便开始讨论广播公司一年报道的战争情况，现在已经5点了才上床睡觉，虽然疲劳但很高兴。考虑到他所经历的轰炸以及自杀式的繁重工作，爱德看上去比我预料得要好。实际上，他显得相当健康。

埃斯托里亚，12月9日

我们晒着太阳，在海滩上漫步。爱德说，英国人遭到的轰炸很猛烈，但情形并不像德国人吹嘘得那么严重。除伦敦以外，考文垂、布里斯托尔、南安普敦和伯明翰都遭到了可怕的轰炸，但主要是这些城市的中心地区遭到了最为沉重的打击，包括教堂、公共建筑物和私人住宅。爱德认为，军工企业产量下降，主要不是由于工厂遭到了物质上的破坏，而是由于城市组织被破坏造成的。工人们都生活在城里，电力、供水和燃气设备也集中在那里。他说，英国人声称，德国空军的夜间攻击并非针对工厂，而是有其他两个重要目标：第一，在平民中造成恐怖气氛；第二，摧毁基本公共生活设施，使大城市陷入瘫痪。我觉得这种说法是正确的。

爱德还带来了关于英国士气的好消息，对此我们这些待在柏林的人原来还有些怀疑。他说，英国人的士气非常高昂。

埃斯托里亚，12月10日

帕特·凯利和蔼可亲、精明能干，是泛美航空公司驻当地办事处经理。他私下告诉我，如果等着坐快帆式客机的话，只有很小可能性能在圣诞节前回家。由于奥尔塔机场跑道地面隆起，使得大型飞机无法起飞，航班已经推迟。他建议坐轮船。如果我能成行的话，这将是十六年来首次在家过圣诞节。今天下午，我去航班售票处订购周五出发的“埃克斯坎宾号”船票。售票处里挤满了成群的难民，个个显得不安而绝望，都是希特勒暴政的悲惨牺牲品，乞求在下一班轮船上能有个铺位，随便什么位置都可以。按照向我介绍情况的公司职员的说法，在里斯本足有三千名难民，但这种轮船只能搭载一百五十名乘客，而且一周只有一次航班。他答应，在周五即13日启航的“埃克斯坎宾号”上给我找个位置，不过可能只是文书室里的一张床垫而已。

今晚，爱德和我去赌场玩了玩。赌场里挤满了形形色色的古怪人物，德国和英国间谍，男人和女人，通过神秘手段设法将大笔款子带出来并大肆挥霍的富有难民，其他难民则显然一文不名，却试图在变幻无常的轮盘赌中绝望地赌上几把，以便挣到船票钱。另外，还有这种场合常见的国际骗子。爱德和我在轮盘赌上都不太走运，我们便换了个地方，来到舞厅。在那里，同样的各色人等正试图用酒精和爵士乐麻醉自己。

埃斯托里亚，12月11日

拜访了一位里斯本的牙医。他给了我一些草药熬汤，以治疗溃烂的牙齿。自从我到里斯本后，因为牙痛几乎无法入眠。

今天下午，爱德因伦敦发来的一份电报而十分沮丧。电报说，他的新办公室昨晚被德机炸中并摧毁。幸运的是，没有一个人被炸死。几个月前，他的旧办公室被一枚德国炸弹炸毁。

埃斯托里亚，12月12日

我们熬夜直到今天凌晨4点，为今晚的联合播音起草了一份稿子。我们对此感到相当愉快。

补记——没有进行播音。播音原定于凌晨2点，我们于晚8点便将播音稿送交当地电台，以便葡萄牙新闻审查员能够有充足的时间。午夜时分，新闻审查员打来电话并且非常礼貌地说，十页稿子他只译了两页，不过已经发现内容非常有趣，而且无疑下周将能译完，我们可在那时播音。我们一直争论到原定播音时间，但显然葡萄牙人无意冒犯英国人或是德国人的尊严。我们打电话告诉纽约方面，将播音时间推迟到凌晨4点，但是直到3点半我们还是毫无进展。最后，惨遭败绩的我们不得不上床睡觉。

“埃克斯坎宾号”船上，12月13日，午夜

因为离别，我们两人都心情抑郁。因为在过去动荡不安的三年

中，爱德和我合作得亲密无间，产生了一种真正的纽带，在你一生中可能只会遇到几次这种情况。而且不知怎么了，毫无疑问有些愚蠢，可能还有些多愁善感，我们都有一种预感，即战争的命运，也许只需一枚小炸弹，就将使这次聚首成为最后一次。

我们在黄昏逐渐暗淡的光线下沿着码头上下走来走去，等待轮船启航。在码头上，有一个小小的露天酒吧，一位十分壮硕、衣衫不整的葡萄牙金发女人站在柜台后面，不停地聊天和斟酒。不久天就黑了，水手们要撤掉轮船的跳板。我上了船，爱德则消失在夜色中。

一轮圆月悬挂在特茹河上，里斯本以及大河对岸群山中的无数灯火闪闪烁烁，轮船则静静地滑向大海。已有多长时间？除里斯本以外，整个欧洲都灯火全无。欧洲大陆西南角这一小块地方还燃点着灯火。在这里，文明还未被纳粹军靴踏碎。但是下周、下个月、两个月后又如何呢？希特勒的大军难道不会攻占这里从而熄灭最后的灯火吗？

还有五名美国记者也同船回国，他们分别来自英国、德国和法国，都坐在船上一个小酒吧里聊着往事。这倒是一个缓解离别之情的好办法。我也加入了他们的行列。我也有着同样的问题。但酒精并非在任何时候都是万应良药。我感到焦躁而兴奋。我走到甲板上。有一段时间，我背靠栏杆，看着欧洲的灯火逐渐远去。我在这个欧洲度过了成年之后的十五个年头，我全部的生活经验和有限的知识都来自这里。那是一段漫长的时间，但就个人而言又是快乐的时光，对所有欧洲人民而言也是富有意义和充满希望的，直到战争来临，直到纳粹带来灾难、仇恨、欺诈、政治强盗行为以及谋杀、屠杀、超乎想象的狭隘主义，还有所有的苦难包括饥饿、寒冷、将屋中之人炸成碎片的炸弹爆炸声以及将人类希望和尊严炸得粉碎的无数炸弹的轰鸣声。

译后记

《第三帝国的兴亡》是夏伊勒代表作，《柏林日记》则堪称其前传，重要性自不待言。

这本书比较全面客观地记述了20世纪30年代的欧洲社会、政局及战况，文笔细腻生动，颇具欣赏价值。关于希特勒的内容是个亮点，描述准确生动，分析鞭辟入里。在战略问题上的敏感性和预见性令人称奇，相当准确地预测了战争走向。预测战争的难度不亚于预测天气。张伯伦、希特勒、斯大林等大人物都在这方面栽了跟头。据说，中国有许多股神，能够准确预测股价。那么，夏伊勒准确预测战局，似乎也可称为战神。

夏伊勒确非凡人，其人相貌平平，是个矮胖秃顶的独眼龙。但他在欧洲混得不错，可以说风生水起。风光旖旎的日内瓦湖畔有他温暖舒适的家，他本人则穿梭于柏林、巴黎、罗马、华沙、维也纳，出入于豪华酒店，交游尽名流美女，在瑞士草坪打高尔夫，在法国山村痛饮红酒，闲时写作小说戏剧，有空也不忘参观博物馆，自信地对大师画作发表权威性看法！

夏伊勒采访过无数总统、首相、总理甚至罗马教宗，与希特勒、戈林、希姆莱、戈培尔经常亲密接触。他出手豪阔，苏芬战争时，两天的通信费就达1 500美元，时值约70两黄金。他行踪诡秘，眼线遍布德国各地，甚至总理府内部也有线人。时常琢磨刺杀希特勒的方法，播音时会暗示英机快来空袭，抑郁时则诅咒德国人全都被炸个粉碎。

夏伊勒还是个军迷，在德军参谋陪同下走遍战场，对军事形势进行颇有见地的分析，谈及如何打胜世界大战则滔滔不绝。奇妙的是，夏伊勒身上也有浓浓的“公知”范儿，永远年轻，永远正确，大义凛然，慷慨激昂。夏伊勒听着戈培尔的演讲忍不住笑了。我读着夏伊勒的日记忍不住也笑了。华丽辞藻精心编织的漂亮外衣下，包裹的无非是赤裸裸的帝国利益。否则，谁又会一掷千金供他挥霍，允许他日夜驰骋于纳粹心脏中呢？

重温当年欧战，同亚欧大陆另一端相比，几乎是惊人相似，只不过晚了几年而已。一方心怀侥幸，步步退让，一方志得意满，步步紧逼。最终退无可退，避无可避，双方在懵然中迎头相撞。当然，也有不同之处，那就是亚欧大陆东端的战事，更加漫长、血腥、残酷、可怖。相比欧洲诸国迅速土崩瓦解，中国抵抗到底直到最后胜利，表现真不可同日而语，后人尤不宜妄自菲薄。

太阳底下没有新鲜东西，一切都如山岳般古老。历史的车轮转动了近百年，竟然几乎又回到了老地方，只不过更换了舞台和演员。当年错综复杂阴险肮脏的国际权谋，如今就在我们身边活色生香再次上演。

由此观之，译林出版社再版《柏林日记》，具有很重要的现实意义。

张若涵

2019年7月16日夜于金山

图书在版编目（CIP）数据

柏林日记：二战驻德记者见闻：1934—1941 /
（美）威廉·夏伊勒(William Shirer)著；张若涵译
.—南京：译林出版社，2020.11(2025.2重印)
书名原文：Berlin Diary: The Journal of A
Foreign Correspondent 1934—1941
ISBN 978-7-5447-8376-7

Ⅰ.①柏…　Ⅱ.①威…②张…　Ⅲ.①德意志第三帝
国－史料②第二次世界大战－史料　Ⅳ.①K516.44
②K152

中国版本图书馆 CIP 数据核字（2020）第 162638 号

Berlin Diary: The Journal Of A Foreign Correspondent 1934—1941 by William L.Shirer

著作权合同登记号　图字：10-2019-573 号

柏林日记：二战驻德记者见闻，1934—1941 ［美国］威廉·夏伊勒 / 著　张若涵 / 译

责任编辑　王　蕾
装帧设计　韦　枫
校　　对　蒋　燕
责任印制　董　虎

原文出版　Rosetta Books, 2011
出版发行　译林出版社
地　　址　南京市湖南路 1 号 A 楼
邮　　箱　yilin@yilin.com
网　　址　www.yilin.com
市场热线　025-86633278
排　　版　南京展望文化发展有限公司
印　　刷　南京爱德印刷有限公司
开　　本　718 毫米 ×1000 毫米　1/16
印　　张　35
插　　页　4
版　　次　2020 年 11 月第 1 版
印　　次　2025 年 2 月第 6 次印刷
书　　号　ISBN 978-7-5447-8376-7
定　　价　78.00 元